U0098583

Seadove

Seadove

Seadove

Seadove

圖解
金剛經

一切有為法，如夢幻泡影，如露亦如電，應作如是觀。

讀一段佛經
少一分煩惱

佛陀的言教

佛陀一生智慧的結晶，通俗易懂的佛法
佛教弟子對佛陀教義的理解和感悟
佛陀為僧團制定的行為準則和規範

教基礎知識　怎樣讀懂金剛經

般若波羅蜜經》　北朝菩提流支
般若波羅蜜經》　陳天竺三藏真諦譯
能斷般若波羅蜜經》　隋代笈多譯
金剛般若波羅蜜多經》　唐三藏法師玄奘奉詔譯
能斷金剛般若波羅蜜多經》　唐三藏沙門義淨譯

】編著】

國家圖書館出版品預行編目資料

圖解：金剛經 ／ 慧明作-- 二版，
-- 臺北市 ： 海鴿文化，2017.03
面 ； 公分. －－（文瀾圖鑑；38）
ISBN 978-986-392-080-9（平裝）

1. 般若部

221.44　　　　106001883

書　　名　圖解：金剛經

作　　者：慧明
美術構成：騾賴耙工作室
封面設計：斐類設計工作室
發 行 人：羅清維
企畫執行：林義傑
責任行政：陳淑貞

出　　版：海鴿文化出版圖書有限公司
出版登記：行政院新聞局局版北市業字第780號
發 行 部：台北市信義區林口街54-4號1樓
電　　話：02-27273008
傳　　真：02-27270603
信　　箱：seadove.book@msa.hinet.net

總 經 銷：創智文化有限公司
住　　址：新北市土城區忠承路89號6樓
電　　話：02-22683489
傳　　真：02-22696560
網　　址：www.booknews.com.tw

香港總經銷：和平圖書有限公司
住　　址：香港柴灣嘉業街12號百樂門大廈17樓
電　　話：（852）2804-6687
傳　　真：（852）2804-6409

出版日期：2014年11月01日　一版一刷
　　　　　2021年10月01日　增訂二版十五刷
定　　價：400元
郵政劃撥：18989626　戶名：海鴿文化出版圖書有限公司

CVS總代理：美璟文化有限公司
電　　話：（02）2723-9968　e - mail：net@uth.com.tw

前　言

超越一切宗教和哲學的智慧

慧能大師與佛結緣是出於一次偶然的機會，慧能本來是一個不識字的砍柴樵夫。在一次替人送柴回家的路上，聽人讀誦《金剛經》中「應無所住而生其心」，無意中觸動了機緣，從此慧能與佛結下了不解之緣。

《金剛經》中的禪學智慧很多，但主要宗旨是講「空」的哲理。提出了「無相布施，無我度生，無住生活，無得而修」。

無相就是破除一切相，不住一切相，把虛妄的假相打破。才能不被外境所迷惑，認識到自心的本來面貌。

無我就是打破我執，認識到「我」的空性，我本無我，四大假合。

無住就是於法無所住，無論善惡，一切事情都是過眼雲煙，都不能放在心中，如果執著於色、身、香、味、觸、法之上生意念，就要受到六塵所蒙蔽。金剛般若就是無所執、無所得的妙智慧。

《金剛經》不但破除了文字和言教，「無有定法，名阿耨多羅三藐三菩提，亦無有定法如來可說」。所謂佛法，絕不是能夠用語言說出來的法，也並沒有任何一種法是最上乘的法，因此，如來在燃燈佛所，於法實無所得。《金剛經》用「筏喻」來破除對法的執著；人渡河必須要靠舟筏，但渡到對岸以後，如果還捨不得扔下舟筏，那就是執著於法。

禪宗以修心爲主，而《金剛經》中修行的根本也在修心，一切問題都圍繞「云何應住，云何降伏其心」展開，而且《金剛經》認爲，衆生自心本來是清淨的，《金剛經》破除了諸相，把修行的根本落在「無所住而生其心」上，只要做到了，無住生心，無我度生，無住生活，無得而修，隨緣自在，就可以掃除一切虛妄。達到觸處皆春的境界。

雖然佛教已經有2000多年的歷史，但是在現代社會，佛教仍然可以發揮積極的作用。由於它在宇宙和人生方面都有著深刻獨到的見解，可以給予世人新的啓迪，將人們的精神推向新的層面。特別在生活節奏日益加快、人們心靈日益紛擾的當下，佛教就如同一股清泉，能使人擺脫周邊的紛擾，在青燈古佛的陪伴下找到自我、認識自我，得到身心的安逸和寧靜。

雖然佛教最初以簡單易懂來作爲宣傳的口號，但是經過2000多年的沉澱，佛教的理論和教法日益厚重，在普通人看來更是高深莫測，其繁複的教義和浩瀚的經典不禁讓人望而生畏。因此，爲了衆多想要瞭解佛教的讀者，本書特別整理了佛教的要旨與脈絡，以使讀者能夠輕鬆愉快地瞭解佛教的歷史，讀懂佛教的精髓。

本書圖文並茂，語言通俗易懂，非常符合現代人的閱讀習慣。因此，本書受衆面極廣，不論男女老少，不管從事什麼職業，讀者都可以從內涵豐富的圖解中受益。

目　錄

第一章　認識《金剛經》的偉大之處

第二章　《金剛經三十二品詳解》

第一品　法會因由分

第二品　善現啟請分

第三品　大乘正宗分

第四品　妙行無住分

第五品　如理實見分

第六品　正信希有分

第七品 無得無說分

第八品 依法出生分

第九品 一相無相分

第十品 莊嚴淨土分

第十一品 無為福勝分

第十二品　尊重正教分

第十三品：如法受持分

第十四品　離相寂滅分

第十五品　持經功德分

第十六品　能淨業障分

第十七品　究竟無我分

第十八品　一體同觀分

第十九品　法界通化分

第二十品　離色離相分

第二十一品　非說所說分

第二十二品　無法可得分

第二十三品　淨心行善分

第二十四品　福智無比分

第二十五品　化無所化分

第二十六品　法身非相分

第二十七品　無斷無滅分

第二十八品　不受不貪分

第二十九品　威儀寂淨分

第三十品　一合理相分

第三十一品　知見不生分

第三十二品　應化非眞分

第三章　附錄

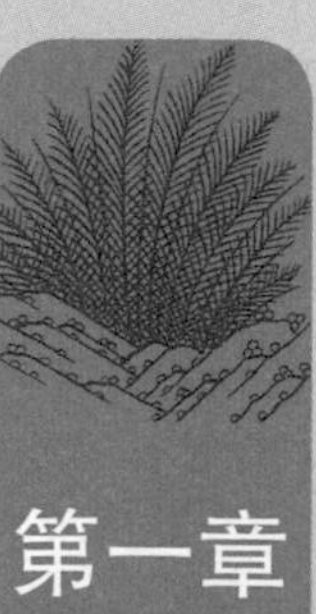

第一章

《金剛經》的偉大之處

在中國佛教文化中，佛經中影響最大、最特殊的一部經卷，非《金剛經》莫屬。千餘年來，有很多人都在研究《金剛經》，念誦《金剛經》，因《金剛經》而得到感應，因《金剛經》而悟道成道。而金剛經的偉大之處，包含了一切宗教性，當然也超越了一切宗教性。佛在《金剛經》裏說：「一切賢聖，皆以無為法而有差別」。這句話的意思就是說，佛認為古往今來一切聖賢，一切宗教成就的教主，都是得道成道的；只因個人程度深淺不同，因時、地的不同，所傳化的方式有所不同而已。而《金剛經》的這一個重點，完全徹底地破除了一切宗教的界限，它與佛教《華嚴經》的宗旨一樣，承認一個真理、一個至道，並不認為一切宗教的教化僅限於勸人為善而已。

第1節
經名詳解：金剛般若波羅蜜經

在所有的佛經，以及後世菩薩高僧大德們的著作中，《金剛經》在學術的分類上，歸入般若部，所以叫做《金剛般若波羅蜜經》。金剛般若波羅蜜經，此八個字是本經的總題，前七字是別題，後一字是通題。

金剛

金剛有二種，一是金剛石，二是金剛寶。金剛石，是世間金中之鋼，屬於礦物質；其體最堅，其性最明，其用最利。堅故不可壞，明故能破暗，利故能壞一切物。金剛寶，是菩薩寶冠上的飾物，由無漏功德所報得。金剛石雖然堅固，仍可分割；唯獨金剛寶，真的能壞一切物，一切物不能壞。

據說菩薩的金剛寶，有種種不同的顏色，並有各種不同的功能。青色能消災；譬喻菩薩的般若智慧，能除三障，證三身，度生死厄，登涅槃岸。黃色能滿眾願；喻菩薩以般若莊嚴萬行，成就無邊功德。紅色向日能發光；喻菩薩以始覺智，合本覺理，能生智慧火，猶如千日，光明遍照。白色能澄清濁水；喻菩薩以般若正智，背塵合覺，度五濁流，到清涼池。碧色能消毒害；喻菩薩以般若空智，能除我法二執，消三毒苦。無色，又名空色金剛，得之可於空中行住自在；喻菩薩乘般若第一義空，到達寶所，圓滿菩提，歸無所得。總之，金剛是寶中之最，價值不可限量；喻般若是無上法寶，功德不可思量。金剛是世所稀有；喻般若是出世法中，甚為稀有。故此經以金剛譬喻般若。

般若

梵音般若，義譯智慧。大致上說，大智慧就叫做般若。所謂般若智慧不是普通的智慧，是指能夠了解道、悟道、修證、了脫生死、超凡入聖的這個智慧。這不是普通的聰明，這是屬於道體上根本的智慧。般若，可分為實相般若、觀照般若、文字般若三種。

實相般若，即是諸法實相，在無情言，是宇宙的原理；在有情言，是眾生的佛性。大智度論說：「般若者，即一切諸法實相，不可破，下可壞。」因為此諸法實相的宇宙原理，眾生的佛性，原本不生不滅，不變不壞，永恆如此，常住不滅；所以說：不可破，下可壞。

經名詳解

在所有的佛經，以及後世菩薩高僧大德們的著作中，《金剛經》在學術的分類上，歸入般若部，所以叫做金剛般若波羅蜜經。

金剛般若波羅蜜經

金剛般若波羅蜜經，此八個字是本經的總題。

前七字是別題，後一字是通題。

金剛

金剛寶，是菩薩寶冠上的飾物，由無漏功德所報得。金剛石雖然堅固，仍可分割；唯獨金剛寶，真的能壞一切物，一切物不能壞。

般若

梵音般若，義譯智慧。大智慧就叫做般若。所謂般若智慧不是普通的智慧，是指能夠了解道、悟道、修證、了脫生死、超凡入聖的這個智慧。是屬於道體上根本的智慧。

波羅蜜

梵語「波羅蜜」，譯名到彼岸，或簡譯為度。此岸是煩惱、是生死；彼岸是解脫、是涅槃。此岸是罪惡的世界；彼岸是純善的清淨國土。

經

梵語修多羅，譯名契經。意思是說：佛所說法，一定是上契諸佛所證的真理，下契眾生的根機。以其契理，故能古今不變，傳誦萬世；以其契機，故可以垂範天下，適應任何時代。

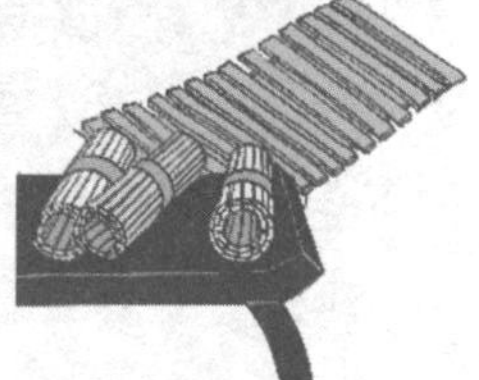

觀照般若：若在菩薩上求佛道以自利的功德說：觀照般若，該是由文字般若所啟發的始覺智。菩薩本此始覺智，觀照本覺理，入畢竟空，得根本智，而證諸法實相理。若是在菩薩下化眾生以利他的功用言：觀照般若，該是觀機設教，廣做佛事的方便智慧。

文字般若，如一般交通工具；觀照般若，如擁有高級技術的駕駛員；實相般若，是學佛者共同之目的地。又實相般若，是本覺理；觀照般若，是始覺智。由於眾生的不覺，諸佛菩薩，以方便智，演說文字般若，令眾生啟發始覺智，乘般若船，渡生死海，登涅槃岸，親證實相般若，覺悟成佛。所以文字般若，不但是迷途指碑，黑夜明燈，苦海導航；亦是諸佛之母，菩薩之師。學佛人由於文字般若的指示，始可以啟發始覺智，照破內心無明煩惱的黑暗，發揮潛伏心中的本覺功能，成就觀照般若，親證實相般若，得佛果無上菩提。因此說：文字般若，是菩提道上的導師，修行的眼目；觀照般若是據理起行的實踐家；實相般若是修行的終點，學佛人之目的地。

波羅蜜

梵語「波羅蜜」，譯名到彼岸，或簡譯為度。此岸是煩惱、是生死；彼岸是解脫、是涅槃。此岸是罪惡的世界；彼岸是純善的清淨國土。學佛人共同目的，應該是共度生死海，同登涅槃岸；然欲度生死海、登涅槃岸，非乘般若的大船，自度度人不可。

波羅蜜，有六種以及十種之多。六波羅蜜是：布施、持戒、忍辱、精進、禪定、智慧。布施能度慳貪，持戒能度毀犯，忍辱能度嗔恚，精進能度懈怠，禪定能度散亂，智慧能度愚癡，因此又名六度。在第六智慧度中，開出方便、大願、大力、大智等四種，共名十度。十度之中，第六度最為重要。因為第六度般若波羅蜜，既可以帶領前五度修福，又可以生出後四度廣修福慧，使修諸波羅蜜的人，進入佛果大般涅槃的彼岸，因此名波羅蜜。

受持讀誦金剛經的人，若能從文字般若的智光，啟發聞慧；繼而由觀照般若，觀察思維，照見宇宙原理，明白諸法空性，破除我法二執，契證實相般若；就可以渡生死海，登涅槃彼岸，乃至究竟覺悟，圓成佛道。因此，本經的別題，名「金剛般若波羅蜜經」。

經——貫穿之意

梵語「修多羅」，譯名契經。意思是說：佛所說法，一定是上契諸佛所證的真理，下契眾生的根機。以其契理，故能古今不變，傳誦萬世；以其契機，故可以垂範天下，適應任何時代。若但契理而不契機，則同世典俗訓，難免被時代

般若

文字般若是菩提道上的導師，修行的眼目；觀照般若是據理起行的實踐家；實相般若是修行的終點，學佛人之目的地。今經題中「般若」二字的內容，是包括以上三種般若，缺一不可。

三種般若的關係

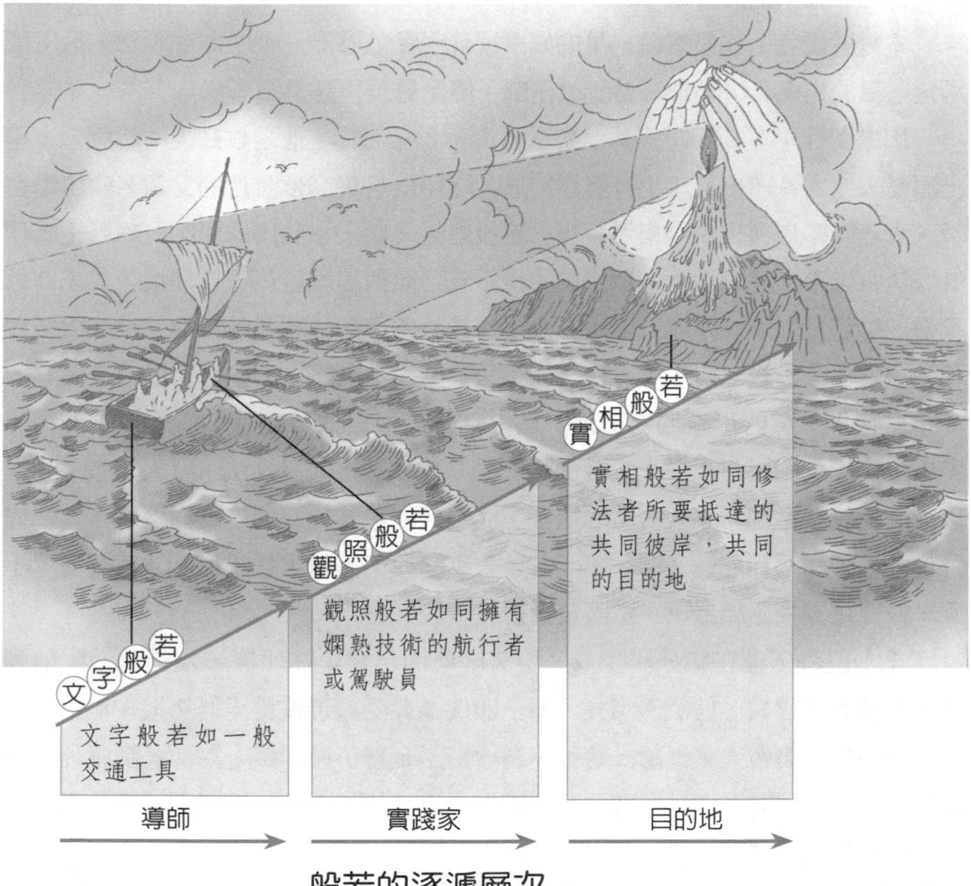

文字般若

文字般若如一般交通工具

觀照般若

觀照般若如同擁有嫻熟技術的航行者或駕駛員

實相般若

實相般若如同修法者所要抵達的共同彼岸，共同的目的地

導師 → 實踐家 → 目的地

般若的逐遞層次

淘汰；若但契機不契理，必像漁歌樵曲，只可聊以抒情，怎能啟發人的心智？正因為佛的言教，不但契理又契機，既可以納人心於正軌，又可以適應任何時代的需要。所謂：「經古今而不變，歷萬劫而常新」，因名為經。「經」的一字是通題，通於佛所說的一切經。

第2節
本經譯者：鳩摩羅什

西域最偉大的譯經家

本經的譯者，是姚秦時來華的鳩摩羅什三藏法師。三藏，即經、律、論，能通達三藏的出家人，被尊稱為三藏法師。鳩摩羅什，譯為童壽。

鳩摩羅什早在少年時代就已嶄露頭角、名噪一時。他是龜茲人（新疆），祖上原是天竺人（印度），出身婆羅門族，在印度世襲高位。他的父親名叫鳩摩羅炎，青年時棄相位出家，東渡蔥嶺，遠投龜茲，當上了該國的國師。龜茲王有個妹妹年方二十，才思敏捷，讀佛經過目不忘。她對鳩摩羅炎一見鐘情，矢志非君莫嫁。龜茲王強迫鳩摩羅炎娶她為妻，婚後生鳩摩羅什和弗沙提婆兄弟二人。羅什七歲隨他的母親一同出家。每天能背誦三萬二千字經文，號稱「日誦千偈」。

羅什十二歲隨母親回龜茲國，途中有一高僧對他母親說：「這個小沙彌應當好好守護。如果年至三十五歲仍不破戒，將來必定大興佛法，度人無數。如果破戒，就只能當個有學問的法師罷了。」接著，他隨母來到沙勒國停留一年，先拜佛陀耶舍和須利耶蘇為師，學了許多大乘經典。鳩摩羅什嘆道：「我過去學小乘，好比是蠢人不識金子，錯將黃銅當成寶貝。」

二十歲時，他在龜茲國受戒，不久，他的母親再往印度，臨行時勉勵他到中國弘傳大乘佛教。他毅然應允，表示即使為此受盡苦難也絕無怨恨。他留住龜茲二十多年，廣習大乘經論。龜茲王為他造了金獅子座，鋪上錦褥，請羅什升座說法。羅什說法時，西域各國的國王跪在座邊，俯伏在地，讓羅什踏在他們的背上，一步步登上法座。

苻秦建元十五年，中土僧人悅純、曇充等遊學龜茲歸來，向苻堅稱述龜茲佛教盛況，特別推崇法師鳩摩羅什才智過人，精通大乘佛法。建元十八年苻堅遣呂光等出兵西域，並諄諄囑咐呂光在攻下龜茲後，從速送羅什進關。這是由於政治上的需要，羅什在西域的威信很高，控制鳩摩羅什也就間接控制了西域各國，這與石勒、石虎叔姪重視高僧佛固澄是同一道理。

建元十二年，呂光攻陷龜茲，獲得了鳩摩羅什，見他年輕，就有點看不起他。惡作劇地強迫他娶龜茲國王的女兒。羅什苦苦推辭。呂光說：「你父親原來鳩摩羅什（西元344～413年），音譯為鳩摩羅耆婆，又作鳩摩羅什婆，簡稱羅什。其父名鳩摩羅炎，母名耆婆，屬父母名字的合稱，漢語的意思為「童壽」。東晉時後秦高僧，著名的佛經翻譯家。

西域最偉大的譯經家

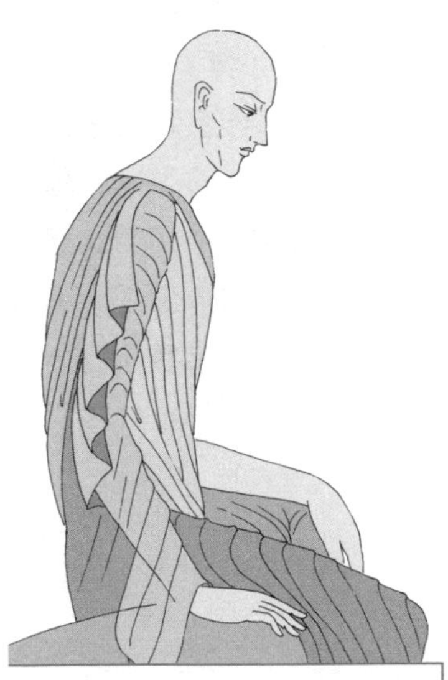

鳩摩羅什舍利塔，塔剎形制也具獨特風格，在簡潔的剎座上，刻出巨大的似蓮瓣形花葉，承托巨大的扁圓寶珠。玉石結構，單簷亭閣式，高2.33公尺。全塔用玉白、磚青、墨黑、乳黃、淡紅、淺藍、赭紫、深灰等八種顏色的玉石雕刻鑲嵌而成。所以俗稱八寶玉石塔。

1. 隨母親在各地參學、弘化

鳩摩羅什七歲跟隨母親一同出家。鳩摩羅什依從老師學經，每天背誦千偈。鳩摩羅什九歲，隨母親到罽賓國，遇見了名德法師盤頭達多，鳩摩羅什依止他學《中阿含經》、《長阿含經》，共四百萬言。

2. 發大乘菩薩道之心

鳩摩羅什的母親要到天竺修行時，曾經告訴鳩摩羅什，要把大乘方等甚深的教法，傳揚到東土。但這宏偉之事並不能為他帶來絲毫的利益。而鳩摩羅什卻說：大乘菩薩之道，要利益別人而忘卻自己。

3. 苻堅慕德討伐西域

西元380年（前秦建元十八年），國王苻堅慕德命大將呂光討伐西域，並讓呂光迎請鳩摩羅什。西元385年（前秦建元二十一年），呂光班師回朝，將鳩摩羅什帶往玉門關。途經涼州，苻堅兵敗被殺的消息傳來，呂光自立為西涼之王，鳩摩羅什羈留在西涼。

4. 歷盡風霜至東土（中國）

西元401年（後秦弘始三年），涼州被後秦攻破。同年，後秦皇帝姚興迎請鳩摩羅什入長安。並以國師之禮待鳩摩羅什，次年並敦請他到西明閣和逍遙園翻譯佛經。據《開元錄》卷四載，鳩摩羅什譯經共有七十四部，三八四卷。

5. 荼毗過後舌完好

後秦姚興弘始十一年（西元413年），鳩摩羅什在長安圓寂，於是在逍遙園火化。當儀式完畢後，他的形骸已粉碎，只有舌頭依然如生！

也是出家人。他可以娶國王的妹妹，你為什麼不能娶國王的女兒，又何必苦苦推辭呢？」呂光將羅什用酒灌醉，將他與龜茲公主一起關在密室裏，羅什被逼破戒成親。

鳩摩羅什來到中國時，後秦的姚萇已繼苻堅在長安稱帝，慕鳩摩羅什的高名，曾經力邀羅什。但呂光父子妒忌羅什足智多謀，能力高強，始終扣住羅什在涼州，不許他東入關內。姚萇死後，兒子姚興即位，再次敦請羅什入關，仍未成功。後來姚興派大軍西攻涼州，涼主呂隆兵敗投降。羅什方得被迎入關，這時他已五十八歲了。

姚興對羅什十分敬重、待以國師之禮。弘始四年，鳩摩羅什應姚興之請，住在逍遙園、西明閣，開始譯經。他最早譯出的是《阿彌陀經》，接著開始翻譯《大智度論》、《百論》等大乘經典。他組織和主持譯場，邀請有學問的高僧一起參加翻譯、重譯《大品般若》，後來又譯出了《法華經》、《維摩潔經》等重要的大乘經典。據史料所載：他一共譯了三十五部、二百九十四卷佛教典籍。與義淨、唐玄奘被尊稱為歷史上佛教三大翻譯家。

大乘小乘

文字般若，是菩提道上的導師，修行的眼目；觀照般若是據理起行的實踐家；實相般若是修行的終點，學佛人之目的地。今經題中「般若」二字的內容，是包括以上三種般若，缺一不可。

大乘小乘互為師徒

大乘小乘互為師徒

一天，鳩摩羅什的師父盤頭達多，不遠千里來到龜茲國。鳩摩羅什聽到師父光臨的消息，非常地喜悅，終於能夠實現原先的願望。鳩摩羅什先爲師父講說《德女問經》，因爲從前師徒二人都不相信該經的因緣、空、假的道理。所以，先闡揚本經，爲破迷啓悟。

盤頭達多問鳩摩羅什：「你崇尚大乘的經典，是否曾見到什麼妙義？」

鳩摩羅什回答：「大乘的道理比較深奧，闡明我空、法空的眞正空義；小乘偏於局部的眞理，有許多缺失。」

盤頭達多說：「你認爲一切法皆空，非常可怕啊！哪有捨離『有法』而愛好『空義』的呢？從前有一個狂妄的人，命令織匠造出最細的棉絲，那位織匠別出心裁，特意織出像微塵般的細絲。狂人還嫌太粗，織匠勃然大怒，便指著空中說：「這是最細的棉絲！」狂人疑惑地問：「爲什麼我看不見呢？」織匠說：「這棉絲，非常細緻，就像我這麼優秀的織匠也看不見，何況是別人呢？」狂人聽後喜悅萬分，便付錢給織匠。現在你所說的空法，就像那則故事一樣。」

鳩摩羅什苦口婆心，將大乘妙義連類比喻、娓娓道來，師徒之間往來辯論一個多月，終於說服了盤頭達多。

盤頭達多讚歎著說：「師父未能通達，徒弟反而啓發師父的心志，這話在今天得到證實。」於是，盤頭達多便向鳩摩羅什頂禮，說：「和尚是我的大乘師父，我是和尚的小乘師父。」

大乘小乘互爲師徒，傳爲佳話！

第3節
《金剛經》的開經偈

我們翻開經典都會看見一首開經偈，這一首偈就是八十卷《華嚴經》當年翻譯圓滿的時候呈送給皇帝武則天的。武則天看到這部經非常歡喜，就題了這四句「開經偈」。這四句偈實在做得太好了，一直到現在也沒有人能夠再做一首開經偈比它更好的。所以我們念的開經偈就是《華嚴經》翻譯圓滿，武則天題的四句偈。因體會經義的玄妙稀有，非常地歡喜，故有感而發寫下開經偈。

無上甚深微妙法，百千萬劫難遭遇。
我今見聞得受持，願解如來眞實義。

開經偈釋義

無上甚深微妙法：這是讚揚佛法的教理無上甚深，無上就是指世間沒有一種學問可以超越佛教的義理。

百千萬劫難遭遇：常說「人身難得，佛法難聞」，今世捨了人身，來生是否還能再來做人那就難保了。一切要看我們現在所造的是什麼業，萬一造了惡業，很容易就進入畜生、餓鬼、地獄道，根本沒有機會聞修佛法，得道解脫。

我今見聞得受持：既然人身難得今已得，佛法難聞今已聞，從現在開始要好好地追求與研究佛法，依照佛的教法來奉行與修持。

願解如來真實義：學佛者受持佛法的唯一心願，就是希望能徹底了解如來的真實教理，信、解、行、證，趣入佛道。

這首偈語可以說是充分地表達了輪迴迷途的眾生有幸見聞佛法時的歡喜。數百年來雖有許多人曾經試圖修改其中的文字，但都不比原作，可見這首詩偈之精妙。這首偈語流傳至今，並成為眾多修行人誦經之前必不可少的發願文。千百年後的今天，大凡佛教寺院，每天在未誦經文以前，都要先念這四句「開經偈」。

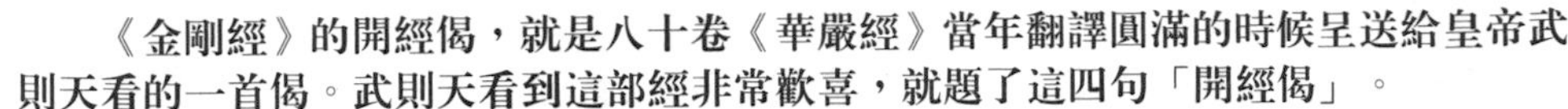

《金剛經》的其他漢譯版本

《金剛經》的開經偈，就是八十卷《華嚴經》當年翻譯圓滿的時候呈送給皇帝武則天看的一首偈。武則天看到這部經非常歡喜，就題了這四句「開經偈」。

無上甚深微妙法，
百千萬劫難遭遇。
我今見聞得受持，
願解如來眞實義。

這首偈語可以說是充分地表達了輪迴迷途的眾生有幸見聞佛法時的歡喜。數百年來雖有許多人曾經試圖修改其中的文字，但都不比原作，可見這首詩偈之精妙。這道偈語流傳至今，並成爲眾多修行人誦經之前必不可少的發願文。千百年後的今天，大凡佛教寺院，每天在未誦經文以前，都要先念這四句「開經偈」。

開經偈釋義

無上甚深微妙法　這是讚揚佛法的教理無上甚深，無上就是指世間沒有一種學問可以超越佛教的義理。

百千萬劫難遭遇　常說「人身難得，佛法難聞」，今世捨了人身，來生是否還能再來做人那就難保了。

我今見聞得受持　既然人身難得今已得，佛法難聞今已聞，從現在開始要好好地追求與研究佛法，依照佛的教法來奉行與修持。

願解如來真實義　學佛者受持佛法的唯一心願，就是希望能徹底了解如來的眞實教理，信、解、行、證，趣入佛道。

第4節
釋迦牟尼的三種稱謂

《金剛經》中釋迦牟尼是最重要的人物。《金剛經》載：「一時，佛在舍衛國祇樹給孤獨園，與大比丘眾千二百五十人俱」，由此可知，佛就是在菩提樹下證悟生命真相的釋迦牟尼。釋迦牟尼，梵文為 शाक्यमुनि，音譯為 Śākyamuni；中文意思為「釋迦族的聖人」。原名悉達多．喬達摩，古印度釋迦族人（生於尼泊爾南部），佛教創始人。成佛後的釋迦牟尼，尊稱為佛陀，意思是徹悟宇宙、人生真相者，「佛」；民間信徒也常稱呼佛祖。《金剛經》（鳩摩羅什譯）中，釋迦牟尼分別以佛、如來與世尊，三種不同的稱呼出現，且出現的次數也不一樣。各稱呼的出現都具有各自的特殊用意。

佛

「佛」的稱謂在《金剛經》中共出現43次。釋迦牟尼被稱為「佛」，其意義是為了強調「正覺」和「遍知」的特性。正覺，即所知正確真實而無外道那樣邪見妄見妄執的錯誤。遍知，即說對宇宙萬事無所不知覺。《金剛經》中在講述釋迦牟尼出現在某個特定的場景過程中，便會以「佛」來稱謂。

如來

「如來」的稱謂在《金剛經》中共出現87次。其意義則是為了強調佛陀「乘真如之道而來，成正等正覺，垂化三界」。梵文「多陀阿伽度」、「多陀阿伽陀」的意譯，佛陀十號之第一名號，又稱「如去」。《大智度論．卷第二》說：「多陀阿伽陀，如法相解，如法相說：如諸佛安穩道來，佛亦如是來，更不去至後有中，是故名『多陀阿伽陀』。」

世尊

「世尊」的稱謂在《金剛經》中共出現52次。其意義是為了強調釋迦牟尼「為一切世間、出世間所尊重」，為世界的至尊者。當佛陀弟子見到釋迦牟尼時，通常以「世尊」稱呼。

在《金剛經》中，這三種稱謂，有時會同時出現。如《第二品善現啟請分》載「時，長老須菩提在大眾中即從座起，偏袒右肩，右膝著地，合掌恭敬而白佛言。希有！世尊！如來善護念諸菩薩，善付囑諸菩薩。」

釋迦牟尼的三種稱謂

釋迦牟尼被稱爲「佛」，其意義是爲了強調「正覺」和「遍知」的特性。正覺，即所知正確眞實而無外道那樣邪見妄見妄執的錯誤。遍知，即說對宇宙萬事無所不知覺。《金剛經》中在講述釋迦牟尼出現在某個特定的場景過程中，便會以「佛」來稱謂。「佛」的稱謂在《金剛經》中共出現43次。

「如來」的稱謂在《金剛經》中共出現87次。其意義則是爲了強調佛陀「乘眞如之道而來，成正等正覺，垂化三界」。梵文「多陀阿伽度」、「多陀阿伽陀」的意譯，佛陀十號之第一名號，又稱「如去」。

「世尊」的稱謂在《金剛經》中共出現52次。其意義是爲了強調釋迦牟尼「爲一切世間、出世間所尊重」，爲世界的至尊者。當佛陀弟子見到釋迦牟尼時，通常以「世尊」稱呼。

第5節

《金剛經》的重要聽法者

傳達佛法空性的須菩提

《金剛經》中最重要的人物除了釋迦牟尼，另一位就是須菩提。本經中釋迦牟尼就是透過須菩提來傳達空性教導。

須菩提（梵文 सुभूति，Subhūti），又譯為須浮提、須扶提，意為善現、善吉、空生，古印度拘薩羅國舍衛城長者鳩留之子。佛陀十大弟子之一，有「解空第一」的稱號。「空」意義玄妙深奧，或有或無，是《金剛經》的核心思想。空性的證悟，無法用語言來形容。空性是實證的體證，它必須經過智慧與禪定方能獲得。《金剛經》中所談論的「空」與阿羅漢智者所追求的「空」不一樣，其要求的悟證為「非空非有」。因為《金剛經》的觀點為「不全然否定世間一切存在的現象」，所開導的對象是發菩薩乘者，並認為來到世界實踐菩薩行有一定的必要性，也認為只有這樣的空才算究竟。這種證悟的境界，就如同《心經》所說的「菩提薩埵，依般若波羅蜜多故，心無罣礙」的境界。而在佛陀眾弟子中，能悟得「空」的道理，悟證到「空「的精妙，就屬須菩提尊者。以菩提尊者所擁有的證悟能量，足以達到阿羅漢自覺的境界。因此，須菩提最適合傳達由「自覺」的「空性」升華到「自覺、覺他」的「非空非有」，如此便是更圓滿的證悟。

空生吉兆

尊者誕生的那一天，家中所有的財寶、用具都忽然不見了，全家人都非常的憂心，所以很快的請相師回來卜卦。

相師卜卦後，說道：「這是一件可喜的事，你們家所生的是貴子，室中金銀寶物在貴子初生時會一切皆空，這象徵著他是解空第一人呢！就為他取名『空生』吧！這是大吉大利的事，他將來不會為世間的名聞利養所束縛，就是為他取名『善吉』也好。」

相師的話，安定了全家人的心，從此，尊者的大名，有人稱他「空生」，也有人稱他「善吉」，直到三天以後，尊者家中的財寶和用具，才又恢復原狀。解空第一的尊者，初生的徵兆，真是稀奇萬分，古今難得的事。

傳達佛法空性的須菩提

《金剛經》中最重要的人物除了釋迦牟尼，另一位就是須菩提。本經中釋迦牟尼就是透過須菩提來傳達空性教導。

空生吉兆

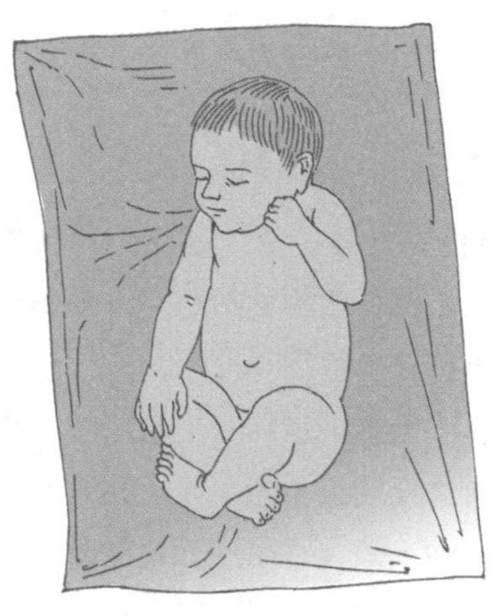

尊者誕生那一天，家中所有的財寶、用具都忽然不見了。

室中金銀寶物在貴子初生時會一切皆空，父親就為他取名「空生」！

空生逐漸長大，但卻不為世間的名聞利養所束縛，所以大家叫他「善吉」。

解空第一的尊者，初生的徵兆，真是稀奇萬分，古今難得的事。

第6節
《金剛經》中的其他聽法者

一千二百五十名大比丘的來歷

佛的常隨弟子，即跟佛一起在祇園精舍修行的一千兩百五十多名大比丘。他們是《金剛經》裏主要的聽法者。

世尊成佛，調伏喬陳如等五比丘後，心想：優樓頻螺迦葉名聲很大，帶有五百弟子，國王大臣等對他都很恭敬供養，應該先去教化他。然後世尊就去找他，迦葉看見佛來便迎接問訊，又請佛晚間留宿，佛便要求住於石室，迦葉說那間石室裏有毒龍，恐會害人，但佛再三表示，願在其中留宿。

當晚世尊在石室中打坐，毒龍便起嗔心，身中出煙，世尊身上也出煙，毒龍大怒，身上出火，世尊身上也出火，於是石室內火光沖天，迦葉晚上起來看見，不由嘆息：唉，這個端正高貴的道人，不聽我的勸，被火害了。然後令弟子去救火，結果救火的水都變成了火，大家都說，這個道人沒有命了。結果第二天，佛持缽而出，迦葉大喜，問，你怎麼復活了？你缽裏有什麼？結果看見毒龍被收在缽中，佛告訴他們，我已經把毒龍收服，並讓牠受了戒。迦葉聽了很慚愧，他告訴弟子：這個道人很有神力，但他不如我，因為我已經得了羅漢了。

然後佛又移到離迦葉比較近的一棵樹下修行，晚上，四大天王都來向佛請法，身上的光明像火炬一樣，迦葉看見了，以為佛是事火外道（保持火不滅的修行人）。第二天，迦葉問佛：你修行的法門也要事火嗎？佛說：不是，那是昨天晚上四大天王來聽法，他們身上的光。後來，忉利天王也下來請法，身光更勝四大天王，第二天迦葉又問佛是否事火，佛說：不是，是忉利天王下來請法了。後來，梵王（初禪天主）也下來了，火光更強，迦葉又問，佛說：不是，是梵王來聽法來了。

迦葉對佛說：請您一直住在這裏跟我們一起修行吧，我會供養您的。到了吃飯的時候，迦葉來請佛。佛說：你先走，我隨後就來。迦葉剛走，佛就用神足通去忉利天取了天果，又去東勝神州取了庵摩勒果，西賀牛州取了呵梨勒果，北俱蘆州取了自然稻米，放在缽中飛空而回，比迦葉先到。迦葉後到問佛：您從哪裏來？佛說：你走了之後，我去四個地方取了東西來，這些是那裏的名果和美食，

一千二百五十名大比丘的來歷

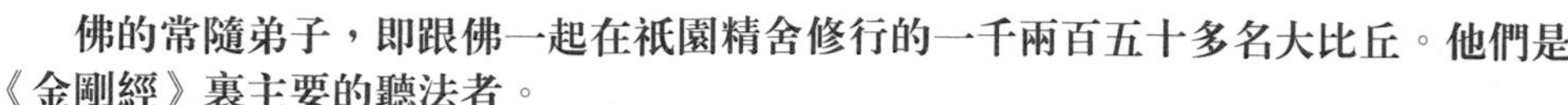

佛的常隨弟子，即跟佛一起在祇園精舍修行的一千兩百五十多名大比丘。他們是《金剛經》裏主要的聽法者。

一千二百五十名大比丘的組合

迦葉及其弟子	500名
難提（迦葉的弟弟）	250名
迦耶（迦葉的弟弟）	250名
舍利弗 目犍連	250名

常圍繞佛身邊聽法的有1255位，捨其零頭，經中常說與一千二百五十人俱，皆是大阿羅漢，其來歷如是。

你嘗嘗吧。

當時國王大臣官吏們欲供養迦葉，準備辦七日齋會。迦葉想，這個大道人，形象如此端正，神力如此驚人，如果他們看見他，必定會捨我而供養於他，怎麼讓這個人七天都不要在這裏就好了！佛馬上就知道了他的想法，就去了忉利天，七天後，迦葉想，齋會已經完畢，供養還有這麼多，這個大道人今天來了最好，可以給他吃。佛知道他的念頭，馬上又出現了，迦葉驚喜地問：您這七天去哪裏了？為什麼不在？佛說：因為你先起念要我不在這裏，我就走了，現在你想我回來我就回來了。

迦葉的五百弟子砍柴，斧頭舉起卻砍不下去，便去問老師，迦葉說：一定是那個大道人用神力制止了，你們去問他。問佛，佛說：可以砍下。於是大家都砍下了，但砍下後，斧頭又都無法舉起，又來問佛，佛說：可以舉起。於是大家的斧頭又可以舉起了。

有次河水暴漲，佛用神通過河，水面步行，連鞋襪都沒有打濕。迦葉想：我也能這樣過河，但是鞋襪可能就不會這樣了，這個道人神通雖高，但還是不如我，我已經是羅漢了。佛對迦葉說：你不是阿羅漢，為何自我貢高，自稱是阿羅漢？迦葉聽了，心驚肉跳，想：今此大聖能知我心。連忙拜服在地說，請求大聖收我為弟子。佛說：你是國王大臣都歸敬的道人，今天改投師門，應該和你的弟子們都商量商量，說說清楚。迦葉說：好。把弟子們聚集一處說明了以後，弟子們都說：老師，我們早就想向這位大沙門學習了，但怕您不高興，就不敢說，這下好了，我們都皈依這位大沙門吧。

於是迦葉和他的五百弟子，把以前穿的衣服和用的各種宗教道具都丟棄在水中，來到佛前，成為佛弟子。迦葉有兩個弟弟，一個叫難提，一個叫迦耶，他們各有250個弟子，都住在河流的下游，看見哥哥的衣服用具隨水漂下來，以為哥哥和弟子們都被人害了。於是帶著五百弟子溯流而上，結果看見哥哥和哥哥的門徒都成了佛弟子，非常奇怪，像哥哥這樣有名的人物難道還有人可以做他的師父嗎？迦葉說：是的，佛道乃無上大法，我從未見過神通道力超過佛的人，佛能以三事教化眾生，一者道力神通變化。二者智能知他人心。三者善知煩惱應病授藥。兩個弟弟聽了，心生仰慕，問五百弟子：我們一起皈依佛如何？五百弟子同聲發願：願做佛門比丘。於是迦葉三兄弟和一千弟子同時皈依了佛門。

迦葉三兄弟皈依佛門以後，又有舍利弗和目犍連兩人帶著250位弟子皈依，所以常圍繞佛身邊聽法的有1255位，捨其零頭，經中常說與一千二百五十人俱，皆是大阿羅漢，其來歷如是。

皈依佛門

引三迦葉，歸正覺門

拜火教優樓頻螺迦葉、那提迦葉、伽耶迦葉三兄弟，共有一千弟子，佛陀入火龍窟制伏頻螺迦葉及其弟子，教令棄除貪、瞋、癡三毒火，二位弟弟隨後折服，亦皈佛門，一千人從此常隨佛側為常隨眾。

舍利弗、目犍連聞偈頓悟，帶二百弟子皈依佛下，不久，三迦葉來朝，從此一千二百五十餘清淨聖眾，常隨佛側聽法。入王舍城說法，得頻婆娑羅王獻竹林精舍。北方舍衛國渴法滋潤，給孤獨長者，黃金布地，感祇陀太子獻樹，築成精舍，祇樹給地命名祇樹給孤獨園，於是法流北印。

第7節

佛祖座下的十大比丘弟子

佛陀的弟子，有在家與出家之分，在家的弟子千千萬萬，其數目無法用數字來統計。就是出家弟子光是證得阿羅漢果的常隨眾比丘（經中記載）就有一千二百五十五人之多，其他分散在各地的以及後來出家證果的尚不算在內。在眾多弟子中修學最為出色的有十大比丘弟子，他們各有專長，所修學的道行，各有各的成就，被人公認的是：

舍利弗——智慧第一，

目犍連——神通第一，

富樓那——說法第一，

須菩提——解空第一，

迦旃延——議論第一，

大迦葉——頭陀第一，

阿那律——天眼第一，

優波離——持戒第一，

阿難陀——多聞第一，

羅睺羅——密行第一。

在佛陀四十九年弘法過程中，幫助佛陀教法宣揚，都有不可磨滅的功勞，這十位尊者，與佛陀一樣令我們後人景仰！

舍利弗（智慧第一）

舍利弗是佛陀的首座弟子，佛陀最信任的就是他。舍利弗的智慧雖然超群，但他對於佛陀，卻是百依百順，從來沒有對佛陀的教示生過反感。

有一次佛陀帶領弟子出外遊行布教回到舍衛城時，被大眾譏為六群比丘的弟子們，已先佛陀和大眾到達祇園精舍而占有比較好的坐臥處。

舍利弗在佛陀回來以後，也趕到祇園精舍，見他過去的坐臥處都被六群比丘占去了，舍利弗沒有辦法，就在樹下靜坐了一夜。

佛陀從巴連弗城渡過恆河，到毗舍離城附近竹芳村的樹林，告訴大眾說，三月後自己要進入涅槃。就在這時候，舍利弗想先要涅槃。舍利弗心下這麼想，他

舍利弗

智慧第一——舍利弗

舍利弗，釋迦牟尼的十大弟子之一，或譯作 鶖子、舍利子。號稱「智慧第一」。初從六師外道的刪那毗羅胝子出家，後因聽到馬勝比丘說因緣所生法的偈頌，改學佛法。由於他持戒多聞，敏捷智慧，善講佛法，因此很快成為佛陀的十大弟子之一。

舍利弗所講「世間」智慧

世界萬有都是生滅變化無常的。因為世間一切萬法無一是常住不變的，因此說「無常」。無常是宇宙人生一切現象的真理。

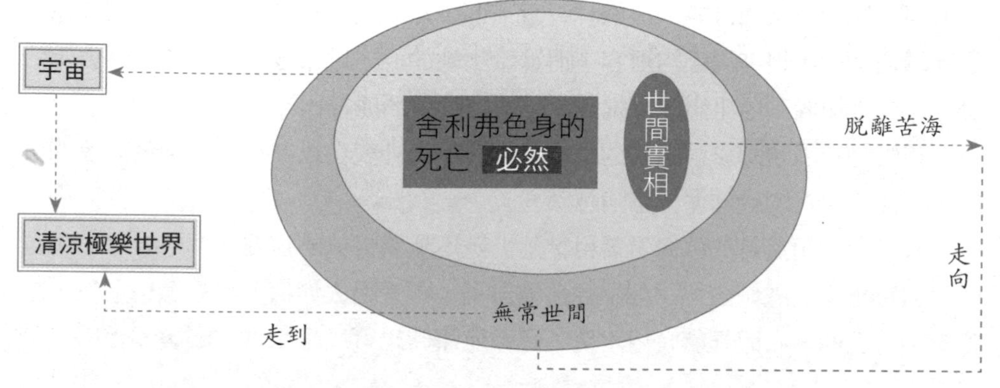

即刻走到佛陀的座前，懇請先於佛陀之前涅槃。

佛陀問他要在什麼地方涅槃。舍利弗說：「我百歲的母親還健在，我想見到母親，在生養我的房中進入涅槃。」

舍利弗與大家分別的時候，很安靜地說道：「大家不要傷心，這個世間是無常的。關於我舍利弗色身的死亡，這是當然的，這就是世間的實相。我仍然要叮囑大家的就是要一心修道，脫離苦海走向極樂清涼的世界最要緊。」

舍利弗離開佛陀和僧團，很快就到家了。舍利弗的母親聽到兒子回來，非常高興。舍利弗把母親生養他的房間打掃清淨，他的母親覺得很奇怪。

舍利弗入淨室後，才把他要回來涅槃的消息告訴大家。

舍利弗回來涅槃的消息傳遍村莊的時候，已是半夜三更，但居住在附近皈依過佛陀的人都聚集而來，他們要拜見舍利弗向他問好，並要聽他的說法。

舍利弗對大家說道：「以我被人稱譽的那一點智慧，我是了解到佛陀的慈悲，我遵照佛陀的教示而行，努力精進，我也獲得正覺。我沒有我執，我今日向你們告別，我要進入寂靜的涅槃境界，我願跟隨佛陀之後，永遠不生不死地長住在宇宙之間。」

大家很恭敬佩服，又很感傷，後請大家禮拜出室，舍利弗安住禪定，右脅而臥，遂入涅槃。

目犍連（神通第一）

目犍連尊者是佛陀十大弟子中的神通第一。但是，神通不是根本之法，佛陀常常呵斥自恃神通的弟子，因為神通對於了生脫死毫無關係。

目犍連的神通，耳朵聽聲音，不分遠近都能聽到；眼睛看東西，不分內外都能看到；甚至人心中的念頭，他也能知道。

關於能看到人的心，目犍連和蓮華色女有過一段故事：

有一次，目犍連經過一座園林，有一個中年的美人蓮華色女。目犍連注意一看蓮華色女，不但看到她的面容，而且看到她的心。原來蓮華色女是一個賣笑的女人，想以她的美色來誘惑目犍連，破壞目犍連的戒行。

目犍連尊者說道：「可憐的女人！你裝飾著外表自以為得意，迷於虛妄的美麗，好比老象沉溺於汙泥，越陷越深。」

蓮華色女用驚奇的眼光看著目犍連，她不覺懺悔似的流淚。

目犍連又安慰她道：「你不要自暴自棄，不管過去如何，只要懺悔前愆，是沒有不可救的。衣服汙穢時用水洗，身體骯髒時也可以用水洗，心裏不淨時，可

目犍連

神通第一——目犍連

神通第一

目犍連名字的由來

「目犍連」是梵語，翻譯成「采菽氏」。采，就是去採取；菽，是一種豆類。采菽氏是他的姓氏。又譯為「蘿菔根」，就是蘿蔔。因為他的先人修道時，吃這種東西，所以也就以蘿菔作為姓氏。他的名字叫「拘律陀」；拘律陀是樹名，因為他父母親在這種樹神這兒祈禱而生了目犍連，所以他名字就叫拘律陀。

目犍連六種神通，通達無礙

目犍連尊者，在佛教裏是「神通第一」，神通最大。當他在修道最初證得阿羅漢果時，得到六種神通。六種神通，就是天眼通、天耳通、他心通、宿命通、漏盡通、神足通。

六種神通

天眼通	不單看見人間的事情，而且天人的一舉一動都可以看得見。
天耳通	不單能看見天人一舉一動的事情，並且天人一言一行也都可以聽見。
他心通	就是在彼此面對面的時候，你在心裏有什麼意念還沒有說出來，他就知道了，知道你心裏想要說什麼、想要做的什麼事情。
宿命通	不單知道你心裏所想的事情，而且你前生是怎麼一個因果，也是清清楚楚地知道。
漏盡通	我們所有的人都有漏，就好像一個玻璃瓶子，底下有窟窿，就裝不住水了。你裝上一瓶子水，窟窿要是大一點，漏得就快一點；窟窿要是小一點，漏得就慢一點；若沒有窟窿，就不會漏了。
神足通	又叫神境通，又叫如意通。神足通，言其你有一種不可思議的力量，連鬼神也都不知道你有千變萬化的力量。

以用佛法洗。」

接著，蓮華色女向目犍連講述了自己的悲慘遭遇。

目犍連聽了蓮華色女的敘述後，用憐憫同情的語言對她說：「蓮華色女！此刻你獲得佛陀救濟的機緣已到，你跟我去見佛陀吧！」

蓮華色女很歡喜，她以這樣的因緣成為佛陀的弟子。

目犍連在弘法的途中被打死。目犍連為了傳播佛法的種子，為了給後世作個為法犧牲的榜樣，他的色身真的是與世長辭了。

比丘們不久知道目犍連殉教的消息，有的垂頭喪氣，有的要為目犍連向異教徒報仇，有的就請問佛陀道：

「佛陀！目犍連尊者是那麼了不起的人，他的後果怎麼這樣的不幸呢？」

佛陀安靜地告訴大眾說：「肉體是無常的，業報是要了結的。只有目犍連尊者，亡身的時候不迷而進入涅槃。生死的問題，在覺悟者之前是不成問題。有生就有死，死是不必驚慌懼怕的，要緊的是對於死時有無把握。目犍連為了宣揚如來的教法，他的犧牲真是無限之美！」

富樓那（說法第一）

佛陀的弟子中有著美妙的言辭、深厚的信心和威儀的態度，到處幫助佛陀宣化，受人熱烈歡迎的比丘，其數實在很多，而富樓那卻能在大眾中被大家推舉為說法第一。

有一次，富樓那尊者在聽完佛陀講經之後，等大家散去，就很恭敬地跪在佛陀座前，向佛陀頂禮後說道：「佛陀！我想我和大家皈依佛陀是為了救自己永久的慧命，宣揚佛陀的正法於人間，利益一切眾生，才是我們的職責。我現在請求佛陀慈悲，允許我到輸盧那國去布教！」佛陀聽富樓那說後，很歡喜他的請求，但佛陀知道布教的艱難，就照實告訴他道：「富樓那！我很嘉許你的志願，但是輸盧那國是一個偏僻的小國，那裏的文化還沒有發達，民性非常暴戾，打罵成為風習，你現在要去那樣的地方布教，難道不怕危險嗎？」

富樓那聽完佛陀的話，反而微笑著，堅決有力地表明他的志願道：「佛陀！我正是因為輸盧那國是一個邊遠的野蠻國家，沒有人發心前去教化他們，所以我才覺得非要到那邊去傳教不可。到那邊去，我知道有一切危險隨時會加之於我，但為了正法的宣揚，區區我的個人安危，實在不值得去顧慮。請佛陀慈悲允許，讓佛陀之光庇護我，准我前去開闢人間的淨土吧！」佛陀聽了很感動，很讚賞富樓那為法忘軀的精神。佛陀稱讚道：「富樓那！你不愧是佛陀的真弟子，修道、布教、學忍辱，你的心境都能平安。做佛陀的弟子，從事弘法利生的事業，的確

富樓那

說法第一——富樓那

說法第一

富樓那，全名富樓那彌多羅尼子，迦毗羅衛人，佛陀十大弟子之一，與佛陀同日出生。父親為淨飯王國師之子，母親相傳是阿若憍陳如的妹妹，屬婆羅門種。出家受具足戒，後證得阿羅漢果。其長於辯才，善於分別義理，後專事演法教化，因聞其說法而解脫得度者，多達九萬九千人，故被譽為「說法第一」。

布教十德

10	9	8	7	6	5	4	3	2	1
成就威力德	身心無倦德	勇猛精進德	具足威儀德	隨法行法德	方便巧說德	辯才無礙德	處眾無畏德	能爲宣說德	善知法義德

布教師應具十德

要有你這樣的精神，布教師應具十德：1.善知法義德；2.能為宣說德；3.處眾無畏德；4.辯才無礙德；5.方便巧說德；6.隨法行法德；7.具足威儀德；8.勇猛精進德；9.身心無倦德；10.成就威力德。

富樓那！幫助佛陀宣揚真理，布教師的精神與肉體的素質同時重要，在精神方面，先要對三寶確立不動搖的信仰，再以慈悲、沉著、才智、健康為助；在肉體方面，先要有健康的身體，再以品行、風度、聲音、辯才為助，你都已具備了這些條件，你可以到輸盧那國去布教，我很放心也很歡喜你去！」

不久，富樓那在輸盧那國收有五百弟子，建有五百伽藍，他在僧團中「說法第一」的美譽就這樣傳開了。

須菩提（解空第一）

據說當須菩提出生的時候，他的家中就有空生的徵兆，佛陀在般若會上，發揮究竟的空理，對它能徹底解悟的，也首推須菩提。

有一天，佛陀到忉利天去為母說法，大概要三個月的時間才會回來。

三個月過去，佛陀重降臨人間，佛陀還未到達僧團時，知道的人都爭先恐後地出去迎接，此刻須菩提正在靈鷲山的堀中縫衣，他心中想道：一切法是空寂的，法性是無處不遍的，佛陀的法身是無處不在的，我皈依奉行佛陀的教法，我想不應該被事相所迷。

須菩提因有這樣的體認，他就不去迎接佛陀。

佛陀的歸來，蓮華色比丘尼第一個搶先迎接佛陀，她對佛陀說道：「佛陀！弟子蓮華色首先前來迎接佛陀的聖駕。」

佛陀微笑著回答道：「蓮華色！須菩提尊者觀察諸法的空性，才是真正迎接見到我的人，見法的人才能第一個見到佛陀，第一個迎接佛陀。」

有一次佛陀在般若會上，對須菩提說道：「須菩提！你很有辯才，深能體會真空的道理，你可以向在場聚會中的菩薩們解說般若波羅蜜相應之法，滿足他們的所學是很好的事。」

須菩提聽完後，頂禮佛陀，對佛陀稟告道：「佛陀！我不見有法名為菩薩，也不見有法名為般若波羅蜜。即使這兩個法的名稱我也沒有去分別。」

佛陀很歡喜地回答道：「須菩提！菩薩只有名為菩薩，般若波羅蜜只有名為般若波羅蜜，所謂菩薩與般若波羅蜜的名稱，亦只有名稱而已。可是，須菩提！菩薩要證得不生不滅，仍然要修學菩薩法與般若波羅蜜法的假名與假法。」

須菩提回答道：「佛陀！這以上都不名為菩薩。本來所謂眾生者，是不可知

須菩提

解空第一——須菩提

須菩提，釋迦牟尼的十大弟子之一，古印度拘撒羅國舍衛城人。從釋迦牟尼佛出家，成為釋尊的十大弟子，以「解空第一」著稱。須菩提每次化緣都去有錢人家裏化緣，因他同情窮人的貧困，而大迦葉卻向窮人化緣，因大迦葉要給窮人集善的機會，後來，佛陀知道後，斥責他們的心不均平，不合佛家法規，從此，和尚化緣不再擇富挑貧。

解空第一

什麼是空?

空，是大乘佛法的義理；空代表了大乘佛法的精神。從相對的事理上可以看空。空，不是否定一切，空有空的背景，空有空的內容。空，才是一切事物本來的面目。

不可得的，不論什麼菩薩也是如此，色受想行識是不可得，說有這個法，說沒有這個法，遠離這個法性都不名為菩薩。」

佛陀很高興地稱讚道：「須菩提！如你所說，菩薩應如此修學般若波羅蜜。菩薩修習般若波羅蜜，不得般若波羅蜜，也不得菩薩的名，這才是真名菩薩，真名般若波羅蜜，這是為菩薩所說之教。」

迦旃延（議論第一）

真理不辯不明，迦旃延尊者能用很巧妙的方法、很簡短的言辭，把問難的人說得心悅誠服。

有一次，迦旃延走在街上托缽行化的時候，迎面走來一婆羅門的修道者，他向迦旃延招呼以後就問道：「迦旃延尊者！我有一個問題想請教你，希望你以客觀的態度破除我的疑惑！」

「你對什麼問題生起了疑惑？」迦旃延問。

「尊者！我看世間，剎帝利與剎帝利相爭，婆羅門與婆羅門相爭，這是什麼原因才使他們相爭呢？」

「是貪欲在蠱惑！」迦旃延回答。

「婆羅門和婆羅門相爭，剎帝利和剎帝利相爭，是為了貪欲。那麼，尊者！我再問你，你們沙門和沙門相爭，又是為什麼呢？」

「是我見的執著！」

婆羅門的修道者很滿意迦旃延的回答，但他又再提出問題來問道：「尊者！我想知道世間什麼人才能夠離開貪欲與我見呢？」

迦旃延毫不猶豫地回答道：「佛陀是我的老師現在舍衛城說法，他是應供、正遍知、無上正覺者，他沒有貪欲的煩惱，沒有我見的執著，是人天的師範！」

婆羅門的修道者很感激迦旃延的說法，他當即要求他介紹皈依佛陀，做在家學佛的居士。

迦旃延尊者長於議論，在各國宣化佛法的途中，感化了很多人，且有許多人都皈依三寶、奉行佛教。

頭陀第一大迦葉

頭陀就是修習苦行的意思，凡是修習苦行的人第一要選擇空閒的地方，第二要過托缽乞食的生活，第三要常居一處，第四要一日一餐，第五要乞食不擇貧富，第六要守三衣缽具，第七要常坐樹下思維，第八要常在露地靜坐，第九要穿著糞掃衣，第十要住於墳墓之處。修學頭陀苦行的人就是要過這樣簡單的生活，

迦旃延

議論第一——迦旃延

迦旃延，譯作文飾，又稱好肩，其本名為那羅陀，其父為吠陀學的論師，他繼承其父的血統，成為一位賢明長者，成為釋迦教團的一員後，更表現出他卓越的才能，被稱為「議論第一」，極受眾人尊重。

迦旃延解世間爭端

人生的貧富各有因緣，上層階級的爭執大多因為有太多的貪欲，下層階級的爭執大多因為我見，反過來也是同樣的道理。

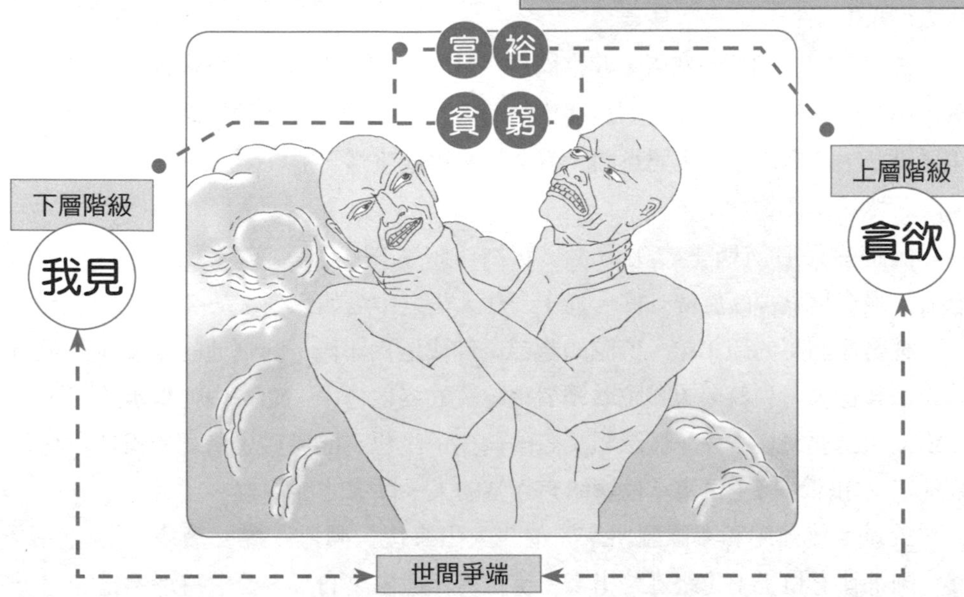

也是清淨的生活。

這樣理想的頭陀修行者，就是尊者大迦葉。

大迦葉尊者是過著捨富乞貧的托缽生活，有一次，他在王舍城行化的途中，見到一位貧困的老母，大迦葉尊者很憐憫她，就向她行乞。

窮苦的老母回答道：「啊！你是一位尊者，你要我布施供養你食物，這是叫我感到非常困難的事情。我現在只有很少的米汁，臭惡難聞，這怎麼可以用來供養你尊者呢？」

「這是沒有關係的，」大迦葉說，「你就把米汁給我一點吧！」

貧窮的老母聞言大喜，即刻取出米汁供養，大迦葉恐怕老母不信，就當著老母的面把米汁一飲而光，老母後來以此功德，壽終之時即生天享樂。

大迦葉尊者，不懼狂風暴雨，不怕日晒夜露，總是住在深山叢林的樹下，或是白骨遍野的塚間，他的年齡逐漸地衰老，佛陀很同情憐憫他，有一天當他到祇園精舍的時候，佛陀就勸他安住在祇園精舍。

可是，他反而向佛陀說道：「佛陀！不行，我不能住在祇園！我很樂於塚間的生活，那裏，長年累月的獨自一人，或在樹下，或在露天，或經行觀屍，或補破衲衣。我不為衣愁、不為食憂，沒有人間的得失，我只感到清淨解脫的自由。我不會忘記佛陀給我的恩德，為了報答佛陀的恩惠，我才更要過頭陀的生活。頭陀的行門，就是一種最嚴肅的生活方式，如能習慣於這種生活，便能吃苦，便能忍耐，便不貪名聞，不求利養，一心一德，為法為人！懇求慈悲的佛陀能夠原諒我大迦葉的固執。」

佛陀聽完大迦葉的稟告，非常同意，看看大迦葉說道：「將來佛陀正法的毀滅，不在天魔外道的破壞，而是在僧團的腐化與崩潰！大迦葉的話說得很對，要弘揚佛法，讓真理之光永照世間，就必須嚴肅地生活。」

天眼第一阿那律

阿那律是甘露飯王的次子，又譯為「阿㝹樓陀」，漢譯「無貧」、「如意」。過去世以稗飯施辟支佛，九十一劫人天之中受如意樂，故名。

他是摩訶男的親弟弟，佛陀的堂弟。佛成道六年後，回到他的故鄉迦毗羅衛城說法教化，看到親弟弟難陀耽溺於孫陀羅的姿色之中，如果由他繼承王位，國一定很快就要滅亡；兒子羅睺羅又是一個孩子，也不能擔負起治國的重任。唯有度他二人出家，將王位繼承權讓給有作為的人，國家才能得救。

於是，度難陀和羅睺羅出家。他二人出家後，阿難、提婆達多、婆娑、跋提，阿那律五位王子也跟佛陀出家。佛陀對釋種出家的人，要求特別嚴格。

大迦葉

頭陀第——大迦葉

摩訶迦葉，因梵文中「摩訶」解作「大」，故又名「大迦葉」。佛陀十大弟子之一，有「頭陀第一」、「上行第一」等稱號。為禪宗第一代祖師。摩訶迦葉生於王舍城近郊之婆羅門家，加入事火沙門的團體，成為領導者。後來於釋迦牟尼成道後第三年皈依佛陀，成為釋迦佛的弟子，八日後即證入阿羅漢境地，為佛弟子中最無執著之念者。

如何苦行

苦行是印度各宗教所修行的一種方法，透過各種超越自然、超越自我的修行，來達到目的。有的苦行是為了獲取法力或贖罪。苦行包括禁食、保持困難的姿勢以自苦，在烈火前或嚴寒中長久不眠以及屏息等。苦行者心中的聖地是神聖高尚的神界。

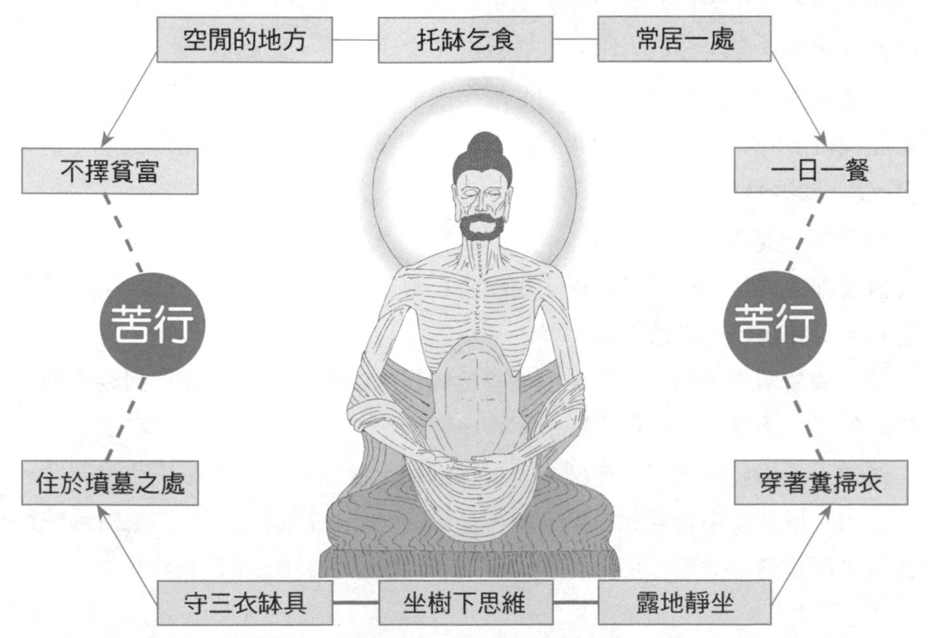

一次，佛陀說法，阿那律打起瞌睡，佛陀批評他說：「咄咄汝好睡，螺螄蚌蛤類，一睡一千年，不聞佛名字。」阿那律聽到佛的批評，跪下來求懺悔說：「從今後，盡形壽，不再睡眠。」沒有多久，阿那律因不睡眠，患了眼病。佛知道後，關心地勸慰他說：「修行不食，固然不行，太過了也是不行。一切眾生都要有食物才能生存，耳以聲為食，鼻以香為食，舌以味為食，眼以睡眠為食。修道也是這樣，涅槃以不放逸為食，無為境界以禪悅法喜為食。你應睡眠，保護眼睛。」並請名醫耆婆為他醫療。阿那律倔強地回答說：「我發了誓，盡形壽，不再睡眠。」

他依然不肯睡眠，不久，他的眼睛終於瞎了。在僧團內規定，比丘乞食回來，要將一份留給病比丘食用。衣服破了、髒了，同住的比丘要予以補洗。後來阿那律的三衣破得實在不能再穿了，佛陀知道此事，便要求阿難為他縫製一套新的三衣。

從這一事件，可以看出佛在僧團中，從不高人一等，與弟子的關係是慈愛和平等相處。佛為阿那律縫衣以後，對他雙目失明，十分憐憫，教他修習金剛照明三昧；不久，獲證天眼通。不論遠近內外，肉眼看不到的地方，證天眼通的阿那律一目了然。佛說彌陀淨土，有的人不相信，請阿那律以天眼通觀察一下，果然不虛，使那些懷疑的人生起虔誠的信心。

一次，阿那律十分得意對舍利弗說：「我的清淨天眼，可以看見三千大千世界；我身體可以在廣闊的天空中，自由地飛翔；我的不動正念，離染去執。」舍利弗批評說：「你說你的天眼可以看見三千大千世界，這是我慢心；你的身體可以在天空飛翔，這是掉舉心；你的心離染去執，這是狂妄心；有這三心的人，不能離煩惱得解脫。」對於舍利弗的批評，阿那律虛心接受，從此再也不在別人面說自己證得的境界。

持戒第一優波離

優波離還沒有皈依佛陀以前，是出生在首陀羅種姓的族中，他本是理髮匠，靠著為人剃除鬚髮，維持生活。

雖然優波離是一個理髮匠，但他心地純良、本性忠厚，故能得到剎帝利釋迦王族的信任，讓他在王宮為跋提王子等理髮。

跋提王子因見優波離工作細心，很喜歡他，優波離對跋提王子也很尊敬。

當初，佛陀成道後回到故鄉迦毗羅衛城的時候，跋提王子等因為給佛陀德慧的感召，都毅然地捨棄虛妄的王子的尊榮，皈投到佛陀的座下出家。

阿那律

天眼第一——阿那律

天眼第一

阿那律，意譯無滅、如意、無障、無貪、隨順義人、不爭有無，乃佛陀十大弟子之一。有「天眼第一」之稱。他出家之初，貪眠不起，被佛陀呵斥。阿那律陀受此刺激，下狠心連續七天不眠，竟不幸失明。但得了天眼通的神通，是佛門的千里眼，他的千里眼能見十方地域，達到能見世界如見核桃的境界。

阿那律修學「八大人覺」

八大人覺，指大人八種教法。又作大人八念、八大人念、八生法。乃聲聞、緣覺、菩薩等聖者（大人）為入菩提道所覺知思念之八種教法。

八大人覺

人生觀：
多欲為生死的根本
知足為守道的根本
精進為降魔的根本
智慧為化愚的根本
布施為度人的根本
持戒為節欲的根本

世界觀

結論：大乘心為普濟的根本

世界觀：
器世間——國土危脆
有情世間——世間無常
五蘊世間——四大苦空

人生觀

尊貴的王子身分可以跟佛陀出家，優波離很悲哀，他怨恨自己不幸的命運，生在下賤的首陀羅族中做人，他不敢妄想，下賤的首陀羅是不會有資格皈依大聖的佛陀出家做弟子的。

所以，當跋提王子等七人去出家披剃的時候，優波離除了傷心啜泣以外，他實在不敢說一句不平的語言。

適巧，他的哭泣被舍利弗尊者看到，舍利弗問明原委，就對優波離說道：「優波離！請你不要傷心，佛陀之法是不分智愚、貧富和身分的，關於這些，不是問題，請你不要掛在心上，佛法如大海，不厭眾流，不棄涓滴，無論什麼人，只要他信仰佛陀，他就有資格接受佛陀的慈悲、佛陀的庇護。佛陀的教示是持戒最要緊，證得涅槃正覺是第一！你跟我一起到佛陀的座前去，佛陀一定很歡喜地准許你出家。」

優波離畏縮迷糊地走到佛陀座前，佛陀很歡喜就安慰他說道：「優波離！我知道你的根器不小，過去在迦葉佛時，你就是在他的持律的諸弟子中最為第一！在我的教法僧團中，將來仍是你持戒第一！在你來此以前，跋提王子等七人向我要求出家，雖然我准許他們做我的弟子，但他們要經過七日的修行，我才為他們剃度。經過七日，等他們忘記王子的身分，知道是我的弟子，他們才有禮貌和你見面，我現在先許可你出家。」

優波離出家後，先知先覺者佛陀所說的預言沒有錯，優波離嚴持戒律，而且更懂得持戒的意義。

多聞第一阿難陀

阿難尊者在當時的僧團中年齡最輕，相貌非常端嚴，聰明而多聞，佛陀很喜歡他。

有一天，阿難將一夜之中夢見的七件怪事，說與佛陀：「第一，我夢見大江河海，都被烈火焚燒起來。第二，我夢見太陽將沒，娑婆世界上一片黑暗，我吃力地頭頂著須彌山峰。第三，我夢見比丘不依佛制，披搭袈裟。第四，我夢見比丘，法衣不全，躑躅在荊棘之中。第五，我夢見繁茂的旃檀大樹，有很多山豬扒掘樹根。第六，我夢見年幼的象仔，不聽信大象之言，踐踏青青的綠草，攪濁清清的河流，大象獨自來到清水美草之處，象仔無知，等到水草乏絕的時候，都因飢渴而死。第七，我夢見百獸之王獅子死去，飛蟲鳥獸不敢接近侵食，但從獅子的身內，自有蟲出，還食獅王身上之肉。」

佛陀聽完這七事，不勝感慨地回答道：「阿難！你夢中的七件事，早在我意料之中。我現在分別為你解說：「第一，你夢見大海江河為烈火焚燒，這象徵

優波離

持戒第一——優波離

持戒第一

優婆離出身於古印度的低下層，是奴隸、雜工，沒有任何人身權利，原為一名理髮師，是佛陀為太子時的宮中理髮師，後和薩迦的王子一起跟隨佛陀出家。因持律精嚴，從來不犯一點小錯，佛陀命他持長僧團的戒律被稱為「持戒第一」。

佛法如大海

佛陀之法是不分地位、身分和財富的多少，佛法如大海，不厭眾流，不棄涓滴，無論什麼人，只要信仰佛陀，就有資格接受佛陀的慈悲、佛陀的庇護。

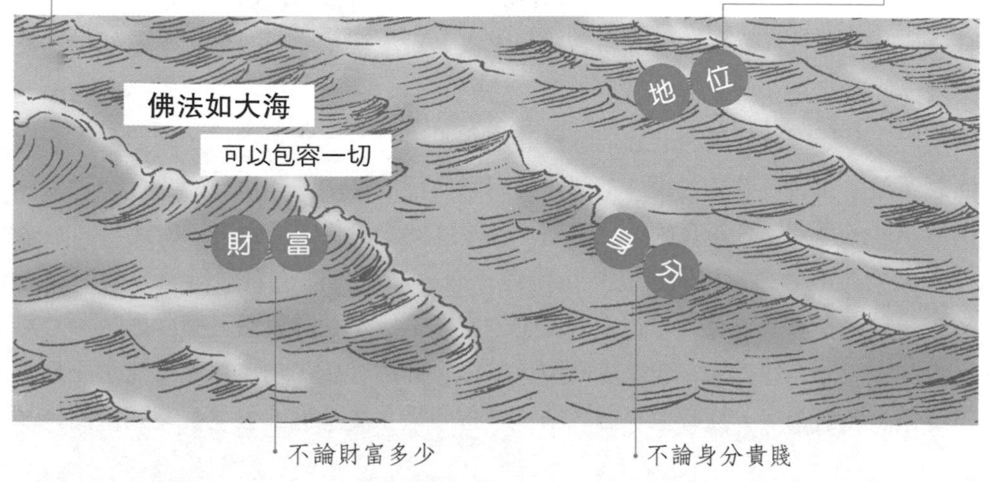

著未來僧團中的比丘，違犯佛教，取得供養，復起鬥爭。第二，你夢見太陽將沒，娑婆世界一片黑暗，你吃力地頭頂著須彌山峰，這是說佛陀九十日後，當入涅槃，大眾比丘，諸天人民，將要你來為他們啟受經教。第三，你夢見比丘不依佛制披搭袈裟，這是說佛陀涅槃以後，未來比丘開演說經大會，持著佛陀深法，口頭宣講而不奉行。第四，你夢見比丘法衣不全，躑躅在荊棘之中，這是佛陀涅槃以後，未來世中，有很多比丘沒有法衣，穿著俗人的服裝，棄戒樂俗，育養妻子。第五，你夢見繁茂的旃檀大樹，有很多山豬扒掘樹根，這是說佛陀涅槃以後，未來比丘，不發心宣揚佛陀正法，只顧為自己的生活打算，販賣如來，以經懺佛事為生。第六，你夢見年幼象仔不聽信大象之言，踐踏青草，攪濁河流，最後反而飢餓而死，這是說佛陀涅槃以後，未來僧團中有持戒長老，明經比丘，教誡年少後學，講說罪福，追人如影，但年少後學之人不肯信受奉行，死後墮入地獄。第七，你夢見百獸之王的獅子死去，飛蟲鳥獸不敢接近侵食，後為獅王的肉身之內，自有蟲出，還食獅王身上之肉。這是說佛陀住世廣說甚多經法，佛陀涅槃以後，沒有外道能壞佛陀正法，但由我的在家出家七眾弟子，自壞我法。阿難！你夢中的七事就是未來佛教的徵兆。」

多聞的阿難，聽佛陀敘說未來聖教的前途，心中很難過！

密行第一羅睺羅

羅睺羅是佛陀出家前的兒子。佛陀成道後六年還迦毗羅衛城時，羅睺羅成為沙彌。後在佛陀的訓誡下，開始嚴守制戒，精進修道，證的阿羅漢果，被譽為密行第一。

羅睺羅在出家時，年僅15歲。當時佛陀講的教法，羅睺羅還不能完全領悟。羅睺羅每天都是早上去打掃庭院，清潔環境後就去研習佛陀的教義。

有一次，羅睺羅打掃完庭院後，回到住所，發現他的住所已經被一個做客比丘占去，而且他的衣缽也被從屋裏扔了出去。羅睺羅不知道該怎麼辦，他只能癡癡地站在院子裏。此時又下起了大雨，羅睺羅沒有去處，只能躲到廁所裏避雨。到了晚上，羅睺羅想著自己連個睡覺的地方也沒有，感到很委屈，獨自一人在廁所裏哭泣。這時佛陀知道後，把羅睺羅叫到自己的住處，和自己一起住一晚上。由於年幼的沙彌需要年長的比丘照顧，佛陀以此緣由決定沙彌可以與比丘同室。

後來羅睺羅經常跟隨佛陀外出傳教。有一次，佛陀與羅睺羅一同離開祇園精舍，到舍衛城去乞食。半路上，佛陀告訴羅睺羅：「你要觀五蘊中之色，是無常的，受、想、行、識，也是無常的，甚至世間的森羅萬物，都應作無常之想，不可執著為實有。」羅睺羅一聽此話，若有所悟，於是他不去乞食，獨自回到精

阿難陀

多聞第一——阿難陀

多聞第一

阿難陀，又稱阿難，王舍城人，佛陀的堂弟，在竹林精舍正式被選為佛陀的侍者，是佛陀釋迦牟尼十大弟子中的一位，被稱為「多聞第一」。他在佛陀死後證阿羅漢果，曾經參與第一次集結。據說他繼承摩訶迦葉之後，成為僧團的領導者。

阿難陀夢的預言

河海焚燒	太陽將沒	不依佛制	法衣不全	旃檀大樹	年幼象徵	百獸之王
預言	預言	預言	預言	預言	預言	預言
象徵著未來僧團中的比丘，違犯佛教，取得供養，復起鬥爭。	象徵佛陀九十日後，當入涅槃，大眾比丘，諸天人民，將要你來為他們啟受經教。	象徵佛陀涅槃以後，未來比丘開演說經大會，持著佛陀深法，口頭宣講而不奉行。	象徵佛陀涅槃以後，未來世中，有很多比丘沒有法衣，穿著俗人的服裝，棄戒樂俗，育養妻子。	象徵佛陀涅槃以後，未來比丘，不發心宣揚佛陀正法，只顧為自己的生活打算，販賣如來，以經懺佛事為生。	象徵佛陀涅槃以後，未來僧團中有持戒長老，明經比丘，教誡年少後學，但年少後學之人不肯信受奉行，死後墮入地獄。	象徵佛陀住世廣說甚多經法，佛陀涅槃以後，沒有外道能壞佛陀正法，但由我的在家出家七眾弟子，自壞我法。

七種夢境的預言及詳解

舍，盤坐，一心思維無常。他以慈悲觀，除去瞋恨之心；以不淨觀，除去貪欲之心；以數息觀，對治散漫之心；以智慧觀，對治愚癡之心。就這樣他進入禪定，慢慢走上悟境。

佛陀回來後，對羅睺羅說：「用無緣大慈，同體大悲的心對人對事，心量就會大起來，把一切眾生容納於心，就可以滅除惡念，再不斷數息關心，便能獲得解脫。」

這時羅睺羅站起來，向佛陀頂禮膜拜，說：「佛陀，我已開悟。我心中的煩惱都已去除。」佛陀高興的說道：「在眾弟子眾，羅睺羅密行第一。」所謂密行，指出家人的三千威儀，八萬細行，羅睺羅都能明白，都能做到。佛陀說的七聖財：一信，二戒，三慚，四愧，五聞、六捨、七定慧。羅睺羅終生行之不怠，真是一位嚴密修行的聖者。

羅睺羅

密行第一——羅睺羅

密行第一

羅睺羅，又譯羅侯羅、羅怙羅、羅護羅或羅雲，意譯覆障或障月，是釋迦牟尼佛的獨生子，和後來的十大弟子之一，有「密行第一」的稱號。十五歲出家，因他不到受具足戒的年齡，所以先做沙彌，以舍利弗為和尚，目犍連為阿闍梨（軌範師）。羅睺羅是佛教僧團中第一位沙彌。

佛陀教導羅睺羅

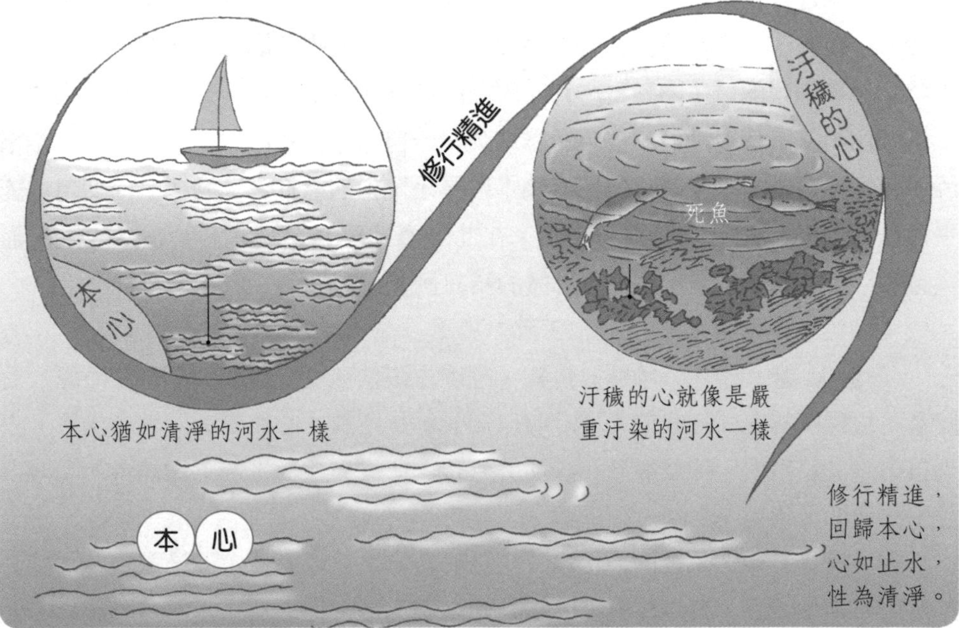
修行精進
本心
汙穢的心
死魚
本心猶如清淨的河水一樣
汙穢的心就像是嚴重汙染的河水一樣
本心
修行精進，回歸本心，心如止水，性為清淨。

第8節
《金剛經》與禪宗

《金剛經》是初期大乘佛教的代表性經典之一，也是般若類佛經的綱要。《金剛經》傳入中國後，自東晉到唐朝總共有六種譯本，其中，以鳩摩羅什法師所翻譯的《金剛般若波羅蜜經》最為出名。在中國佛教界，《金剛經》的流傳極為普遍，如三論、天臺、賢首、唯識等宗派，都各有注疏。《金剛經》以空慧為主要內容，探討了一切法無我的道理。

中國禪宗初祖達摩禪師初來東土，在傳授心地法門、頓悟禪法的同時，推薦《楞伽經》作為禪修者印心的典籍。但是，到四祖以後，《金剛經》就逐漸取代了《楞伽經》的地位。四祖道信就曾勸人稱念「摩訶般若波羅蜜」，五祖弘忍更是普勸僧俗弟子讀誦《金剛經》。到了六祖惠能，與《金剛經》的因緣就更加密切了。《六祖壇經》記載了惠能與《金剛經》結緣的經過。有一天，他去一家客店賣柴，聽到客人正在誦經，惠能聽後心有所悟，就問客人「誦的是何經」，客人回答是「《金剛經》」。他又問客人「從什麼地方請的」，客人回答「從蘄州黃梅縣東禪寺請的」，並告訴他「弘忍禪師正在此教化」。惠能聽後，當即發心要去黃梅修學。後來惠能到了東禪寺，投在禪宗五祖弘忍大師的座下禪修。深夜聽弘忍禪師講解《金剛經》，到「應無所住而生其心」這一句時，豁然大悟，「悟一切萬法不離自性」。他向弘忍禪師報告自己的悟道心得：「何期自性本來清淨，何期自性本不生滅，何期自性本自具足，何期自性本無動搖，何期自性能生萬法。」這就是惠能悟道的經過。在此，惠能與《金剛經》的宿緣深厚，而《金剛經》的殊勝就是一個不可思議的稀有例子。

《壇經》與《金剛經》一脈相承

《壇經》思想：由《壇經》可知，慧能主張捨離文字義解，而直澈心源。他認為，這種境界是「如人飲水，冷暖自知」。是所謂「心量廣大，遍周法界，去來自由，心體無滯，即是般若。一切般若智，皆從自性而生，不從外入。若識自性，一悟即至佛地。」

在《壇經》中，慧能的禪法以「定慧」為本。他以為「定」是慧體，「慧」是定用，猶如燭光，有燭即有光，燭是光之體，後人稱之為「定慧一體觀」。他

《金剛經》與禪宗

《壇經》與《金剛經》一脈相承

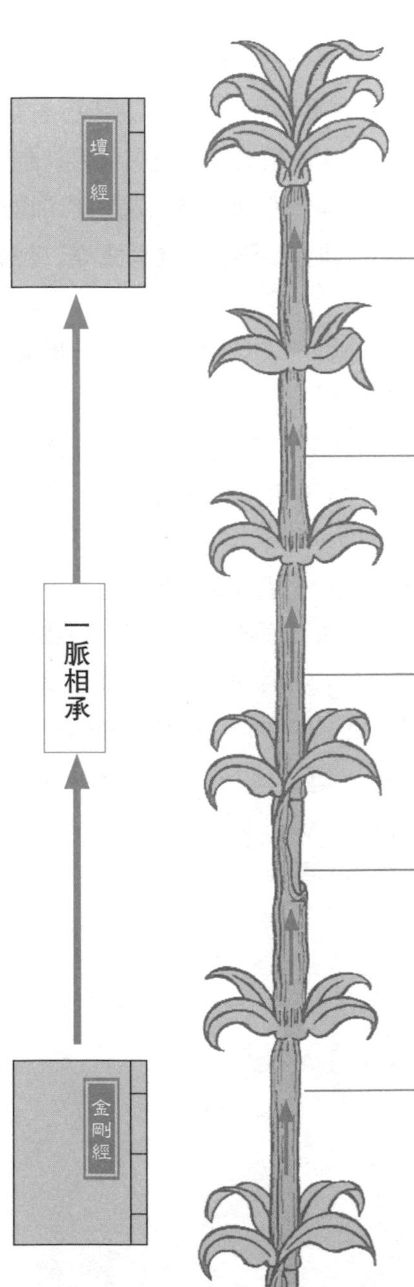

禪宗六祖惠能

一聞經語，心即開悟。後經五祖親授《金剛經》，大徹大悟。並將自己證悟的成果載入《壇經》。

禪宗五祖弘忍

奉事道信禪師達三十餘年，依《金剛經》，講如來知見，言下便證得最上乘法，悟寂滅忍。

禪宗四祖道信禪師

奉事僧璨禪師九年，師依《金剛經》講如來知見，言下便證實無有眾生得滅度者。

禪宗三祖僧璨禪師

奉事慧可六年，根據《金剛經》，講如來知見，言下頓悟。

禪宗二祖慧可

二祖慧可奉侍達摩，經於九年，聞說《金剛般若波羅蜜經》，言下證悟如來實無有法即佛菩提。

禪宗初祖達摩

達摩大師根據《金剛般若波羅蜜經》，將佛祖的正知正見，傳授給慧可。

又認為覺性本有，煩惱本無。直接契證覺性，便是頓悟。自心既不攀緣善惡，也不可沉空守寂，即須廣學多聞，識自本心，達諸佛理。因此，他並不以靜坐斂心才算是禪，就是一切時中行住坐臥動作云謂理，也可體會禪的境界。這與北宗的教人靜坐看心完全，北宗以為那樣將心境分為兩截，不能契自心性而生智慧。慧能教人只從無念著手，並不限於靜坐一途。

《壇經》強調「見自性清淨，自修自作法身，自行佛行，自成佛道」。慧能對於當時僧俗念佛願生西方的淨土法門，另有一種看法。他對韋刺史（《壇經》裏面的人物）開示說：「人有兩種，法無兩般，迷悟有殊，見有遲疾。迷人念佛求生於彼，悟人自淨其心。所以佛言，自淨心淨，即佛土淨。凡愚不了自性，不識身中淨土，願東願西。悟人在處一般。所以佛言：隨所住處恆安樂。使君但行十善，何須更願往生？」

也就是說，西方極樂世界就在每個人的心裏，只要行善，自己所處的便是西方淨土。世人各自的身體就如一座城池，眼、耳、鼻、舌、身好比五扇門，裏面有一個意門。心如土地，本性如國王。國王居住在土地上，本性存在國王存在，本性失去國王失去。如本性存在，身體和精神就存在；如本性失去，身體和精神就毀滅了。

慧能認為　「佛在心中坐，莫向身外求」。不識的本性就是苦海中的眾生，認識了自我的本性就是脫離生死苦海的佛。慈悲為懷就成了菩薩。自我就像須彌山那樣埋沒本性，邪念就像海水那樣淹沒本性，煩惱就像波浪那樣沖擊本性，塵世勞動就像魚鱉之游，貪嗔就像自造地獄，只有堅持修行十善，才能到達自己內心的西方淨土。為此，慧能宣揚要消除自我、消除塵世邪念，顯然與《金剛經》中所宣揚的無我相、他相、眾生相、壽者相是一脈相承的。

慧能在《壇經》中以一偈總結了所有佛經的教義。

一切無有真，不以見於真。
若見於真者，是見盡非真。
若能自有真，離假即心真。
自心不離假，無真何處真？
有情即解動，無情卻不動。
若修不動行，同無情不動。
若覓真不動，動上有不動。
不動是不動，無情是佛種。
能善分別相，第一義不動。

第九節
《金剛經》的其他漢譯版本

《金剛般若波羅蜜經》 提流支，意譯為道希，北印度人。是大乘瑜伽系佛教學者，博通經、律、論三藏，又熟悉剛剛興起的密宗教法。志在弘法，於北魏永平元年（508年）經西域來到洛陽，受到魏宣武帝的優禮，提供優越的條件讓他從事譯經工作。在前後將近三十年的譯經事業中，他共譯出經論三十部，一百零一卷。包括《金剛般若波羅蜜經》一卷，《金剛般若經論》三卷等。

《金剛般若波羅蜜經》 真諦是南朝梁、陳時期來華的梵僧，梵名拘那羅陀，又名波羅木陀或作波羅末陀，少時博訪眾師，學通內外，尤精於大乘之說。少時博覽群書，精通佛理，立志周遊諸國，弘闡佛法。在中國佛教史上，他與鳩摩羅什、玄奘、義淨（另有一說為不空），並稱為四大譯師而名垂不朽。

《金剛能斷般若波羅蜜經》 隋代譯經僧。又作達摩崛多，略稱笈多，意譯法密或法藏。南印度羅囉國人，剎帝利種，姓弊耶伽羅。師於幼年即抱出塵之志。二十三歲，於中印度鞬拏究撥闍城究牟地僧伽藍出家，二十五歲受具足戒。旋從普照學大小乘經論三年，後隨普照前往吒迦國，滯留提婆鼻何囉五年，復歷遊諸大小乘國及僧寺，見聞豐富。大業二年（606年），於洛陽上林園翻經館，譯出《金剛能斷般若波羅蜜經》一卷、《金剛般若論》三卷等。

《能斷金剛般若波羅蜜多經》 玄奘（602～664年），唐朝著名的三藏法師，漢傳佛教史上最偉大的譯經師之一，中國佛教法相唯識宗創始人。俗姓陳，名禕，出生於河南洛陽洛州緱氏縣。梵文名：摩訶耶那提婆奴，在印度辯經勝利後，更名為摩訶耶那提婆。世稱三藏法師，在中國佛教史上是個有重要貢獻的高僧。玄奘的《金剛經》譯於西元648年，經名為《能斷金剛般若波羅蜜多經》，列入《大般若經》第九會。

《佛說能斷金剛般若波羅蜜多經》 唐義淨（635～713年），俗姓張，字文明。唐代高僧。高宗咸亨二年至印度求法，巡禮聖跡，歷時二十餘年，帶回梵本四百部。為「四大譯經家」之一。義淨於西元703年翻譯《金剛經》，經名為《佛說能斷金剛般若波羅蜜多經》。他還在法相宗慧沼協助下，補譯了玄奘未譯完的要籍，如《金剛經》彌勒的「頌」和世親的「釋」，無著、世親的《六門教授習定論》、《止觀門論頌》等，均為梵本所失傳的。

第9節
《金剛經》的邏輯結構

綜觀《金剛經》，不但有其清晰的主題，並且其邏輯結構也很嚴謹，層次分明，一目了然。這無不說明佛陀說法度生的權巧方便、化導有方；譯人的翻譯水準之高超，義理組織之周詳，於此可見其一斑矣。

據說古印度的邏輯學（「五明」中的因明學），即所謂的「宗、因、喻」。「宗」就是指所立的論題；「因」就是為了說明「宗」之所成立的緣由；「喻」就是用淺顯易懂的比喻、事例說明「因」所闡述的道理。在因明學中，宗、因、喻三者是同等的重要，若無因，宗則難以成立；若無宗，因則無所歸；若無喻，則難以說明因之正確，宗之成立。所以，標宗、述因、舉喻三者是同等的重要，如鼎之三足，缺一不可。

佛陀在《金剛經》中，為了開啟人們的菩提心，發揚菩薩的入世度人精神。圍繞須菩提的三問，首先闡述欲發無上菩提心者須先「降伏其心」的必然性，次則說明菩薩廣行六度時應「無住生心」的不可或缺性，後則詳述諸佛如來「阿耨多羅三藐三菩提法」的「是法平等，無有高下」的深奧道理。這是告示人們，由因趣果的一條層進式的漸次修行道路，也是佛陀說法遵循因明邏輯規則的明證，使抽象難懂的道理顯得有條理化。

在《金剛經》裏，佛陀為了論證「應無所住而生其心」的重要性，大概分了三步進行論述。因為此句是全部經文的節骨眼，是發無上菩提心的菩薩遠離「四相」的具體落實，是菩薩「上求佛道、下化眾生」的必由之路。佛陀有次第地先開示人們，要遠離四相樹立佛法正確知見，接著又示其「住心」之方，令其付諸於實踐。最後佛陀又結示受持、讀誦、演說、流布此經的種種福德，勝於「有人以滿無量阿僧祇世界七寶持用布施」的福德。而流布此經的最佳方式在於「不取於相，如如不動。何以故？一切有為法，如夢幻泡影，如露亦如電，應作如是觀」。

佛陀這種由「觀念——行為——觀念——行為」，互為裏表，層層深入的，像「庖丁解牛」似的論證方式，是有很強的邏輯征服力的。為了證明自己所說的正確性，啟發人們的深信心，破除人們的疑惑，佛陀接二連三地問了三十個「於意云何」，分別就十方世界、如來色相、五眼六通、小乘四果、授記有無、布施忍辱、來去有無、諸相非相、菩提無法、淨土度生、說法有無等一系列問題進行激烈精彩的論述。終於從「一切有為法，如夢幻泡影，如露亦如電」的角度出發，徹底打破了「我相、人相、眾生相、壽者相」的僵局；以「無所住而生其心」的無相行施精神，唱出了「若以色見我，以音聲求我，是人行邪道，不能見如來」的寒梅考驗，證明了「一切賢聖皆以無為法而有差別」的千古鐵案。

作為因明的邏輯學，不是完全專注於空談理論，而在於舉例及喻說，以期達到人人心悅誠服的真實可信才行。為了說理的透徹，特別是為了能取信於人們，《金剛經》中就列舉了許多的事例，並以恰如其分的比喻作了說明。如在闡述「菩薩應離一切相，發阿耨多羅三藐三菩提心」時，以佛陀自己的往昔修因事例作了有力明證。

為了發揚「無住行施」的菩薩道精神，可謂是佛陀苦口婆心，以「如來是真語者、實語者、如語者、不誑語者、不異語者」的身分，告慰須菩提說：「菩薩為利益一切眾生故，應如是布施。」又恐眾生難以徹底深信奉行，則以種種譬喻說明了住與不住的利害關係，如文雲：「若菩薩心住於法而行布施，如人入暗，則無所見。若菩薩心不住法而行布施，如人有目，日光明照，見種種色」。經中像這樣的比喻是很多的，舉不勝舉，不再列舉說明。

總之，《金剛經》展現出了因明邏輯學的宗、因、喻的特色，再加上優美的語言文字，具有很高文學價值的。從宗而因，由因而宗，因宗一致的邏輯推理來說，可謂是達到了恰到好處的境界。

第10節

《金剛經》分章分品

昭明太子

齊中興元年（501年），生於襄陽。蕭衍時任雍州刺史，鎮守襄陽，後乘齊內亂，起兵奪取帝位，在建康（今南京）建立梁朝。天監元年（502年）十一月，被立為皇太子。末年以蠟鵝厭禱事件與父親有嫌隙，中大通三年（531年）三月，遊後池，乘船摘芙蓉，姬人蕩舟，落水後被救出，傷到大腿，未及即位而卒，諡昭明，世稱昭明太子。

蕭統少時即有才氣，且深通禮儀，性情純孝仁厚，喜慍不形於色。他十六歲時，母親病重，他就從東宮搬到永福省他母親的住處，朝夕侍疾，衣不解帶。母親去世後，他悲切欲絕，飲食俱廢。他父親幾次下旨勸逼，才勉強進食，但仍只肯吃水果、蔬食。他本來身材健壯，等守喪出服後已變得羸瘦不堪，官民們看了，無不感動落淚。

蕭統極富同情心。他十二歲時，去觀看審判犯人，他仔細研究案卷之後，說：「這人的過錯情有可原，我來判決可以嗎？」刑官答應了，於是他就作了從輕的判決。事後，刑官向梁武帝蕭衍報告此事，蕭衍對他表示嘉許。

梁普通年間，由於戰爭爆發，京城糧價大漲。蕭統就命令東宮的人員減衣縮食，每逢雨雪天寒，就派人把省下來的衣食拿去救濟難民。他在主管軍服事務時，每年都要多做三千件衣服，冬天分發給貧民。當時世風好奢，蕭統「欲以己率物，服御樸素，身衣浣衣，膳不兼肉」。

蕭統性愛山水，不好音樂。曾經泛舟後池，番禺侯軌盛稱宜奏女樂。蕭統不答，詠左思招隱詩：「何必絲與竹，山水有清音」。

蕭統酷愛讀書，記憶力極強。五歲就讀遍儒家的「五經」，讀書時，「數行並下，過目皆憶」。他更喜歡「引納才學之士，賞愛無倦」。所以他身邊聚集了一大批有學識的知識分子，經常在一起「討論文籍，或與學士商榷古今，繼以文章著述，率以為常」。《南史》本傳稱「於時東宮有書幾三萬卷，名才並集，文學之盛，晉、宋以來未之有也」。

蕭統編有或著有《文集》二十卷，典誥類的《正序》十卷，五言詩精華《英

《金剛經》分章分品

現在我們看的《金剛經》，分為三十二品，在《金剛經》原始翻譯的時候，根本沒有分章分品。原始的佛經是一篇連下來的文章，沒有段落，分章分段是後世所作。《金剛經》分成三十二品，是梁武帝的昭明太子編輯而成。

蕭統（501～531年5月7日），字德施，小字維摩，南朝梁代文學家，南蘭陵（今江蘇常州）人，梁武帝蕭衍長子、太子，母親爲蕭衍的貴嬪丁令光，又稱丁貴嬪。謚號「昭明」，故後世又稱「昭明太子」。主持編撰的《文選》又稱《昭明文選》。

《金剛經》分章分品

第一分	法會因由分	第十七分	究竟無我分
第二分	善現啟請分	第十八分	一體同觀分
第三分	大乘正宗分	第十九分	法界通化分
第四分	妙行無住分	第二十分	離色離相分
第五分	如理實見分	第二十一分	非說所說分
第六分	正信希有分	第二十二分	無法可得分
第七分	無得無說分	第二十三分	淨心行善分
第八分	依法出生分	第二十四分	福智無比分
第九分	一相無相分	第二十五分	化無所化分
第十分	莊嚴淨土分	第二十六分	法身非相分
第十一分	無為福勝分	第二十七分	無斷無滅分
第十二分	尊重正教分	第二十八分	不受不貪分
第十三分	如法受持分	第二十九分	威儀寂淨分
第十四分	離相寂滅分	第三十分	一合理相分
第十五分	持經功德分	第三十一分	知見不生分
第十六分	能淨業障分	第三十二分	應化非真分

華集》二十卷，歷代詩文而成的總集《文選》三十卷。原有集，已散佚，後人輯有《昭明太子集》。蕭統篤信佛教，著名的佛教大乘經典《金剛經》，其中「三十二分則」的編輯，即為他所作。原本長篇連貫的經文，經過他整理成為容易傳誦理解的三十二個分則，各段並補充濃縮精要的副標題。在此，本書將以昭明太子三十二品來進行一一解說。

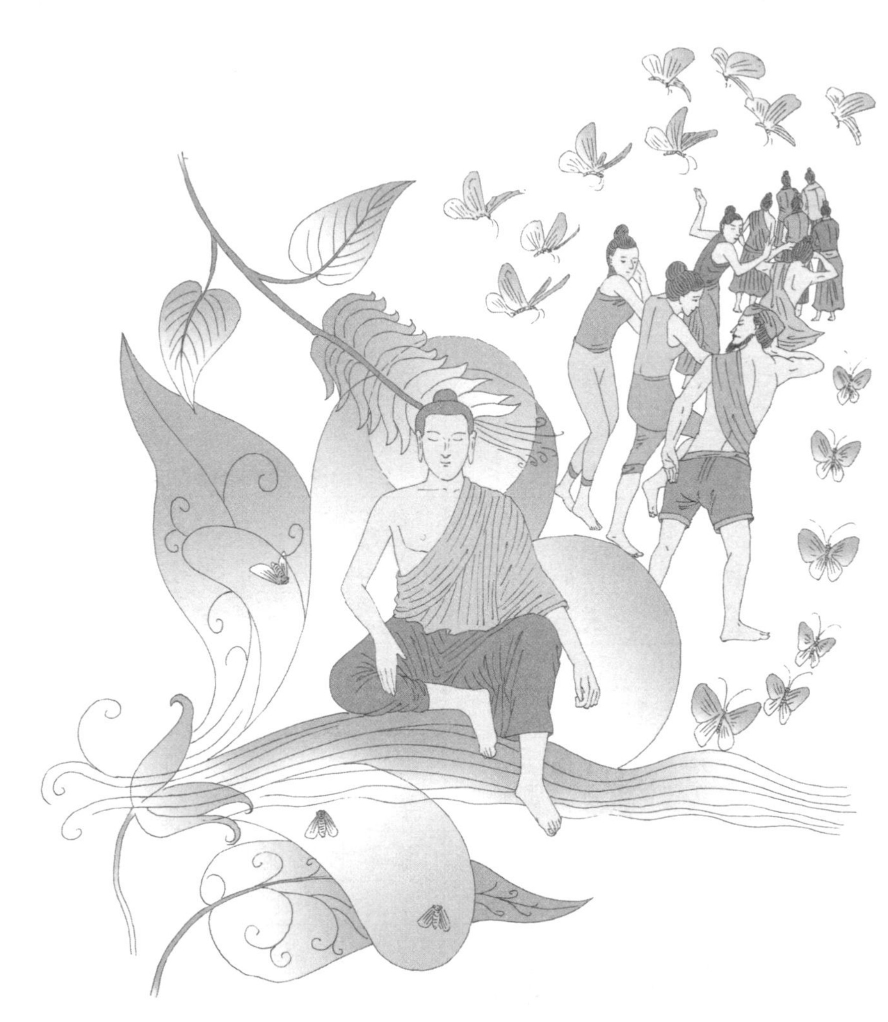

第二章

《金剛經》三十二品詳解

《金剛經》為大乘佛教著名的經典著作，其中「三十二分則」的編輯，即昭明太子所作。《金剛經》原本為長篇連貫的經文，經過昭明太子整理成為容易傳誦理解的三十二個分則，各段並補充出濃縮精要的副標題。在此，本書將以昭明太子三十二品來進行一一解說。

第一品

法會因由分

【原經】

如是我聞。一時佛在舍衛國。祇樹給孤獨園。與大比丘眾。千二百五十人俱。爾時世尊。食時。著衣持缽。入舍衛大城乞食。於其城中。次第乞已。還至本處。飯食訖。收衣缽。洗足已。敷座而坐。

【譯經】

我聽佛是這樣說的。當時，佛祖釋迦牟尼在舍衛國的祇樹給孤獨園，和大比丘眾一千二百五十人居住在那裏。那時，世尊到要吃飯時就身著法衣，捧著食缽，進入舍衛國都城化緣。在城內乞食，化緣完後，回到住處。吃完飯，收好法衣和食缽，洗完腳，鋪好座墊就開始打坐。

放下著「著」是虛詞，有強調作用，無實際意義。而「放下」，應該是「不要記在心裏。」釋迦二十九歲離家接受苦難的修行。到了三十五歲時，則連修行也一併不談。這就是拋棄苦與樂、迷與信等對立觀念的相對知識，超越了人我界限的修行，這是釋迦當年在菩提樹下坐禪的情形。

有一位外道，拿著兩個花瓶獻給釋尊，釋尊說「放下。」

外道放下了一個手中的花瓶，釋尊又道：「放下。」

外道放下了另一個手中的花瓶，釋尊還道「放下。」

外道說：「我現在已兩手空空，還要我放下什麼？」其實，外道怎麼能理解釋尊是要他放下獻花瓶的這顆心。

有位修行者問趙州和尚：「一物不將來時如何？」意思為拋棄一切，兩手空空，要怎麼辦呢？趙州和尚回答說：「放下著。」

修行者又問：「你要我拋棄一切？我兩手已空空了，還要拋棄什麼東西呢？」

趙州和尚回答說：「那麼，把一切挑起來吧！」這句話就把放下的心說得更透徹了。「挑」是反語，有諷刺的意思。沒有東西可挑，就是「把一切的念頭拋棄掉」的意思。

禪者把這些事，藉著平易近人的話來勸人「不能背負東西。」由此，我想到新都寶光寺有一副對聯：挑起一擔通身白汗阿誰識，放下兩頭渾身清涼祇自知。各種頭銜，各種名聲，就是人們肩上所背負的重物。有時候，人們以為已經放下了，以標榜其「一物不將來」，但仍藏不住那若隱若現的狐狸尾巴。禪者把這些譏諷為「卑下慢」。因為掛的是「卑下」的名，行的是「傲慢」的實。所以趙州和尚諷刺道：「挑起來吧！」

人生就是一段旅程，我們的身和名，就是我們的行李，就需要我們這顆心來挑起，一直背負到人生的終點。要知道，在人生的道路上，是沒有人能夠替代得了的。

法會因由分詳解一

由證信導入說法緣起

每一部佛經開頭都是四個字：「如是我聞」。涅槃經上說，佛在涅槃的時候，阿難問他：你要走了，將來我要記錄你的言語，別人怎會相信呢？還以為我是假造的。佛就告訴阿難，在一本經開始時，加上「如是」二字，「我聞」的我是指阿難自己。「如是我聞」就是我聽到佛這樣說。如此以取得受眾的信任。這樣的情境描述，後世稱之為證信。證信的內容大同小異，不過將它與正文連結起來，短短的幾句話就有了特定的指代意義。佛經中最精深奧妙的一部佛經，當《金剛經》莫屬，其中的很多思想理論都超越了佛祖早期的說法。貫穿全文，原本簡略的證信，恰恰成了說法緣起的關鍵，為揭開《金剛經》的神秘面紗，拉開了序幕。

說法時間

關於佛陀說法時間，《金剛經》裏似乎沒有交待佛陀說法的準確時間。「一時」拿白話文來解釋，「一時」就是「那個時候」。那個時候就是那個時候，那個時候也就是這個時候，所以這個「一時」很妙。即真正悟了道，就不會有時間觀念。《金剛經》告訴我們，「過去心不可得，現在心不可得，未來心不可得」。時間是相對的，真正的時間，萬年一念，一念萬年，沒有古今，沒有去來，等於一首古詩：「風月無古今，情懷自淺深」。因此佛法已經點題了，「一時」，就是無古今，也無未來。

說法地點

關於佛陀說法地點是確切的，即舍衛國祇樹給孤獨園。佛陀說法四十九年，光在此就講了二十五年。這是佛說法的第二座專門場所，比早期的竹林精舍更具有寺廟的功能。在這裏佛法不僅戰勝了婆羅門教的挑釁，而且使得包括國王在內的很多信眾皈依。照此再去推算時間，佛和眾比丘從竹林精舍遷移到祇樹給孤獨園，並且從容出入舍衛大城乞食化緣，至少是在佛悟道說法二十年之後。在祇樹給孤獨園的二十多年裏，佛法逐漸走向成熟。

相關人物

此時，佛的周圍聚集了一千二百五十多名比丘，都已經被尊為「大比丘」，那麼這個僧侶團隊已經在祇樹給孤獨園有了相當程度的磨合，佛法的修行也有了大幅度的精進。所以，無論是佛、法、僧任何一寶都具備了一定的規模，只有這時候，佛才有條件講出如此深奧的《金剛經》，須菩提也才能解悟到佛的不言指教。

證信的內容及特定意義

證信顯示：《金剛經》是佛在說法的後期，於祇樹給孤獨園，當著一千多名大比丘，公開宣講的深奧法理。這涵蓋了時間、地點和人物等基本情境要素。

說法地點、時間及人物

說法時間

《金剛經》告訴我們，「過去心不可得，現在心不可得，未來心不可得」。時間是相對的，真正的時間，萬年一念，一念萬年，沒有古今，沒有去來，等於一首古詩：「風月無古今，情懷自淺深」。

說法人物

佛的周圍聚集了有一千二百五十多名比丘，並被尊為「大比丘」，這個僧侶團隊已經在祇樹給孤獨園有了相當程度的磨合，佛法的修行也有了大幅度的精進。

說法地點

鹿野苑 當年佛陀在菩提伽耶頓悟後，向西步行3百里來到了這裏，尋找當年的五位同修者，向他們闡述了生死輪迴、善惡因果以及修行超脫之道。這裏被尊為法輪初轉之地。佛法傳承中最重要的佛、法、僧三寶，在鹿野苑聚齊了。

竹林精舍 古印度佛教著名寺院。是佛教史上第一座供佛教徒專用的建築物,它也是後來佛教寺院的前身，計分十六大院，每院六十房，更有五百樓閣，七十二講堂，是佛祖宣揚佛法的重要場所之一。

祇園精舍 是古印度佛教創始人釋迦牟尼（又叫佛陀）當年傳法的另一重要場所，它比王舍城的竹林精舍要稍晚一些。祇園精舍是佛陀在世時規模最大的精舍，是佛教史上第二棟專供佛教僧人使用的專用建築物，也是佛教寺院的早期建築形式。

拘尸那羅 意為釋迦牟尼涅槃處。拘尸那羅為釋迦牟尼圓寂地。這裏也是佛陀生前最後度弟子須跋陀羅和涅槃後金剛力士放金剛杵處，以及八王分配佛舍利處。

靈鷲山 佛陀遊化印度各國中，最常出入王舍城，住在靈鷲山中。靈鷲山又稱耆闍崛山，山頂東西長、南北狹，山中園林清淨，福德聚集，是歷來諸佛賢聖的住處。佛陀樂居山中，與大比丘眾萬二千人共住，宣說佛法妙義。

法會因由分詳解二

佛的日常生活

佛的戒律

佛的戒律，規定弟子們喝一杯水，必須先用一塊布濾了以後，才可以喝。為什麼呢？「佛觀一碗水，八萬四千蟲」。佛的眼睛，看這一碗水，有八萬四千個生命。還有佛的戒律，規定弟子們每餐飯後都要刷牙，沒有牙刷，用楊柳枝。所以觀世音菩薩淨瓶裏泡的有楊柳枝，大概一方面灑水用，一方面刷牙用。把楊柳枝剪下，放在水裏泡，然後拿石頭把根這一節一敲就散開了，用來刷牙齒。這些生活的規律，都屬於佛戒律的範圍，禮儀都是非常嚴格的。佛經上所說一個成佛、得大成就的人，在一個佛國裏教化眾生，是師道的第一位，所以稱為世尊。

「爾時世尊食時」也就是吃飯的時候到了。佛的戒律是日中一食，每天中午吃一餐。普通佛學把我們人類吃飯，叫做段食，分段的在吃飯，一天吃三餐，叫做段食，也叫做摶食。早晨是天人吃飯的時間，中午人道吃飯，晚上鬼道吃飯。佛採用的制度，以人道為中心，日中一食，後世弟子們，過了中午一點鐘就不吃飯了，這個是佛的制度。

現在本經所講吃飯的時候，是佛自己所規定的日中一餐。佛雖然是太子出家，但是他以身作則，吃飯時間到了，「著衣」，穿好他的法衣，就是那件袈裟。其實佛的衣服就是那件袈裟，我們現在出家人所穿的這個衣服，是明朝老百姓的便服，所不同的是出家人的顏色樸素而已。分別身分就在頭髮，出家人是光頭，在家人有頭髮，衣服都是一樣的。佛的衣服是一件袈裟，又稱福田衣，袈裟的橫條、直條，依照受戒的情形都有規定。條紋像一塊田一樣，是為眾生培福的標記，所以叫做福田衣。

衣服穿好了，端了吃飯的缽，「入舍衛大城」，到這個首都。「乞食」，討飯，也叫做化緣。佛的戒律規定，佛弟子們不但不做飯，連種田也是犯戒的，一鋤頭下去，泥土裏不曉得死多少生命，所以不准種田。夏天則結夏，弟子們集中在一起修行、打坐，不准出來。因為印度是熱帶，夏天蟲蟻特別多，隨便走路會踩死很多生命，故不准許。在夏天以前先把糧食集中以便應用，到了秋涼以後才開始化緣。這是當時的制度，時代不同，慢慢就有所改變了。

佛陀的日常生活

讀過《金剛經》，我們才會明白佛雖是太子出家，但他卻過著和平民一樣的平凡生活。佛的生活嚴謹、平淡且很有次序。

順序	程序	意義	六波羅蜜	佛的戒律
1	乞食的時間到了	日中一食		以人道為中心
2	佛陀著衣持缽	莊嚴、樸素	如持戒波羅蜜	
3	一起到舍衛城化緣	讓眾生接觸佛法	如布施波羅蜜	
4	按乞食次第不分貧富貴賤化緣，最多七家	缽空、缽滿均接受	如忍辱波羅蜜	
5	返回居所、用齋			化好齋後，將飯缽端回居所，在規定的地方吃飯
6	收拾衣缽		如精進波羅蜜	飯後將衣缽都收拾起來
7	洗足	以赤足入城乞食，返回居所腳不乾淨	如忍辱波羅蜜	
8	敷好座位，繼而打坐禪坐	禪坐、入定、冥想	如禪定波羅蜜	洗完腳後將自己打坐的墊子鋪好，不用讓弟子服侍
9	一天的生活結束	嚴謹、平淡、完滿的一天	如般若波羅蜜	

法會因由分詳解三

乞士生活威儀

化緣，規定弟子們不要起分別心，窮人富人一樣，挨次去化，不可以專向窮人化緣或專向富人化。譬如迦葉尊者，是印度的首富出身，但是他特別同情下層的貧苦社會，所以他都到貧民區去化緣，同時收些弟子也都是窮苦的人。另外一個弟子須菩提尊者則相反，喜歡到富貴人家乞食化緣，佛曾把他們兩人叫來說：你們這個心不平，不管有錢沒錢，有地位沒地位，化緣的時候，平等而去，此心無分別，而且人家給你多少就是多少，這一家不夠，再走一家。我們現在看到出家人站在門口拿個引磬，那個就是釋迦牟尼佛留下來的風範。

在舍衛國首都的大城，他挨門挨戶的化緣。化好了以後，佛把飯碗端回自己的講堂，在規定的地方吃飯，飯吃完了，再把衣服及碗都收起來。然後有一個動作，「洗足已」：打水洗腳。所以我說這一本經是最平實的經典，佛像普通印度人一樣，光腳走路，踩了泥巴還要洗腳，非常平凡，也非常平淡，老老實實的就是一個人。

「敷座而坐」。洗完了腳把自己打坐的位置鋪一鋪，抖一抖，弄得整整齊齊，也沒有叫學生服侍他，更沒有叫個佣人來打掃打掃，都是自己做。生活是那麼嚴謹，那麼平淡，而且那麼有次序。由這一段看來，金剛經會使人覺得學佛要設法做到佛的樣子才好，不像其他經典那樣，把佛塑造得高不可攀，只能想像、膜拜。

看了金剛經，佛原來與我們一樣的平常，雖是太子出家，但是他過的生活和平民一樣。

乞食與佛法

《金剛經》教導人學佛要以佛陀為榜樣，並不是將佛塑造得高不可攀，而只能加以想像、膜拜。

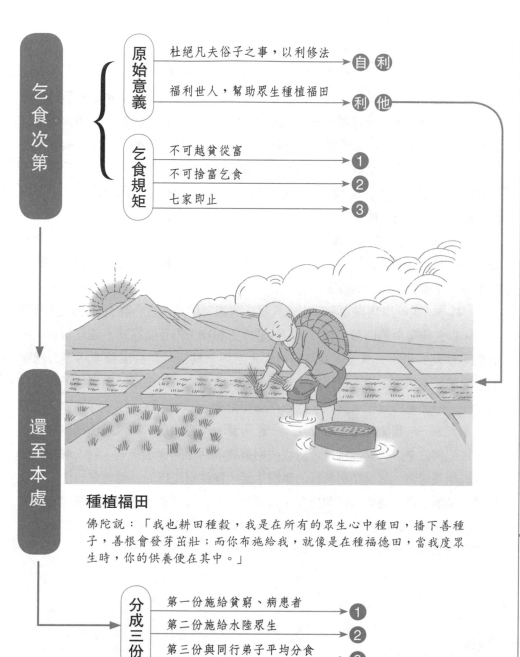

乞食次第

- 原始意義
  - 杜絕凡夫俗子之事，以利修法 → 自利
  - 福利世人，幫助眾生種植福田 → 利他
- 乞食規矩
  1. 不可越貧從富
  2. 不可捨富乞食
  3. 七家即止

還至本處

種植福田

佛陀說：「我也耕田種穀，我是在所有的眾生心中種田，播下善種子，善根會發芽茁壯；而你布施給我，就像是在種福德田，當我度眾生時，你的供養便在其中。」

分成三份
1. 第一份施給貧窮、病患者
2. 第二份施給水陸眾生
3. 第三份與同行弟子平均分食

法會因由分詳解四

眾比丘修行——和而不爭

《金剛經》中記載，在祇園精舍中，與佛一起修行的一千兩百五十多名大比丘，是追隨佛陀的主要聽法者。而在每一本佛經中，都提到這兩句話，不論佛在哪裏說法，都是與大比丘眾，千二百五十人俱。所謂比丘是出家人，翻譯成中文的意思就是「乞士」。乞士是一個好聽的名詞，意思是討飯的，討什麼飯呢？不是討一口飯吃的飯，是討一個永遠不生不滅的精神食糧。所以，上乞法於佛，下乞食於一切眾生，稱為成佛比丘。比丘的道理，也含有破除一切煩惱，了一切生死，而能有所成就，能證果的意思。

為了共同修證和證悟佛法的真理，這一千二百五十個常隨眾捨棄彼此的恩怨，在一起修法，從而構成了一幅和而不爭的眾僧和修圖。眾比丘集體修行的和而不爭，主要表現在六個方面。

其一，談吐用語謙和。即出家人說話要講究佛法道理，存有分歧時要互相討論，以免出現爭執口角。其二，交往心態要和睦。相互交往時不能互相嫉妒、懷恨。要友好和善。其三，戒律面前人人平等。其四，利益供養要均等。佛要求出家弟子不能靠生產經營來謀生，要吃飯就向在家弟子化緣。出家弟子有了利益供養，一律平均分配。其五，行為作息要諧調。即坐、臥、住、行都要一定的規矩，大家一起起床、一起做早課、一起用餐、一起休息。其六，佛法見解要一致。依照佛經來研究討論佛理，樹立彼相能達成共識的佛法知見，對人解釋說法也不能相互違背。這種眾僧修行的集體生活，往往也是佛的一種教育方法。解決團體生活的不便，擺脫人際關係存在的種種煩惱，對每個比丘而言，都是一種更為直接的修行方式。另外，從佛那裏修行得來的至上法理，在日常的團體生活中也會得到實際的運用。

眾比丘和修

為了共同修證和證悟佛法的真理，這一千二百五十個常隨眾捨棄彼此的恩怨，在一起修法，從而構造了一幅和而不爭的眾僧和修圖。眾比丘集體修行的和而不爭，主要表現在六個方面。

法會因由分詳解五

無言般若

佛祖的言談舉止，無論出、入、坐、臥、吃、穿、住、行，一切都能自然成儀，這是眾比丘乃至所有學佛眾生便於效仿的最佳榜樣。只有從最平凡處入物，才能安住真心，降伏虛妄。

佛祖還沒開口，已經在講《金剛經》了，不是透過語言宣講，而是用實際行動來告訴眾僧，修行的最佳方法。正如到了該吃飯的時候，佛就穿上袈裟，端上飯缽，來到舍衛大城乞食，其一舉一動，托缽、化飯、返回、吃飯、整理、清潔、打坐，沒有一處執著表象。不執著在感官表象上，也就不會起生出虛妄，這就是安住真心的捷徑，比用言語教你方法、訣竅要可靠得多，因為言語說教很可能讓人陷入語言的表象。所以在後面的言語說法中，釋迦佛說完一個方法，又自己「否認」，並不是方法不對，而是怕眾人對方法執著。釋迦佛在這一段日常生活中向眾人示範了修行佛法的正道，本意是教眾比丘們依佛法實踐，只有在實踐中獲得驗證，才是真正得到了佛法。

佛陀的示範是讓大家能夠找到一個下手效仿的地方，所以一開始就是穿衣、吃飯這兩樣最平凡的日常事務。但越是平凡往往越容易讓人放鬆警惕，吃飯、穿衣其實是最汙染人心的事情了。飯菜對口味，就容易引發食欲，多吃一些；反過來，飯菜沒有滋味，難以下嚥，心裏就會很不痛快，甚至怨恨做飯的人。穿衣服也一樣，體面、氣派的衣服，會讓穿它的人不由自主生出虛榮心來，反之就會自慚形穢。佛就從這些地方入手，教眾人吃飯、穿衣要心無罣礙。最隆重的禮服，是雜色碎布條縫起來的「福田衣」；飯食要次第乞討，根本不想什麼滋味，能糊口就行。佛在做這些事情的時候，一絲不苟，但卻沒有去考慮衣服是否光鮮，食物是否可口，這樣自然就消除了虛妄之心。所以，對出家人來說，吃飯穿衣也是修行大事。

榜樣的力量是無窮的。想要降伏虛妄、安住真心，就照著佛的樣子去做。穿衣服不執著衣服是否養眼，吃飯不執著飯菜是否美味，乃至於出入、往返、清潔、打坐，一切都從容自然，這些才是修行的真功夫。進一步說，這樣實踐下去，無上般若大智慧，也會很快被啟發出來。

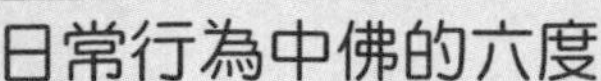

日常行為中佛的六度

《金剛經》的開經偈，就是八十卷《華嚴》當年翻譯圓滿的時候呈送給皇帝武則天看的一首偈。武則天看到這部經非常歡喜，就題了這四句「開經偈」。

佛祖的言談舉止，無論出、入、坐、臥、吃、穿、住、行，一切都能自然成儀，這是眾比丘乃至所有學佛眾生便於效仿的最佳榜樣。只有從最平凡處入物，才能安住眞心，降伏虛妄。

六度波羅蜜

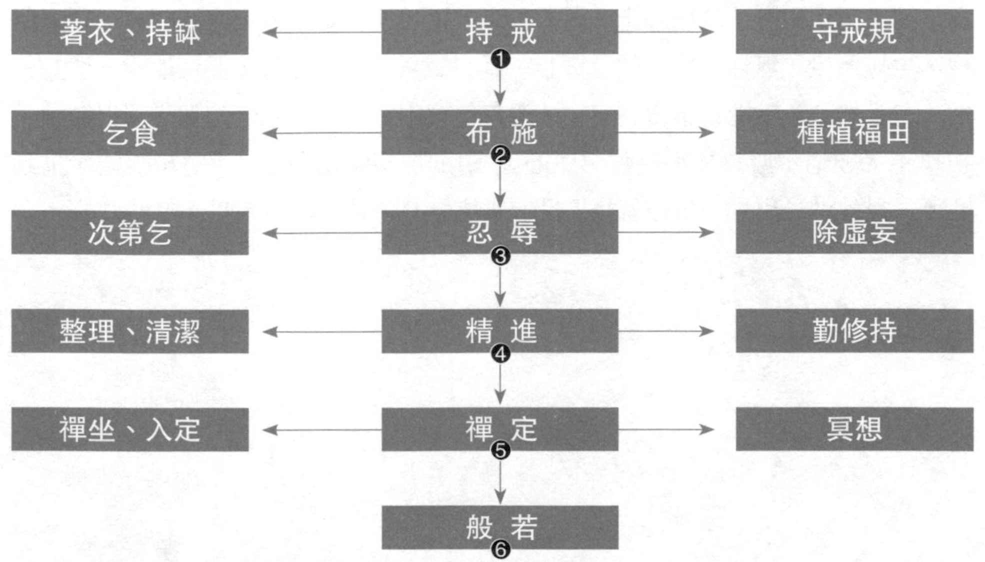

法會因由分詳解六

佛教中的出世與入世觀

佛法真理本不可說，出世入世也是假名，只能方便說一句，「都歸一心。」究竟哪個心是出世，哪個心是入世呢？當知真心為出世，妄心為入世；出世是佛法，入世是世法；出世是空，入世是有；出世是法身，入世是報身；出世是真，入世是妄。然而真妄不二，離開入世，也沒有出世。所以六祖說：離開世間就沒有菩提。初學佛者，只談出世，不談入世；而不懂佛法的，只知入世，不知出世。這樣，都落入二邊。

為什麼？因為世法就是佛法，離妄就沒有真，離真也就沒有妄，而且佛法的真實道理，入世就是出世，出世就是入世。所以經說：「如來者無所從來，亦無所去。」又說：「如如不動。」當知出世入世是體用不二的。出世為體，入世為用。離開了體就沒有用，離開了用也就沒有體。佛法真理就是這樣。可是凡夫妄生分別，執著入世這一面，就起惑造業；執著出世這一面，就又厭惡世間生活，遠離人間，避居山野。他們不知，一切事事物物都是幻象，生死也了不可得。如來為了破這些執著，所以恆順眾生，示現種種方便指引他們入道。其實，應無所應，住無所住，法身真心十方遍滿，妙用如如，這正表明出世；而報身以真心為依據，示現幻身，隨機應化，這正表明入世。所以學佛者人應該明白，住無所住，生無所生，無住無生，就是真心。真心是空，妄心是有，假使能對一切的一切，有事無心，就能當下得到自在。還有什麼出入呢？不過，這個道理很微妙，初學不易領悟，應該要從無住與生心上去用功。所以經說：「應無所住而生其心。」無住就是出世，生心就是入世。無住生心，就是出世入世不二的妙心。

出世法與入世法

出世入世不二的妙心——無住生心

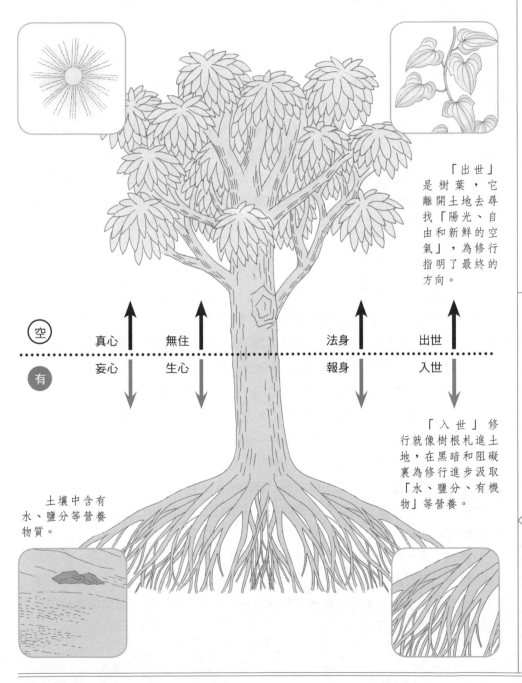

「出世」是樹葉，它離開土地去尋找「陽光、自由和新鮮的空氣」，為修行指明了最終的方向。

「入世」修行就像樹根札進土地，在黑暗和阻礙裏為修行進步汲取「水、鹽分、有機物」等營養。

土壤中含有水、鹽分等營養物質。

法會因由分詳解七

修行中的禪定

禪定的特質

禪定，梵語「禪那」，漢譯為「禪定」，就是」心止於一境」，讓混亂的思緒平靜下來，專注一境。在外離一切相曰「禪」，在內心性不亂曰「定」。

禪定的特質有兩點：1.安住；2.明顯。「安住」就是使心安定的專注在單純、單一的境界上，不散亂，不攀緣其他的境相；「明顯」則是指心所緣的境相清晰明了，心不昏沉。全心投入一件事而忘我不是禪定，因為缺乏一種超然而清靜，只能說是專注而已；或者在祈禱、凝神時，呈現了出神的狀態，全身不由自主地擺動或喃喃自語，這也不是禪定，而是精神恍惚的輕度昏沉，因為缺乏清澈而寧靜。

禪定的作用

為什麼要修習禪定？眾生因為在吃飯、穿衣、走路、打坐等種種活動中，內心往往會充滿諸多無名煩惱，而修行最後的禪定，能把在瑣碎修行中的散亂體會沉澱、整理成純淨融通的正知正覺，為體驗般若實相提供理想的思維空間。無名煩惱的解脫則更需要定力的支持。解脫煩惱固然要靠智慧，而在斷煩惱的過程中，定力的作用是至關重要的，因定發慧，以智慧照見實相之後，雖然知道煩惱是違逆法性實相的。但是貪欲、口恨心仍然存在，這時，禪定的修習就有助於觀照自己的起心動念，並且令其回到平靜、安詳的定心。

攀緣心逐漸安靜下來，雜念自然減少，這是一個沉澱的過程，不能勉強，要用中道的態度來應對。好像手中拿著易碎的杯子，捏太緊會破，拿不穩摔在地上又會碎；心也是這樣，逼得太緊會厭倦，太放任又雜念紛飛。不疾不緩、從容不迫才能成就禪定。

禪定不是短時間可以速成的，正確的心態和觀念是必要的。首先，談到修禪定的目的，那是對禪定妙用的嚮往，稱為「善法欲」。所謂「制心一處，無事不辦」，身心的舒暢、潛力的發揮、智慧的開啟，都需要禪定，而這確實值得人們拋開雜念，精進修行。

修行中的禪定

禪定：梵語「禪那」，漢譯為「禪定」，就是「心止於一境」，讓混亂的思緒平靜下來，專注一境。在外離一切相曰「禪」，在內心性不亂曰「定」。

禪定的特質

禪定的特質有兩個：1.安住，2.明顯。「安住」就是使心安定的專注在單純、單一的境界上，不散亂，不攀緣其他的境相；「明顯」則是指心所緣的境相清晰明了，心不昏沉。

如何修習禪定

修習禪定

- 正信：正信是對佛法僧三寶的皈依 → 1
- 正見：正見是無常、無我、緣起、性空的勝解 → 2
- 正行：正行則是戒律和善法的依教奉行 → 3

如何修習禪定

修禪定要以正信、正見、正行為根基，才不至於走入歧途，修成外道而不自知。正信是對佛法僧三寶的皈信；正見是無常、無我、緣起、性空的勝解；正行則是戒律和善法的依教奉行。心地光明磊落，無慚無愧，心安才能入正定，否則幻覺、煩惱、業障現前，是很難成就禪定的。捨棄那些處處攀緣的雜念。對混亂、情欲、妄想、無止盡的思慮，深知它的虛幻無常、有害無益，生起出離心，不再讓它有所期待、依附。在禪定的寧靜喜悅中，身心安住，從未定到初禪、二禪、三禪、四禪，漸入漸深，自然達到離欲清淨的境界。當修持到「八風吹不動」時，就算圓滿了。

修習禪定的境界

所謂八風，就是利、衰、毀、譽、稱、譏、苦、樂世間八法，大概意思就是說一個人，無論順境也好，逆境也好，別人稱讚他也好，誹謗他也好，他都能安然不動，泰然處之。

修行禪定的境界

在禪定的寧靜喜悅中，身心安住，從未定到初禪、二禪、三禪、四禪，漸入漸深，自然達到離欲清淨的境界。

八風吹不動

當修持到「八風吹不動」時，就算圓滿了。所謂八風，就是利、衰、毀、譽、稱、譏、苦、樂世間八法，大概意思就是說一個人，無論順境也好，逆境也好，別人稱讚他也好，誹謗他也好，他都能安然不動，泰然處之。

法會因由分詳解八

漸修與頓悟

漸修和頓悟是修行的兩種法門，漸修是量的積累，頓悟是質變的過程。因此，釋迦牟尼在漸修了多年之後，在菩提樹下瞬間頓悟而成佛。禪宗是主張頓悟的，六祖惠能的「菩提本無樹，明鏡亦非臺，本來無一物，何處染塵埃」就是頓悟的過程，最終接了五祖弘忍衣缽。禪宗裏面可以看到很多一語頓悟，手一指頓悟，還有當頭棒喝也頓悟了。前念迷是眾生，後念悟即成佛。

漸修是漸次修正，從凡夫一直修證到佛，需要我們按照一定的方法和步驟來修行，比如小乘裏面對於修行有很嚴格的定義。我們要善護念，持六度，無所住而生其心都強調按部就班和循序漸進的修行過程。藉由量的不斷積累最終才能達到般若的境界。而頓悟正如一語點破夢中人，在最後一念或者最後一緣悟到了清淨心、覺性和菩提心。無論是在動還是靜，在白天還是晚上，只要悟到了這念心就是佛，就是道。從開悟一直保持到圓滿成佛就是頓悟。

漸修是從事入手、由事入理，透過漸進的方法和過程來達到目標。而頓悟則是由理入手，先明白了目標的意義，再有目標的去實踐和漸修。頓是漸的開始，漸是頓的實踐，頓是漸的啟發，漸是頓的延續。漸修和頓悟正好是首尾相連，不斷的螺旋上升的過程。只要堅持漸修，一定就有頓悟的時刻，只是個人的悟性不同頓悟的早遲不同而已，如果在漸修的過程中遇到了好的導師指點就更加容易頓悟。而頓悟僅僅是先知道了理，頓悟不等於成佛，頓悟後仍然需要透過漸修和實踐來更加深刻的理解道理，來積累福德和功德。

每個人的根基和悟性不同，頓悟和漸修的順序可能不同。有的是漸修和頓悟，而有的是頓悟後繼續漸修，漸修和頓悟必須要相互融合，才能夠達到我們最終的目標。先頓悟，讓我們瞭解也看到了目標，然後再深入進去漸修，這應該是一種很好的學習方式。

漸修與頓悟

眾裏尋他千百度，驀然回首，那人卻在，燈火闌珊處。有關漸修與頓悟的爭論很多，然而事實上，二者卻是種子與苗芽的關係，是同一個問題的兩個不同點。沒有漸修的過程，是不會頓悟的。

首 開發心之門	悟 菩提之門
次 示修心之門	入 涅槃之門

修行的邏輯

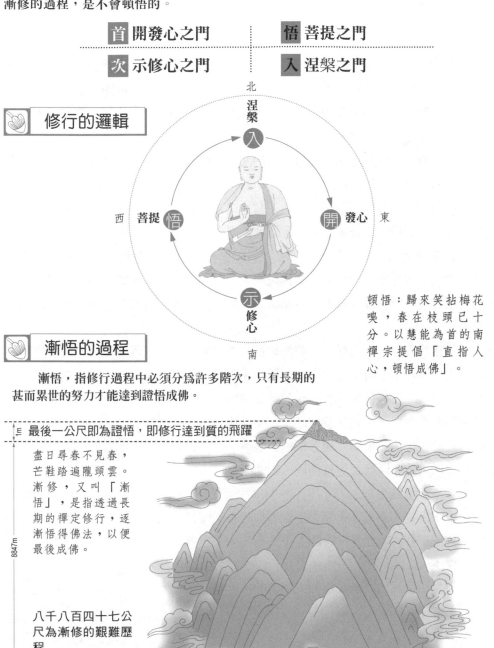

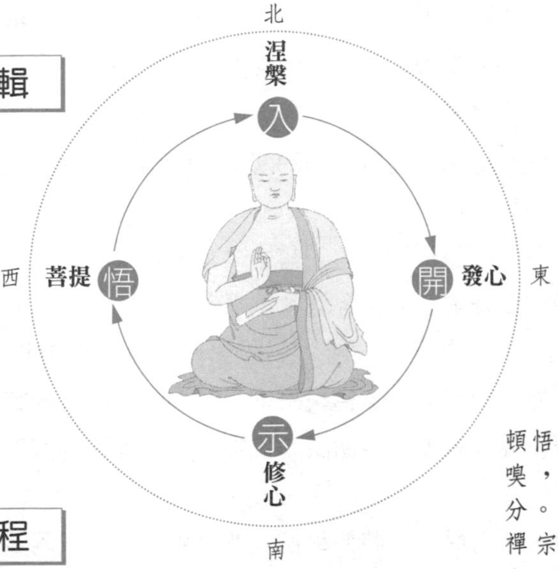

頓悟：歸來笑拈梅花嗅，春在枝頭已十分。以慧能為首的南禪宗提倡「直指人心，頓悟成佛」。

漸悟的過程

漸悟，指修行過程中必須分為許多階次，只有長期的甚而累世的努力才能達到證悟成佛。

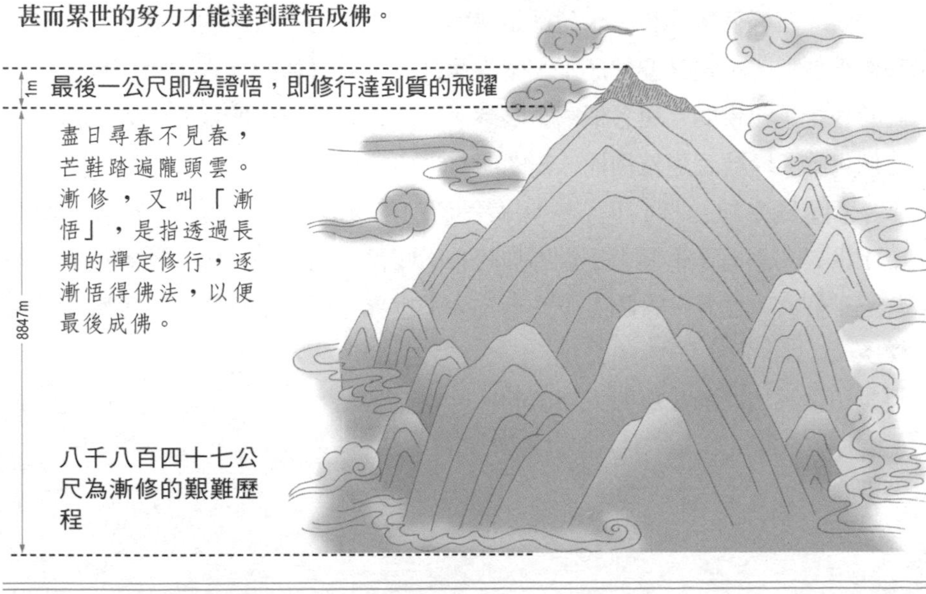

盡日尋春不見春，芒鞋踏遍隴頭雲。

漸修，又叫「漸悟」，是指透過長期的禪定修行，逐漸悟得佛法，以便最後成佛。

八千八百四十七公尺為漸修的艱難歷程

法會因由分詳解九
世間與大千世界

佛教中指的這個世界，不是只講這個人世間；佛學裏所謂世間，有三世間與四世間兩種概念。所謂三世間是：器世間、國土世間、有情世間。

器世間：就是國土世界，用現在的觀念，就是物質世界，是這個地球上，有人類、生物存在的世界。

國土世間：就是地球上各個分別的國土，中國、美國、歐洲等，是這個世間觀念裏的一個範圍。

有情世間：有情就是一切眾生，有生命有靈知性的存在，這是一個世間的觀念，等於我們現在講社會、人類等觀念差不多。

所謂四世間，除了前三種之外，另外第四種就是聖賢世間，也就是得道的聖賢所成就的另外一個範圍。拿佛教來講，阿彌陀佛西方極樂世界，就是有道之士所居住的聖賢世界。其他宗教所講的天堂，是另外一種聖賢、善人所居住的世間。

佛學裏有淨土、有穢土，我們這個娑婆世界算穢土，阿彌陀佛西方極樂世界是淨土。所謂土，有兩種觀念，一種是常寂光土，這個土已經不是土地，不是物質，而是說，在那個境界裏，永遠都是快樂的、清淨的、寂滅的。另外一種觀念是指我們這個世間，是凡聖同居土，聖人與凡夫共同居住的地方。這個世界也可以說同時包括了四世間，與各個國土的觀念。所以說佛經裏所稱的世界，是包括我們這個世界，以及超過這個地球範圍所有世間的世界。

一千個太陽系統這樣的世界，叫做一個小千世界，一千個小千世界，叫做一個中千世界，再把一千個中千世界加起來，叫做一個大千世界。他說這個虛空中，有三千個大千世界，實際上不止三千大千世界，而是不可知、不可數、不可量那樣多。

但是這個說法以前是沒有人相信的。

一切「假有」之象

一中千世界形象示意圖

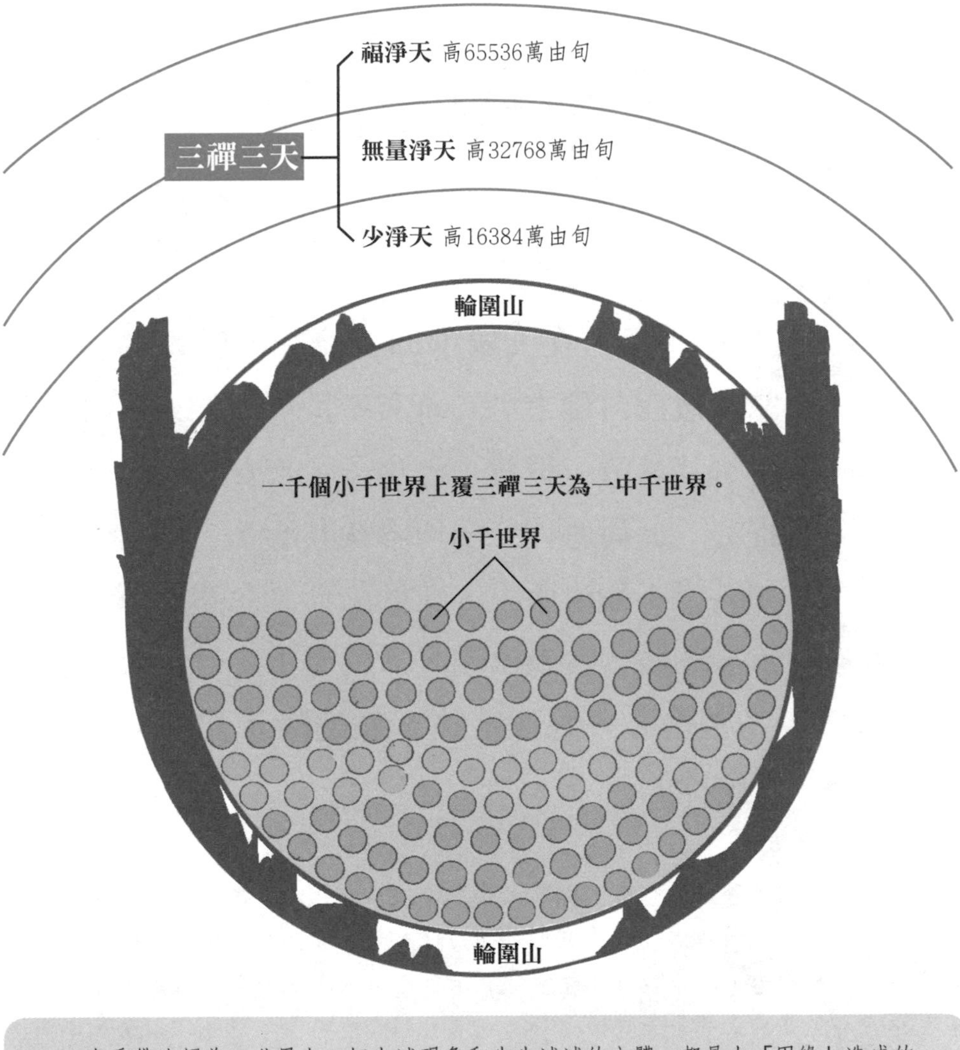

大乘佛法認為，世界上一切生滅現象和生生滅滅的主體，都是由「因緣」造成的，離開了「因緣」，就體現不出真理的所在。凡是由因緣所生的法，雖然叫做「有」，但這是一種沒有自我主宰的存在，不真實的「有」，故被稱為「假有」。一切現象皆是因緣所生，那麼三千大千世界和一粒微塵，都是不真實的存在，只有祛除「假有」，才能得到真的本質，相對於「有」，本質只好叫做「空」了。基於此，世間萬事萬物在本質上都是平等的。同樣，所有法的本質也都是「空」。

第二品

善現啟請分

【原經】

時，長老須菩提，在大眾中即從座起，偏袒右肩，右膝著地，合掌恭敬而白佛言：「希有！世尊！如來！善護念諸菩薩，善付囑諸菩薩，世尊！善男子、善女人。發阿耨多羅三藐三菩提心，云何應住？云何降伏其心？」佛言：「善哉，善哉！須菩提！如汝所說，「如來善護念諸菩薩，善付囑諸菩薩。汝今諦聽，當為汝說，「善男子、善女人，發阿耨多羅三藐三菩提心，應如是住，如是降伏其心。」「唯然。世尊！願樂欲聞。」

【譯經】

這時，名叫須菩提的長老，從眾比丘中離座站起來，右肩袒露，右膝著地，合上手掌十分恭敬地對佛說：「舉世希有的世尊啊，（佛）您要求各位菩薩好好守護住自己的心念，要求各位菩薩常常警示自己。世尊啊，那些善男、善女，如果也想修成至高無上的平等覺悟之心而成佛，那您說怎樣才能守住心念，才能排除邪念的干擾呢？」佛回答道：「好啊好啊，問得好！須菩提，就像你所說的，佛要求各位菩薩好好守護自己的心念，常常警示自己。現在你認眞聽著，我來告訴你。善男、善女想修成至高無上的平等覺悟之心而成佛，應該像這樣守護心念，像這樣排除邪念干擾。」須菩提說：「我正在認眞聽著，世尊，我很願意聽您再講下去。」

龍牙山居遁禪師參禪很久，但自覺收效不大。為了求得大徹大悟，明心見性，他決定去終南山翠微禪師處參禪。

在終南山，他誠懇求教，但一月多來，始終未蒙翠微禪師召見開示。居遁忍無可忍。

一天，他逕自走進法堂向翠微禪師問道：「學僧來到禪師的座下參學已經好幾個月，為何禪師不開示一法？」

翠微禪師聽了以後，反問道：「嫌什麼？」

這一反問，使得居遁不得要領，只好告別，又往德山向宣鑑禪師學法。居遁在德山的遭遇並不比在終南山好，一連住了幾個月，亦不得要領。

有一天他鼓起勇氣又向宣鑑禪師說：「學僧早就耳聞德山的禪師，但是我來這裏已好多時日，卻得不到禪師的一句佛法。」

宣鑑禪師聽了以後，也回答道：「嫌什麼？」

居遁很吃驚，這二位禪師的所答竟不謀而合，可是他依然不得要領，不得已， 就轉往洞山良價禪師處參學。

一日，居遁找到機會，向洞山良價禪師問道：「佛法緊要處，乞師一言。」

洞山良價禪師告訴他道：「等洞水逆流的時候再向你說。」

意思是說：我們的無名煩惱像水流著，我們想要覺悟，要逆生死之流，不能隨世俗之見，順水而流。

龍牙居遁禪師聽了這一句話，終於大徹大悟了。

世人用疑心參禪，用體會參禪，用問道參禪，終不及用平常心參禪。我們在世間的生活，全在顛倒、矛盾、妄想之中，如能明白洞水逆流，那就是平常心顯現。千疑萬問，終不及一顆平常心。所謂禪就是平常心。

善現啟請分詳解一

善現須菩提請法

善現就是「須菩提」，是中文的意譯，意思是他的人生境界，是道德的至善。須菩提表現出來的是長壽，另有舍利子這些人也比佛的年齡大。所以，有些經典把「須菩提」翻譯為「具壽」就是長壽的意思。也就是我們所稱鶴髮童顏、南極仙翁、老壽星。不過須菩提不僅是年紀大，他的道德修持，他的智慧，以及他生活的儀軌，都足以領導當時佛的弟子們。他年高德劭，威儀氣度在佛的十大弟子之中，是非常有名的。須菩提善於「解空」，能夠很快地能參透佛法，並了解佛的用意；因此，當很多成熟的機緣到來時，須菩提總是第一個來接應佛的暗示，向佛問法。

「長老須菩提。在大眾中。即從座起。偏袒右肩。右膝著地。合掌恭敬。而白佛言。希有世尊。如來善護念諸菩薩。善付囑諸菩薩。」這一段文字，好像為我們寫了一段劇本，描寫當時的現場。「時」就是當時，就是佛吃完飯，洗好腳，鋪好蒲團，開始打坐。當時，大家都在坐著，須菩提站起來，偏袒右肩，披著袈裟，右膝著地，合掌恭敬，由此可知，須菩提要向佛問法了。當須菩提見到佛祖如此躬親示法，諄諄之心竟然無人參透，便忍不住脫口而出：「希有世尊！」《金剛經》已經把讚歎的話濃縮成短短四字，這裏的濃縮就是鳩摩羅什翻譯的手筆，只用四字：「希有世尊」，扼要簡單，妙不可言。

佛祖的大慈大悲之心確實是世上希有的，並不是須菩提阿諛奉承。從釋迦牟尼在菩提樹下頓悟的那一刻起，就希望天下眾生都能悟道成佛，擺脫不盡的輪迴之苦。前十二年先講小乘，先讓眾生學習自我解脫的方法，而後由小乘邁向大乘，這其中佛又講了八年的般若修行，依舊勸眾生發菩提之心，普度眾生。這是一個由淺入深的教化過程。而根器差的修行者不能參透「般若」的捨己忘我以利眾生的觀點。所以，釋迦牟尼總是反覆地啟發眾生，但還是沒有人能夠領悟。唯有須菩提從佛的平凡生活中體悟到了「般若」大法：原來成佛只在一瞬之間。因此，須菩提由內自外對佛充滿了感激，讚美佛的稀有——稀有世尊。接著，又向佛陀請示：「發心修行無上菩提的善男善女們，應該如何守護信念？如果一旦心生退意，該如何將其降伏？」

善現須菩提請法

佛應機講法

應機：機指機緣。佛陀在宣揚佛法時，總是要根據適當的時機來進行。
眾比丘：已經知道自我解脫的方法，而後由小乘邁向大乘。
須菩提：從佛陀的平凡生活中體悟到了「般若」大法。自心而外地讚美佛陀，也就是在此時，須菩提向佛陀請法，由此而拉開了佛為大家說法的序幕。
佛陀：躬親示法，諄諄之心影射出《金剛經》的智慧之光。

善現啟請分詳解二

發阿耨多羅三藐三菩提心

這裏講「發心」，發就是動機，發什麼心？發「阿耨多羅三藐三菩提心」。「阿耨多羅」這四個字是梵文，中文勉強譯為「無上」，至高無上。「三」這個音就是正，「藐」是等，平等。菩提是覺悟，連起來就是說要發：無上正等正覺的心。

但是文中的「無上正等正覺之心」，不能包含全部的意義；如果就其意義翻譯成禪宗的大徹大悟，還是不能包括完全。「阿耨多羅三藐三菩提心」，包括心地法門，明心見性，由世俗超越而達到成佛的境界；在行為上是大慈大悲菩薩心，是菩提心，入世救一切眾生；在理上是大徹大悟，超越形而上的本性之心。所以「三藐三菩提心」意義很多，只能保持這個原文的音，讓後世人自己去解釋了。

換句話說，「發阿耨多羅三藐三菩提心」，就是一個普通人發心學佛。而發心學佛需要極大的決心和勇氣。在後世佛教，發阿耨多羅三藐三菩提心，就要在大德長老和眾僧同修的見證下，要進行一個莊嚴的儀式，以堅定自己要發心學佛的決心。

佛把發心成佛的善男善女稱為「菩薩」，則是對他們的一種基本的要求，更是一種激勵。菩薩上要發心學佛，下要普度眾生，其功德雖然沒有圓滿，但只要堅定信念，就會與佛越來越近了。所以，佛在此勸導諸位善男善女要堅定信念，發心學佛，要向真正的菩薩學習，全身心地投入成佛悟道的苦修之中。一旦立下發心學佛的誓願，就應當承擔起普度眾生的重擔。在佛法面前，一切眾生都是佛，眾生平等，但是，為什麼眾生不能成佛呢？因為他找不到自心，迷失了。曾經立下的誓願早就被拋到九霄雲外。所以，發心學佛的誓願不能隨便發，一定要堅定信心，有覺悟才行。如果自己覺悟了，不再迷失，個個自性成佛。而修行者在學佛的過程中往往會迷失自我，因此，這個偉大的誓願修習起來便有很大的難度，在此須菩提便向佛祖請教：如果一旦立下誓願，該如何守護自己的信念？一旦信念受到干擾，產生動搖，又該怎樣排除？而這個問題正是大乘佛法的難點與重點。

須菩提點破佛法玄機

須菩提年高德劭，威儀氣度在佛的十大弟子之中，是非常有名的。須菩提善於「解空」，能夠很快地參透佛法，並了解佛的用意；因此，當很多成熟的機緣到來時，須菩提總是第一個來接應佛的暗示，向佛問法。

須菩提首次發問

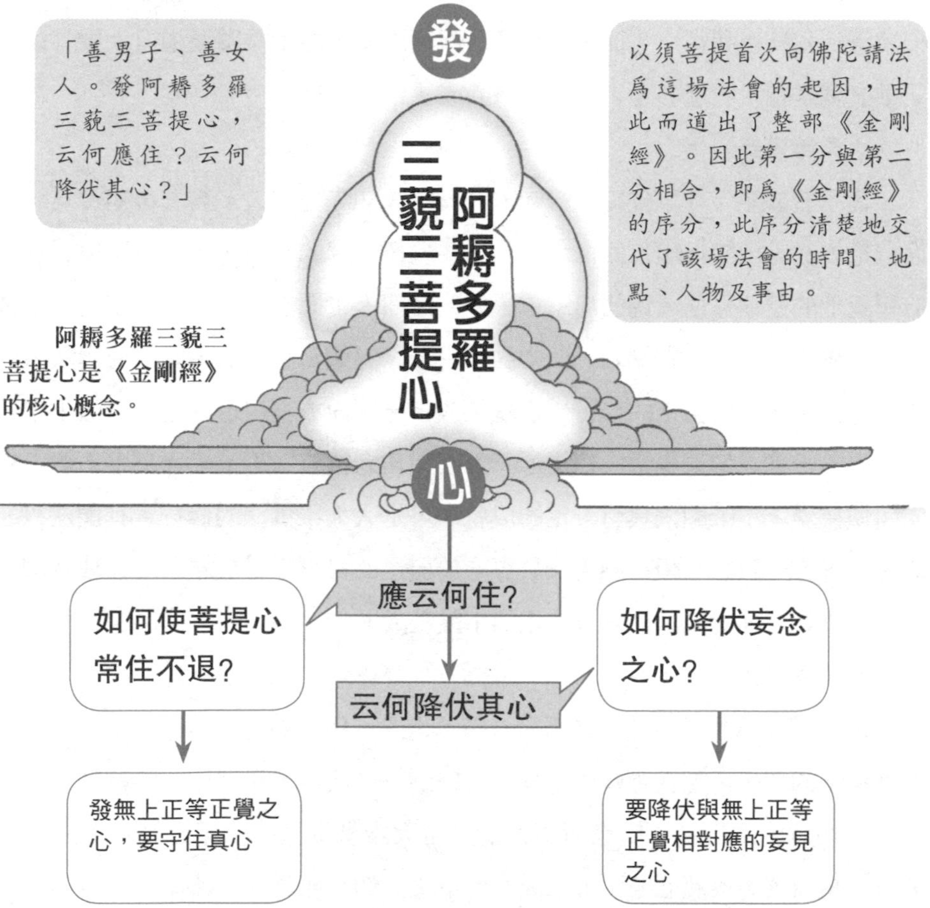

「善男子、善女人。發阿耨多羅三藐三菩提心，云何應住？云何降伏其心？」

發

阿耨多羅三藐三菩提心

心

以須菩提首次向佛陀請法爲這場法會的起因，由此而道出了整部《金剛經》。因此第一分與第二分相合，即爲《金剛經》的序分，此序分清楚地交代了該場法會的時間、地點、人物及事由。

阿耨多羅三藐三菩提心是《金剛經》的核心概念。

應云何住?

云何降伏其心

如何使菩提心常住不退?

發無上正等正覺之心，要守住真心

如何降伏妄念之心?

要降伏與無上正等正覺相對應的妄見之心

佛陀與須菩提的對話方式

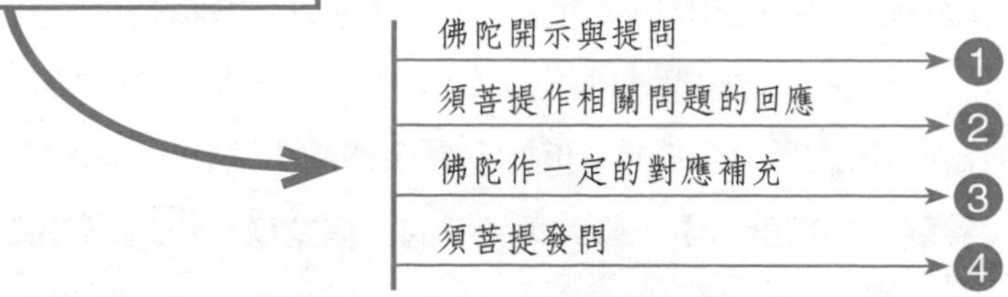

佛陀開示與提問 → ①

須菩提作相關問題的回應 → ②

佛陀作一定的對應補充 → ③

須菩提發問 → ④

善現啟請分詳解三

小乘羅漢道與大乘菩薩道

佛陀說法是看弟子之根器與時機而定的。所以，這裏便出現了須菩提的當機請法。這些為利益眾生而說的佛法有兩種層次，即小乘羅漢道與大乘菩薩道。「乘」就是指我們這心念；有「乘載」或「道路」之意。

小乘羅漢道

孟子曾說話：「以先知覺後知」，就是先知先覺的人，教導後知後覺的人。而這恰如其分地體現出佛的偉大境界——覺悟。佛的覺悟也就是所謂自利利他、自覺覺他的這個覺悟。佛的出家弟子們，離開人世間妻兒、父母、家庭，這種出家眾叫做大比丘眾。在佛教經典中的出家眾，歸類到小乘的範圍，他們離開人世間的一切，專心於自己的修行，也就是放棄一切而成就自己的道，叫做小乘羅漢的境界。一個人如果覺悟、悟道了，對一切功名富貴看不上，而萬事不管，這種人叫做羅漢。小乘顯法具有一定的成就，可進入大乘佛法的修行。其顯法核心為戒律、禪定、智慧，但小乘佛法只專心於自己的修行，可放棄一切而成就個人之道。小乘顯法能度化一部分人，正如小船載人。

大乘菩薩道

但是菩薩境界則不然，覺悟、解脫了世間一切的痛苦，自己升華了，但是，看到世上的眾生，還在苦難中，就要再回到世間廣度一切眾生。這種犧牲自我，利益一切眾生的行為，就是所謂有情，是大乘菩薩道。大乘菩薩道能發「菩提心」，擁有博愛與慈悲心，大乘能普度眾生，如大船載人到彼岸。

有情的另外一個意義是說，一切眾生，本身是有靈知，有情感的生命，所以叫做有情。古人有兩句名言：「不俗即仙骨，多情乃佛心」。

一個人能夠脫離了俗氣，就是不俗，不俗就是神仙。菩薩則犧牲自我，利益一切眾生，所以說，世界上最多情的人是佛，是菩薩，也就是覺悟有情。「菩薩」是佛弟子中，修大乘菩薩的一個總稱。但是修菩薩道是非常難的。《楞

小乘羅漢道與大乘菩薩道

為利益眾生而說的佛法有兩種層次，即小乘羅漢道與大乘菩薩道。「乘」就是指我們的心念；有「乘載」或「道路」之意。

小乘羅漢道

小乘顯法具有一定的成就，可進入大乘佛法的修行。其顯法核心爲戒律、禪定、智慧，但小乘佛法只專心於自己的修行，可放棄一切而成就個人之道。小乘顯法能度化一部分人，正如小船載人。

大乘菩薩道

大乘菩薩道能發「菩提心」，擁有博愛與慈悲心，大乘能普度眾生，如大船載人到彼岸。

嚴經》載：「自未得度，先度人者，菩薩發心。自覺已圓，能覺他者，如來應世。」前兩句說，有些人自己並沒有成道，但是願意先來救別人，幫助別人，教化別人做善事。任何的宗教都有這樣的人，自己雖沒有得度，沒有悟道，卻先去救助別人，這是菩薩心腸，也就是菩薩發心。

菩薩思想是大乘佛教思想的一大特色。大乘教徒把菩薩的修行發心概括為「六度」、「四攝」。「六度」是指布施、持戒、忍辱、精進、禪定、智慧，他們認為這六種方法是能夠脫離生死苦海，達到涅槃彼岸的通道。「四攝」是指大乘佛教徒在日常生活和活動中，在與他人相處時需要遵守的原則，具體是指布施、愛語、利行、同事，大乘佛教認為這是菩薩救度眾生時，所應遵守的原則和方法。

因此，只有自己覺悟，修行就完全圓滿了。才能再來教化他人，而「如來應世」，指的是現在的佛，現生的佛。菩薩是如來的前因，成了佛如來是菩薩的果位，成就的果位。

修行的不同境界

為利益眾生而說的佛法有兩種層次，即小乘羅漢道與大乘菩薩道。「乘」就是指我們的心念；有「乘載」或「道路」之意。

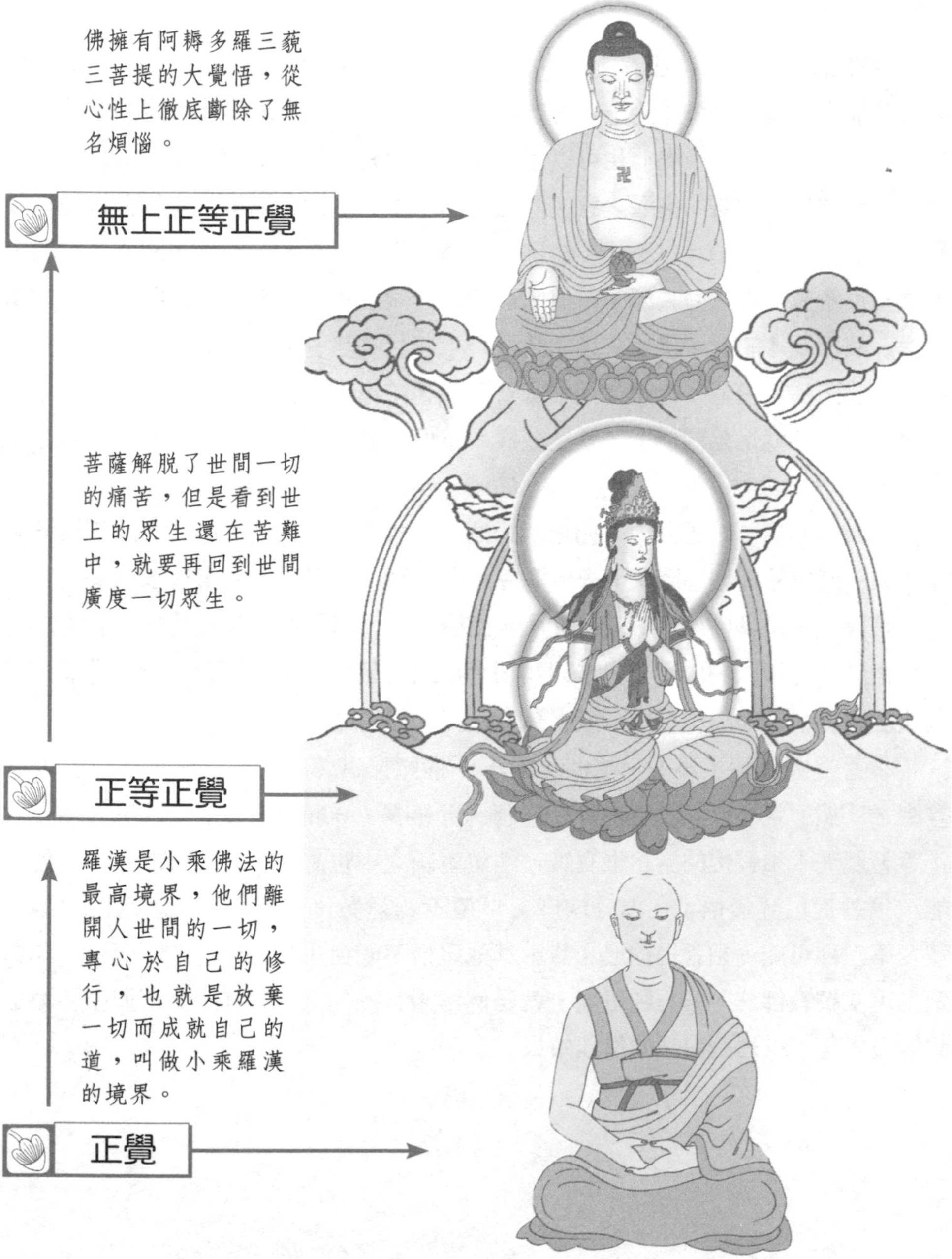

佛擁有阿耨多羅三藐三菩提的大覺悟，從心性上徹底斷除了無名煩惱。

無上正等正覺

菩薩解脫了世間一切的痛苦，但是看到世上的眾生還在苦難中，就要再回到世間廣度一切眾生。

正等正覺

羅漢是小乘佛法的最高境界，他們離開人世間的一切，專心於自己的修行，也就是放棄一切而成就自己的道，叫做小乘羅漢的境界。

正覺

善現啟請分詳解四

佛法的意會與言傳

佛在傳法時，往往意會比言傳更能準確地表達出佛法的本質，但不是所有的人都能領悟其中的妙法。上等智慧的人看一眼就明白了。中等智慧的人就需要有高人點撥，「棒頭重喝」也可以讓人開悟。但有一部分聽眾，不用言語表述清楚，便無法領悟佛法的高深之意。因此，佛一生說法循序漸進，尤其在初級階段格外小心謹慎，深怕大家不能領悟佛法的高深之處。今天，須菩提的一個提問，佛感到很寬慰，終於有人能明白他的心意，連說：善哉！善哉！你問的好啊，須菩提，照你剛才說的，佛要善護念諸菩薩，善付囑諸菩薩，是不是？須菩提說：是啊！我問的是這個。他說你仔細聽著，我講給你聽，當你有求道的心，一念在求道的時候，就是這樣住了，就是這樣，這個妄念已經下去了，就好了，就是這樣嘛！

佛說：善男子，善女人，如果有一個人，發求無上大道的心，應該這樣把心住下來，應該這樣把心降伏下去。說完這一句話，他老人家又閉起眼睛來了。

實際上，這個時候，心就是住了，就降伏了。若按照須菩提的悟性，應該可以領悟到「這樣」的內涵，也許因為須菩提沒有領悟到佛的深意；還有可能是因為他已經領悟，卻故作不懂，繼續為真正沒聽懂的聽法者提問。

須菩提大概等了半天，抬頭一看，「唯然。世尊」，經文中說「唯」就是答應，「然」就是好。我準備好好的聽，世尊啊，「願樂欲聞」，我高興極了，正等著聽呢！須菩提的話語很真誠。然這言語之中也許會有三種可能。第一種可能，須菩提已經參悟了一部分法理，但還不夠透徹，望佛祖能夠說得再詳細一些。第二種可能，須菩提捨己忘我，其他眾僧不明白也就是自己還不明白，即為眾生再次請教佛法。第三種可能，就是佛與須菩提刻意「設計」好這個循序漸進的啟發過程，以達到說法的最佳效果。

根器的比喻

小乘遠離煩惱，大乘轉化煩惱，金剛乘把煩惱當做道來修，大圓滿是不管煩惱讓它自然解脫。

對治無名煩惱的不同策略

無名就像老虎

這四種人對治虎害的方法，可以解釋佛法的三乘教法和大圓滿對治無名煩惱的不同策略。

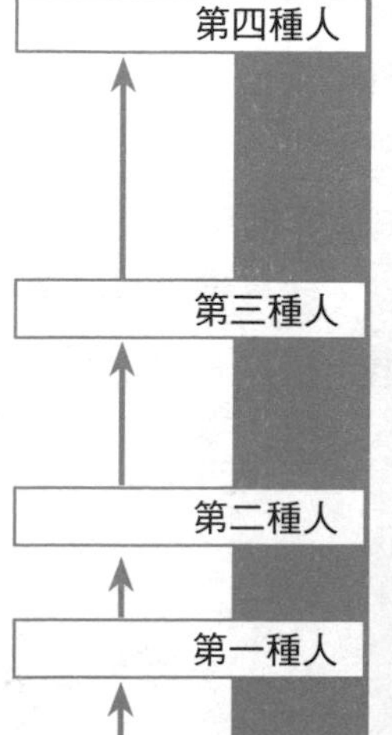

第四種人

身穿堅固的護甲，老虎無法傷其分毫，根本不在意老虎的存在。身穿堅固護甲者就像是修持大圓滿者，由於了知一切煩惱都是自心顯現，只要安住於本來智慧光明之中，不去追逐、執取、造作、對治無名煩惱，放下它們不管，一切煩惱都會自然自我解脫，這就是大圓滿的放下不管煩惱的策略。

第三種人

勇力很強，不但不怕老虎，而且還把老虎抓來當做坐騎；把老虎當坐騎的人就像是金剛乘根器者，他們採用把煩惱本身當成道來修的策略。

第二種人

非常聰明，在路過要道的時候，餵食老虎，使老虎認其爲親，不予加害；餵食老虎的人就像是大乘根器者，採用轉化煩惱的策略。

第一種人

勇力很差，於是就躲著老虎繞道而行；而繞道者就像是小乘根器者，採用遠離煩惱的策略。

善現啟請分詳解五
不要執念於「我度眾生」

佛告訴須菩提，當你問怎麼樣安心時，就安心了。佛過了許久，看須菩提還是不懂，沒有辦法，只好退而求其次，第二步再來講一講，因為那個時機過去了，禪宗所謂機，這個禪機過去了，須菩提沒有懂。現在第二步來講了，佛說：我告訴你，一切菩薩摩訶薩。摩訶的中文意思是大，一切大菩薩們。

古代也有將菩薩翻成「大士」或者「開士」，表示是開悟的人。所以我們的白衣大士就是白衣菩薩。摩訶薩是唐宋以後念的，真正梵文發音是馬哈，訶字念成哈字。佛說菩薩摩訶薩是倒裝的文句，就是一切大菩薩們，應如是降伏其心，應該有一個方法，把自己的心降伏下去。什麼方法呢？他說：「所有一切眾生之類」。

莊子先說過，一切有生命的東西謂之眾生，並不是單指人！人不過是眾生的一種，一切的動物、生物乃至細菌、有生命的動物都是眾生。有靈性的生命，有感情，有知覺生命的動物，就是眾生的正報。所以眾生不是光指人。佛要教化一切眾生，慈愛一切眾生，對好的要慈悲，對壞的更要慈悲。好人要度，要教化，壞人更要教化。天堂的人要度，在地獄裏的更可憐，更要度。這是佛法的精神，所以說要度一切眾生。

而佛發這樣大的願力，要度盡一切眾生，使他們解脫痛苦與煩惱。痛苦與煩惱是很難解脫的，佛也只告訴我們解脫煩惱與痛苦的方法。但解脫是靠自己，不是靠他力。佛不過把他成就的方法告訴我們，你要自己修持才行。

佛教化救度了無量無數無邊的眾生，心裏並沒有說某一個眾生是我度的，絕沒有這個觀念。這是佛的願力和胸襟，學佛先要學這個胸襟，就是說雖幫助了千千萬萬人，心中沒有一念認為是自己的功勞。佛的境界謙退到極點，他要度盡了一切的眾生，而心胸中沒有絲毫教化人、度人之念。

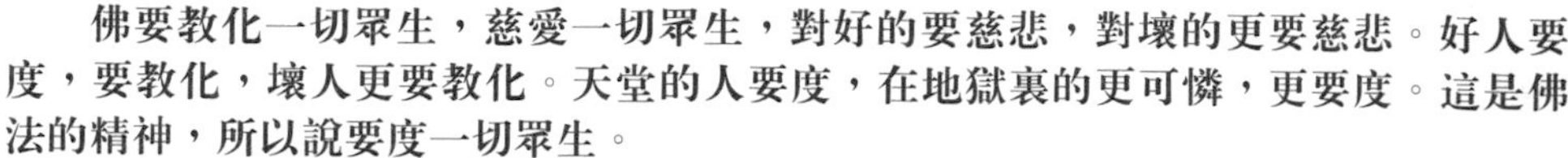

佛度一切眾生

佛要教化一切眾生，慈愛一切眾生，對好的要慈悲，對壞的更要慈悲。好人要度，要教化，壞人更要教化。天堂的人要度，在地獄裏的更可憐，更要度。這是佛法的精神，所以說要度一切眾生。

佛度眾生不執念

莊子先說過，一切有生命的東西謂之眾生，並不是單指人！人不過是眾生的一種，一切的動物、生物乃至細菌、有生命的動物都是眾生。有靈性的生命，有感情，有知覺生命的動物，就是眾生的正報。

佛的境界謙退到極點，他度盡一切的眾生，而心胸中沒有絲毫教化人、度人之念。

第三品

大乘正宗分

【原經】

佛告須菩提：「諸菩薩摩訶薩應如是降伏其心！所有一切眾生之類：若卵生、若胎生、若濕生、若化生；若有色、若無色；若有想、若無想、若非有想非無想，我皆令入無餘涅槃而滅度之。如是滅度無量無數無邊眾生，實無眾生得滅度者。何以故？須菩提！若菩薩有我相、人相、眾生相、壽者相，即非菩薩。」

【譯經】

佛告訴須菩提：「諸位菩薩，大菩薩，應該像這樣排除邪念的干擾。一切有生命的東西，如卵生的，胎生的，潮濕之處腐爛而生的，其他物質幻化而成的，有形的，無形的，有思想的，無思想的，沒排除雜念的，排除了雜念的，我都將他們救度到入無餘涅槃的境界。雖然我滅度了無量、無數、無邊的眾生，而實質上眾生沒有被我滅度。」

「這是什麼緣故呢？菩提！如果菩薩心中還有『我度化眾生』的念頭，即證明他的四相未除，包括自我相狀，他人相狀，眾生相狀，長生不老者相狀，這四相未除，那就不是眞正的菩薩。」

某日，無德禪師正在院子裏鋤草，迎面走過來三位信徒，向他施禮，說道：「人們都說佛教能夠解除人生的痛苦，但我們信佛多年，卻並不覺得快樂，這是怎麼回事呢？」

無德禪師放下鋤頭，安詳地看著他們說：「想快樂並不難，首先要弄明白為什麼活著。」

三位信徒你看看我，我看看你，都沒料到無德禪師會向他們提出問題。

過了片刻，甲說：「人總不能死吧！死亡太可怕了，所以人要活著。」

乙說：「我現在拚命地工作，就是為了老的時候能夠享受到糧食滿倉、子孫滿堂的生活。」

丙說：「我可沒你那麼高的奢望。我必須活著，否則一家老小靠誰養活呢？」

無德禪師笑著說：「怪不得你們得不到快樂，你們想到的只是死亡、年老、被迫工作，不是理想、信念和責任。沒有理想、信念和責任的生活當然是很疲勞、很累的了。」

信徒們不以為然地說：「理想、信念和責任，說說倒是很容易，但總不能當飯吃吧！」無德禪師說：「那你們說有了什麼才能快樂呢？」

甲說：「有了名譽，就有一切，就能快樂。」

乙說：「有了愛情，才有快樂。」

丙說：「有了金錢，就能快樂。」

無德禪師說：「那我提個問題，為什麼有人有了名譽卻很煩惱，有了愛情卻很痛苦，有了金錢卻很憂慮呢？」信徒們無言以對。

無德禪師說：「理想、信念和責任並不是空洞的，而是體現在人們每時每刻的生活中。必須改變生活的觀念、態度，生活本身才能有所變化。名譽要服務於大眾，才有快樂；愛情要奉獻於他人，才有意義；金錢要布施於窮人，才有價值，這種生活才是真正快樂的生活。」

大乘正宗分詳解一

有色無色、有想無想的眾生

《金剛經》中說，佛告訴須菩提這個世界的生物除了胎生、卵生、濕生、化生四種生命體之外，還有一種生命為「有色」，是有形象、有物質可以看見的。另有一種生命是「無色」，這樣的生命不是我們所知，也看不見的。有色就是指人世間的欲界和色界的眾生。佛經中說欲界和色界眾生都是有色相的，依靠五種欲妙有實質的身體，執著較大的是欲界眾生，色界眾生沒有欲界眾生那麼大的執著，但也不是沒有執著，還是有色界較細的執著。色界眾生不同於欲界眾生有實質性的身體，但是有可以形成概念的體相。無色界的眾生，雖沒有接觸性的色相，可是有一個意識的色相，這種意識的色相因為非常微細所以被稱為無色界。所以按身體有色和無色來分，欲界、色界叫有色，無色界叫無色。

另有一類眾生是「有想」，即有思想感覺。還有一類眾生是「無想」，即沒有思想、感覺。細分之下，有些生命沒有思想，沒有知覺，但有感覺。眾生是神的境界，按照佛學的分類，神的類別小則分為三十多種，大則分為六十多種，再細分析下去，有幾百種。神也有特定的等次，一類叫「非有想」，不是沒有想，但是看起來沒有想。

世界上生命的種類非常多。我們不要認為人類是胎生，在我看來，人類具備了十二類生。我們是胎胞裏精蟲卵臟的結合，所以是卵生、胎生，也是化生。人也是「有色」，身體機能有物質可見。但是講到人的生命——氣，又不是物質了，也看不見，所以是「無色」。「有想」，我們當然有思想，有時候我們呆住或者沒有任何思想，笨得要死，那又入於「無想」。還有許多人到達「非有想」、「非無想」的修道境界，雖沒有成功，但他已經到達了「非有想」、「非無想」。

「一切」兩個字是沒有範圍的，任何東西都在一切之內。一旦發願普度一切眾生，就要幫一切眾生解脫痛苦煩惱，但是可千萬不能存有「我度眾生」這個執念，如果存有這個念頭，就不會有眾生可度了。

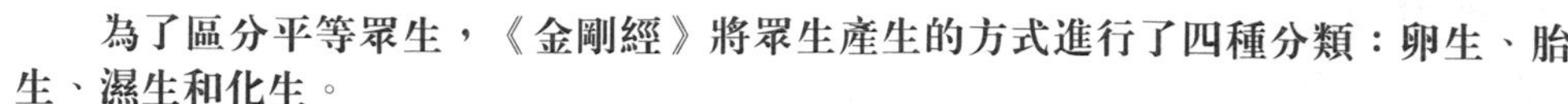

四生皆平等

為了區分平等眾生，《金剛經》將眾生產生的方式進行了四種分類：卵生、胎生、濕生和化生。

四生平等

卵生
由卵生而生，例如鵝、孔雀、鴨、蛇等。

胎生
由母體孕育而生，如人、羊、馬、牛等。

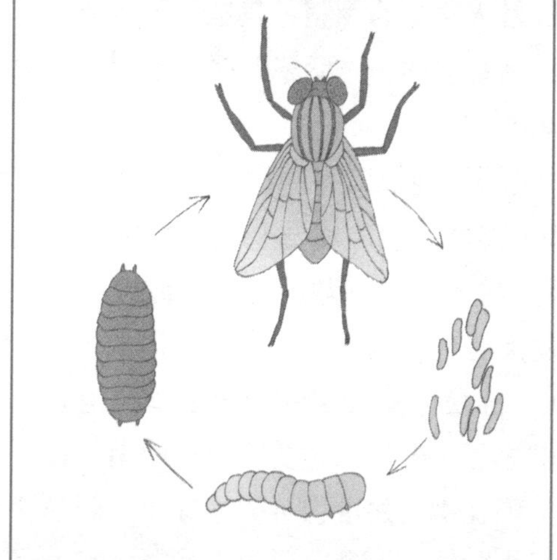

濕生
由濕地孕育而生，例如魚、蝦、螃蟹等。

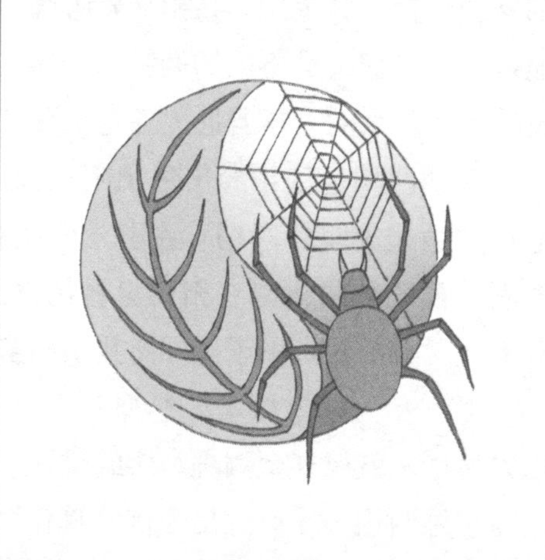

化生
因業力而出生，如天地的生靈、地獄眾生。

大乘正宗分詳解二

降伏妄心，就要離四相

為何不能存有「我度眾生」這個念頭呢？其實這是一個讓人感到疑惑的問題，大乘菩薩道的發願之心就是為了眾生能夠解脫成佛，為何發願普度眾生，最後卻無眾生可度了呢？

「何以故」？什麼理由要如此呢？佛也如此加重語氣地問了一句，由此可知，佛的答案已經表露出來了。

佛說：須菩提啊，一個學大乘菩薩道的人，心胸裏頭還有你、我、他，甚至給了人家好處時，這個人應該領我情！這種觀念是世間法的作風，而佛卻沒有，給了就給了，要像「雁過無聲水無痕」一樣的忘掉它。如果說故意把它忘掉，那就「即非菩薩」，因為你還有個故意。天地生萬物，天地不占有，不自私。

話又說回來了，既然佛都告訴你了，為什麼你不能到達佛的境界呢？

《金剛經》中說到這個「相」字，就是現象，文字上是現象，依照人的思想心理來說就是觀念。我們人有一種觀念，就是有人相，總是有我、有你、有他人的觀念。我相就是我，人相就是眾生相，就是現在所謂社會人類，在佛學的範圍都屬於人相，眾生相。我相又分兩種，一種是人生命的個體，我是我，你是你，他是他，每個人是不同的個體。一種是屬於精神上的，一個學問好的或者是地位高的，年齡大的，常看他人都是小孩子，幼稚。

這個四相是依根的，先由眼根而來，人的煩惱都因這四相而起。鳩摩羅什把它歸納起來叫做四相，玄奘法師的翻譯，還加三個，成為七相。鳩摩羅什把後面三個統統歸入壽者相。壽者相很嚴重，我們人都喜歡活得長，你幾歲呀？五十八。嘿，我六十了，你比我小兩歲。這都是壽者相！

而許多人來學打坐、學禪，十之八九，都是以壽者相的觀念來學打坐的。如果這樣，就與《金剛經》中的佛法出入就大了！要注意，要去了這四相，完全離開了這四相，才可說是學佛的真正境界。現在佛清楚地告訴須菩提，一個學佛的人，先要把心胸願力放在前頭，能夠為眾生發願，不為自己，而是為大家去努力。因為要度眾生，但又沒有度眾生的本事，所以要去努力。佛又說：你完成學佛的這個願望，度完了眾生，自己並沒有覺得度了任何眾生。

發度眾生之願，遠離四相之心

《金剛經》中說到這個「相」字，就是現象，文字上是現象，依照人的思想心理來說就是觀念。我們人有一種觀念，就是有人相，總是有我、有你、有他人的觀念。我相就是我，人相就是眾生相，就是現在所謂社會人類，在佛學的範圍都屬於人相、眾生相。四相先由眼根而來，人的煩惱都因這四相而起。

「雁過無聲」的比喻

修行者應該對自己生起的任何雜念都不要執著，也不要想著試圖放棄，就好像是雁子飛過天空一樣，雁子雖然從天空中飛過去了，但是卻沒有在天空留下任何的痕跡。其實對一切事物的念想一樣，它會很自然的產生，也會很自然的消退，修行者只要認知它就可以了。
佛

佛教小故事

老和尚與小和尚

故事説，有一個老和尚帶著他的徒弟小和尚一起出門雲遊，來到一條大河邊上。在河邊他們遇見了一個女子，女子因爲過不去河向老和尚求救，老和尚二話不説，背起了該女子，幫她渡過了河。這下可把小和尚給看呆了，到了對岸，只見老和尚放下姑娘，小和尚忍不住問道：「師父，您平時教導我説『出家人要不近女色』可是您爲什麼還要背人家過河呢？」老和尚笑呵呵地看著徒弟説：「對啊，可是我早已經放下了，你怎麼還放不下呢，我的傻徒弟。」

每個讀完這個故事的人，一定都很敬佩老和尚的坦蕩，老和尚的修行之所以高於小和尚，就是因爲老和尚懂得「捨得」的道理。捨，就是面對眼前所處的環境和事物，不逃避，不放棄，所以老和尚能坦蕩地背起；得，就是不過分地執著於眼前的情境，所以能自在的放下。這才是最爲高明的修行之道。

大乘正宗分詳解三

有餘涅槃界與無餘涅槃界

因眾僧修法的程度不同，因此涅槃的境界也有千壤之別。

六道輪迴之苦

三界眾生共分為十大類，按出生分為四種，即卵生、胎生、濕生和化生。按身體形色又分為兩種，即有色和無色，欲界、色界叫有色，無色界叫無色。按心裏所想來又分為有想、無想，再疊加出四種。這些眾生在六道裏輪迴轉化，這輩子為人，下輩子就可能轉胎為畜生，這一切都是因為眾生心起雜念而致。動善念則生三善道，動惡念則生三惡道，只要心念不起，就會在六道裏不停地輪轉。但無論在哪一道，都擺脫不了受苦的命運，所以，眾生學佛的根本目的就是擺脫輪迴之苦。

擺脫六道輪迴之苦的最佳方法

而涅槃之道，正是擺脫六道輪迴之苦的最佳方法。「涅槃」為梵語，按文字譯成中文叫圓寂，為「圓滿寂滅」。大乘佛法對「涅槃」的定義，就是一切功德圓滿具備，一切煩惱斷盡。而小乘佛法則稱「涅槃」為「滅度」。總而言之，凡修行者的最終目的、最終所到達的彼岸就是「涅槃」。

依自性涅槃只有一種。依分別的根據則成兩種：有餘涅槃界與無餘涅槃界。

阿羅漢所體驗的涅槃界名為「有餘涅槃界」，因為雖然一切煩惱已滅盡，但由於過去執取所產生的諸蘊還存在。在注疏裏也被稱為「煩惱之滅盡」。在阿羅漢死時所證得的涅槃界名為「無餘涅槃界」，因為五蘊已完全被捨棄，不再後有。在注疏裏也被稱為「諸蘊之滅盡」。

小乘佛法的修行

小乘佛法的修行人，能證有餘依涅槃與無餘依涅槃，不能證得本來自性清淨而有染汙涅槃與無住處大涅槃。小乘修行者由斷我見後，修行斷除我執，能夠證得的最高境界名為阿羅漢境界。此境界是指滅盡七轉識，唯餘第八識。成為阿羅漢的小乘佛法修行人如果尚存，因為還有五蘊色身存在於人間，尚要承受風吹雨打、嚴寒日晒等人間的微苦，因此所證境界稱為「有餘依涅槃」；成為阿羅漢的小乘佛法修行人如果死亡，因為拋棄五蘊色身的緣故，所入境界則稱為「無餘依涅槃」。

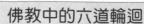

佛教中的六道輪迴

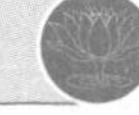

佛教中的輪迴是指一切有生命的東西，不尋求「解脫」，永遠在「六道」（天、人、阿修羅、畜生、餓鬼、地獄）中生死相續、無有止息。

六道輪迴之苦

眾生學佛的根本目的就是擺脱輪迴之苦。而擺脫六道輪迴之苦的最佳方法就是修涅槃之道。

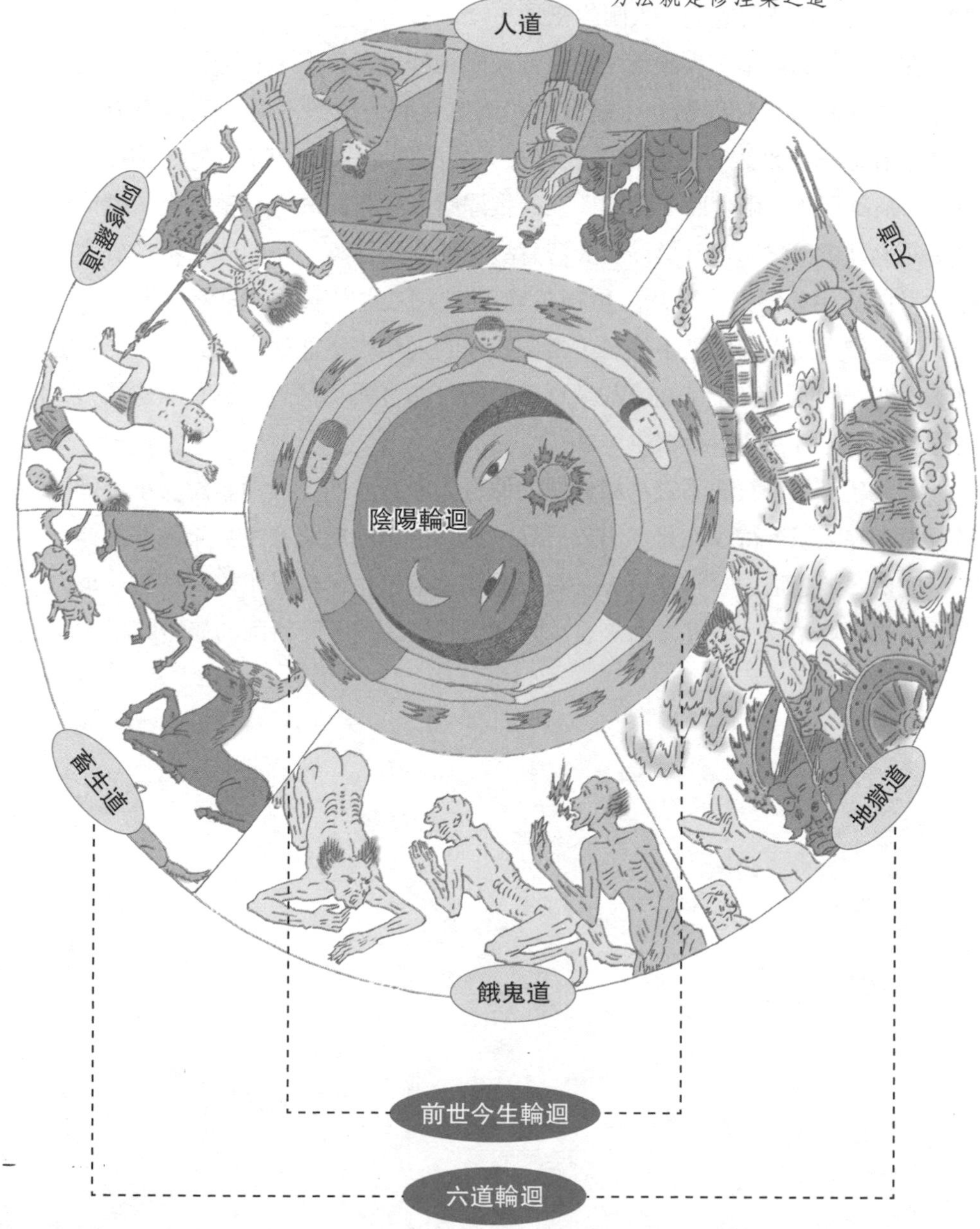

人道
天道
地獄道
餓鬼道
畜生道
阿修羅道
陰陽輪迴
前世今生輪迴
六道輪迴

然而不論是有餘依涅槃或是無餘依涅槃，阿羅漢都因為消滅自我的緣故，實際上再沒有此阿羅漢存在。本來自性清淨而有染汙涅槃，只有修證大乘佛法的修行人能夠證得。

大乘佛法的修行

大乘佛法的修行人稱為菩薩。在整個成佛之道的修證過程中，凡夫從發起願意成佛的菩提心時，一直到將來能夠成佛，總共須要經歷五十二個階位不同層次的修證階段，歷時要經過三大阿僧祇劫。

在這整個過程中，大乘佛法的修行人能夠於證得第一十七階位時，親證「本來自性清淨而有染汙涅槃」，能夠得知清涼寂靜，煩惱不現，眾苦永寂之中道真實境界。一般來說，大乘佛法的修行人於第四十一階位時，親證「有餘依涅槃」；於第四十八階位時，親證「無餘依涅槃」。菩薩於證得第五十二階位時，親證「無住處涅槃」。菩薩以有大智慧故，斷離煩惱障、所知障，不住於生死迷惑的世間。由於懷有大慈悲，積極救護眾生，因此也不住於涅槃，獨自享受安樂。迷惑染汙的世間固然不住著，常樂我淨的涅槃也不住著，因此名為無住處涅槃。得四智圓明，完全了知第八識真如的所有體性與功德力，具有無邊法力，能夠隨意救度十方一切有緣眾生。

大乘佛法的修行人不走小乘佛法的修行人所行法門；換句話說，小乘佛法的修行人志在入滅，得少為足，出於三界，無有度眾的慈悲心；大乘佛法的修行人志在成佛，無邊法力，常住三界，具大慈悲廣度眾生，以是不論在智慧、能力、悲心、福德與功德，各種方面來看，阿羅漢的修證遠不及菩薩的修證結果。

涅槃之道

有餘涅槃與無餘涅槃

無餘涅槃

大乘佛法的無餘涅槃，為毫無殘餘的徹底解脫，為「無餘涅槃」。

佛果位

有餘涅槃

大乘佛法的修行人稱為菩薩。菩薩了悟生死，但還未成佛，此修行階段也叫有餘涅槃。如菩薩修到能變易生死之果盡，獲得佛身後，即為「無餘涅槃」。

菩薩果位

有餘涅槃

阿羅漢的小乘佛法修行人如果尚存，因為還有五蘊色身存在於人間，尚要承受風吹雨打、嚴寒日晒等人間的微苦，因此所證境界稱為「有餘依涅槃」。

羅漢果位

第四品

妙行無住分

【原經】

「復次，須菩提！菩薩於法，應無所住，行於布施，所謂不住色布施，不住聲香味觸法布施。須菩提！菩薩應如是布施，不住於相。何以故？若菩薩不住相布施，其福德不可思量。須菩提！於意云何？東方虛空可思量不？」「不也，世尊！」「須菩提！南西北方四維上下虛空可思量不？」「不也，世尊！」「須菩提！菩薩無住相布施，福德亦復如是不可思量。須菩提！菩薩但應如所教住。」

【譯經】

佛陀說：「其次，須菩提！菩薩不僅不能執著於一切現象，就是布施時也不能有所執著。所謂『應無所住而行布施』，即是不執著於色相而行布施，亦不執著於聲相、香相、味相、觸相、法相而行布施。須菩提！菩薩應該像這樣行布施，不執著於任何事物的外相。爲什麼呢？須菩提！如果菩薩不執著於外相而布施，所得的福德是無法想像的多。」

佛陀問：「須菩提！你認爲如何？東方的虛空，可以想像到它有多大嗎？」須菩須回答：「不能，世尊！」

佛陀又問須菩提：「南、西、北方以及四維和上方下方的虛空，可以想像有多大嗎？」須菩提回答：「不能，世尊！」

於是佛陀開示說：「須菩提！菩薩布施時不執著於任何事物的外相，那他所得的福德之廣大，就像十方虛空那樣不可思量。須菩提！菩薩應當像我所說的那樣來安住自己的心念。」

古時候，有一個很富有的人，但卻愚笨。他來到一個富人家作客，看見一座三層的樓房，寬敞高大，莊嚴華麗而且敞亮通風，內心十分羨慕，心裏想：「我的錢財並不比他少，為什麼以前沒能建造一座這樣的樓呢？」於是他立刻叫來木匠，問道：「懂不懂怎樣建造一座像他家那樣漂亮的三層高樓？」

木匠回答說：「他家那座樓就是我建造的。」

富人便說：「現在就請你照樣為我建造一座樓！」

於是木匠就清理地基測量土地，製坯壘磚，準備造樓。蠢人看到他這些安排，心裏懷疑，不能明白，就問他：「你這是在幹什麼？」

木匠回答說：「這是準備建造三層樓的材料。」

蠢人說：「我不要蓋下面這兩層，你先為我建造最上面的一層樓房。」

木匠答道：「哪有這樣的事！哪有不造底層的就能造第二層的！哪能不造第二層就能造第三層的道理！」

這蠢人固執地說：「我就是不要下面兩層，你一定得給我建造最上面的那層。」

一些人聽說了這個故事，都嘲笑他：「稀奇可笑，世界上哪有不蓋下面一層就能建造到上面第二層、第三層的！」

這就像釋迦牟尼佛的四輩弟子中，有的人不虔誠修持，敬重佛、法、僧三寶，懶惰懈怠，卻想修得正果，因而他說：「我現在不需要須陀洹、斯陀含、阿那含三果，只求修得第四阿羅漢果的最高果位。」這也同樣被當時人們所恥笑，和這個蠢人相比並沒有什麼兩樣。

妙行無住分詳解一

不住相布施

世界上凡夫俗子都生活在煩惱中。富貴功名之人，有富貴功名的痛苦與煩惱；貧窮及生老病死等，也都是煩惱。也有對於紅塵中的各種誘惑過於貪執、迷戀、如果能做到不執著，那就是具有大智慧者。如果沒有大智慧，即使發心學佛也度不了眾生，甚至會被滾滾紅塵所淹沒。這裏著重講的是法布施，因為須菩提問到怎麼使心、妄想煩惱降伏下去！怎麼樣使自己的心寧靜，能夠永遠安詳停留的保持住。佛先答覆他：就是這樣。因為須菩提不懂，所以佛接著在下章就說了一段理由，說大乘菩薩道的修行方法，也包括精神的生命，應無所住行於布施，任何事情一做便休，無所住。應該無所住行於布施，這個叫修行。菩薩的修行共有六度，這六度之間又存在不同角度的相互統攝，皆以般若為成佛之向導。學習菩薩立誓成佛，就要學習如何捨棄「自我」去普度眾生，從本質上來說，這是一種極大的布施行為，將自己的所有給予眾生，使眾生能夠脫離苦海。

雖以般若為成佛的向果，所以，六度以布施為首，布施有三種：財施、法施、無畏施，捨財而施名為財施，歷代三藏法師說法，令人悟道，稱為法施，觀音菩薩現神力救眾生苦，是無畏施。

布施音譯為檀那、柁那、檀。又稱施。即以慈悲心而施福利與人之義。蓋布施原為佛陀勸導優婆塞等之行法，其本義乃以衣、食等物施與大德及貧窮者；至大乘時代，則為六波羅蜜之一，再加上法施、無畏施二者，擴大布施之意義。亦即指施與他人以財物、體力、智慧等，為他人造福成智而求得累積功德，以致解脫之一種修行方法。但布施時，不能想這個修行善果，更不能從心底算計想得到的回報，則要做到「百花叢裏過，片葉不沾身」，否則，所做的一切都會付諸東流。因為一旦存有這些心念，就會有「我、你」之分，「自我」的私欲就會由心而生。繼而「色、聲、香、觸、味、法」所產生的諸多煩惱也會結伴而至。能夠在布施的時候做到「不住於相」就是真正的菩薩。但一些準備修菩薩道的「善男善女」，能否能不執著布施之相、是否能經得起「色、聲、香、觸、味、法」的誘惑？這正是佛祖為即將談及的問題埋下了一個伏筆，等同於為修菩薩道的眾生給了一個提醒。

布施

椽梁

沒有屋頂，椽子就沒有什麼支撐力，椽子不能結成一體，屋頂就架不住了。椽子一旦斷裂，屋頂就會塌下來。一個違背正道的國王，不受臣民愛戴時，也正是如此。

香櫞

如果不懂得怎麼吃香櫞的人，吃起來又苦又酸；而懂得怎麼吃香櫞的人，知道怎麼去掉苦澀味，保留酸味，才能領略到香櫞的好。

蓮花

一國之君，治國行事猶如池中蓮，根白長水中；不染汙泥水，花開火樣紅。仁慈忌暴虐，清白避罪愆；汙點不沾身，猶如池中蓮。

六度法門

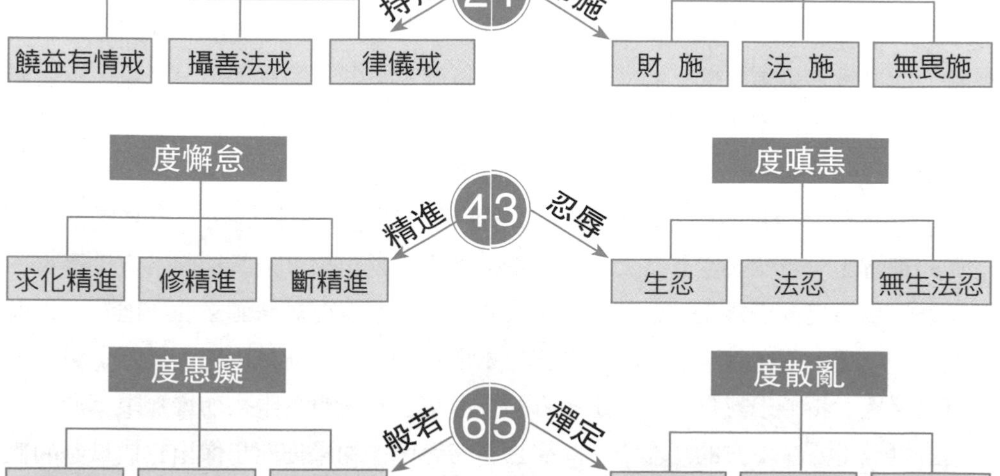

妙行無住分詳解二

布施福德不可思量

剛才講到不住於相這個重點，下面佛又說了：「何以故？若菩薩不住相布施，其福德不可思量。」這裏突然冒出「福德」二字，他說假使一個修大乘菩薩的人，能夠不住相布施，那麼他的福德有不可思量的大。福德不是功德啊！功德是積功累德，是工夫時間慢慢一點一點地累積起來的。正如一件工程，一天一點累積起來就是功，功力到了所得的結果，就是德。

福德是不同的，上次也講過。福德大致分為兩種，一種是人世間的福德，文學上稱鴻福，是世間法；另一種是所謂清福，出世間法。清福比鴻福還難，所以人要享清福更難。可是一般世間上的人，到了晚年可以享清福時，他反而怕寂寞、怕冷清！這是著相的關係，因為有人相我相的緣故所造成。看到孩子們長大了離開家，自己卻一個人對著電視或者倆夫妻坐在家裏，每天都是想、都是盼與孩子相聚。其實那個清淨境界是最好的時候，結果因為住相，把世間各種會變的現象抓得太緊、看得太真，等現象變時，他認為什麼都不對了。當人想得到一秒鐘的清淨時卻求不到，求一分鐘的清福都沒有。可是人真到了享清福的時候，往往不知道那是真正的福報來了。事實上，平安無事，清清淨淨，就是福報。

而人世間最大的福就是成佛，超凡入聖。靠什麼才能達到超凡入聖呢？智慧的成就不是功德的成就；更不是迷信，要一切都放下了，你才能夠達到智慧的成就。所以佛告訴須菩提：假使能夠不住相布施，這個人的福德不可思量，這個福報太大了，大到想像不到的程度。不可以思，不可以思想它，不可量，量就是量一下看，一丈兩丈，一斗兩斗，所以叫做不可思量。

為了更直接地說明不可執著，佛向面菩提問道：須菩提啊，東方虛空，一直向東方走，這個太空有多大？你可不可以測量得出來？須菩提回答說：不也。世尊。由這裏向東方走，整個的太空有多大，人是沒有辦法測量的。因為東方虛空無法用色、聲、香、味、觸等感官形象來認知，也不能量出它的長短、輕重，但它又廣大得無邊無際。不只是東方的「虛空」不能有有限來想像無限，西方、南方以及上方、下方的「虛空」同樣也不能想像。如果你能想像出它們具體的概貌，那便是「住相」了。

東方虛空，不可思量

佛以「東方虛空」來比喻不住相布施的福德，一是善誘眾生要堅定自己的成佛心念；二是警醒眾生，不要以眼前的利益，來衡量不住相布施的好處，如此，最終的布施福德就像「東方虛空」一樣不可思量。

菩薩不住相布施

菩薩於法應無所「住」，也就是無所「執著」。菩薩於布施，不可住色、聲、香、味、觸、法而行布施。菩薩布施不住於相，此福德不可思量。

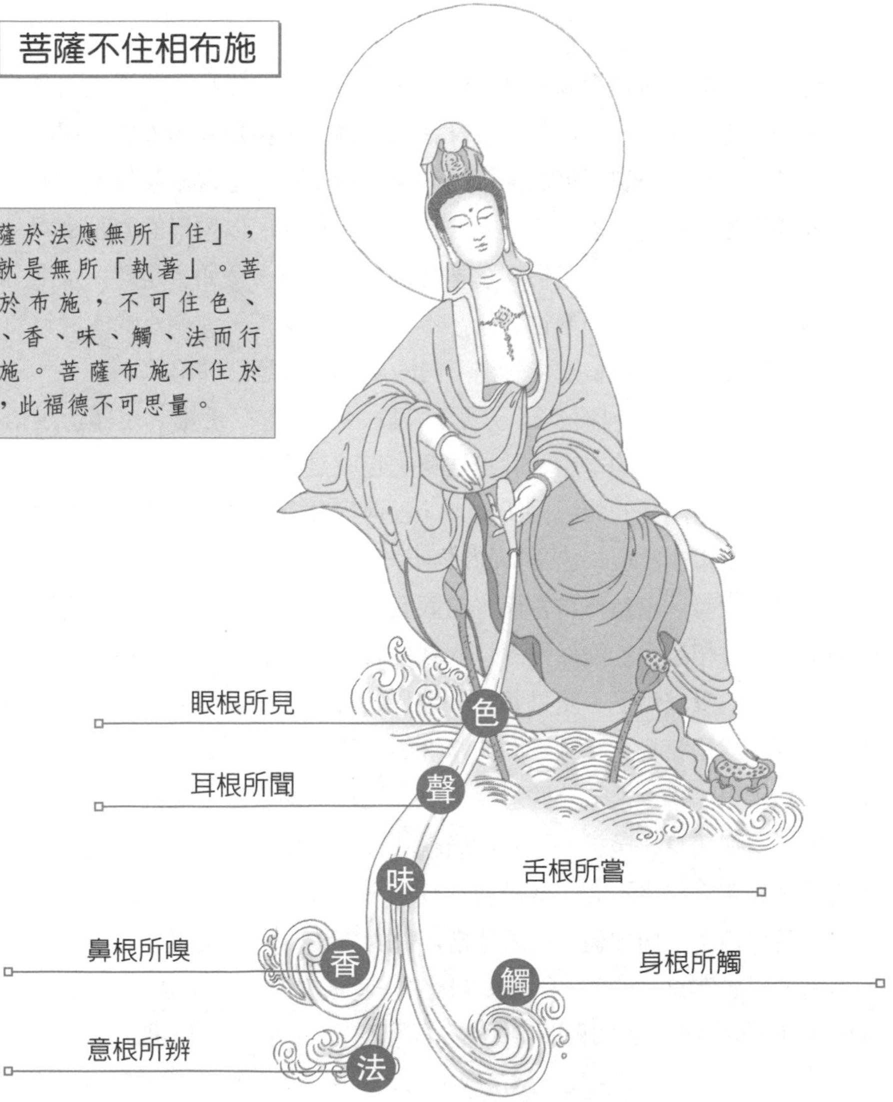

眼根所見 — 色

耳根所聞 — 聲

舌根所嘗 — 味

鼻根所嗅 — 香

身根所觸 — 觸

意根所辨 — 法

福德與功德

福德 → 外修事功有漏善

功德 → 內證佛性無漏智

妙行無住分詳解三

法報化體相用

在佛學裏，成佛可以得到三身，就是法身、報身、化身。清淨是法身，圓滿是報身，千百億形象不同是化身。法身就是本體，宇宙萬有的本體。報身是所謂的現象，法身是體，所謂不可以身相見如來，就是不要把現象當做本體。至於化身，是他的變化的作用。換句話說，法、報、化三身，以哲學的觀點來看，就是體、相、用。宇宙間一切的事物，它本身都有體相用。譬如水是體、水泡了茶，茶是它的相；做了酒，這個酒也是相，不管是酒還是茶，那個水的本身性質是法身，是體；同樣的一滴水，變化各種不同的現象，那是它的用。

《金剛經》上說：阿耨多羅三藐三菩提，無上正等正覺。這個悟是悟的什麼呢？是宇宙萬有生命的本體，就是法身，也就是心經上所說不生不滅，不垢不淨，不增不減。金剛經的開經偈所說：「云何得長壽，金剛不壞身。」也是指法身而言。一念不生全體現，也是指的法身，法身是無相的。

至於圓滿報身，就是修持方面。前面我們也提到佛有三十二種特殊的相，有八十種隨於特殊相所生的隨形好。這個就是說，凡是成就的人，得道的人，父母所生的他這個色身就轉了，這是報身，也是肉身。為什麼講他是報身呢？一切眾生所有的身體就是報身，一生過的非常舒服，樣樣好，享福一生，是他善報所得的報身。有人很痛苦，很艱難的過這一生，這是他過去生所種的不善之因，招致有這一生的這個報身。至於修道有所成就的人，這個報身就轉了，道家一般的觀念所講祛病延年、長生不老，就是報身轉了。報身修道完全圓滿時，整個的人脫胎換骨，就具備了一切神通。這是非常難得的事情，所以說圓滿報身非常難得。

普通一般學佛的人，要三身成就，因為三身成就的人，學佛才算真正到家。三身成就另外一個名稱，也叫做即身成就。這個裏頭兩個字不同，即「生」成就，這一生成就、成功了，了卻生死，這是即生成就，生命的生。要想即身成就啊，理論上，幾乎比即生成就還要難，需要所有的戒定慧，所有的修行，去轉化父母所生的這個四大色身。要把色身完全轉化了，才修到即身圓滿成就。

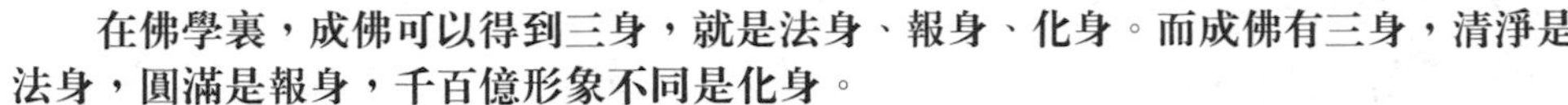

成佛有三身

在佛學裏，成佛可以得到三身，就是法身、報身、化身。而成佛有三身，清淨是法身，圓滿是報身，千百億形象不同是化身。

釋迦牟尼佛

法身就是本體

法身就是本體，宇宙萬有的本體。借用現代的觀念來説，就是一切的能源。

阿彌陀佛

報身就是現象

報身是所謂的現象，法身是體，就是不要把現象當做本體。

化身就是變化

至於化身，是他的變化的作用。

釋迦牟尼佛

妙行無住分詳解四

學佛的資本——智慧資糧和福德資糧

佛告訴我們一個修行的方法，認識真正佛法，無所住而不是放下，「菩薩但應如所教住」，就是這樣去修。第二個要點告訴我們，真修到無所住，就是福德成就。福慧雙修為菩薩的不住相布施。「不住相」在這裏指修慧，而「布施」則為在修福。所以，佛再三要求菩薩的布施應不住於相，就是強調要福慧雙修，才能成佛。何為修福？修福就是藉由做善事利益他人，從而獲得相應的福報。六度中的布施是利益他人「之首」，而持戒、忍辱、精進、禪定都要通過布施來利益眾生。因此，修福的最佳方法就是布施，使自己的修行終成正果，從而普度天下眾生成佛。

大家都知道做生意要有三種資本，一種是投入的資金；二是貨賣出去貨款未收回時，還要占一筆資金；第三筆是週轉金。學佛只要兩筆資本就夠了，比做生意划得來。哪兩筆資本呢？就是智慧資糧和福德資糧。資糧就是資本，所以傳統若寫匾額給朋友，會寫一個——福慧雙修。慧就是智慧，所以福慧雙修就是佛境界。有些人有福報，既有錢又有富貴功名，但卻沒有智慧；有些人智慧很高，窮得要死，世間福報不好，也沒得辦法。佛境界就是福德與智慧都圓滿，這叫做福慧雙修，智慧資糧圓滿了，福德資糧圓滿了，就成佛。所以大家念經的時候，念到皈依佛兩足尊，就是這個兩足——智慧具足，福德具足。《金剛經》告訴你，真正的福德就是不住相布施。

修行菩薩道的精妙之處就是福慧雙修。對於一些修成羅漢道的大比丘來講，他們還沒有福慧雙修。正如古人做偈說：「修福不修慧，大象掛瓔珞；修慧不修福，羅漢托空缽。」這句話的意思為單修福或單修慧，是成就不了佛境界。儘管羅漢也修慧，但捨不掉自我的小智慧，最後也得不了大福報。佛的最終目的就是向弟子們宣示福慧雙修才是成佛的大道。

福慧雙修

古人做偈說：「修福不修慧，大象掛瓔珞；修慧不修福，羅漢托空缽。」這句話的意思為單修福或單修慧，是成就不了佛境界。儘管羅漢也修慧，但捨不掉自我的小智慧，最後也得不了大福報。佛的最終目的就是向弟子們宣示福慧雙修才是成佛的大道。

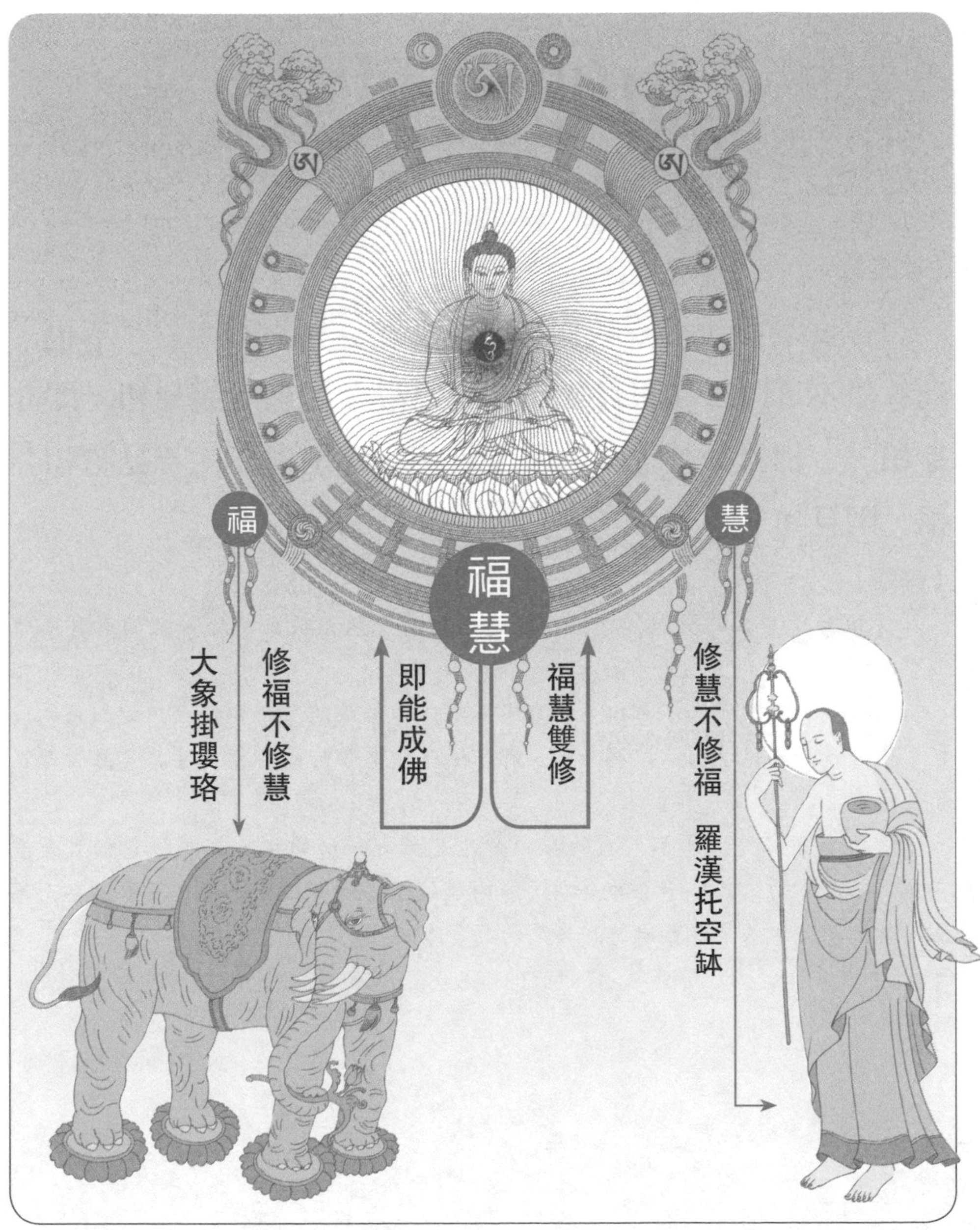

第五品

如理實見分

【原經】

「須菩提！於意云何？可以身相見如來不？」「不也，世尊！不可以身相得見如來。何以故？如來所說身相，即非身相。」佛告須菩提：「凡所有相，皆是虛妄。若見諸相非相，則見如來。」

【譯經】

「須菩提！你認爲如何？可以透過如來的身體相貌來認識如來的眞實本性嗎？」

須菩提回答道：「不可以，世尊！不可以以如來的身體相貌來認識如來的眞實本性。爲什麼呢？因爲這些身相，都不過是假名如幻的妄相，並非是眞實存在的身相。」

佛告訴須菩提：「不只我的身相，凡是所有一切的相，都要將它當成是虛妄無常不眞實的，只要不去執著它，能夠體認了悟所有相皆是虛而不實，妄而不眞，就會產生智慧，就可以見到如來的眞實本性。」

靈訓禪師在廬山歸宗寺參學時，有一天動念想下山，因此向歸宗禪師辭行，禪師問道：

「你要到哪去？」

靈訓照實回答：「回嶺中去。」

歸宗禪師慈悲關懷道：「你在此參學十三年，今天要走，我應該為你說些佛法心要，等你行李整理好，再來找我一下。」

靈訓禪師將整理好的行李先放在門外，就持具去見歸宗禪師。

歸宗禪師招呼道：「到我前面來！」

靈訓依言上前。

歸宗輕輕說道：「天氣嚴寒，途中善自珍重。」

靈訓禪師語下，頓然徹悟。

歸宗禪師的「佛法心要」是什麼？慈悲心、菩提心、般若心，總之一句，就是禪心。

修學佛法未成而退，這是對自己本分事放棄責任。一句「天氣嚴寒」的關懷，別人都這麼關心自己，而自己卻不關心自己。一句「途中善自珍重」的勉勵，終於使靈訓回到家門，認識自我！

禪，有時說盡了千經萬綸，禪的邊還沒有摸到；有時只輕描淡寫的一句話、一個動作，卻徹骨徹髓的認識自家本來面目。歸宗禪師的慈悲關懷，那也是由於十三年的照拂；靈訓的徹悟，那也是因為機緣成熟。「飯未煮熟，不要妄自一開；蛋未孵熟，不要妄自一啄」，實不虛假。

如理實見分詳解

非相和空

佛經上說，佛有三十二相，與我們一般人不同，佛有八十種隨形好，有八十種跟隨他那種特別的身相來得好。每種相有每一種相的功德，多生累劫修來的。譬如人拿花、香來供佛，來生變漂亮人！衣冠供佛，來生不怕沒有衣服穿，而且身體健康。多拿醫藥來布施，來生一輩子不會生病。前生慳吝醫藥的布施，這一輩子多災多難多疾病，種種都是因果報應。佛能有三十二相八十種好都是果報修來的，因為他多生累劫都在止於至善，都在修行，所以有這個福德生相。

這裏佛說，你可不可以用有形的形相來看佛呢？須菩提答覆世尊：「不也，世尊。」由此可知！佛是不可以形相來見的，拿形相來見佛，就錯了。那麼廟宇裏為什麼要供佛像呢？廟裏供佛像，並不等同於偶像崇拜，真正的佛與其他許多宗教一樣，是反對拜偶像的。那為什麼畫的佛，塑的菩薩都可以拜呢？答案是四個字「因我禮汝」。因為佛的形相存在，如果修行者懷著恭敬之心來拜佛，則佛像只是一個代表而已。而修行者的這一拜並不是在拜佛，而是拜了自己，因此自己得救了。任何宗教最高的道理都是一樣，不是「我」救了你，是自己救自己。懷著堅定的恭敬之心前來相拜，不要說畫的真佛，就是拜一塊木頭，只要心意誠敬地一念專心，則本身就成功了。這叫「因我禮汝」。

所以，不但不能以這個偶像認為是見佛，即使是佛在世的時候，都不能看他肉身為師，那是著相。《楞嚴經》中阿難就是犯了這個錯誤。阿難當時跟著佛出家的原因就是看佛相貌又好、又會放光，絕不是欲念來的。佛就告訴阿難：這是因為你著相了，是愛漂亮出家的。因此當阿難碰到摩登伽女時，便有此一劫，這就是著相，所以佛說不能以身相得見如來。

為什麼呢？因為肉身並不是真正那個不生不死的身，即使肉身修持到活一千年，最後肉身還是要死。肉身儘管長壽，五百年還是五百年，一千年還是一千年，而永遠不生不滅的，並不是這個肉身相，而是法身。那個法身，不能拿形相來見，所以佛接著吩咐我們一句重要的話。即境界就是相，凡所有相，都是不實在的。怎麼樣才見到真正的佛呢？見到法身才是真正與佛相見了。

以身相來見佛會如何

學佛的人要不住相，不住相布施，而不住相的福德就是智慧成就的功德，智慧是無比的大，無量無邊。大家學佛都想見到佛。可不可以身相來看見佛呢？

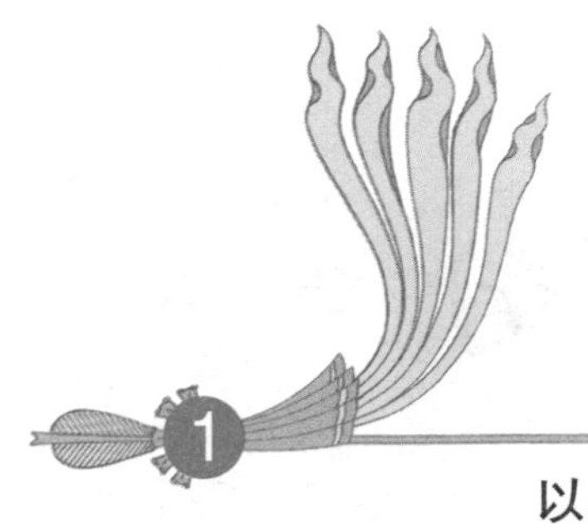

不可

以身相見佛陀

用肉眼見到的佛陀只是虛幻的身相。

佛陀所說的身相

即非身相

佛陀所說的身體相貌並非真實存在的身體相貌。

凡所有相

皆為幻相

所有一切諸相也都是虛妄的。

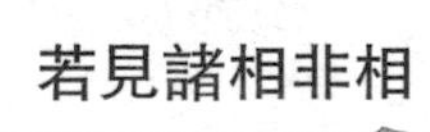

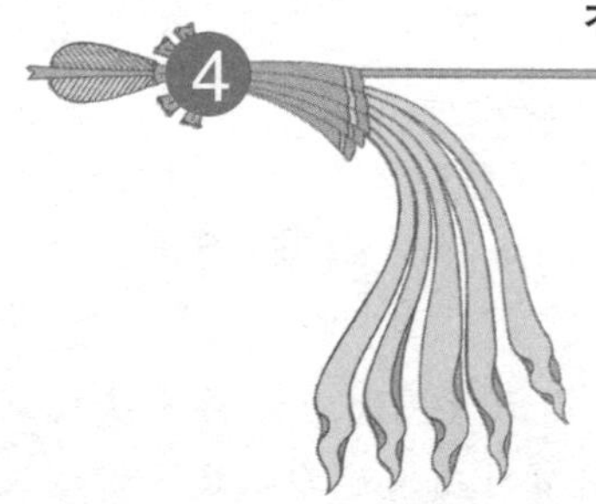

若見諸相非相

即見如來

正確體悟

如果能體認所有一切諸相都不是真實的相狀，那麼即可認識佛陀的本性。

第六品

正信希有分

【原經】

須菩提白佛言：「世尊！頗有眾生，得聞如是言說章句，生實信不？」佛告須菩提：「莫作是說。如來滅後，後五百歲，有持戒修福者，於此章句能生信心，以此為實，當知是人不於一佛二佛三四五佛而種善根，已於無量千萬佛所種諸善根，聞是章句，乃至一念生淨信者，須菩提！如來悉知悉見，是諸眾生得如是無量福德。何以故？是諸眾生無復我相、人相、眾生相、壽者相；無法相，亦無非法相。何以故？是諸眾生若心取相，則為著我人眾生壽者。若取法相，即著我人眾生壽者。何以故？若取非法相，即著我人眾生壽者，是故不應取法，不應取非法。以是義故，如來常說：『汝等比丘，知我說法，如筏喻者；法尚應捨，何況非法。』」

【譯經】

須菩提對佛說：「世尊，如眾生聽到佛剛才所講的道理，那他們還能信佛嗎？」

佛告訴須菩提說：「不要這樣說。我寂滅後，過五百年將有修持佛法成正果的，對我剛才說的道理能理解，他們會認爲此理眞實可信。應當知道，這些人不是從一個佛、兩個佛、三四五個佛那裡來培植自己的善性，而是從無數個佛那裡來修行種善根，他們聞說我剛才所講的道理，將在一念之間產生空靈潔淨的信念。須菩提，我全都能知能見，這些眾生能修得不可估量的福德。」

「爲什麼這麼說呢？因爲他們已經沒有自我的相狀，他人的相狀、眾生的相狀與壽命的相狀等。如此不執著於一切存在現象的相狀（無法相），也不執著於否定一切存在現象的相狀（亦無非法相）。爲什麼呢？如果此眾生內心有『相』的念頭（若心取相），那就是執著於自我、他人、眾生與追求壽命者。」

「倘若執著於一切現象的相狀，那就等於執著於自我、他人、眾生與追求者。爲什麼呢？這是因爲如果執取於否定一切現象的相狀，也等同於執著於自我、他人、眾生、追求壽命者，兩者並沒有差別。所以不能執著於一切現象，也不應該執著於否定一切現象。因爲是這個道理，所以如來常說：『你們諸位比丘大眾啊，知道我所說的法，就如同渡河的竹筏，到了涅槃彼岸之後應當放下，所以說，不僅一切存在現象應捨棄，而否定一切現象，更不應該執著。』」

正信希有分詳解一

信佛要正信

佛法來源於真知灼見，不是邪說。佛法真理並不是看得見、摸得著的，如果僅憑有限的感官思維去觸碰，實在是很愚蠢的事。

在佛的悟導下，須菩提又領會了佛法的一些玄機。可是轉念一想，便心生疑惑：依照我的悟性，要理解這樣的佛法也費了不少勁，如果其他眾生悟不出佛法的深意，則很難對這樣的佛法生出堅定的信心。想到這點，須菩提就向佛提出自己的疑惑來。

佛祖果斷地打斷須菩提的問話，為何？如果在公開的法會上，提出這麼多的疑問，就很容易動搖眾生的信心。如果眾生在此時動搖信心，雜念四起，就會導致聽講的眾生對佛法望而卻步。這樣，費掉大半天的工夫不說，若想再找這樣的機緣就不易了。所以，佛呵斥這位比自己還年長的弟子，不能這樣疑惑或輕視眾生的佛性。除外，佛還暗示須菩提：並不是只有你悟性高，可以了解佛法的玄妙之處，其實，眾生平等。接著佛指出：不要說現在，即使到了佛圓寂後五百年（末法時代），如果有人心懷正信，真正持戒、修福，多行善道，功德到了，他的智慧打開就可以相信這些話了。

「心懷正信，真正持戒、修福」，這句話有兩層意思，其一，「正信」一詞來源於對高深佛理的真正理解，並不僅僅因為他是誰講的，這也是「如來」這個詞的根本宗旨所在。是真實的、正確的信仰。其二，一個人不要說智慧，生來能有一點聰明，都還不是一生一世的事。想要得到無上的智慧，不是求得來的，是修來的。要修一切的善行、一切的功德，才成就無上的智慧。這個智慧是悟得的，是持戒、修福而來的，守戒累積起來，加上諸惡莫做，眾善奉行的修福，才真正得到大福報的大智慧。

信佛要正信

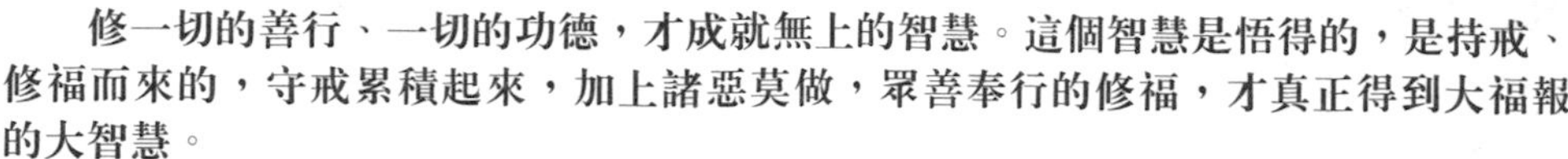

修一切的善行、一切的功德，才成就無上的智慧。這個智慧是悟得的，是持戒、修福而來的，守戒累積起來，加上諸惡莫做，眾善奉行的修福，才真正得到大福報的大智慧。

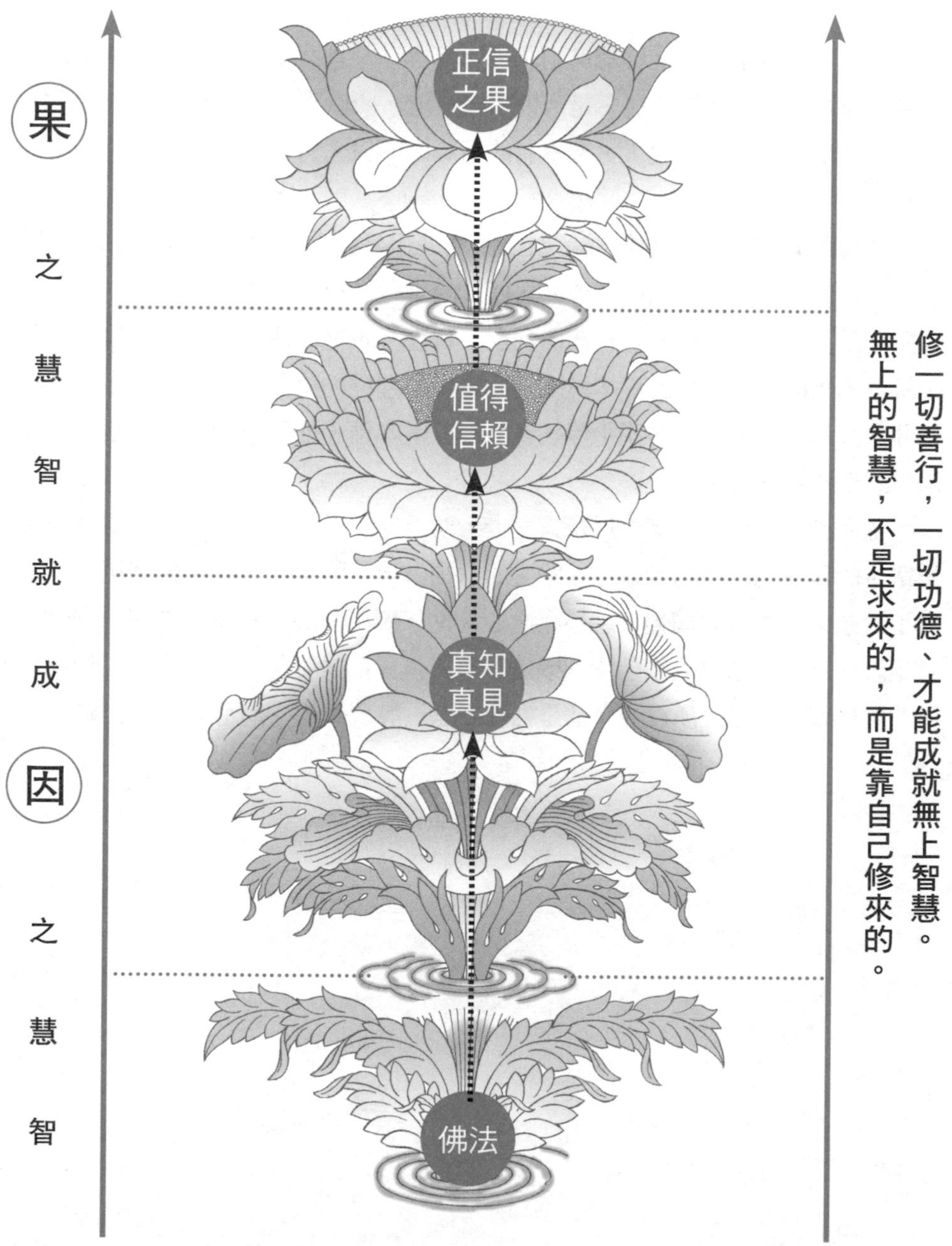

正信之果

值得信賴

真知真見

佛法

智慧之因成就智慧之果

修一切善行，一切功德、才能成就無上智慧。

無上的智慧，不是求來的，而是靠自己修來的。

正信希有分詳解二
眾生佛性平等

佛作為大覺悟者，已經認識到眾生皆有佛性，且眾生佛性平等。佛和眾生一樣純潔無垢，這是正知正見，是大智慧的見地，所以佛大膽鼓勵眾生發心修佛。

佛性即覺性，佛性是人人都本有的品質。不僅人有，動物以及其他有情生命都有佛性。

從佛的角度來說就叫佛性，如果從凡夫俗子的角度來說，佛性應該稱為本心，佛性就是沒有被染欲的清淨心。即人的本性、自性、覺性。眾生之所以不能成佛，是因為他們經受不住世間的利欲、貪念等多種誘惑，因而心生雜念，汙染了佛性本來的純潔，導致原本純潔的心變成了種種的分別心，由此而產生人我、是非、高低、愛憎等諸多不平等，直至違背了本性。如果能夠尋回本心，自性清淨，就如同見到如來了。

孟子曾說：「老吾老，以及人之老；幼吾幼，以及人之幼。」如果修法者能視眾生的苦難為己身的苦難，以眾生的幸福為自己的幸福，能夠做到這點，就具備了大慈大悲的菩薩精神。以菩薩之心入世，廣施愛心，就會處處解困排難。不管是說法度人、指點人生迷津；或是舉手之勞，都是行善積德之大功，如此，離佛的目標就不遠了。所以修行就是祛除妄念、發現本心、發心修佛的必修之課。

衆生佛性平等

佛法中所謂的眾生平等，是指眾生法性平等，對眾生的慈悲喜捨心平等，在因果規律面前，眾生平等，而非說眾生的際遇平等、禍福平等。眾生的差別，站在因果這個大環境下，就可以理解了，而且來得自然，也能讓人心服口服。眾生的不平等，是因為大家從有始以來，造的善業、惡業不平等引起的。有人行善多，有人行善少，有人作惡多，有人作惡少。沒有理由要求不論作惡行善，轉世為人之後就要得到相同的待遇。

眾生平等

大象比人強壯，但是人類卻處於食物鏈的最頂層，但是他們具有相同的佛性。

正信希有分詳解三

五百年後

對於佛的這個說法，在第六品中，須菩提提出懷疑的問題了，他說：佛，你這樣講了以後，將來有聽到你這樣講，尤其《金剛經》這一種理論流傳到後世，他們能夠相信嗎？一般人信佛都要著相，完全不著相能夠辦得到嗎？佛告訴須菩提說：你不要有這樣的看法，接著，佛就說預言了。

釋迦牟尼佛說：有人持戒、守戒、修福報，福報修成就了，才能得到無上智慧。一個人不要說智慧，生來能有一點聰明，都還不是一生一世的事。想要得到無上的智慧，不是求來的，是修來的。要修一切的善行、一切的功德，才成就無上的智慧。這個智慧是悟得的，是持戒、修福而來的，守戒累積起來，加上諸惡莫做，眾善奉行的修福，才真正得到大福報的大智慧。佛在此特別提出來，在他過世以後五百年，有持戒修福的人，才能相信他的話。

五百年後文化演變更不同了，從人文的立場來看時代的佛法。遲五百年，人的智慧變得越來越低，到了末法時代，災難、病痛、戰爭隨時存在，這是末法的時候，現在還沒有到。

五百年後，有人真能夠行善修福，於此章句，能生信心，對於佛經中「凡所有相，皆是虛妄。若見諸相非相，即見如來」的說法，能夠注解，真的般若智慧才出來，這是非常難的事。一般人信仰宗教，都是注重在形式上，而且多半以有所求的心，求無所得的果。就像古人的一首詩，闡釋天氣難辦：

做天難做四月天，蠶要溫和麥要寒。
出門望晴農望雨，採桑娘子望陰天。

現在佛說這個真理，是非常平凡而難以相信的，他說後世有人對於平常的道理就是大道，信得過的要有大福報才行。這個福報不是世間的鴻福啊！所謂能生信心，可不是迷信，是理性上的正信。「以此為實」，認為這個是實在的真理。佛說你要曉得，將來世界上這樣的一個人，他不止是跟過一個佛、兩個佛、三個佛、四個佛、五個佛而種的善根；這樣的人，他也不是一生一世修智慧來的！他已於「無量千萬佛所」，不知道經過多少世，在這些有成就人前面學習過！「種諸善根」，他已經做了無量的好事，種了這樣大的善根，才生出這樣大的智慧。

如來法運存在的時間

佛劫

(84000-10)
×100
×2

一小劫=16798000年
×20

依我們地球的人壽計算，從人類八萬四千歲的長壽，每一百年減短一歲，減至人類的壽命僅有十歲時，稱爲滅劫；再從十歲，每一百年增加一歲，又增加到人壽八萬四千歲，稱爲增劫。如此一滅一增的時間過程，總稱爲一小劫。

一中劫=335960000年
×4

經過二十個小劫，稱爲一個中劫。其中在「成、住、壞、空」的四大階段，每一階段的時間過程，均爲二十個小劫。

一大劫=1343840000年

經過成、住、壞、空的四個中劫，便是一個大劫；換句話說，地球世界的一生一滅，便是一個大劫。

佛運消失與存在的分期

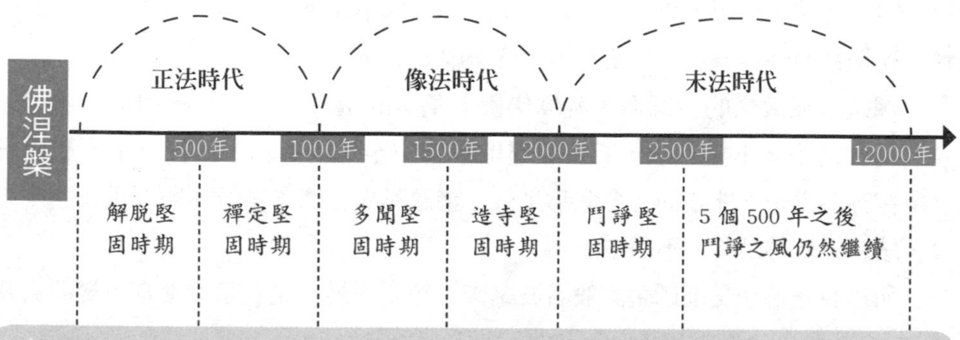

如來的法運一共有一萬兩千年，在此後相當長的時間裏，佛法便在此世界上消失了。等到如來滅度之後，正法一千年，像法一千年，末法一萬年。以五百年爲一個階段，前兩千五百年分爲五個不同的佛運消長時期。

正信希有分詳解四

淨信和無所住

淨信！乾淨，空靈，什麼妄念都沒有。它不是正信，而是淨信。心境清淨到極點，心地上的淨土，能夠生出淨信。

一個人到達了一念淨信，知道凡是有現象的都不是，而是一切無相，連無相也無。能夠這樣悟道的人，就得大福報。為什麼？因為此人現生已經到達了佛境界，他就是肉身佛了。為什麼說他到達佛境界呢？因為這個人已經到達無人相，無我相，真正淨信了。一念放下，當然無我相，也無人相，無眾生相，無壽者相。我相去掉了，當然無相，一切平等，看一切眾生皆是佛。「相」，在外境界是現象，在心理上是觀念，主觀的觀念。

下面兩個更重要，「無法相」，一切佛法及什麼叫佛法，都把它放下了，凡所有相，皆是虛妄，一切不著相，統統放下，這個是無法相。但是你要認為什麼都不是，一切都不是，佛也不是，不是的也不是，你又落在「是」上。什麼「是」？「非法是」，一切都否定，對不起，你又錯了，你又落在一個「對」上，這個對就是「無非法相」。換句話說，一切都不是，一切也是。

《楞嚴經》中佛說了兩句名言，「離一切相，即一切法」。離一切相，也就是「無法相」的注解；即一切法，也就是「亦無非法相」這句話的注解。離一切相，即一切法，一切離也離。所以《金剛經》並不是講空，它只是說在見道的時候，見法身的時候，是「凡所有相，皆是虛妄」。

禪宗大徹大悟的大師們，解釋學佛人基本的道理說：「實際理地，不著一塵。萬行門中，不捨一法。」實際理地不著一塵是講本體；萬行門中，起而行之，在行為上是不能空的，念念都是有，諸惡莫做，眾善奉行，所以萬行門中不舍一法；樣樣都是有，不是空。

所以真正佛法是能斷金剛般若波羅蜜，想要悟道，是在這個地方，是要真智慧。

佛又很坦然地告訴我們這是什麼道理，「是故。不應取法，不應取非法」。真正學佛不應該著相，也不應該不著相。

對於「法」應有的態度

佛劫

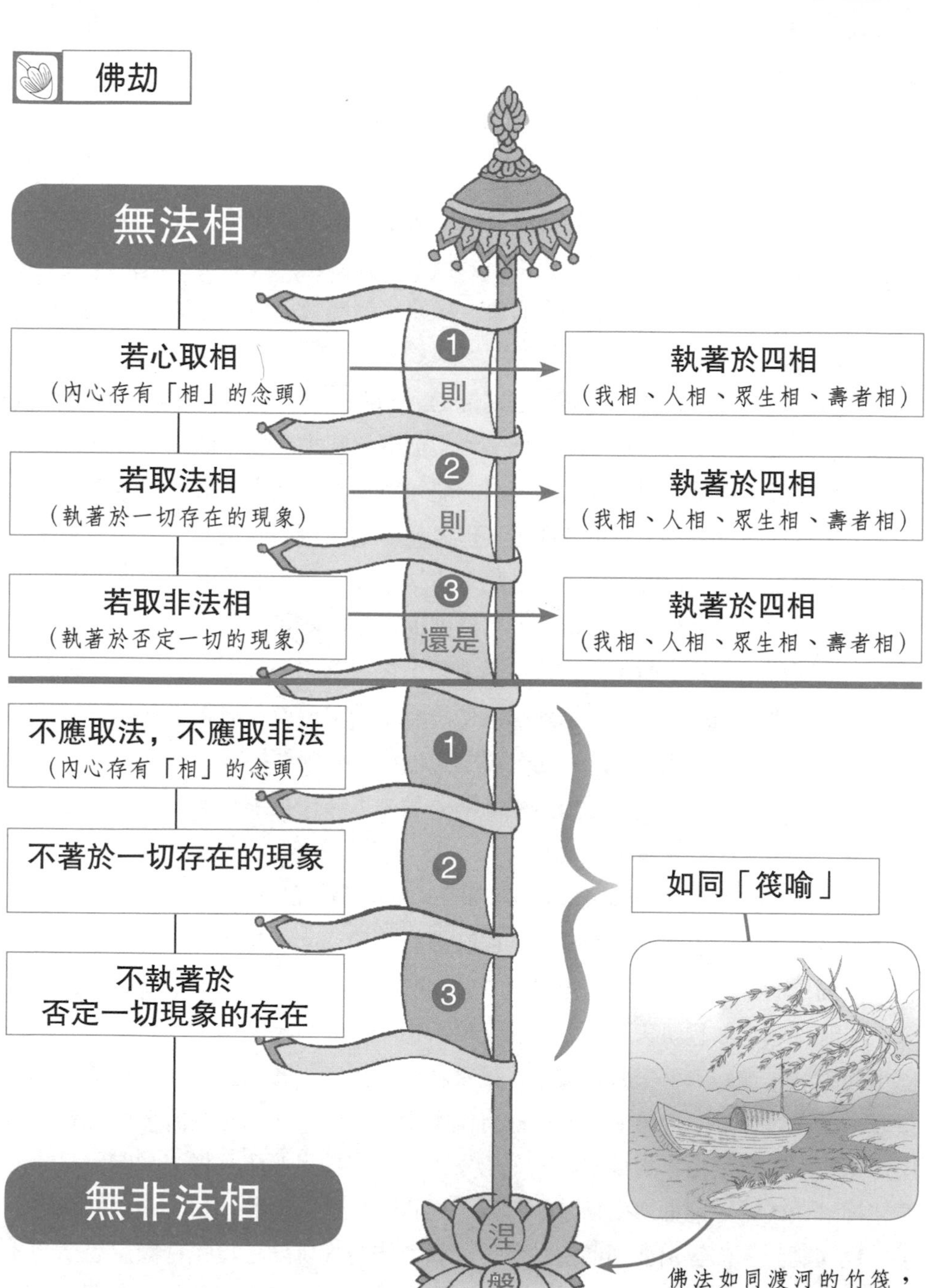
無法相
若心取相
（內心存有「相」的念頭）
1
則
執著於四相
（我相、人相、眾生相、壽者相）
若取法相
（執著於一切存在的現象）
2
則
執著於四相
（我相、人相、眾生相、壽者相）
若取非法相
（執著於否定一切的現象）
3
還是
執著於四相
（我相、人相、眾生相、壽者相）
不應取法，不應取非法
（內心存有「相」的念頭）
1
不著於一切存在的現象
2
不執著於
否定一切現象的存在
3
如同「筏喻」
無非法相
涅
槃
佛法如同渡河的竹筏，
證得佛果，抵達涅槃彼
岸後當應捨棄！

正信希有分詳解五

何處是岸

修道是一種方法，其最終目的不是究竟皈依之處。諸比丘羅漢，能從諸種煩心之中解脫出來，則表示他們已經得道，但不能使終留戀於此道。塵世、煩惱皆是五蘊合成，而成佛之法亦是因緣假象，緣盡了就應該放棄，如果執著於此相就會迷失方向。

佛在《百喻經》中說：我的說法就像過河的船一樣。筏就是木頭捆起來過河用的木排，既然眾生過了河上岸，過了河還把船背起來走嗎？顯然不會有這樣笨的人。我的說法都是方便，都是過河用的船，既然到達彼岸，就不需要船筏，所以我所說法，如筏喻者，這是個比方。但是，一切真正的佛法到了最後，像過了河的船，都要丟掉。何況一切不是法呢！正法，如果最後捨不乾淨，還是不能成道的，何況非正法，更不能著相了。這裏佛講得非常徹底。

正如《道德經》中載：「古云：過河須用筏，到岸不須舟。」這句話的意思就是筏與舟都是過河工具，要過河須借助舟船，過了河就不要再帶著船不放了。喻某種環境下實現目標借助的東西，環境變化後就要善於捨棄、放下。

佛法傳到中國，常說「苦海無邊，回頭是岸」。岸在那裏呢？當下就是岸，一切當下放下，岸就在這裏。

禪宗有個公案，有一個龍湖普聞禪師，普聞是他的名字，他是唐朝僖宗太子，看破了人生，出了家到石霜慶諸禪師那裏問佛法。他說：「師父啊，你告訴我一個簡單的方法，怎麼能夠悟道？」這個師父說：「好啊！」他就立刻跪了下來：「師父啊，你趕快告訴我。」師父用手指一下廟前面的山，那叫案山。依看風水的說法，前面有個很好的案山，風水就對了；像坐在辦公椅子上，前面桌子很好，就是案山好。他這個廟，前面有個案山非常好。案山也有許多種，有的案山像筆架，是筆架山，這個家裏一定出文人的；有些是箱子一樣，一定發財的。慶諸禪師說：「等前面案山點頭的時候，再告訴你。」他聽了這一句話當時開悟了。換句話說，你等前面那個山點頭了，我會告訴你佛法，這是什麼意思？「才說點頭頭已點，案山自有點頭時」。說一聲回頭是岸，不必回頭，岸就在這裏，等你回頭已經不是岸了。

過河須用筏，到岸不須舟

我們透過兩個佛法故事的道理，了解《金剛經》告訴我們的一句話，「應無所住」，「不應取法」。不應該抓住一個佛法去修，落在某一點上，就先著了相，就錯了。你說，我什麼都不抓，所以我是真正學佛法，你更錯了，有時候也要認真！所以，「不應取非法」。

過河須用筏

到岸不須舟

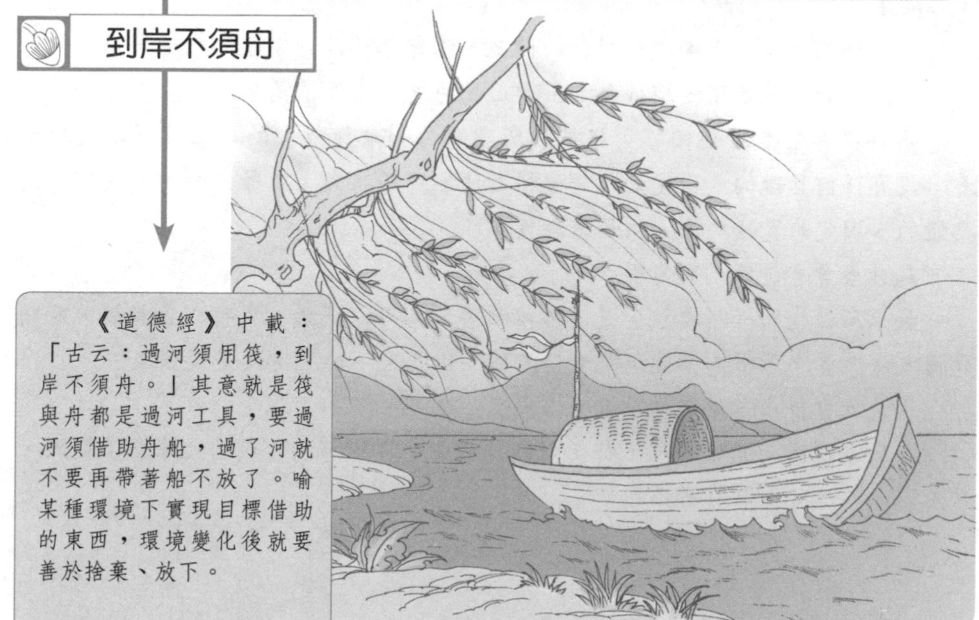

《道德經》中載：「古云：過河須用筏，到岸不須舟。」其意就是筏與舟都是過河工具，要過河須借助舟船，過了河就不要再帶著船不放了。喻某種環境下實現目標借助的東西，環境變化後就要善於捨棄、放下。

第七品

無得無說分

【原經】

「須菩提！於意云何？如來得阿耨多羅三藐三菩提耶？如來有所說法耶？」須菩提言：「如我解佛所說義，無有定法名阿耨多羅三藐三菩提，亦無有定法，如來可說。何以故？如來所說法，皆不可取、不可說、非法、非非法。所以者何？一切聖賢，皆以無為法而有差別。」

【譯經】

須菩提啊，對於下面我所提到的問題，你會怎樣認爲呢？如來證得無上正等正覺了嗎？如來講了關於證得無上正等正覺的覺悟之法了嗎？

須菩提非常恭敬地回答：根據我所理解的如來您教授的內容及所示之理來看，沒有任何具體的、固定的所謂覺悟之法，可稱爲無上正等正覺；也沒有任何具體的、固定的覺悟之法，供如來教授。

爲什麼會有這樣的觀點呢？

如來所教授的覺悟之法，是不可以執著、不可以思議、不可以言說的。所謂覺悟之法，實際上根本不能說是覺悟之法，但是又不能否定其是覺悟之法。

因此就會得出什麼樣的結論呢？

一切證得圓滿覺悟的人，都是以自自然然、自然而然的無爲之法當下進入，只是進入的「當下」有所不同。

黃檗禪師出家後，認為「必須放棄恩情，達到無為時，方才是真實的報恩」，因此過了三十年禪者的生活，卻從來不曾回過俗家，探望親人，但他內心深處，非常記掛年邁的母親。五十歲時，有一次在參訪的旅途中，不自覺的就往故鄉的方向走去。

母親也思念出家的兒子，可是毫無音信，每天從早到晚哀傷的哭泣著，把眼睛都哭得失明。為了想念兒子，母親就在路旁設個司茶亭，不但親自招待過往的雲水僧，並且親自迎到家中，為他們洗腳，以示禮敬；另外還有一個原因，那就是因為黃檗禪師左腳上有顆大痣，她眼睛雖瞎了，但希望憑萬分之一的洗腳機遇或可認出誰是他的愛子。

這一天，黃檗禪師也接受了母親的招待，他一邊讓母親洗腳，一邊向母親述說佛陀出家的故事，希望母親能因此得到信仰、安心。黃檗禪師只將右腳給母親洗，卻不把左腳給母親洗。

黃檗禪師接連兩次返家，雖然覺得難捨難離，但還是忍痛起程雲遊行腳，繼續參訪。鄰居們忍不住將這個事實，告訴他的母親說，那個向你講釋迦出家故事的人，就是你經常盼望的兒子。母親聽後幾近瘋狂似的說：「難怪聲音好像我兒。」說後就追上去，一直追到大河邊，不巧，這時黃檗禪師已經上船，而且船也開動了，母親情急之下跳到河裏，非常不幸地淹死了。

黃檗禪師站在對岸看到母親失足，落水溺死的情形，不禁悲從中來，慟哭著說道：「一子出家，九族升天；若不升天，諸佛妄言。」

黃檗禪師說後，即刻乘船返回，火葬母親，說一偈曰：「我母多年迷自心，如今華開菩提林，當來三會若相值，歸命大悲觀世音。」

在黃檗禪師說偈的時候，鄉人都看見他的母親在火焰中升空而去。

黃檗希運禪師，福建人，在江西出家，受法於百丈懷海禪師，但也在安徽南泉禪師處得到印證。黃檗禪師不是一個不孝順的人，所謂孝順有三：(一)為小孝，甘脂奉養；(二)為中孝，光宗耀祖；(三)為大孝，度其靈識超升。禪師度母乃大孝中之大孝也。

無得無說分詳解一

法無定法

佛講到這裏，連問須菩提兩個問題：「你的意思怎麼樣？你認為我，一個成佛的人，得了無上正等正覺嗎？」阿耨多羅三藐三菩提，用中文來講是大徹大悟，你認為成佛得道，真正得到一個東西嗎？這是第一個問題。「你認為我平常在講經說法嗎？」這是第二個問題。

須菩提回答說：「佛啊，很抱歉，假使根據我學佛所了解的道理，沒有一個定法叫做佛法。」但往往有些修佛者認為念佛才是佛法，錯了；認為參禪才是佛法，又錯了；認為念咒才是佛法，更錯了；認為拜佛才是佛法，就大錯特錯了。

什麼叫做定法？佛說法等於一個大教育家的教育方法，不是呆板的方法，所謂因材施教，有時候罵人是教育，有時候獎勵人也是教育，恭維你是教育，給你難堪也是教育。反正教育法的道理，是刺激你一下，使你自己的智慧之門打開就對了，所以說無有定法。

第二個問題須菩提的回答：「亦無有定法如來可說」。佛的三藏十二部，《金剛經》這樣講法，《圓覺經》那樣講法，《法華經》又是一套說法，《楞嚴經》又是它的一套。正如，下雨出門，說是慈雲法雨，運氣好；太陽出來說慧日當空，也是好；不晴不雨呢？說慈雲普覆，反正都對。這叫什麼？這叫「無有定法如來可說」。佛法在那裏？不一定在佛經上啊！世間法皆是佛法。

所以「何以故。如來所說法。皆不可取。不可說。非法非非法」。佛法也是這樣，說得出來的，表達得出來的，已經不是它了。所以如來說法皆不可取，不可說。「非法」，沒有一個固定的說法。「非非法」，也不是沒有固定說法。

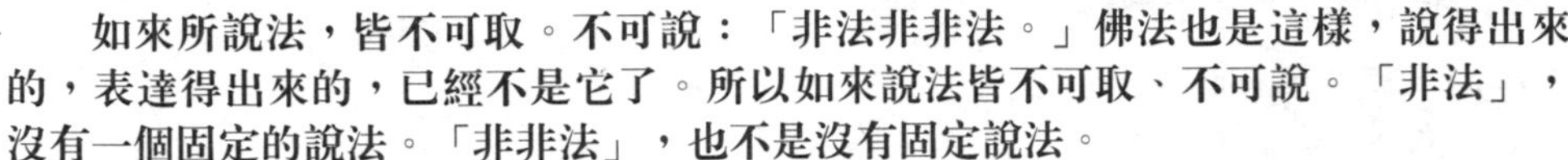

法無定法

如來所說法，皆不可取。不可說：「非法非非法。」佛法也是這樣，說得出來的，表達得出來的，已經不是它了。所以如來說法皆不可取、不可說。「非法」，沒有一個固定的說法。「非非法」，也不是沒有固定說法。

如來說法

無為法與有為法

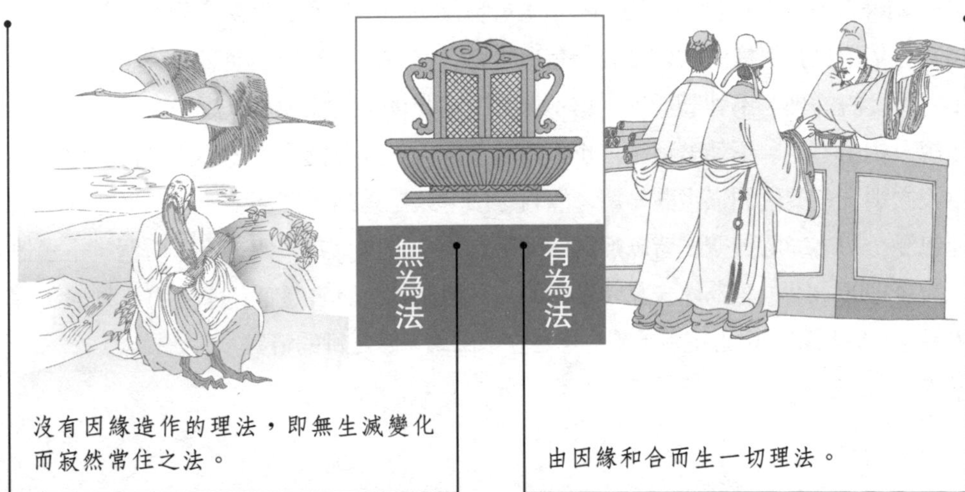

沒有因緣造作的理法，即無生滅變化而寂然常住之法。

由因緣和合而生一切理法。

無得無說分詳解二

聖賢之別

「所以者何」，什麼理由呢？「一切賢聖，皆以無為法而有差別」，佛法是這樣的偉大！這是佛法的精神。佛法是承認一切的宗教，一切的大師，乃至到了華嚴境界，連一切的魔王邪王都對了一點。只要你教人做好事，這一點終歸是對的。所以一切賢聖，不管羅漢、菩薩，對於「道」的了解，只是程度上的差別而已。何為聖賢？聖賢之間區別又何在？對人、對事、對物當有自己的思考，且能不斷完善自己的觀點的人，皆可為聖賢。

聖賢在佛法分的更清楚。所謂三賢十聖，修大乘菩薩道有十地，十個層次，叫做十聖，十地菩薩上面是佛。初地之前的修養，還有三十個層次，所謂十住、十行、十迴向。修行到那個程度，沒有到達十地的果位，屬於三賢。

十聖呢？譬如說，觀音、文殊、普賢、地藏等，這些大菩薩們，才在聖果位。這些都是分類法，是後世對修行的解釋。廣義的來舉例說明「一切賢聖皆以無為法而有差別」，譬如我們現在舉個例：教書及當學生久了的人，都有這種經驗，在課堂上講一句話，下面一百個聽的人感受的程度都不同，理解的也不同。這就是說，人的智慧和理解，各有不同。也因此才有各種宗教，各種層次智慧的差別不同。

如釋迦說，對待世間一切，不執著於自己，亦不執著於他人，也不執著於世間萬物。俗語也有這樣說的：公說公有理，婆說婆有理。若能不執著於公說的理，也不執著婆說的理，不執著於理，也不執著所謂非理，這樣人可以說是聖賢了。釋迦是說，相由心生，不執著他說，也不執著我說，人人有佛性，見心即見佛。所以，聖人之別，在於他們懂世間一切，無有定法，只是差別不同罷了。所以真正的佛法能包涵一切，一切賢聖，皆以無為法而有差別。真理只有一個，沒有兩個，不過他認識真理的一點，認為這一點才是對的，其他錯的，其實是他錯了。真正到達了佛境界是包容萬象，也否定了萬象，也建立了萬象，這是佛的境界。

佛法中的三賢十聖

三賢與十聖的並稱，為大乘佛教之菩薩修行階位。佛教語。三賢指雖得相似之解而未脫凡夫之性的住、行、向三位。十聖指已發大智而捨凡夫之性的十地菩薩。

三賢十聖

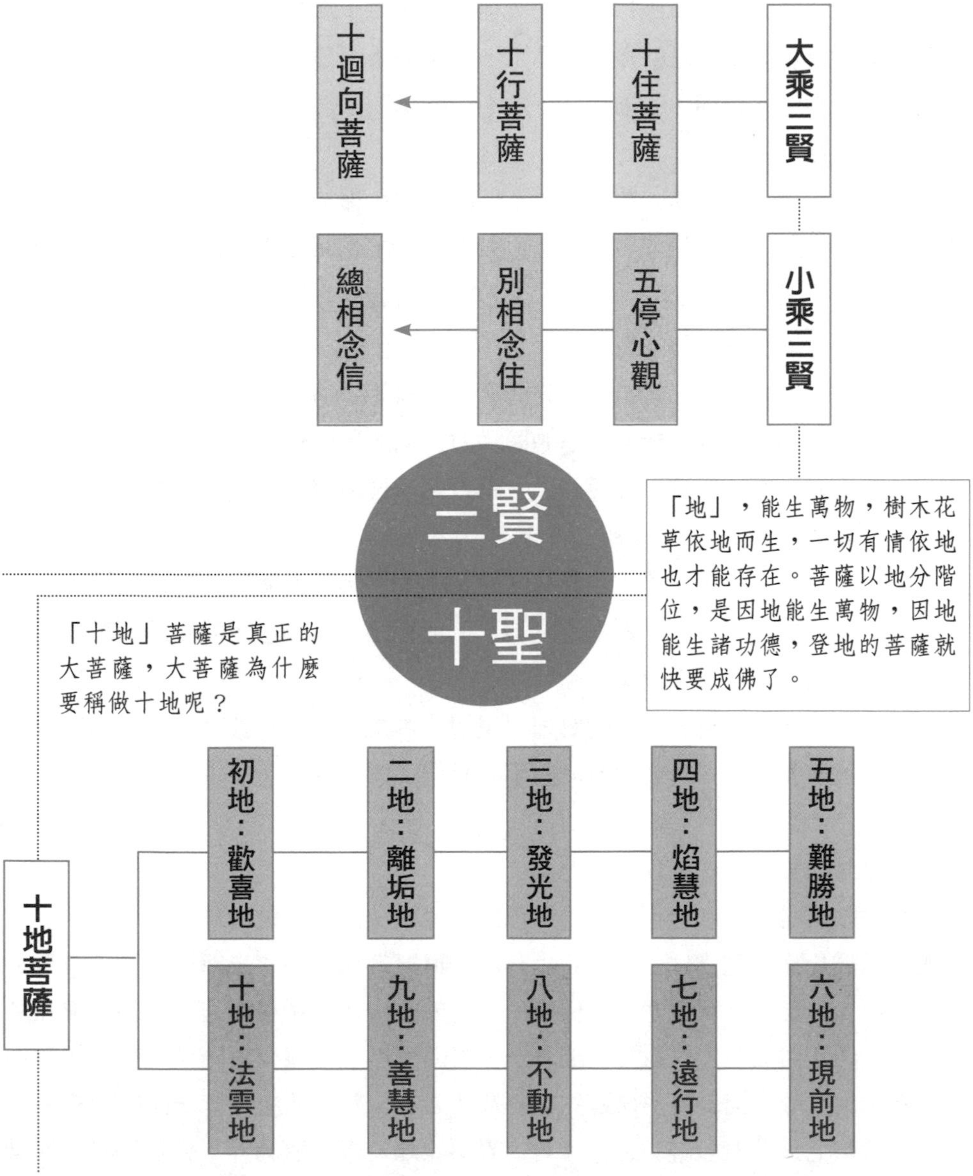

大乘三賢：十住菩薩 → 十行菩薩 → 十迴向菩薩

小乘三賢：五停心觀 → 別相念住 → 總相念信

三賢

十聖

「地」，能生萬物，樹木花草依地而生，一切有情依地也才能存在。菩薩以地分階位，是因地能生萬物，因地能生諸功德，登地的菩薩就快要成佛了。

「十地」菩薩是真正的大菩薩，大菩薩為什麼要稱做十地呢？

十地菩薩：

- 初地：歡喜地
- 二地：離垢地
- 三地：發光地
- 四地：焰慧地
- 五地：難勝地
- 六地：現前地
- 七地：遠行地
- 八地：不動地
- 九地：善慧地
- 十地：法雲地

無得無說分詳解三

聖賢之無為法

學大乘佛法的人，能破掉一切相，但唯有佛相、法相不易破。前面已經講解了佛的色相身與如來本真的差別，揭示出佛法並不能放之四海而皆準，它與一定的機緣相伴相生。正如，「盡信法，則不如無法」。淺顯地說，就是聽聞佛法也要針對問題分析。

無為法，與「有為法」相對。指不依因緣和合而成的不生不滅、無來無去、非彼非此的絕對。原本是涅槃的異名。大乘佛教，尤其是中國佛教，以無為法為諸法之本體，與「法性」、「真如」等為同一含義。以法相唯識宗為代表。該宗以修持境界立論，分無為法為六種：

①虛空無為。指真如為顯現空無的真理，真空寂滅，遠離各種障礙，猶如虛空。

②擇滅無為。指憑藉無漏智慧的簡擇力，斷滅一切煩惱而證得真如。

③非擇滅無為，簡稱「非擇滅」。指真如本性清淨，不因人的智慧簡擇力達到寂滅後才顯現出來。

④不動無為。指禪定進入色界第四靜慮時，不為苦樂所動的精神境界。

⑤想受滅無為，又稱「滅盡定無為」。指禪定進入無色定的無所有處境界，一切染汙心想及苦樂二受俱滅。

⑥真如無為。即佛教所講的真理、絕對、本體。法相唯識宗突出真如無為，認為前五種無為都是「真如無為」的不同顯現，這在佛教哲學上是一個重大的突破。

有為法與無為法，有何差別？

有為法就是因緣和合而生的一切理法。無為法就是無因緣造作的理法，也就是無生滅變化而寂然常住之法。這是有為法與無為法一般之見識，有為法可說事相方面而言，無為法可說理體方面而言。若站在中道實相義而言，有為法與無為法是不二的，離開有為法就沒有無為法，離開無為法就沒有有為法，有為無為不一不異，何以故？因為無為法建立在有為法之上，有為法由無為法而彰顯故。

《大般若波羅蜜多經》云：「有為界不見無為界，無為界不見有為界，何以故？非離有為施設無為，非離無為施設有為故。」

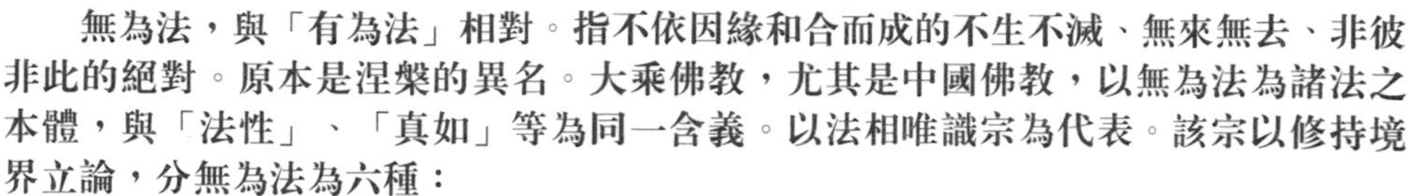

聖賢之無爲法

無為法，與「有為法」相對。指不依因緣和合而成的不生不滅、無來無去、非彼非此的絕對。原本是涅槃的異名。大乘佛教，尤其是中國佛教，以無為法為諸法之本體，與「法性」、「真如」等為同一含義。以法相唯識宗為代表。該宗以修持境界立論，分無為法為六種：

無為法的種類

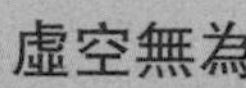

1 虛空無為

指真如為顯現空無的真理，真空寂滅，遠離各種障礙，猶如虛空。

2 擇滅無為

指憑藉無漏智慧的簡擇力，斷滅一切煩惱而證得真如。

3 非擇滅無為

簡稱「非擇滅」。指真如本性清淨，不因人的智慧簡擇力達到寂滅後才顯現出來。

4 不動無為

指禪定進入色界第四靜慮時，不為苦樂所動的精神境界。

5 想受滅無為

又稱「滅盡定無為」。指禪定進入無色定的無所有處境界，一切染汙心想及苦樂二受俱滅。

6 真如無為

即佛教所講的真理、絕對、本體。法相唯識宗突出真如無為，認為前五種無為都是「真如無為」的不同顯現，這在佛教哲學上是一個重大的突破。

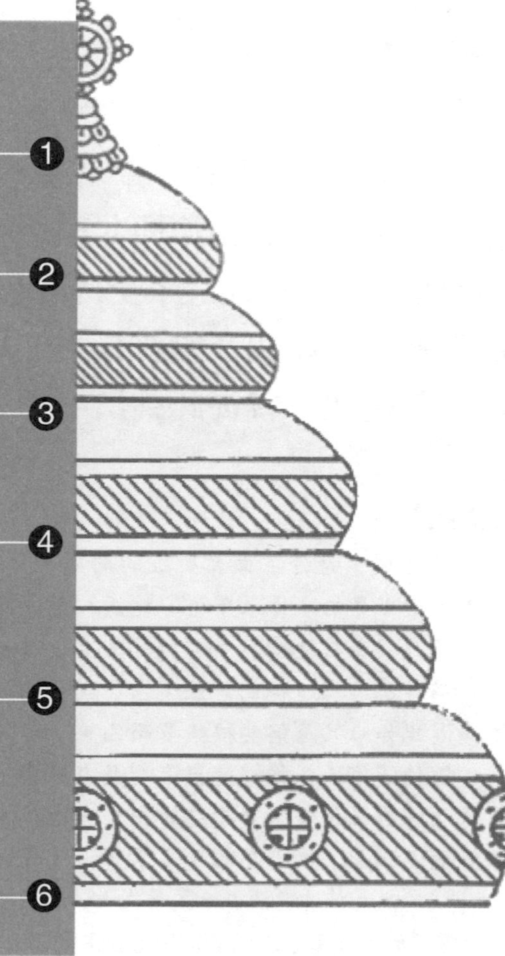

第八品

依法出生分

【原經】

「須菩提！於意云何？若人滿三千大千世界七寶以用布施，是人所得福德，寧為多不？」須菩提言：「甚多，世尊！何以故？是福德即非福德行，是故如來說福德多。」「若復有人，於此經中受持，乃至四句偈等，為他人說，其福勝彼。何以故？須菩提！一切諸佛，及諸佛阿耨多羅三藐三菩提法，皆從此經出。須菩提！所謂佛法者，即非佛法。」

【譯經】

須菩提，對於下面我所提的問題，你是怎樣理解的呢？假使有人用能裝滿三千大千世界的珍寶來布施，這個人所獲得的福德，難道還不夠多嗎？

須菩提恭敬地回答：非常非常地多啊，世尊。

爲什麼會有這樣的説法呢？所説福德，是福德，又非福德，其實福德屬生滅法。因此如來只是稱其福德多而已。

假使還有人，從這部無上智慧之經典中，認識它、學習它並見證它，廣爲宣説傳頌，哪怕僅僅只是受持四句偈。這樣所獲得的福德和成就的功德，大大勝過用能裝滿三千大千世界的珍寶來布施所獲得的福德。

這樣説是什麼緣故呢？須菩提，一切所有大徹大悟的覺悟者，及所有大徹大悟覺悟者證得的無上正等正覺之佛法，皆出自此經之如理（注：佛法即覺悟之法）。

須菩提啊，所説佛法，其實根本沒有所謂佛法的概念可言，只是假其「佛法」名而已。

鐘，是佛教叢林寺院裏的號令，清晨的鐘聲是先急後緩，警醒大眾，長夜已過，勿再放逸沉睡。而夜晚的鐘聲是先緩後急，提醒大眾覺昏衢，疏昏昧！故叢林的一天作息，是始於鐘聲，止於鐘聲。

有一天，奕尚禪師從禪定中起來時，剛好傳來陣陣悠揚的鐘聲，禪師特別專注地豎起心耳聆聽，待鐘聲一停，忍不住地召喚侍者，詢問道：「早晨司鐘的人是誰？」

侍者回答道：「是一個新來參學的沙彌。」

於是奕尚禪師就要侍者將這沙彌喚來，問道：「你今天早晨是以什麼樣的心情在司鐘呢？」

沙彌不知禪師為什麼要這麼問他，他回答道：「沒有什麼特別心情！只為打鐘而打鐘而已。」

奕尚禪師道：「不見得吧？你在打鐘時，心裏一定念著些什麼？因為我今天聽到的鐘聲，是非常高貴響亮的聲音，那是正心誠意的人，才會發出這種聲音的。」

沙彌想了又想，然後說道：「報告禪師！其實也沒有刻意念著，只是我尚未出家參學時，家師時常告誡我，打鐘的時候應該要想到鐘即是佛，必須要虔誠、齋戒，敬鐘如佛，用如如入定的禪心，和用禮拜之心來司鐘。」

奕尚禪師聽了非常滿意，再三的提醒道：「往後處理事務時，不可以忘記，都要保有今天早上司鐘的禪心。」

這位沙彌從童年起，養成恭謹的習慣，不但司鐘，做任何事，動任何念，一直記著剃度師和奕尚禪師的開示，保持司鐘的禪心，他就是後來的森田悟由禪師。

奕尚禪師不但識人，而從鐘聲裏能聽出一個人的品德，這也由於自己是有禪心的人。諺云：「有志沒志，就看燒火掃地」，「從小一看，到老一半」。森田沙彌雖小，連司鐘時都曉得敬鐘如佛的禪心，難怪長大之後，成為一位禪匠！可見凡事帶幾分禪心，何事不成？

依法出生分詳解一

財施與法施的區別

佛在此已經點明，福德並不是一個可以計量的存在。假使有一個人，拿盛滿三千大千世界的七寶財富，金、銀、硨磲、瑪瑙等來布施，分散給人家，按理說這個人的福德太大了，可是，未必能比得上以《金剛經》的四句偈幫助人斷除煩惱的福德。由此可知，衡量福德的大小，並沒有確切的比較。因為布施修福的目的是恢復本有的佛性，所以傳導《金剛經》的佛法，更能增長智慧，其福德更大，比布施無量的財富更要徹底。

三千大千世界是佛教的宇宙觀。三千大千世界：即大千世界，因為三個千連乘，所以叫三千大千世界。《大智度論》中說：「百億須彌山，百億日月，名為三千大千世界。如是十方恆河沙三千大千世界，是名為一佛世界，是中更無餘佛，實一釋迦牟尼佛。」

佛教說明世界組織的情形：每一小世界，其形式皆同，中央有須彌山，透過大海，矗立在地輪上，地輪之下為金輪，再下為火輪，再下為風輪，風輪之外便是虛空。須彌山上下皆大，中央獨小，日月即在山腰，四天王天居山腰四面，忉利天在山頂，在忉利天的上空有夜摩天、兜率天、化樂天、他化自在天，再上則為色界十八天，及無色界四天。在須彌山的山根有七重金山、七重香水海，環繞之，每一重海，間一重山，在第七重金山外有鹹海，鹹海之外有大鐵圍山。在鹹海四方有四大部洲，即東勝神洲（東方持國天王守護）、南贍部洲（即地球，南方增長天王守護）、西牛賀洲（西方廣目天王守護）以及北俱蘆洲（北方多聞天王守護），叫做四天下，每洲旁各有兩中洲，數百小洲而為眷屬。如是九山八海、一日月、四大部洲、六欲天、上覆以初禪三天，為一小世界。集一千小世界，上覆以二禪三天，為一小千世界。集一千小千世界，上覆以三禪三天，為一中千世界。集一千中千世界，上覆以四禪九天，及四空天，為一大千世界。因為這中間有三個千的倍數，所以大千世界，又名為三千大千世界。

在《金剛經》中，多次提到四句偈，但並未確指出哪一個四句偈。是指「一切有為法，如夢幻泡影，如露亦如電，應作如是觀」。還是指「若以色見我，以音聲為聲，是人行邪道，不能見如來」。但無論《金剛經》中哪一個四句偈，都代表《金剛經》般若性空的主旨。

佛法可超越三界十方

三界二十八天

三界共有二十八天，即欲界六天，色界十八天，無色界四天。在此三界二十八天中，只有欲界的四王天與忉利天因依須彌山的地界而居，故稱地居天；夜摩天以上都是凌空而處，故名空居天。

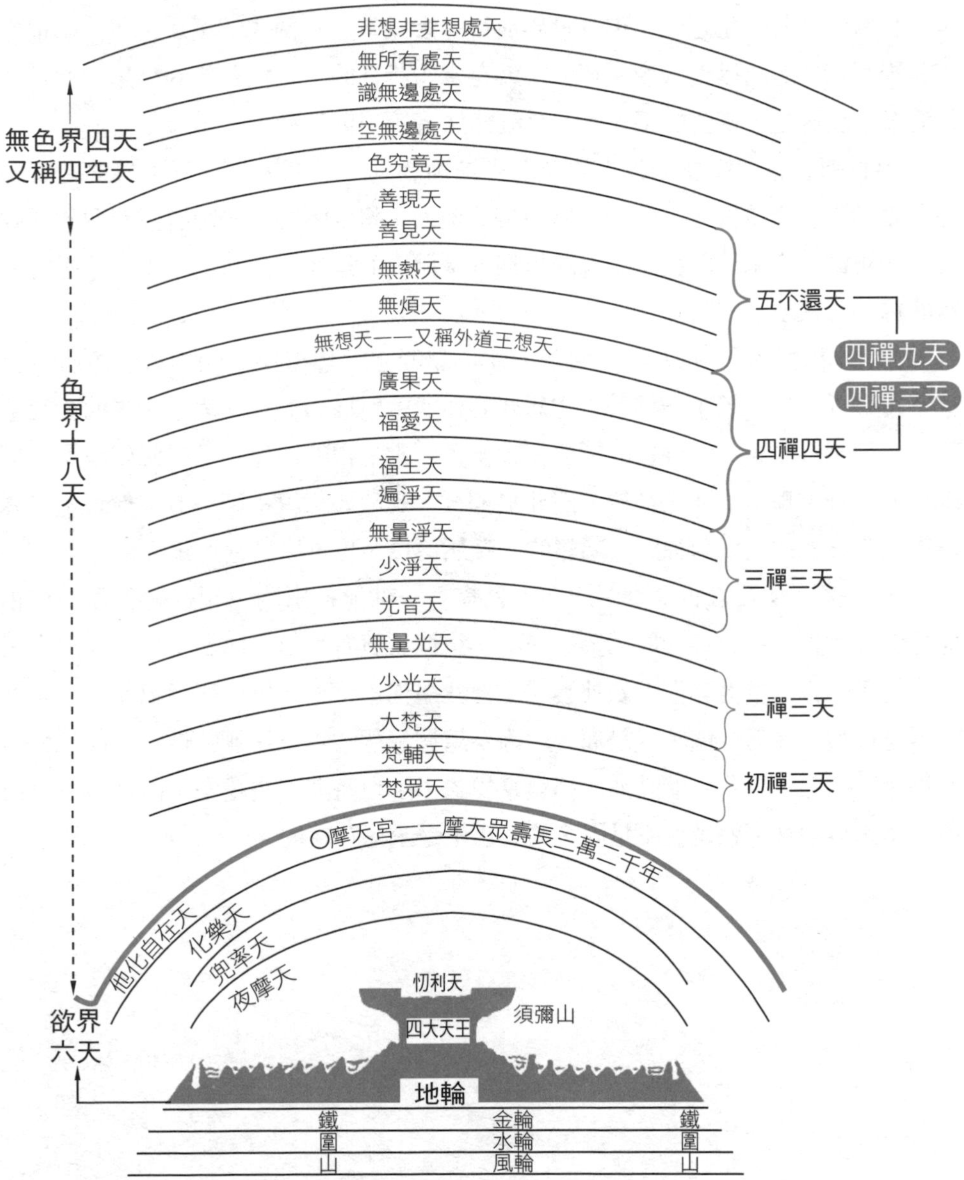

非想非非想處天
無所有處天
識無邊處天
空無邊處天
無色界四天
又稱四空天
色究竟天
善現天
善見天
無熱天
無煩天
無想天——又稱外道王想天
五不還天
四禪九天
四禪三天
廣果天
福愛天
福生天
遍淨天
四禪四天
色界十八天
無量淨天
少淨天
光音天
三禪三天
無量光天
少光天
大梵天
二禪三天
梵輔天
梵眾天
初禪三天
○摩天宮——摩天眾壽長三萬二千年
他化自在天
化樂天
兜率天
夜摩天
忉利天
須彌山
四大天王
欲界六天
地輪
鐵圍山
金輪
水輪
風輪
鐵圍山

依法出生分詳解二

福德，即非福德行

佛說的這個德，「是福德，即非福德行。」也就是說，真正的福報是悟道，是大智慧的成就，是超脫了現實世界而得的大成就，這個成就不是世間一切福報能夠辦得到的。所以如來說福德多，就是佛告訴你的，這樣布施的結果，福德非常的多。實際上，佛說的福德多，是給修法者的一個鼓勵。

佛強調智慧的重要，教化的重要。前面講到，一個人拿一佛世界的七寶布施，這個人福報是很大。但是，假使有一個人，對金剛經有些瞭解或者四句偈瞭解了，再勸導人家，解脫了人家的煩惱，這個人的福報，比布施三千大千世界七寶的福報，還要來得大。

通常情況下，一般人布施給窮人才一點錢，就想得很多的福報，燒香拜佛就買了幾斤水果、燒了一炷香，也想要心如所願。而布施三千大千世界的七寶福報，比那幾斤水果、一炷香的福報就大多了，當然得的福報很多。佛就說：「何以故」，什麼理由？「是福德，即非福德行。是故如來說福德多」。他說：你要曉得啊！我們講人要有福報，福報的本身無自性，也可以講它無定性。

譬如說，今天忽然冷了，一個人只穿著一件薄衫出門，剛好碰到你，你怕他受涼，就把毛衣、外套脫了讓他穿上。這個人真有福氣，碰到了你。如果今天是大熱天，你再讓他穿上毛衣外套呢？他非罵你不可。所以，所謂福報，在某個時候是福報，在另一個時候是痛苦，因為這個福報的本身是無定性的。而且任何的福德、福報，只有一個時期，福氣享受過了那段時期，也是空，因為本身無自性。所謂無自性，就是說不是固定的，也不是永遠存在的。

布施的再次較量

受持《金剛經》為人們廣傳佛法，其布施福德勝過滿三千大千世界七寶的布施！

財施與法施

假使有一個人，對《金剛經》有些了解或者四句偈瞭解了，再勸導人家，解脫了人家的煩惱，這個人的福報，比布施三千大千世界七寶的福報，還要來得大。

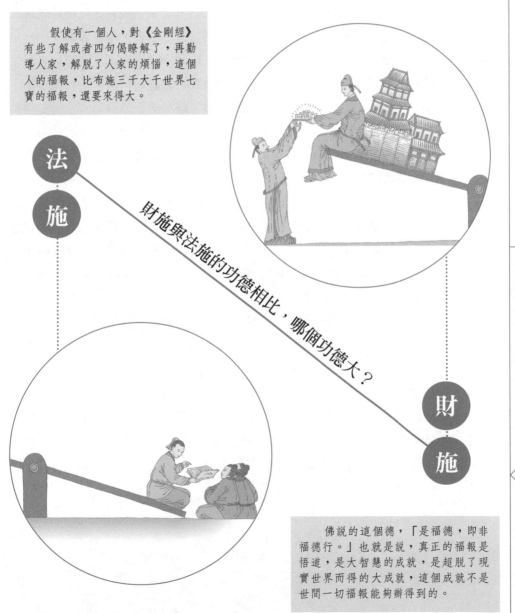

法施

財施與法施的功德相比，哪個功德大？

財施

佛説的這個德，「是福德，即非福德行。」也就是説，真正的福報是悟道，是大智慧的成就，是超脫了現實世界而得的大成就，這個成就不是世間一切福報能夠辦得到的。

依法出生分詳解三

一切佛與《金剛經》

這部《金剛經》，它不是文字相，是方便法門，是文字般若。方便是諸佛之父，般若是諸佛之母。所以佛告訴須菩提，一切諸佛，過去、現在、未來，一切成就的人，及想要智慧成就大徹大悟的諸佛及一切佛，都是從《金剛經》裏誕生出來的。像這一世的釋迦牟尼佛一樣，就是在這個劫數裏頭；這一劫叫做賢劫，這個賢劫共有一千佛出世，釋迦牟尼佛是第四位。將來第五位彌勒佛，當然還很早！以後一直下去，有一千個佛要來。這一個佛劫裏頭，是聖賢最多的劫數。當然不能拿地球形成、冰河時期的觀念來看，這是一個宇宙觀，這個劫數的時間非常長，接近無量數的時間。

佛說一切成佛的，得大徹大悟的，像釋迦牟尼佛一樣悟道，這個悟是阿耨多羅三藐三菩提，是最後的大徹大悟，都是從《金剛經》這個裏面出來的；從般若，自己真正智慧裏頭透出來的。《金剛經》所講的，是智慧透出來以後的一個觀點而已；真正的佛法，都是從自我的智慧裏透露出來的。因此，也可以拿《金剛經》作代表，一切佛與佛的智慧，都從《金剛經》裏來。

能從《金剛經》裏悟到法身佛，見到法身佛，由悟道進修到證道、成道，並親自證得成了佛，這尊佛就是從《金剛經》裏生出來的，《金剛經》就是這尊佛的母親。

方便被喻為「佛父」，是方便與般若空性結合而產生的。方便是因勢利導，教人很方便的領悟佛法。如果，只有性空的高深道理，卻沒有深入淺出的講說，眾生也不能聽聞四偈而悟道，如此便不能成佛。所以，一切諸佛也是從《金剛經》生出，也是一切眾生成佛離不開的方便之門。

諸佛與金剛經

《金剛經》是方便法門，是文字般若。方便是諸佛之父，般若是諸佛之母。因此佛告訴須菩提，一切諸佛，過去、現在、未來，一切成就的人，及想要智慧成就大徹大悟的諸佛，及一切佛，都是從《金剛經》裏誕生的。

諸佛皆從《金剛經》而出

佛說一切成佛的，得大徹大悟的，像釋迦牟尼佛一樣悟道，這個悟是阿耨多羅三藐三菩提，是最後的大徹大悟，都是從《金剛經》這個裏面出來的；從般若，自己眞正智慧裏頭透出來的。
真理
真理
真理
《金剛經》所講的，是智慧透出來以後的一個觀點而已；眞正的佛法，都是從自我的智慧裏透露出來的。因此，也可以拿《金剛經》作代表，一切佛與佛的智慧，都從《金剛經》裏來。

成佛因緣的喻意

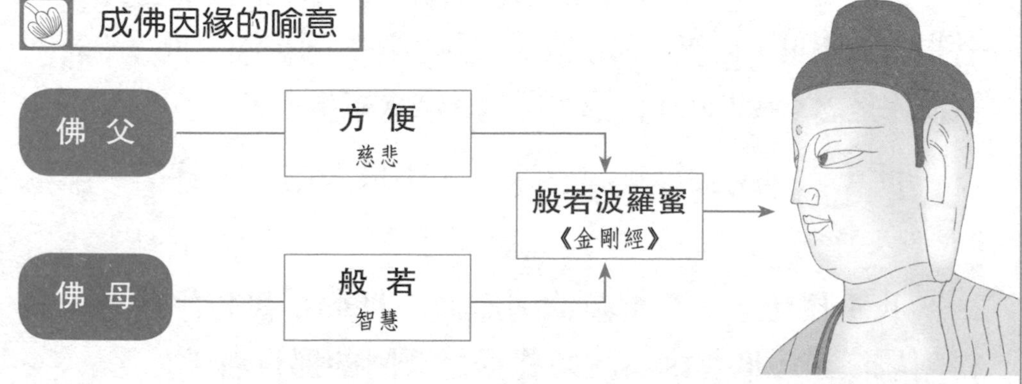

佛父
方便
慈悲
佛母
般若
智慧
般若波羅蜜
《金剛經》

第九品

一相無相分

【原經】

須菩提！於意云何？須陀洹能作是念：我得須陀洹果不？須菩提言：不也，世尊！何以故？須陀洹名為入流，而無所入，不入色聲香味觸法，是名須陀洹。

須菩提！於意云何？斯陀含能作是念：我得斯陀含果不？須菩提言：不也，世尊！何以故？斯陀含名一往來，而實無往來，是名斯陀含。」

須菩提！於意云何？阿那含能作是念：我得阿那含果不？須菩提言：不也，世尊！何以故？阿那含名為不來，而實無不來，是名阿那含。

須菩提！於意云何？阿羅漢能作是念，我得阿羅漢道不？須菩提言：不也，世尊！何以故？實無有法名阿羅漢。世尊！若阿羅漢作是念：我得阿羅漢道，即為著我人眾生壽者。

世尊！佛說我得無諍三昧，人中最為第一，是第一離欲阿羅漢。

我不作是念：我是離欲阿羅漢。世尊！我若作是念：我得阿羅漢道，世尊則不說須菩提是樂阿蘭那行者！

以須菩提實無所行，而名須菩提是樂阿蘭那行。

【譯經】

佛說：「須菩提啊，對於下面我所提的問題，你有什麼想法呢？須陀洹（初果羅漢）能否產生這樣的念頭，認爲自己證得了須陀洹果呢？」

須菩提非常恭敬地回答：「不可以啊，眞的不可以產生這樣的念頭，世尊。」

這樣說是什麼緣故呢？須陀洹被稱爲「入流果」，入法性之流（開悟），其已經達到不入「色聲香味觸法」的境界。其實本無「法性」這樣的概念可言，更無所謂法性之流，所以無處可入，只是稱爲入流果——須陀洹而已。從功夫層面來看，所謂入法性之流，就是已破了見惑，但是不等於是見惑已完全破除。

須菩提，那麼對於我下面提出的第二個問題，你又會怎樣理解呢？

斯陀含（二果羅漢）能否產生這樣的念頭，認爲自己證得了斯陀含果呢？

須菩提恭敬地回答：「不可以啊，不能產生證得斯陀含果這樣的念頭，世尊。」

爲什麼會這樣認爲呢？斯陀含被稱爲「一往來果」（一還果），而實際上既沒有往也沒有來，已經達到不往不來的境界，只是稱爲一往來果——斯陀含而已。二果羅漢從修行功夫層面來看，不僅只是破見惑，而且已經開始破思惑了。（注：所謂「一往來」的含義，就是面對事物，來則應對，再依如理來放下。也就是生一念，消一念，達到念起覺消的境界。如此一往來。）

須菩提啊，下面又有第三個問題要問你了，你的想法會是怎麼樣的呢？

阿那含（三果羅漢）能否產生這樣的念頭，認爲自己證得了阿那含果呢？

須菩提非常恭敬地回答：「不可以啊！世尊。阿那含也不可以產生這樣的念頭。」

爲什麼說不可以產生這樣的念頭呢？阿那含被稱爲「不來果」（不還果），而實際上並無不來，已達到無來無不來的自由境界，只是稱爲不來果——阿那含而已。三果羅漢從修行功夫層面來看，是見惑、思惑皆破。（注：所謂「不來」的涵義，就是面對事物時，應對與放下是同時的而且是同一的，達到念起即覺的境界。此即謂不來。）

須菩提，對於我所要提出的第四個問題，你又會有什麼樣的想法呢？

阿羅漢（四果羅漢）能否產生這樣的念頭，認爲自己證得了阿羅漢道——達到了「道」的境界呢？

須菩提恭敬地回答：「不可以，根本不能有證得阿羅漢道的念頭，世尊。」

這樣說是什麼緣故呢？實際上已經達到不著一法，不執著於任何理和事，達到「空」的境界，這樣才稱爲阿羅漢，其實也只是這樣稱呼，假其名而已。世尊，如果阿羅漢產生這樣的念頭，認爲自己證得了阿羅漢道，達到大徹大悟，即著我的存在、人的存在、眾生的存在、壽者的存在。四果羅漢的修行功夫，已經覺悟到無所謂見惑、思惑。

一相無相分詳解一

小乘四果位

佛陀為了推廣降伏妄心之法，便說起聲聞階段四果之位。須菩提這些大比丘們早已經歷過聲聞乘，因此以四聖果為例作詳解，眾比丘都有切身的體會。

五乘佛法

佛陀為教化眾生，按眾生的根基不同，將佛法分為五種，即人乘、天乘、聲聞乘、緣覺乘、菩薩乘。將眾生從生死此岸度到涅槃彼岸。這五種佛法中，由凡入聖的初級佛法為人乘、天乘，又為世間佛法。而聲聞、緣覺、菩薩三種佛法為出世之法。為超出三界、永離生死之法。

聲聞乘又稱小乘，以苦、集、滅、道四諦法門為乘，提示人生成滅規律的真相，運載眾生超越三界，至有餘涅槃而成阿羅漢。聲聞乘中因為根器與因緣的不同，修行者先後可以證得四種果位，即聲聞乘四果。初果羅漢叫須陀洹，二果羅漢叫斯陀洹，三果羅漢叫阿那含，四果羅漢叫阿羅漢。羅漢不一定是出家人，無論在家出家，修行到一定的程度，都可以稱為羅漢。不過佛在世的時候，證得羅漢果的，出家人比較多。

小乘佛教四個果位

小乘佛教共有四個果位，分別是須陀洹、斯陀含、阿那含和阿羅漢。須陀洹是小乘佛教修行證得的第一個果位。小乘佛教認為，一個凡夫要修成阿羅漢果，前後要經歷四個位次，也就是四個果位。換句話說，就是斷一分煩惱，證一分真理。

第一果為須陀洹，意為預流果，意思是凡夫經過修行斷盡「見惑」，開始見到佛道，進入聖道之法流。證得須陀洹果以後，永遠不會墮入三惡道（畜牲道、餓鬼道、地獄道）。只會在須陀洹和三善道（天道、阿修羅道和人道）之間輪迴。

怎麼樣夠達到初果羅漢呢？佛在這裏已經講到功夫了，剛才是講原則；所謂的入流，反而無所入。換言之，他證到空的境界，就是緣起不起了，緣起性空了，也就是證到了性空，念念都是空的境界。

五乘佛法

佛陀為教化眾生，按眾生的根基不同，將佛法分為五種，即人乘、天乘、聲聞乘、緣覺乘、菩薩乘。將眾生從生死此岸度到涅槃彼岸。這五種佛法中，由凡入聖的初級佛法為人乘、天乘，又為世間佛法。而聲聞、緣覺、菩薩三種佛法為出世之法。為超出三界、永離生死之法。

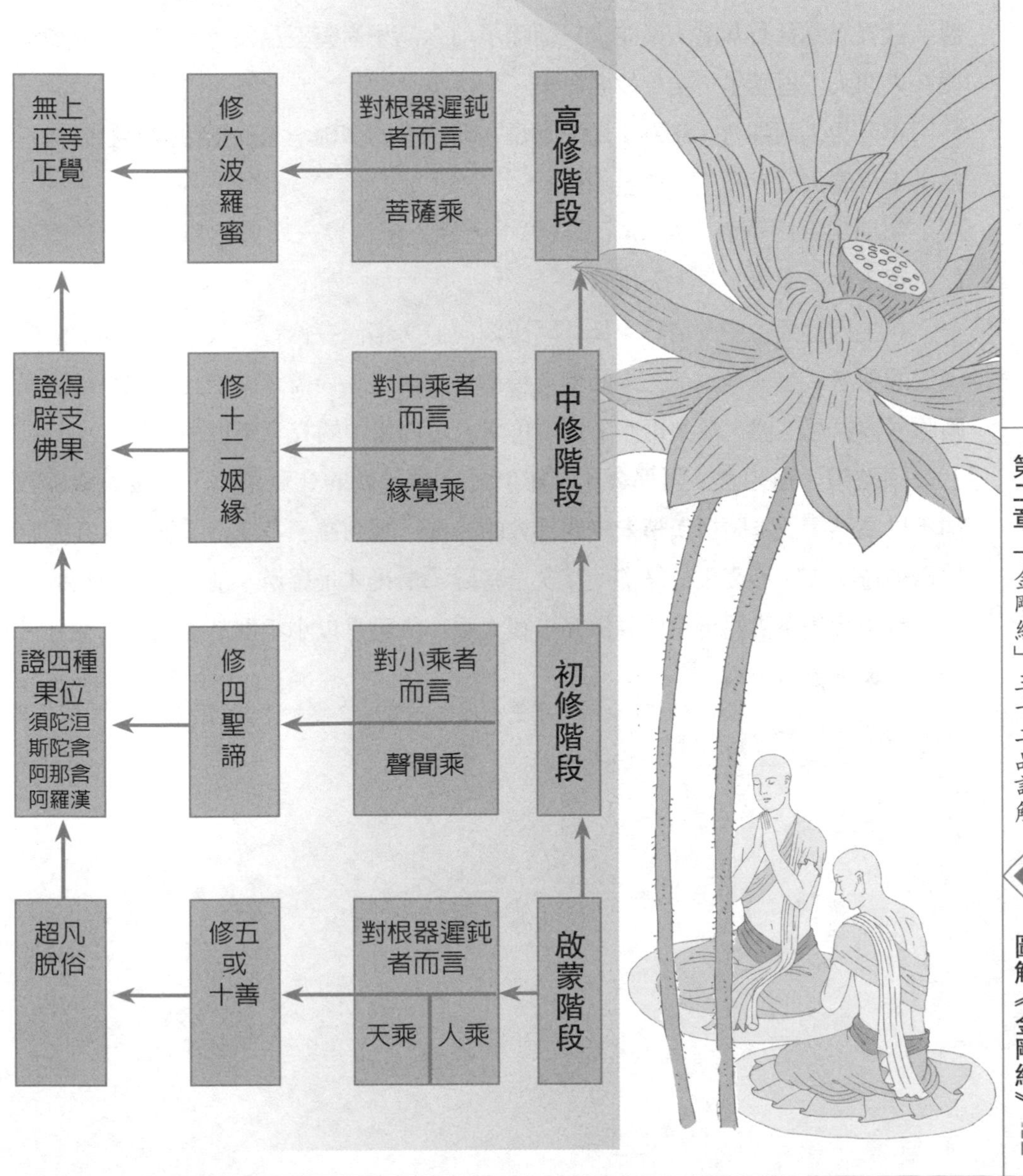

所以說他不入色，眼睛視而不見，一切人、形象、青山綠水看著都很好，都無所謂了。普通人一看到好，結使就來，正好捉住了；初果羅漢不會被好境界捉走，此心歸到平淡，沒有事。不入聲、香、味、觸、法，這是什麼境界？這就是應無所住，這就是真的無所住。修養到在人世間做人、做事，利益一切人，一切都不住，心中都不留，甚至做了無量的功德，過了就過了，能夠隨時如此，打坐也好，不打坐也好，都是這個境界，這才算接近初果羅漢。

第二果為斯陀含，意為一來，謂凡夫在斷見惑的基礎上，進而斷除欲界思惑。欲界思惑共有九品，斯陀含只斷除了前六品，尚有三品沒有斷盡，因此還需要在人間天上再受生一次，故名一來。

第三果為阿那含，意為不還，意是在斯陀含的基礎上進而斷除欲界思惑後三品，不再還來欲界受生，故名不還。

第四果為阿羅漢，意為斷盡欲界、色界、無色界一切見惑和思惑，究竟無餘，得不生之聖果，受人天供養。

以上四個果位中，前三果稱「阿羅漢向」，指尚在修行階段，而趨向於阿羅漢果的聖者；也就是說前三果的聖人煩惱尚未斷盡，尚需繼續修行。唯有阿羅漢斷除三界見思二惑，無須再修，無須再學，是四果中的究竟果位。

須陀洹、斯陀含、阿那含和阿羅漢是小乘佛教的究竟果位，但是大乘佛教卻不以為然，認為阿羅漢遠未達到佛教的終極，視阿羅漢為「自了漢」。在大乘的修道位次上，最高果位是佛，其次是菩薩，最後才是羅漢。前面講到四果的證果，就是我們學佛的重點；學佛先不談大乘，大乘是以小乘為基礎的，小乘都做不到，大乘大不起來。

如何修得正果

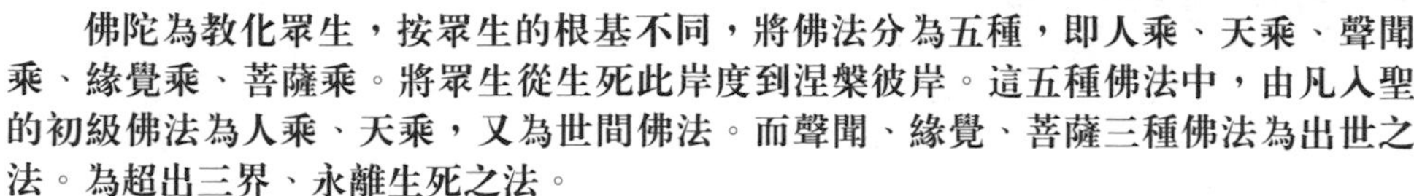

佛陀為教化眾生，按眾生的根基不同，將佛法分為五種，即人乘、天乘、聲聞乘、緣覺乘、菩薩乘。將眾生從生死此岸度到涅槃彼岸。這五種佛法中，由凡入聖的初級佛法為人乘、天乘，又為世間佛法。而聲聞、緣覺、菩薩三種佛法為出世之法。為超出三界、永離生死之法。

正果的含義

修道有所證悟，與外道之盲修瞎練有所區別，謂之「正」。

＋

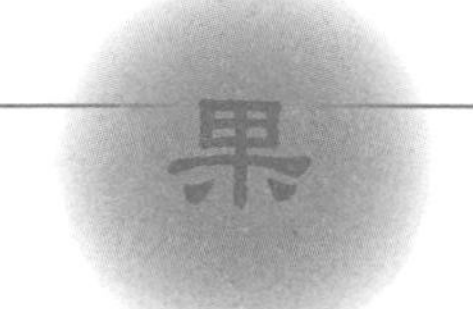

言其修行成功，學佛既得之果，謂之「果」。

＝

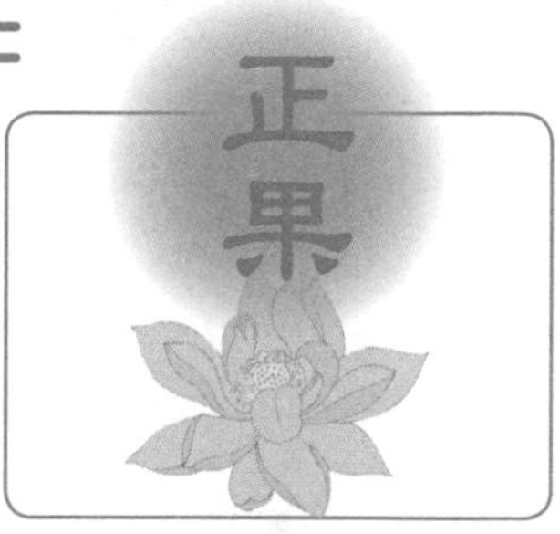

正果的四之果位

指證入果位。即以正智契合眞理，進入佛、菩薩、聲聞、緣覺等之果位。如三乘人斷惑證理，分別到達極果。又如大乘證得初地乃至等覺等菩薩之分果及佛之滿果，小乘證得阿羅漢、阿那含等之四果，皆稱爲正果。

佛

意為「覺者」、「知者」、「覺」指大徹大悟的修行人，指一切覺行圓滿者。

菩薩

地位僅次於佛，全譯是「覺有性」，包括自覺、他覺兩層意思，是已「覺悟的眾生」。

聲聞

音譯為「舍羅婆迦」，譯作「弟子」，為二乘之一、三乘之一，指聽聞佛陀聲教而證悟出家的弟子。

緣覺

譯為「辟支佛」，又作「獨竟緣一覺」、「因緣覺」，指獨自悟道的修行者。

一相無相分詳解二

除三惑之礙

三毒之異稱，即貪欲、嗔恚、愚癡等三種根本迷惑。又云三障。臺宗就界內、界外之惑分為見思、塵沙、無名等三惑。

見思惑

見思惑是見惑與思惑的統稱。是由凡夫到聖人的初級障礙。在三惑中，見思惑最粗重，是凡夫解脫的障礙，聲聞乘能夠斷此惑，凡夫斷了此惑，即能證得阿羅漢果，出離三界。

見惑是知見上的迷惑錯誤，思惑是思想上迷惑錯誤。思惑有五個，如貪（貪名、貪利、貪感情、放不下，貪這個世界上的一切，都是屬於貪）、嗔（嗔心、嗔念，脾氣大，是嗔念，恨人、殺人、怨天尤人，是嗔，是非分明也是嗔）、癡（「癡」就更不用說了，大家都癡，癡癡呆呆，每一個人都癡。癡心有很多很多種，《紅樓夢》中林黛玉葬花，那個是癡到極點了，所以貪、嗔、癡，普通佛經上講三毒，就是使我們不能悟道，不能超凡入聖的三毒）、慢（「慢」叫做我慢，就是自我的崇拜、自我的崇高）、疑（「疑」就更難了，佛學再研究下來，了解人性，人根本不會相信別人，因為有我，有我慢，所以人對一切真理都不信。譬如說，很多宗教徒，佛教的，基督教的，信什麼教都不管，他跪下去拜拜：菩薩你保佑我，上帝你保佑我，你說他相信了沒有？拜下去以後，心想，唉！不曉得靈不靈！都在疑。沒有一個會真正絕對信的人）等五煩惱，這也是人性，是與生俱來的。所以貪、嗔、癡、慢、疑這五樣，是思惑，思想上根本障道，不能解脫。學佛是求解脫，能解脫一樣已經是了不起了，五樣都能解脫了，才能夠證到四果羅漢。

塵沙惑

塵沙惑是羅漢果位之後，學做菩薩化度眾生的障礙，如果不通達如塵如沙的無量法門，則不能完成教化眾生的事業，故名塵沙惑。

無名惑

無名惑亦稱根本無名，是菩薩成佛的最後障礙，在三惑中最是輕微，斷盡即能成。

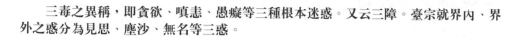

除三惑之礙

三毒之異稱，即貪欲、嗔恚、愚癡等三種根本迷惑。又云三障。臺宗就界內、界外之惑分為見思、塵沙、無名等三惑。

見思惑

是見惑與思惑的統稱。是由凡夫到聖人的初級障礙。在三惑中，見思惑最粗重，是凡夫解脫的障礙，聲聞乘能夠斷此惑，凡夫斷了此惑，即能證得阿羅漢果，出離三界。

羅漢

塵沙惑

塵沙惑是羅漢果位之後，學做菩薩化度眾生的障礙，如果不通達如塵如沙的無量法門，則不能完成教化眾生的事業，故名塵沙惑。

菩薩

無名惑

無名惑亦稱根本無名，是菩薩成佛的最後障礙，在三惑中最是輕微，斷盡即能成。

一相無相分詳解三

解結去惑

五分法身

三界的見思兩惑叫做八十八結使，欲界裏最多，像八十八個疙瘩，結在一起。能夠修行解開一、兩個，那已經不得了了，臉上放光了，能夠解開四、五個，連頭髮都會發亮呢！所以真正講修行，就是解開結使，轉變自己心理的行為。心理行為轉變了，進一步能夠把智慧開發，斷了思想上、見解上的偏見，才叫做解脫。學佛修行，不論大乘小乘，都是五個程序，戒、定、慧、解脫、解脫知見。一戒，二定，三慧，四解脫，五解脫知見，是謂之五分法身。戒定慧三者如上。解脫者自慧斷惑，解惑之繫縛，即涅槃之事。解脫知見者，認已解脫之智慧也。是前三者為修因，後二者結果也。於結果中舉涅槃之智慧者。以此五種之法為佛之身體，故云法身。

持戒的作用

為什麼要持戒呢？那是要使自己心中的結使不再與外界聯結起來，不再打結了，不準外面打進來，自己也不想打出去。但是持戒就要定力，所以要修定，打坐不過是修定的一種方法而已！真正修定要隨時都在定，心中凝住在一點，止於至善，固定在善的一點上，這時，八十八結使還沒有動搖，要到達智慧發起了，結使才開始有一點點動搖；等到解脫了幾個結使，才解脫了思惑。

知見又不同了，見是看到，看到慧，見到性空緣起真正空性的一面，性空緣起反過來是緣起性空。所以說佛法各宗各派，認為只有修中觀才對或修什麼才對的，都是困在五見裏的見取見了。主觀認為只有這個才對，就是已經被它束縛住了。所以，要把這一切解脫了，才能叫做學佛。

花了好大的力氣，報告到這裏為止。現在我們回過來看《金剛經》，這一節就是講這個問題。

解結去惑

三界的見思兩惑叫做八十八結使，欲界裏的思惑最多，像八十八個疙瘩，結在一起。所以真正講修行，就是解開結使，轉變自己心理的行為。心理行為轉變了，進一步能夠把智慧開發，斷了思想上、見解上的偏見，才叫做解脫。學佛修行，不論大乘小乘，都是五個程序，戒、定、慧、解脫、知見。

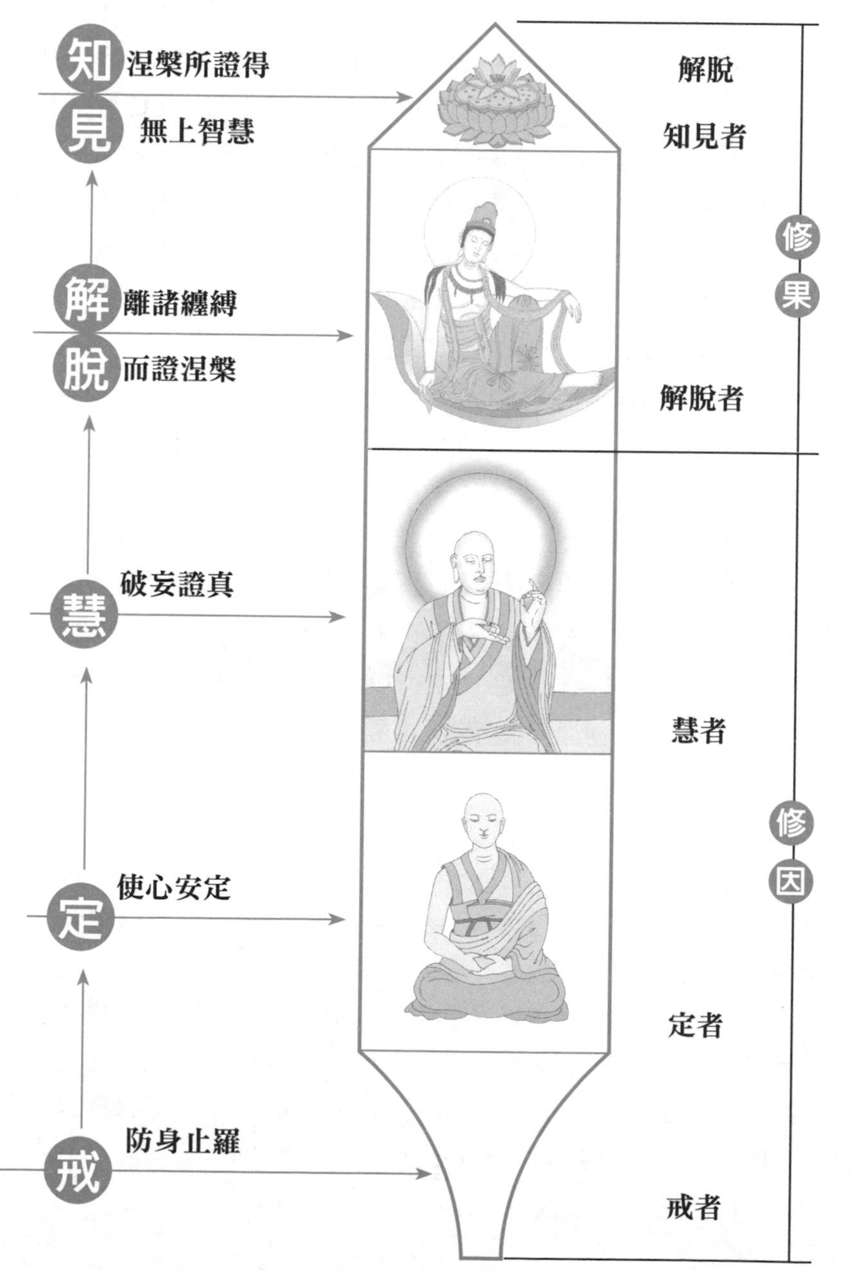

一相無相分詳解四

第一離欲阿羅漢

須菩提說，佛說他（須菩提）已經證得了無諍三昧，一切無諍。但是須菩提聽到這些話，心中平常的很，既無歡喜亦無悲，是非一門，一切無諍。

無諍三昧：諍，就是彼此之間有衝突、思想對立、雙方不和平。諍有見諍和愛諍，見諍是因為各自執著於自己的觀點而發生衝突；愛諍則是物質、情感等切身利益起衝突了。諍，就是人類最大的煩惱。三昧，又名三摩提或三摩地。翻譯為正實之意。就是說離諸邪亂、攝心不散。無諍，就是不分別之意。無諍三昧就是無分別心達到了離諸邪亂、攝心不散的境界。

阿羅漢：意譯為應供（佛的十種稱號當中就有「應供」一項，而「應供」的梵語其實正是「阿羅漢」。阿羅漢福慧俱足，為眾生之福田，供養阿羅漢可以修福，以其能教眾生如何修福、修慧、斷煩惱。）、殺賊（「賊」指煩惱，使眾生有損。阿羅漢斷除煩惱）、無生（無生是不生不滅，出了三界六道輪迴），漢語常簡稱為羅漢，是依照佛的教導修習四聖諦，脫離生死輪迴達到涅槃的聖者。所以說阿羅漢跳出了三界，不再受欲界、色界、無色界所有煩惱的困擾。

但是「人中最為第一」，這一句，卻表明須菩提還是人啊！是人類當中學問道德最高的。以學佛四加行來講，人中最為第一就是世第一法，做人到了最高處，道德修養都是第一名，人中最為第一。佛給他的下一個評語「是第一離欲阿羅漢」，這是講須菩提在的時候，佛給他的評語，還只能夠超出欲界，所以是離欲阿羅漢。這個欲是廣義的，是指一切的欲，連修道、貪戀打坐、貪戀清淨的那個欲望，都是欲。須菩提已經空了一切的欲，所以是第一離欲阿羅漢。

但是須菩提卻說：我絕對沒有這樣一個觀念，我不會認為我已經到達了人中第一，我更不會認為我已經得到阿羅漢道。為什麼呢？如果須菩提心中有此念，自然就有了高低上下的區別，那他就不是第一離欲阿羅漢了。也正是如此，佛給了須菩提如此高的評價。得阿羅漢果時要懂得不執著，就如菩薩度眾生的道理是一樣的，你度眾生一著相，便不能降伏妄心了。

第一離欲阿羅漢

無諍三昧

諍，就是彼此之間有衝突、思想對立、雙方不和平。諍是人類最大的煩惱。
諍有見諍和愛諍，見諍是因為各自執著於自己的觀點而發生衝突；愛諍則是物質、情感等切身利益起衝突了。

三昧，又名三摩提或三摩地。翻譯為正實之意。就是說離諸邪亂、攝心不散。無諍，就是不分別之意。

阿羅漢的供養

聖人境界

能斷一切煩惱
解脫生死、擺脫輪迴之苦
受天上人間的供養

無色界

色界

欲界

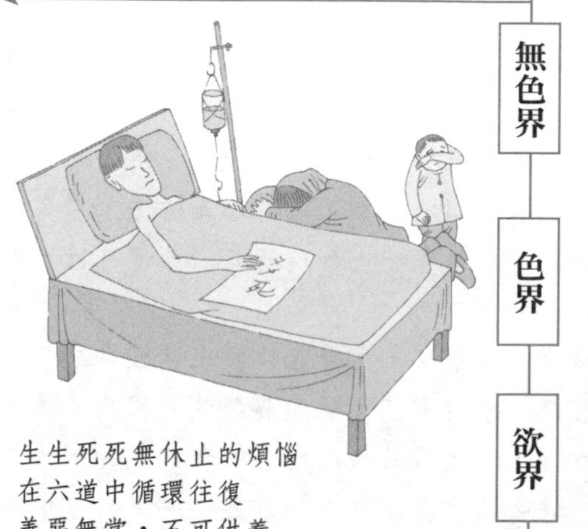

生生死死無休止的煩惱
在六道中循環往復
善惡無常，不可供養

阿羅漢

意譯為應供（佛的十種稱號當中就有「應供」一項，而「應供」的梵語其實正是「阿羅漢」。阿羅漢福慧俱足，為眾生之福田，供養阿羅漢可以修福。），阿羅漢依照佛的教導修習四聖諦，脫離生死輪迴達到涅槃的聖者。所以說阿羅漢跳出了三界，不再受欲界、色界、無色界所有煩惱的困擾。

第十品

莊嚴淨土分

【原經】

佛告須菩提：「於意云何？如來昔在然燈佛所，於法有所得不？」「不也，世尊！如來在然燈佛所，於法實無所得。」「須菩提！於意云何？菩薩莊嚴佛土不？」「不也，世尊！何以故？莊嚴佛土者，則非莊嚴，是名莊嚴。」「是故須菩提！諸菩薩摩訶薩應如是生清淨心，不應住色生心，不應住聲香味觸法生心，應無所住而生其心。須菩提！譬如有人，身如須彌山王，於意云何？是身為大不？」須菩提言：「甚大，世尊！何以故？佛說非身，是名大身。」

【譯經】

佛陀告訴須菩提：「須菩提！你認爲如來從前在燃燈佛的法會中，有沒有得到什麼法？」

「世尊！在燃燈佛的法會上，如來實際上沒有證得什麼佛法。」須菩提回答到。世尊如來雖證得法，實亦無所得，以本來諸法性空，以得此無所得。實生滅不可得，不生不滅等也不可得，所謂般若將入畢竟空，如以爲有法可傳可行，那就會落入魔道，而不是證於聖性了。」

佛陀以莊嚴淨土問須菩提：「菩薩發心莊嚴佛土，是否比佛土莊嚴嗎？」須菩提回答：「世尊，有眞實的國土可莊嚴，也沒有眞實的能莊嚴法。因爲，佛土與佛土莊嚴，如幻如化，不過都隨順世俗，稱之爲莊嚴而已，菩薩莊嚴的剎土不存在。什麼原因？因爲所謂莊嚴佛土，非勝義中存在實有的莊嚴，而是名言中安立爲莊嚴。」

◇莊嚴的寺廟◇

有一個皇帝想要整修在京城裏的一座寺廟，他派人去找技藝高超的設計師，希望能夠將寺廟整修得美麗而又莊嚴。

後來有兩組人員被找來了，其中一組是京城裏很有名的工匠與畫師，另外一組是幾個和尚。由於皇帝沒有辦法決定到底哪一組人員的手藝比較好，於是他就決定要給他們一個機會作比較。

皇帝要求這兩組人員，各自去整修一個小寺廟，而這兩個寺廟互相面對面；三天之後，皇帝要來驗收成果。

工匠們向皇帝要了一百多種顏色的顏料（漆），又要求了很多的工具；而讓皇帝很奇怪的是，和尚們居然只要了一些抹布與水桶等簡單的清潔用具。

三天之後，皇帝來驗收兩組人員裝修寺廟的結果，他首先看看工匠們所裝飾的寺廟，工匠們敲鑼打鼓地慶祝工程的完成，他們用了非常多的顏料，以非常精巧的手藝把寺廟裝飾得五顏六色。皇帝很滿意地點點頭，接著回過頭來看看和尚們負責整修的寺廟，他一看之下就愣住了，和尚們所整修的寺廟沒有塗上任何的顏料，他們只是把所有的牆壁、桌椅、窗户等都擦拭得非常乾淨，寺廟中所有的物品都顯現出了它們原來的顏色，而它們光澤的表面就像鏡子一般，無瑕地反射出從外面而來的色彩，那天邊多變的雲彩、隨風搖曳的樹影，甚至是對面五顏六色的寺廟，都變成了這個寺廟美麗色彩的一部分，而這座寺廟只是寧靜地接受這一切。皇帝被這莊嚴的寺廟深深地感動了。

其實，人心就像是一座寺廟，不需要用各種精巧的裝飾來美化自己的心靈，我們需要的只是讓內在原有的美，無瑕地顯現出來。

◇佛教小故事◇

佛告訴須菩提，凡是修大乘的菩薩，都應生清淨心，既不應該對色相生執著心，也不應該於聲、香、味、觸、法生執著心，色、聲、香、味、觸、法，都如幻如化，沒有眞實的自性可得。所以，應不住（著相）一切法，應該於無任何所緣執著的境界而生起離一切過執的清淨心。

「須菩提，如菩薩的法性生身，如須彌山王，小世界的中央，出海四萬二千由旬，七寶所成，那樣的高大又莊嚴，你認爲大不大？」

須菩提說：「當然大得很！爲何這麼說呢？因眾生取相於執著，勝義中諸法皆空，佛說的並不是實有的身體，只是名言中的大身。」

莊嚴淨土分詳解一

莊嚴淨土

佛之所以為佛，是因為自性清淨。佛土之所以莊嚴，也是因為清淨無垢。莊嚴淨土，這是大般若的淨土，佛的淨土，不是僅指西方極樂淨土。所謂莊嚴淨土就是一念不生全體現，是心清淨，心空，真淨土。學佛的究竟，就是空此一念，俗名叫做現在的現實淨土。所以佛在佛經上說，「心淨則國土淨」，處處都是淨土，處處都是極樂世界，只要心淨就國土淨。《金剛經》的這一品，梁昭明太子給它的標題是，莊嚴淨土分。前面這一分是佛與須菩提的對話，討論修小乘四果羅漢的境界，討論到這裏為止。現在佛拿自己的經驗來談了。

按照佛自己的說法，燃燈佛過去和他一樣，是個擺脫不了命運困擾的凡夫，在三界六道裏流轉生死。後來，他發了菩提心，開始上求佛道下化眾生，依著自己所發的菩提大願，建立大願，用功修行了二大阿僧祇劫（一阿僧祇劫≈1000×1000011），到了第二個大阿僧祇劫滿時，遇到燃燈佛為他授成佛之印，修到第三大阿僧祇動即成佛。

據《百業經》載，釋伽佛在修完第二大阿僧祇劫時，剛好燃燈佛出世，於是釋迦佛買了五莖蓮花去供燃燈佛，又以頭髮鋪地讓佛走路，燃燈佛知道了釋迦佛的修行大願，便為他授記印證。授記，為記名之意。即佛對發心修佛的眾生預行記名：過了多少年之後，會在某國某處，成什麼佛。

釋迦牟尼佛之所以被燃燈佛授記，是因為釋迦牟尼在受記時，並沒有執著在燃燈佛的授記上，釋迦佛之所以能修成佛，是因為佛自己掃清了一切修法障礙，沒有執著之心，並不是因為燃燈佛的授記而使自己得到了真法，才被燃燈佛認可。但是，證明釋迦佛不執著於授記印證的這一過程，是須菩提幫佛完成的。正如須菩提對佛說：「不也，世尊。如來在燃燈佛所。於法實無所得。」（須菩提說：不是的，據我的了解，你當時在燃燈佛那裏，你真正的境界，了無所得，一切都空，空到極點，連有所得、無所得、空的境界都沒有了。）因為須菩提為解空第一，他徹悟了我空、法空之理。

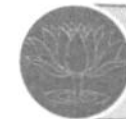

佛教中的三世諸佛

佛教有三世佛：指過去、現在、未來三世的一切佛。過去佛是指過去成佛並已滅度的佛，現在佛是指現在已經成了佛並且住世說法的佛，未來佛是指已經受了佛記，在未來將成為佛的佛。

三世諸佛

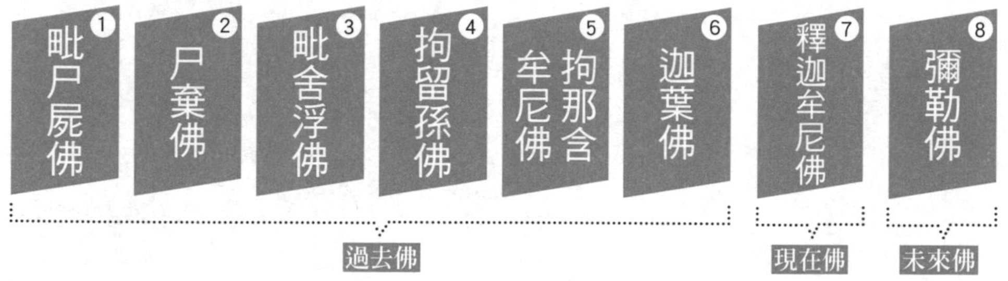

過去佛迦葉佛

漢傳佛教認為過去佛就是指燃燈佛。而藏傳佛教認為如來佛前尚有幾位過去佛，如來佛的前任過去佛為迦葉佛（和佛的弟子大迦葉非一人）。燃燈佛是釋迦牟尼的老師，釋迦牟尼成佛就是由他授記的。

燃燈佛授記

據《百業經》載，釋伽佛在修完第二大阿僧祇劫時，剛好燃燈佛出世，於是釋迦佛買了五莖蓮花去供燃燈佛，又以頭髮鋪地讓佛走路，燃燈佛知道了釋迦佛的修行大願，便為他授記印證。

買花獻佛

布髮掩泥

三世諸佛——過去佛

毗婆尸佛

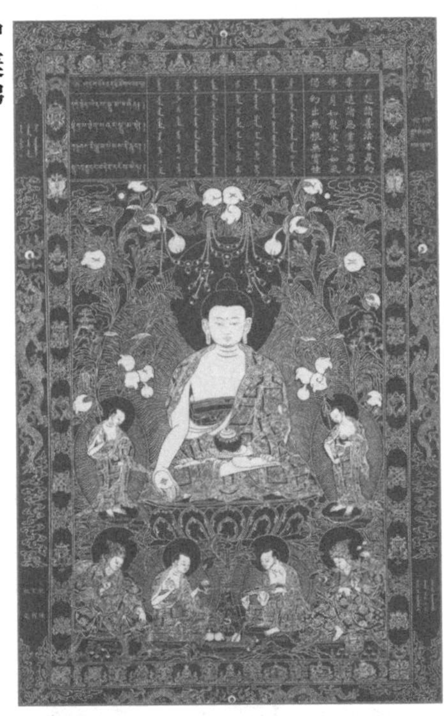

尸棄佛

毗舍浮佛

拘留孫佛

拘那含牟尼佛

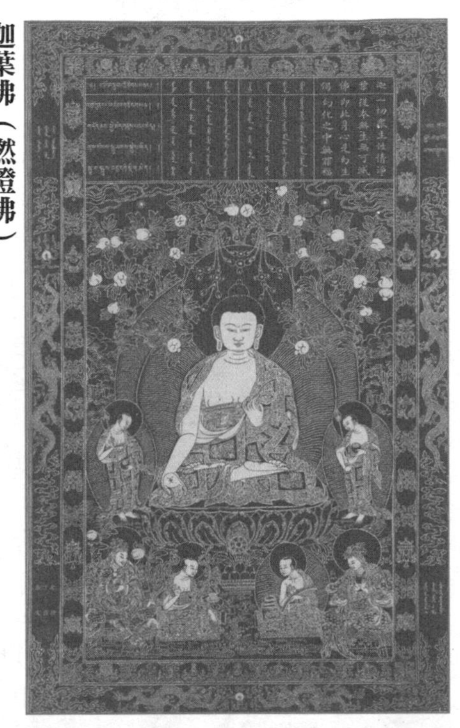

迦葉佛（燃燈佛）

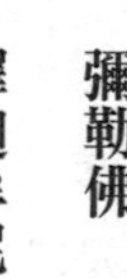

三世諸佛——現在佛、未來佛

釋迦牟尼佛

彌勒佛

莊嚴淨土分詳解二

莊嚴佛土在哪裏

而後，佛問須菩提，「你認為一切菩薩有一個另外的世界，譬如天堂，天堂外面的國土等，一個另外非常莊嚴、好看、漂亮的佛土嗎？」

其實，究竟天堂或者佛土是什麼形狀、莊不莊嚴、漂不漂亮，誰都無法說清楚，也就是說，隨便你想成什麼形狀就是什麼形狀，反正大家都沒有去過。所以一般人心中的佛國世界及莊嚴佛土，都是因人而異的，有人聯想到莊嚴佛土黃金遍地；有人聯想到佛站在高山頂上，好清淨！好美！這叫做各如其所好，也就是《楞嚴經》上的四句話，「隨眾生心，應所知量，循業發現，寧有方所」。

世界上一切知識的範圍，宗教哲學的境界，都是依一般人自己的心靈造成的。隨眾生心量的大小，每個人心中的那個天堂、那個佛土，也有大小。應各人所知的範圍，量的大小，佛國就有多大小。所以佛在這裏問，「菩薩莊嚴佛土不」？須菩提說不是的，他否認所謂的莊嚴佛土世界存在。

「何以故。莊嚴佛土者。即非莊嚴。是名莊嚴。」《金剛經》常用這種論辯方法，所謂莊嚴佛土，只是一句形容的話：「即非莊嚴」，實際上不是人們想像的那麼莊嚴。我們想像的莊嚴，一定是地方清淨，試想「清淨」一詞，大家閉著眼，什麼都沒有，空空洞洞的境界。但是這只是想像的有這麼一個境界相，已經是不莊嚴了。絕對的清淨，絕對的空，絕對不是你想像的，是名莊嚴，所以叫做不可思議。

這三句話，正，反，最後的綜合，告訴你畢竟的空靈，而你所講的空，想像當中的空，已經是不空了。真正佛土的莊嚴，你沒有親自證到過，不要空洞地想。這是須菩提回答的道理。

由此可知，真正的莊嚴淨土是心空，一念不生的清淨之心才是淨土。其實佛在每個人的本性之中，心地清淨、無垢即為佛土。

莊嚴佛土，即非莊嚴

真正的莊嚴淨土是心空，一念不生的清淨之心才是淨土。其實佛在每個人的本性之中，心地清淨、無垢即為佛土。佛土無法用具體的形象來形容，但眾生根據自然的特定環境，正如下圖將佛土進行了一番別致的描述。

莊嚴淨土分詳解三

心無所住而生清淨

修行要無住，發心要離相。心無所住，才能使內心清淨無垢，修行要無念無得，清淨自性，如此才能由淺入深地領悟佛理的高深之處。

現在佛解釋清淨心的含義。即「不應住色生心。不應住聲香味觸法生心。應無所住。而生其心。」禪宗六祖初步悟道，就是這一句話，聽到了「應無所住而生其心」就開悟了。此心本來無所住的啊！因為你不明白此心無所住，無所住是畢竟空；有個空的境界，就不對了，就有所住了，就住在空上了，那是住法而生心，住在空法上。

所以真正的清淨心，不是有個光圈、有個境界，而是不住色，不住聲香味觸法，他說真正的修行，應無所住而生其心。應該隨時隨地無所住，坦坦然，物來則應，過去不留。用我們常談的這兩句話，勉強來描寫，就是此心無事，像個鏡子，心如明鏡臺，有境界來就照，用過了就沒有。

「是故須菩提。諸菩薩摩訶薩。應如是生清淨心。不應住色生心。不應住聲香味觸法生心。應無所住。而生其心。」這就是佛告訴我們修行的方法！告訴我們一個第二等修行的方法，因為第一等修行沒有字，大家看不明白；第二等是有字的，應無所住。什麼叫無所住呢？應隨時生清淨心。佛說「應無所住而生其心」。無住是不執著。離相是能持清淨本性，超脫於其上而不執著，不為宇宙萬象萬法所惑，所以離相仍是無住。而　「應云何住，云何降伏其心」貫通了《金剛經》全經的「經眼」。

般若智慧因為性空而通達萬象，「霎那見終古，微塵藏大千」，就如「一葉落而知天下秋」的道理一樣。般若智慧所見，宇宙間的萬事萬物、萬象萬法，皆由各種因緣假合而生，由各種因緣流轉而轉變，又由各種因緣破裂而息滅。身處這樣的宇宙之中，若能保持一顆清淨的本心，不留戀色、聲、香、味、觸、法的假合之相，就能明白萬事萬物的生滅幻化之理。

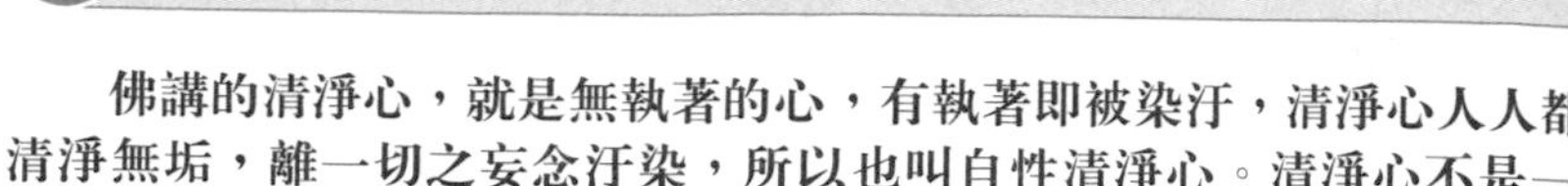

清淨心是般若之本

佛講的清淨心，就是無執著的心，有執著即被染汙，清淨心人人都有，生來就是清淨無垢，離一切之妄念汙染，所以也叫自性清淨心。清淨心不是一個光圈，也不是一朵蓮花，它是能夠觀照自我的一種空靈。以清淨心修佛法，才能得般若實相，因此，清淨心是般若之本。

清淨心為佛法之本

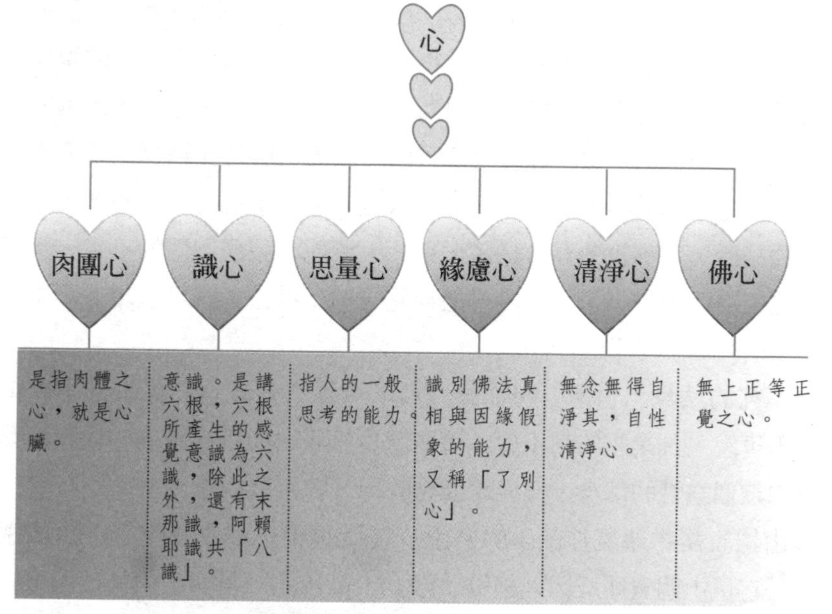

心
肉團心
識心
思量心
緣慮心
清淨心
佛心
是指肉體之心，就是心臟。
意識。是講六根，六根所產生的感覺意識為六識，除此之外，還有末那識，阿賴耶識共「八識」。
指人的一般思考的能力。
識別佛法真相與因緣假象的能力，又稱「了別心」。
無念無得自淨其，自性清淨心。
無上正等正覺之心。

佛教小故事

菩薩精神

一日，小和尚坐在老和尚身邊，歪著腦袋問師父：「師父，菩薩會殺生嗎？」師父說：「殺！而且常常無眠無休地殺。」

「什麼？」小和尚一下子彈起來，瞪著師父，眼中充滿驚詫，「這不可能。」師父平淡地說：「菩薩是爲普度眾生、降妖除魔而殺。」

「這樣豈不犯大戒了嗎？」小和尚緩坐下來，擔憂地問道。

「犯戒非犯戒！犯戒是因爲有殺生的相，破了戒的形式，不犯戒是因爲菩薩，『無我』，符合戒的精神。」小和尚好奇地問：「菩薩在殺生時，心中會作什麼念呢？」

「救助被害眾生免於一切大災大難，救助害人惡魔免於萬劫沉淪。」老和尚回答。

小和尚似懂非懂地點點頭，又問：「那菩薩殺生還要進地獄嗎？」

老和尚說：「菩薩常常出入地獄。」「爲什麼？」小和尚又難以理解了。

「菩薩無休止地救助眾生，降妖除魔也永不停歇，常下地獄是必然的了。」「菩薩明知殺生會遭獄劫，爲什麼還那樣做？」小和尚很費解地問道。

「這正是菩薩大慈大悲所在。」老和尚莊嚴地說完，陷入了沉思。

莊嚴淨土分詳解四
須彌山王

「譬如有人，身如須彌山王」，這句話是佛在這裏說的一個譬喻。須彌山王就是講法身，得到應無所住，而生其心，可以初步證到一點法身了。法身是不生不滅、不垢不淨、不增不減，所以法身也是大身，也叫做無邊身。佛說如果證得法身，也「應無所住而生其心啊」！因為佛的法身就是莊嚴淨土。佛說假使一個人的身體大得像須彌山一樣，像喜馬拉雅山那麼大，胖得比崑崙山還要胖，你說他大不大？那是一個譬喻，是說法身無量無邊的大，永遠的不生不死。佛告訴須菩提最後的結論，「佛說非身，是名大身」。擺脫了我們肉體的身見，身見就是八十八結使第一個解脫不了的疙瘩，把身見空掉了以後，就可以證得不生不死的法身。

不生不死的法身，也是一句抽象的話，佛法只有實證，你證到了以後才知道，是法不可說，凡是說的都不對，這個就是法身。所以禪宗講的悟道，第一步就是要證得這個空性的法身，身見才能夠脫掉，才可以說學禪。

須彌山據說是古印度神話中的名山，在佛經中也稱為曼陀羅、須彌樓，漢譯妙高山。它是由四寶所成因此稱為「妙」，高出水八萬四千由旬（印度古代計量長度的單位）為「高」，高出七重金山叫做「王」。此山為一小世界的中心。山形上下皆大，中央獨小，四王天居山腰四面，忉利天在山頂，山根有七重金山，七重香水海環繞之，在金山之外有鹹海，鹹海之外有大鐵圍山，四大部洲即在此鹹海的四方。因為須彌山是諸山之王，宇宙的中心，所以叫須彌山王。佛常用須彌山或須彌山王來作比喻，表示一個事物大到極點，大到不能再大了。據佛在《無量壽經》中對阿難等人的描述中，體現出佛在很多細節上都用須彌山作參照，如「眉間白毫，右旋宛轉，如五須彌山。佛眼如四大海水，青白分明，身諸毛孔，演出光明，如須彌山」。僅佛的一根毫毛就有五座須彌山長，由此可見，佛的身相大到不可思議。

佛法可超越三界十方

三界共有二十八天，即欲界六天，色界十八天，無色界四天。在此三界二十八天中，只有欲界的四王天與忉利天因依須彌山的地界而居，故稱地居天；夜摩天以上都是淩空而處，故名空居天。

三界二十八天

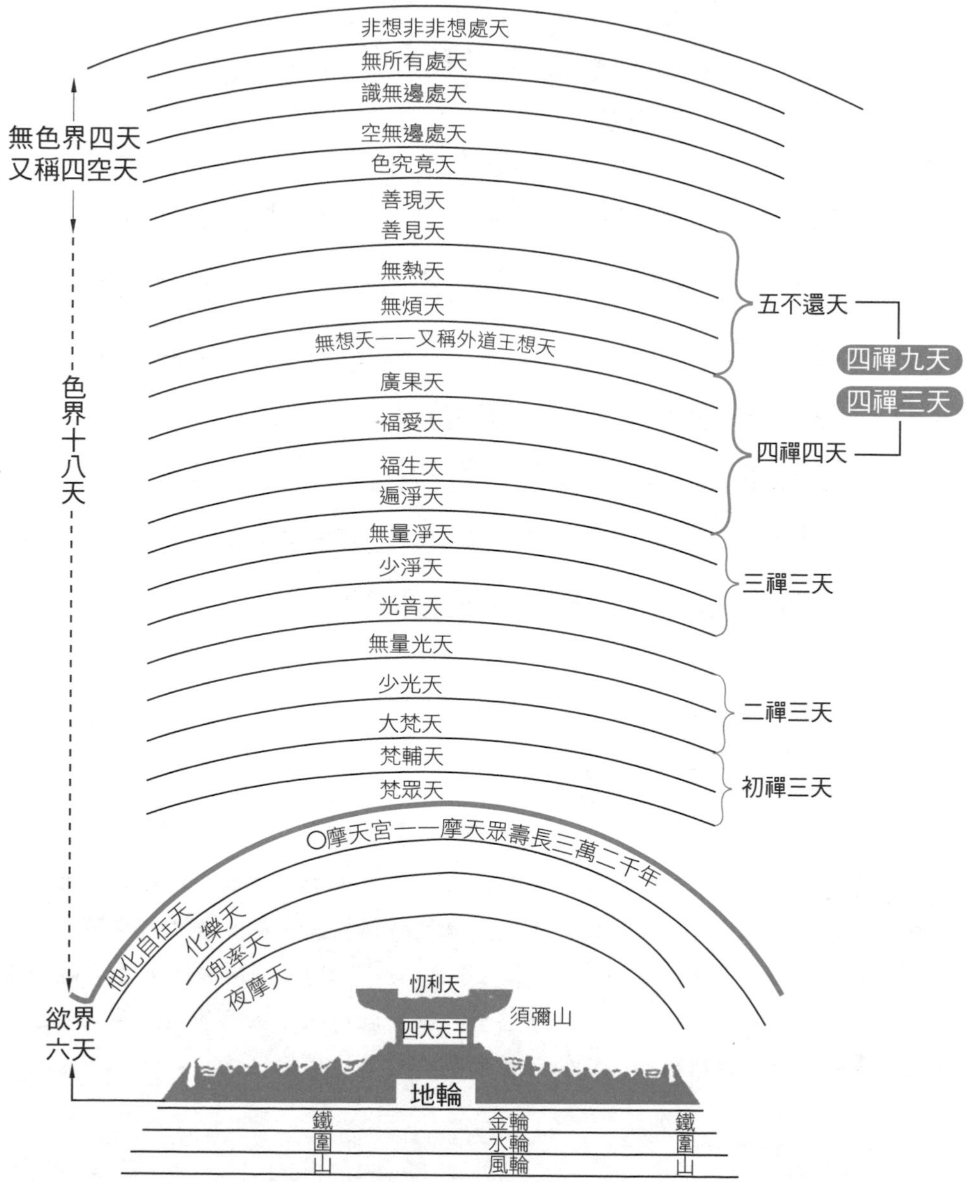

第十一品

無為福勝分

【原經】

「須菩提！如恆河中所有沙數，如是沙等恆河，於意云何？是諸恆河沙寧為多不？」須菩提言：「甚多，世尊！但諸恆河尚多無數，何況其沙。」「須菩提！我今實言告汝：若有善男子、善女人，以七寶滿爾所恆河沙數三千大千世界，以用布施，得福多不？」須菩提言：「甚多，世尊！」佛告須菩提：「若善男子、善女人，於此經中，乃至受持四句偈等，為他人說，而此福德勝前福德。」

【譯經】

「須菩提，就如恆河中有無數沙粒，每一粒沙再成一條恆河。你想想，恆河中所有的沙粒加起來多不多？」

須菩提說：「很多，世尊。只算恆河，尚且多得無法計算，更何況河中的沙粒呢！」

須菩提，我現在實話告訴你：「如果有善男善女用可填滿你所住的像恆河沙粒那樣多的三千大千世界的七寶來布施，他們所得到的福德多不多呢？」

須菩提回答說：「很多，世尊。」佛告訴須菩提：「假如善男善女在這部《金剛經》裏，不要說講全部經文，甚至只領受執持四句偈語等，爲他人解說，這樣所獲的福德，就比用那麼多的七寶來布施所獲的福德要多。」

佛陀成道前是釋迦族王子，名悉達多。悉達多太子年滿八歲即開始學習，教授太子的是兩位在當時極負名望的老師，一位叫毗奢蜜，另一位是忍天所。太子遍覽群書、廣讀諸論，兼學各類雜術、兵法等，到十二歲時已博通世間種種技能。

有一天，太子在勤劬園射擊嬉戲，其他五百位釋迦族童子，也一同在各自的園林裏遊戲。此時有一群大雁飛過，一位叫提婆達多的童子，馬上張弓射下了一隻大雁，雁負傷帶箭掉到悉達多太子的庭園裏。太子看到負傷的大雁，心生憐憫，於是除了大雁身上的箭，再以酥蜜為藥，為其塗抹傷口。

這時提婆達多童子派了一名使者來說：「我射中的一隻大雁掉到你園子裏，快點還我，不要占為己有。」

太子回答：「大雁如果死了就會還你，如果還活著就不可能給你。」

於是提婆達多再派侍者傳話：「大雁是死是活都應該還給我，那是我射下的，只不過掉到你園子裏而已。」

太子回答：「這隻大雁早為我所攝受，從我發菩提心以來，慈悲利他之心即已攝受一切眾生，這隻大雁也不例外。」悉達多太子和提婆達多僵持不下，於是請釋迦族有智慧的長者們來判決這件事。

這時淨居天人化身成一位老者，說道：「能以慈悲光明使這隻大雁安穩的人，才是真正能擁有它的人。」

這位老者一說，其他的長者都表示認同，也就說：「這樣是合情合理且極具智慧的。」

因為這件事情，提婆達多和悉達多太子結下最初的怨結。

無為福勝分詳解一

不可考量的福德

《金剛經》第十一品是無為福勝分。無為福屬於清福之類，無為福勝就是說清淨的福氣高過世間一切功名富貴的福氣。勝就是超過、超越的意思。

上一品講到大身的問題，就是指一切眾生的生命，肉身後面，那個形而上的那個根本的身，叫做法身，不生不死的大身。人要找到自己生命的本源，得到那個不生不死的大身，那是需要多大的福氣啊！這個福氣是無為之福。佛陀講完了不住果報，把受持、傳布《金剛經》會得到不可考量的福德很巧妙地又作了一番比喻，作了更充分地詮釋。

佛在這裏為眾生道出了「恆河之大」，「沙子之多難以計數」這樣的一個觀念。

第二個觀念，「如是沙等恆河」，還有很多條恆河，像恆河沙那麼多條的河，這是第二個觀念。「於意云何」，你的意思看看，「是諸恆河沙」，是所有這麼多條恆河裏頭的沙子，「寧為多不」？是不是很多？「須菩提言，甚多，世尊。」須菩提就說了，世尊，佛啊！這當然很多很多啦！

佛又說：「但諸恆河，尚多無數，何況其沙。」這個世界裏，我們這個宇宙裏，在印度是看到一條恆河！在中國還有一條黃河呢！在歐洲或其他各地，都有一條極大的河，很多像這樣的大河，還多得很。

這裏的兩個觀念，第一個就是佛說的三千大千世界，佛的世界宇宙觀，每一個宇宙裏河流多少？佛經上常說：「我沒有辦法告訴你，因為你們的知識不夠，無法了解。其次第二點，他就告訴須菩提，像恆河一樣的河流都多得數不清了，何況每一條河流的沙子呢？更數不清了。」講到這裏，他又叫一聲須菩提，我老實告訴你：「假定現在所有世界上不管男的女的，用人世間最貴重的七寶，裝滿了你所住的這個像恆河沙數多的三千大千世界，都拿來布施給人家，救濟世界上所有的眾生，他所得的善報，這福報太大了。」

不可考量的福德

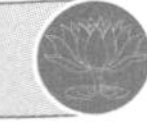

《金剛經》中佛為眾生道出了「恆河之大」「沙子之多難以計數」這樣的一個觀念。「如是沙等恆河」，還有很多條恆河，像恆河沙那麼多條的河，這是第二個觀念。

福德之較量

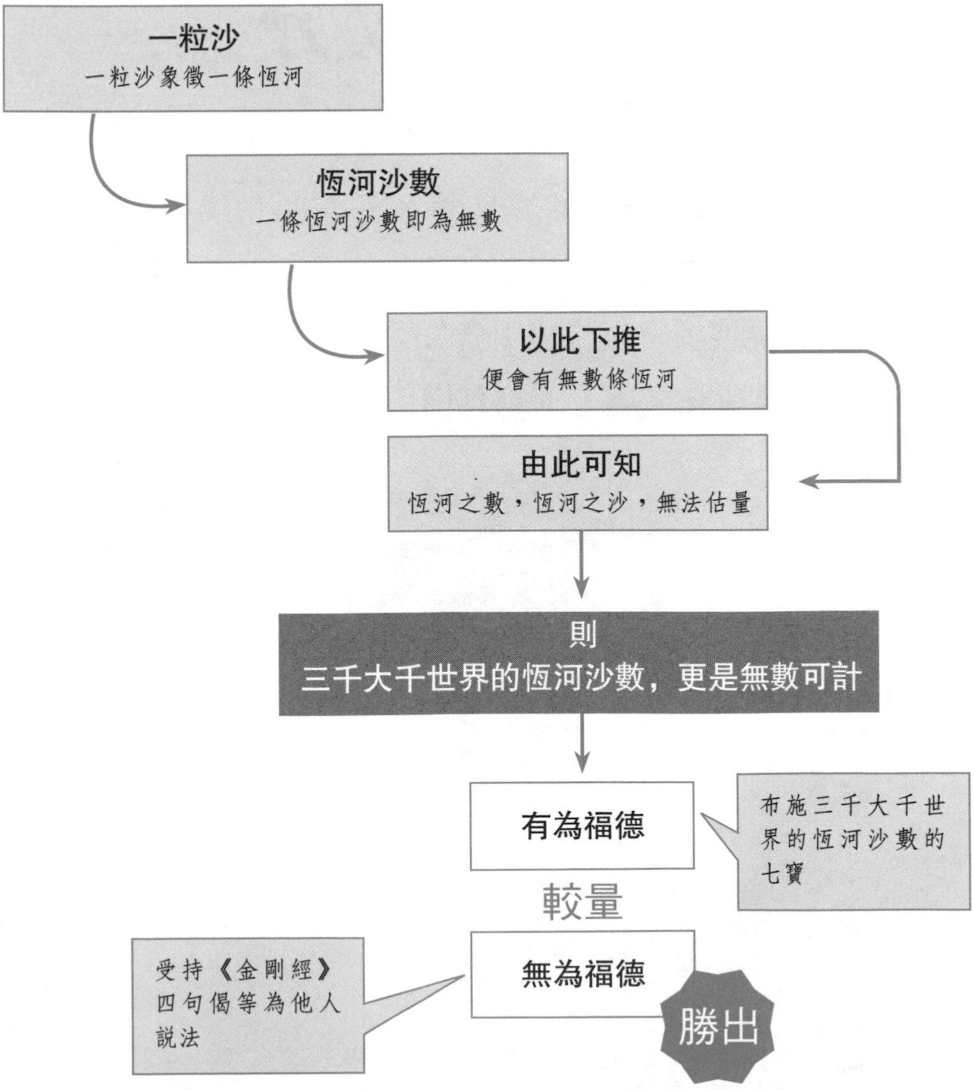

一粒沙
一粒沙象徵一條恆河

↓

恆河沙數
一條恆河沙數即為無數

↓

以此下推
便會有無數條恆河

↓

由此可知
恆河之數，恆河之沙，無法估量

↓

則
三千大千世界的恆河沙數，更是無數可計

↓

有為福德（布施三千大千世界的恆河沙數的七寶）

較量

無為福德（受持《金剛經》四句偈等為他人說法）　勝出

第十二品

尊重正教分

【原經】

「復次，須菩提！隨說是經，乃至四句偈等，當知此處，一切世間、天人、阿修羅，皆應供養，如佛塔廟，何況有人盡能受持讀誦。須菩提！當知是人成就最上第一希有之法，若是經典所在之處，則為有佛，若尊重弟子。」

【譯經】

接著，佛又說：「須菩提，如人們隨時隨地解說這部《金剛經》，甚而至於僅只念誦四句偈語等，應當知道這個地方，所有一切的人和阿修羅，都應當像供養佛塔廟宇一樣供養這個地方。何況有人能誦讀並領受修持這部經！須菩提，應當知道，此人成就了最高的、第一的、最罕見的佛法。如果有這部經典所在的地方，就是有佛的地方，就是有佛最尊貴弟子的地方。」

雲巖禪師正在編織草鞋的時候，洞山禪師從他身邊經過，一見面就說道：

「老師！我可以跟您要一樣東西嗎？」

雲巖禪師回答道：「你說說看！」

洞山不客氣地說道：「我想要你的眼珠。」

雲巖禪師很平靜地道：「要眼珠？那你自己的眼珠呢？」

洞山道：「我沒有眼珠！」

雲巖禪師淡淡一笑，說：「要是你有眼珠，如何安置？」

洞山無言以對。

雲巖禪師此時才非常嚴肅地說道：「我想你要的眼珠，應該不是我的眼珠，而是你自己的眼珠吧？」

洞山禪師又改變口氣道：「事實上我要的不是眼珠。」

雲巖禪師終於忍不住這種前後矛盾的說法，便對洞山禪師大喝一聲道：「你給我出去！」

洞山禪師並不訝異，仍非常誠懇地說道：「出去可以，只是我沒有眼珠，看不清前進的道路。」

雲巖禪師用手摸一摸自己的心，說道：「這不早就給你了嗎？還說什麼看不到！」

洞山禪師終於言下省悟。

洞山禪師向別人要眼珠，這是很怪異的事，就算高明如雲巖禪師，起初也只能告訴他眼睛長在自己額頭上，為什麼向別人要呢？最後知道洞山要的不是「肉眼」，雲巖禪師提示出「心眼」的妙道，洞山才有所契悟。

肉眼，是觀看世間萬象、長短方圓、青紅赤白的，這種觀看只是表面的、生滅的、現象的，而心眼才能觀察宇宙萬物的本體，這種觀察是普遍的、裏外一如的，難怪洞山雖有肉眼，仍看不清前進的道路，此道路即自己的本來面目，即成佛作祖的目標，當雲巖告訴他心眼的妙用，洞山就有醒悟了。

尊重正教分詳解一

受持四句偈

佛告須菩提，若善男子、善女人於此經中，乃至受持四句偈等。為他人說。而此福德，勝前福德。

《金剛經》中「受持」這兩個字的意思就是接受了，並且照著經典上去修持。進一步說理解了《金剛經》中的道理義理，則表示修法者功夫證道了，有所領受；道理上領受沒有用，是真的懂了佛法，身心有感受，有轉變了，這個才叫受。光是受還不算數，要永恆保持那個狀況、那個境界，所以叫做受持。

如果懂了經的扼要，等於吃飯菜一樣，吸收了飯菜中最精華的營養，自然就要丟掉那些渣子。《金剛經》中也講過：佛所說的法，像承載眾生過河的船一樣，既然已過了河，那這個船就不要了；佛所說的話就像是醫生開的藥方，病治好了，如果還抓住藥方不放，那這個人就成傻子。正如，你只要真正懂得《金剛經》的義理，唸不唸都沒有關係，這才叫受持。

假使有這樣一個人，不要說受持全部的《金剛經》，只要中間的四句偈，能夠真正領悟了，有所領受，而保持境界，然後再來教導別人，為他人解說，這個人的福報，比用全宇宙財寶布施的福報還要大。這個福報是無為之福、清淨的福，可不是世間的鴻福。

《金剛經》四句偈不止一個，經裏頭好的句子，都是四句連起來的，沒有說究竟是哪個四句偈，這是一個大問題。禪宗各宗各派，經常提到一句話，要「離四句，絕百非」，這樣才能夠研究佛法。離開了四句，絕掉了百非，一切都不對，都要把它放掉。

離四句絕百非，也就是一切的否定。那四句也在《金剛經》上，也不在《金剛經》上，就是空、有、亦空亦有、非空非有，這四句。世界上的事情、道理，都是相對的，正，反，不正不反，即正即反。

所以說，離四句絕百非，才是真正受持了《金剛經》的要義，四句偈的道理，就是這個要義。

這一品是說明無為福的重要，也就是說學佛修道的結果，是求無為之果，中文翻譯叫無為，梵文就叫涅槃，涅槃就是無為的意思。無為之道就是最上等的成就。

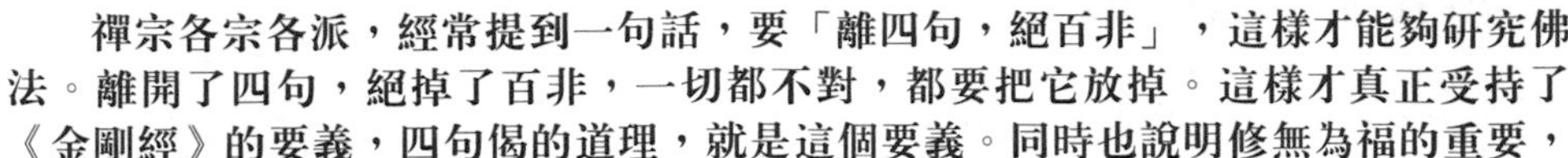

講經處、誦經者及藏經處

禪宗各宗各派，經常提到一句話，要「離四句，絕百非」，這樣才能夠研究佛法。離開了四句，絕掉了百非，一切都不對，都要把它放掉。這樣才真正受持了《金剛經》的要義，四句偈的道理，就是這個要義。同時也說明修無為福的重要，也就是說學佛修道的結果，是求無為之果，中文翻譯叫無為，梵文就叫涅槃，涅槃就是無為的意思。無為之道就是最上等的成就。

講經處

隨說是經乃至四句偈

當知此處，一切世間天、人、阿修羅，皆應供養，如佛塔廟。

佛塔

誦經者

何況有人，盡能受持讀誦

當知是人，成就最上等一稀有之法。

法

藏經者

若是經典，所在之處

即為有佛，若尊重弟子。

藏經者

《金剛經》受持，其福德無量

佛

尊重正教分詳解二

供養《金剛經》之禮

所謂供養，即非供養，是名供養。從理上來說，供養一切眾生就是一切佛，雖然供養一切佛，而真實佛卻從來不曾供養，如果能夠明白這個道理，而轉依不會供養的真實佛，正當在供養時，無妨有個不會供養的真實佛同時同在，而意識心轉依此智慧而親證三輪體空，這才是真正的供養。一切眾生都是未來佛，應當供養！

總括供養物之種類、供養方法與供養對象等，有各種不同之分類：即香、花、塗、果、茶、食、寶、珠、衣物的供養。供養一定要虔誠，否則就談不上福德了。供養的所在一般都在廟宇或佛塔，因為塔是供養佛舍利之處，廟則是供養佛像的地方。

供養典故

另據大藏法數之說，將繒蓋、幢幡，合併為幡蓋，而加入合掌，成為十供養。若據《菩薩地持經》卷七所舉之十種，則為：身供養、支提供養、現前供養、不現前供養、自作供養、他作供養、財物供養、勝供養、不染汙供養、至處道供養等。

此外，佛前之供物稱佛供，神前之供物稱神供。供養梵天、帝釋天、功德歡喜天等，則稱供天或天供。供於亡者，稱追善供養。專供餓鬼者，稱餓鬼供養。慶祝佛像開光者，稱開眼供養。供養經者，稱開題供養，又稱經供養、一切經供養、書寫供養，如書寫維摩經而供養之，稱維摩經供養。叩鐘慶祝者，稱鐘供養。又就佛法僧三寶而言，供養佛，稱佛供養、供佛；供養法，稱法供養、行供養；供養僧，稱僧供養、僧供。其中，招請百僧，設齋以供養者，稱百僧供養、百僧供；招請千僧，設齋以供養者，稱千僧供養或稱千僧齋、千僧供、千僧會；傳說此種供養之功德無量。又供養之施主，稱供養主。供養眾僧，亦稱供眾、供贍。記載供養意義之諷誦文，稱供養文。為供養求福所造之佛像，稱供養佛。以燈明供養佛像、塔廟，則稱供燈。

供養金剛經之禮

所謂供養，即非供養，是名供養。從理上來說，供養一切眾生就是一切佛，雖然供養一切佛，而真實佛卻從來不曾供養，如果能夠明白這個道理，而轉依不會供養的真實佛，正當在供養時，無妨有個不會供養的真實佛同時同在，而意識心轉依此智慧而親證三輪體空，這才是真正的供養。

五欲供

色、聲、香、味、觸。色是指美麗的色相；聲是指婉轉的聲音；香是指芬芳的香氣；味是指可口的美味；觸是指適意的觸樂。以上五者因能使人生起貪欲的心，故名五欲。

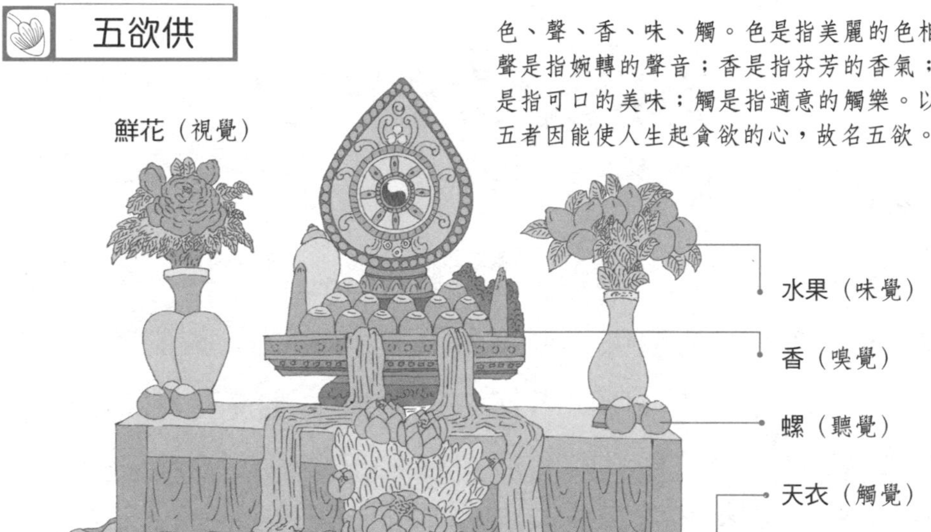

供養分類

總括供養物之種類、供養方法與供養對象等，有各種不同之分類：即香、花、塗、果、茶、食、寶、珠、衣物的供養。供養一定要虔誠，否則就談不上福德了。

香供養：以燃香禮儀來供養。
花供養：以花供養象徵物質供養。
果供養：果爲佛果，因此以果品供養。
茶供養：以茶來供佛，則表明清醒不昏沉。
塗供養：以水供養佛，則喻意修佛的清淨之心

食供養：以飯菜供佛，則表明對佛的恭敬。
寶供養：以財寶來供佛，則象徵布施。
珠供養：以珠寶來供佛，則象徵圓滿。
衣供養：以衣物來供養，則依照佛法來修行。

第十三品

如法受持分

【原經】

爾時，須菩提白佛言：「世尊！當何名此經，我等云何奉持？」佛告須菩提：「是經名為《金剛般若波羅蜜》，以是名字，汝當奉持。所以者何？須菩提！佛說般若波羅蜜，則非般若波羅蜜，是名般若波羅蜜。須菩提！於意云何？如來有所說法不？」須菩提白佛言：「世尊！如來無所說。」「須菩提！於意云何？三千大千世界所有微塵是為多不？」須菩提言：「甚多，世尊！」「須菩提！諸微塵，如來說非微塵，是名微塵。如來說：世界，非世界，是名世界。須菩提！於意云何？可以三十二相見如來不？」「不也，世尊！何以故？如來說：三十二相，即是非相，是名三十二相。」「須菩提！若有善男子、善女人，以恆河沙等身命布施；若復有人，於此經中，乃至受持四句偈等，為他人說，其福甚多。」

【譯經】

此時，須菩提問佛道：「世尊，應當叫這部經什麼名字呢？我們這些人該如何供奉、修持此經呢？」佛告訴須菩提：「這部經名叫《金剛般若波羅蜜》。就憑這個名字，你們都應供奉、修持。」

「這樣做的原因是什麼？」

「須菩提，佛說的般若波羅蜜，要按眞諦來講，就不是般若波羅蜜，只是個假名而已。須菩提，我再問你，我講過法沒有？」

須菩提對佛說：「世尊，如來沒有說。」

「須菩提，你想想，三千大千世界所有的微塵，是多還是不多？」

須菩提道：「很多，世尊。」

「須菩提，各種微塵，我說不是微塵，只是假借個名稱；我說世界就是非世界，只是取個名叫世界。須菩提，你再想想，你能憑藉佛的三十二相來認識佛的本性嗎？」

「不能，世尊。我不能憑佛的三十二相來認識佛的本性。」

「爲什麼呢？」

「因爲您說三十二相就是非法身相，是叫做三十二相。」

「須菩提，倘若有善男、善女用如恆河沙粒那樣多的身體、生命來布施，又另有一人堅持修這部《金剛經》，甚至只念四句偈語之類，爲別人講解經文，那麼他的福報功德就比前面的善男、善女的功德還要多。」

如法受持分詳解一

如意《金剛經》

凡解釋《金剛經》的注疏，都一貫從經名開始剖析。而佛祖正式提到本經的經名，也正在這個階段。第十三品，佛向須菩提問了兩個問題：第一個問題是本經的經名是什麼？第二，如何信受奉持？在這裏，佛祖把這兩個問題合二為一作了講解。佛說，這部經經名為《金剛般若波羅蜜經》，並告訴眾生，這個經名就是眾生的修行的一個妙法，並依此信受奉持。這是佛祖的智慧，讓人一看到經名，就能夠生發智慧，進行修證。

因為「金剛」最堅固、最鋒利，能破一切物。般若智慧就如同金剛石，能斷除一切煩惱，能破一切無名之惑。所以有了如同金剛一般堅固鋒利的般若智慧，就能夠到達解脫、自在的涅槃彼岸。

《金剛經》中不可分割的兩個整體為般若和方便。般若是諸佛之母；方便是諸佛之父。有了般若，方便就會把持住目標；有了方便，般若就會破殼而出。圍繞般若，經文先講解了般若的無窮妙用，以「離相伏心」之道，令凡夫眾生破除對四相的執著，樹立了修行佛法的正知正見，再修「無住住心」之法，令諸菩薩布施之心歸於清淨本心，而行六度以利眾生，最後推釋般若本體性空，因此眾生佛性皆一律平等。繼而勸令一切有情眾生生發無上菩提心，走六度萬行路，從而證得大徹大悟的覺悟之果。整部《金剛經》說法靈活妙用、由淺入深，讓受眾樂於接受，對本佛法的宣傳與推廣有著很大的作用。這就是佛法所講的方便。

金剛最為堅固、最為鋒利。般若本體性空，自然是堅固不破，方便善用，就像金剛一樣無往不利，兩者的因緣由此而來。佛祖提出此名，一語雙關。因為金剛能斷，所以如何信受、奉行此經的答案就是：像使用金剛一樣，來降伏一切心魔，斷除所有煩惱。但如果要斷除一切煩惱，到達菩提彼岸，就要按照《金剛般若波羅蜜》這個經名去受信、奉行。

《金剛經》之方便

《金剛經》中不可分割的兩個整體為般若和方便。圍繞般若，以「離相伏心」之道，令凡夫眾生破除對四相的執著，樹立了修行佛法的正知正見，再修「無住住心」之法，使諸菩薩布施之心歸於清淨本心，而行六度以利眾生，最後推釋般若本體性空，因此眾生佛性皆一律平等。

由淺入深，靈活妙用

整部《金剛經》說法靈活妙用、由淺入深，讓受眾樂於接受，對本佛法的宣傳與推廣起著很大的作用。這就是佛法所講的方便。

般若是成佛之母

有了般若，方便會把持住目標

有了方便，般若便會破殼而出

方便是成佛之父

以般若之妙用，以「離相伏心」之道，使凡夫眾生破除對「四相」的執著，樹立修佛法的正知正見。

再修「無住住心」之法，令諸菩薩布施之心歸於清淨本心，而行六度以利眾生，最後推釋般若本體性空，因此眾生佛性皆一律平等。

繼而勸令一切有情眾生生發無上菩提心，走六度萬行路，從而證得大徹大悟的覺悟之果。

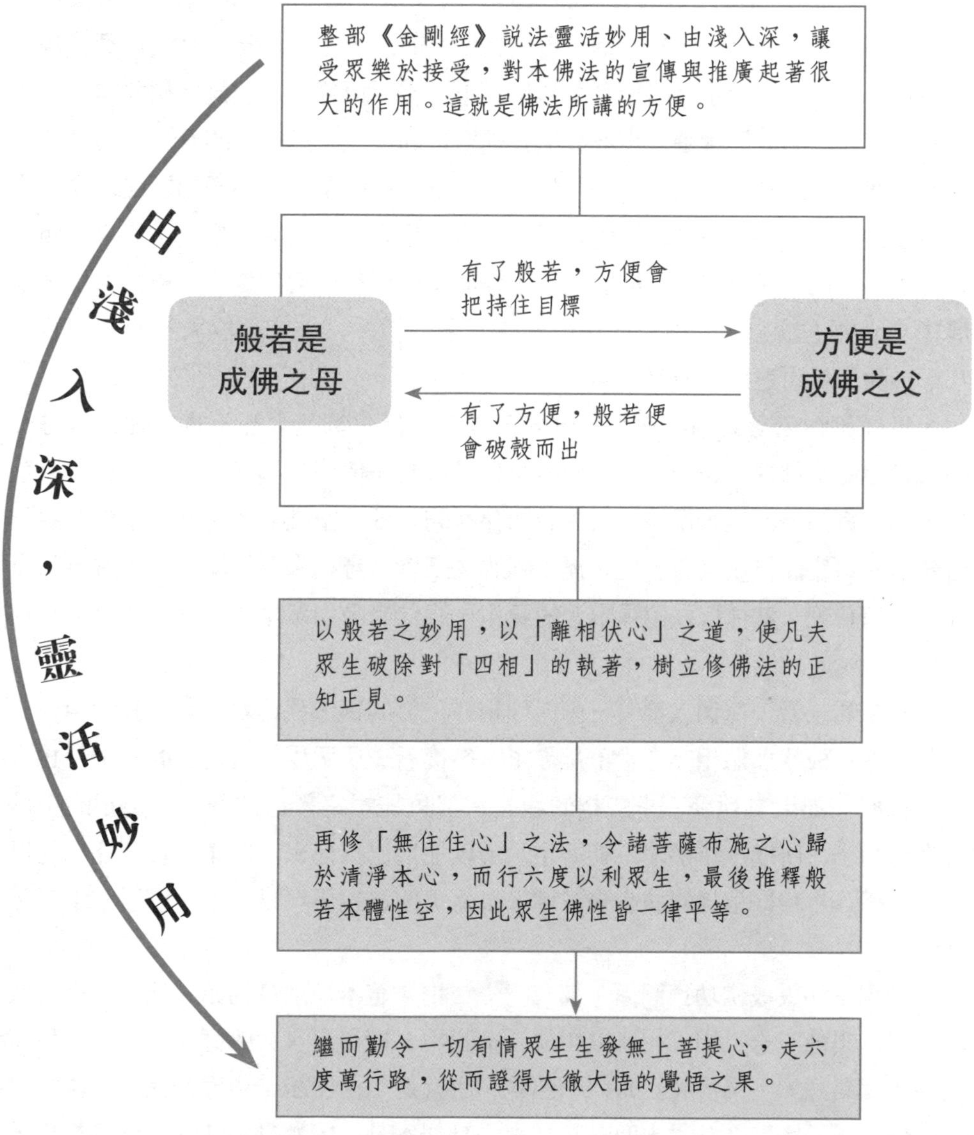

如法受持分詳解二

如來的三十二相

三十二相是因佛入世結緣而顯現的不同身相，這些不同的身相自然也是假象，並不是如來的真正法身。佛陀自性具足，兼法、報、化身，其中化身和報身是色身。釋迦牟尼佛是殊勝化身，具足三十二相，但是具此色身之相並非是真正的佛法本質。由此，佛進一步啟發須菩提對佛的「三十二相」的看法如何？須菩提為解空第一，當然明白「三十二相」也是為了引度眾生而出現的因緣假象，終究不是如來真諦。從而要讓眾生領悟，任何有相都不是如來，包括佛修來的報身之相也是如此。所以學佛不能著相，也等於其他宗教反對偶像崇拜一樣；什麼是偶像？佛經上講，每一尊佛成功了就有三十二相，三十二種與人不同的相貌；八十種隨形好也是別人所沒有的。

世間萬物色身名相，和大千世界、微塵一樣，都是虛而不實的虛相，唯一的真實是如來佛性。報身不是真相，報身是假有，但假有不是沒有。法身如來是永恆、真實的。但又表現為相對於感知存在的一種「空性」。這種「空性」對沒有覺悟的眾生而言，且看不見、摸不到的，所以法身如來為了讓眾生了解佛法真理、相信真理，就採取以因緣聚合的身相、說法來吸引眾生來聽法。所以，身相也具有說法的功能。

再來看一看，每個人都有三十二種相好，你的相，我絕對沒有，我的相你也沒有，你長成我那個相，你也不是你了。然後看一切眾生，各有各的三十二相，八十種好。如果真執著三十二相的觀念，那只能說宗教信仰則可，真正的佛法被你糟蹋了。所以，學佛法不能著相，所以他自己提出來，問須菩提，能不能以三十二相八十種好這樣的觀念來看佛，須菩提回答說不可以，不可以以三十二相見如來。

佛說一切人成佛功德圓滿，都有三十二相。這不是法身的相，法身無相，所以，可以叫他三十二相，也可以叫他六十四相。懂得了《金剛經》的道理，你就悟到了《易經》；《易經》有六十四卦，也就是六十四相，道理是完全一樣的。所以啊，《易經》八八六十四卦，其實一卦都不卦，因為卦不住的，卦者變也，都是變相。

如來三十二相

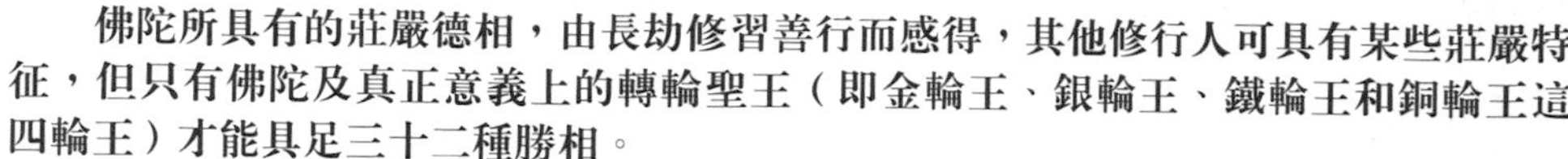

佛陀所具有的莊嚴德相，由長劫修習善行而感得，其他修行人可具有某些莊嚴特征，但只有佛陀及真正意義上的轉輪聖王（即金輪王、銀輪王、鐵輪王和銅輪王這四輪王）才能具足三十二種勝相。

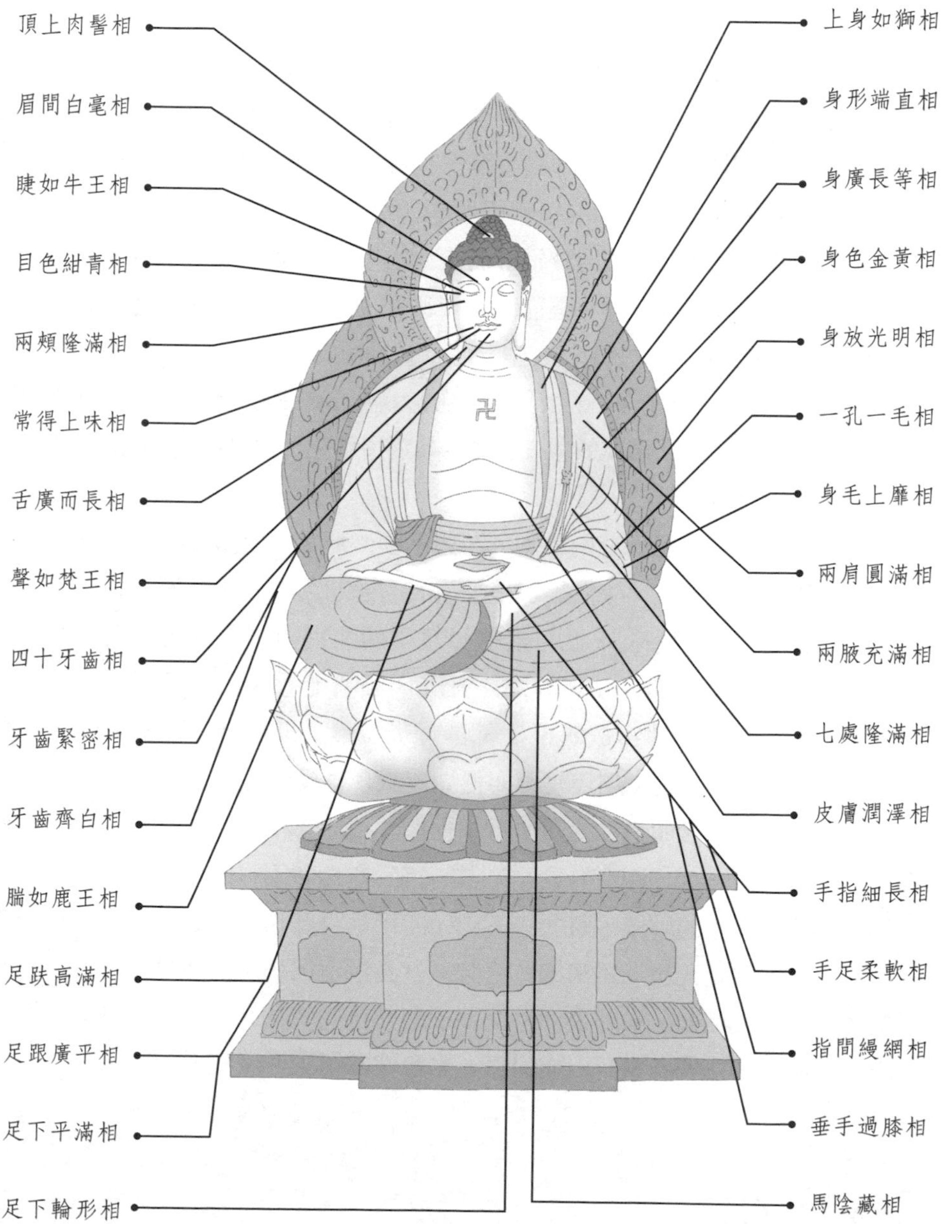

頂上肉髻相
眉間白毫相
睫如牛王相
目色紺青相
兩頰隆滿相
常得上味相
舌廣而長相
聲如梵王相
四十牙齒相
牙齒緊密相
牙齒齊白相
腨如鹿王相
足趺高滿相
足跟廣平相
足下平滿相
足下輪形相

上身如獅相
身形端直相
身廣長等相
身色金黄相
身放光明相
一孔一毛相
身毛上靡相
兩肩圓滿相
兩腋充滿相
七處隆滿相
皮膚潤澤相
手指細長相
手足柔軟相
指間縵網相
垂手過膝相
馬陰藏相

如法受持分詳解三

慧眼識真經

佛祖這次講說般若的標準較高，如果聽眾沒有一定的根基，乍聽起來，就像在雲裏霧裏。即使有根基的聽眾，也要幾番徵釋，才能逐漸領悟《金剛般若》的大智法門。所以，它的對象是正準備發無上菩提心，具有慧眼的大阿羅漢。

須菩提的眼淚：一般認為，須菩提原是流轉三界的生死凡夫，現在能遇見佛，感覺到佛的大慈大悲、法門特別殊勝，內心受到感動，所以才涕淚悲泣。但往深處探究，須菩提這樣一個久經歷練、年高德劭的長者，能夠當眾流眼淚，至少還應該有兩條：

第一，因為他是解空第一，常禪定靜慮，內心純潔剔透，所以當他感受到佛陀的深恩，感慨於這部佛典的義理微妙，又慶幸自己的機緣，忍不住內心喜極而泣，這是真誠的流露。

第二，想到三界中還有一班眾生，為剪不斷的煩惱所束縛，在無邊的苦海中沉浮，生死輪迴沒有盡頭，故生起了菩薩一般的慈悲之心而無聲落淚。

慧眼，即「知實相慧」，此慧能徹見諸法的如實相，所以名慧眼。聖者的慧眼能看見眾生的心、辨別法與非法。凡夫肉眼只能看色相。須菩提早在聽佛說《阿含經》時就已經證得羅漢果位，具有了慧眼，但在今天聽佛解說《金剛經》，在他的慧眼裏，從來還沒有聽聞過如此意趣甚深的經典。

《宣說二諦經》曾說過：聲聞所證空性像牛蹄印跡中的水，菩薩所證的空性則像大海之水一般廣大。顯而易見，二者所證的空性並不在同一個層面上。而須菩提修證的是聲聞乘的階段，層次還不夠，所以他沒聽過。另外，從很多後世大德的觀點來看，須菩提證得羅漢果位已久，且為解空第一，即便是佛法高深，也不至於表現得如此激動，顯然是須菩提為了配合佛的契機，讓根性遲鈍的聽眾在聽法時受到感染，即使在當時不能頓悟，也會使聽眾記憶深刻。

觀音菩薩的眞心

 慈悲三緣

慈悲：慈愛衆生並給予快樂（與樂），稱爲慈；同感其苦，憐憫衆生，並拔除其苦（拔苦），稱爲悲；二者合稱爲慈悲。

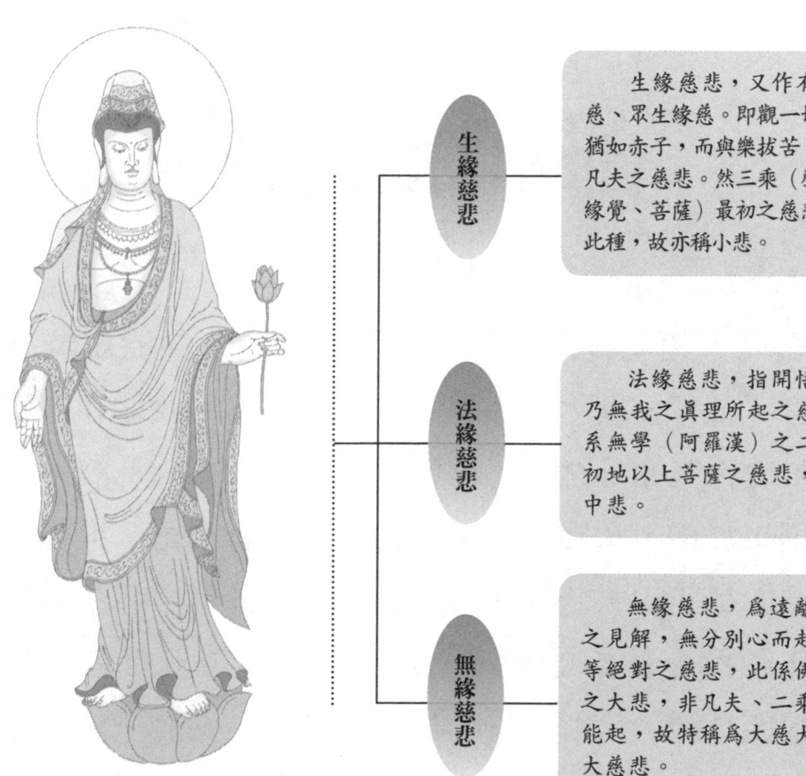

生緣慈悲，又作有情緣慈、眾生緣慈。即觀一切眾生猶如赤子，而與樂拔苦，此乃凡夫之慈悲。然三乘（聲聞、緣覺、菩薩）最初之慈悲亦屬此種，故亦稱小悲。

法緣慈悲，指開悟諸法乃無我之眞理所起之慈悲。系無學（阿羅漢）之二乘及初地以上菩薩之慈悲，又稱中悲。

無緣慈悲，爲遠離差別之見解，無分別心而起的平等絕對之慈悲，此係佛獨具之大悲，非凡夫、二乘等所能起，故特稱爲大慈大悲、大慈悲。

 三緣之慈悲

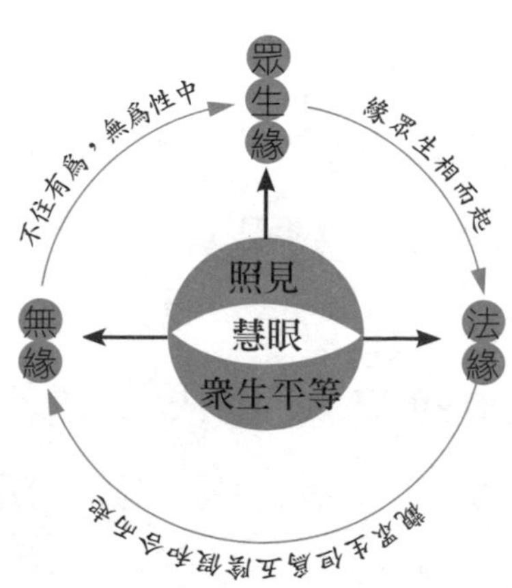

《涅槃經》又舉二義，一義緣貧窮眾生而施予樂，此名眾生緣；緣彼眾生所需之物，而施之，名法緣；緣如來，名無緣。如來永離貧窮，受第一樂，故不以眾生緣、法緣爲可緣，故云無緣。而欲以大樂與眾生，故云無緣慈悲。此乃就化益而分三緣。另一義謂，緣一切眾生、父母、妻子、眷屬，名眾生緣；不見父母、妻子、眷屬，見一切諸法皆自緣生起，名法緣；不住法相及眾生相，任運而轉，名無緣；此與《大智度論》所說相合。

第十四品

離相寂滅分

【原經】

爾時，須菩提聞說是經，深解義趣，涕淚悲泣，而白佛言：「希有，世尊！佛說如是甚深經典，我從昔來所得慧眼，未曾得聞如是之經。世尊！若復有人得聞是經，信心清淨，則生實相，當知是人，成就第一希有功德。世尊！是實相者，即是非相，是故如來說名實相。世尊！我今得聞如是經典，信解受持不足為難，若當來世，後五百歲，其有眾生，得聞是經，信解受持，是人則為第一希有。何以故？此人無我相、無人相、無眾生相、無壽者相。所以者何？我相即是非相，人相、眾生相、壽者相即是非相。何以故？離一切諸相，則名諸佛。」

佛告須菩提：「如是！如是！若復有人，得聞是經，不驚、不怖、不畏，當知是人，甚為希有。何以故？須菩提！如來說第一波羅蜜，非第一波羅蜜，是名第一波羅蜜。須菩提！忍辱波羅蜜，如來說非忍辱波羅蜜。何以故？須菩提！如我昔為歌利王割截身體，我於爾時，無我相、無人相、無眾生相、無壽者相。何以故？我於往昔節節支解時，若有我相、人相、眾生相、壽者相，應生瞋恨。須菩提！又念過去於五百世作忍辱仙人，於爾所世，無我相、無人相、無眾生相、無壽者相。」

「是故，須菩提！菩薩應離一切相，發阿耨多羅三藐三菩提心，不應住色生心，不應住聲香味觸法生心，應生無所住心。若心有住，則為非住。是故佛說：『菩薩心不應住色布施。』須菩提！菩薩為利益一切眾生故，應如是布施。如來說：一切諸相，即是非相。又說：一切眾生，即非眾生。須菩提！如來是真語者、實語者、如語者、不誑語者、不異語者。須菩提！如來所得法，此法無實無虛。須菩薩，若菩薩心住於法而行布施，如人入暗，則無所見。若菩薩心不住法而行布施，如人有目，日光明照，見種種色。須菩提！當來之世，若有善男子、善女人，能於此經受持讀誦，則為如來以佛智慧，悉知是人，悉見是人，皆得成就無量無邊功德。」

【譯經】

這時，須菩提聽佛解說《金剛經》，深深解悟了佛法的義理和境界，淚流滿面十分悲傷地對佛說：

「眞是難得的經文啊！世尊，您解說像這樣深刻的經文，我自從修得慧眼以來，從來沒有聽說過如此經文。世尊，如再有人能聽到這經文，信仰此經並帶著潔淨的心念，就能認識本相，（因此）當知道這個人，成就了第一的、罕見的功德。世尊，這本相，就是非相，因此佛說它只是取名爲本相。世尊，我現在有機會聽這部經典的講義，由信仰佛法，到解悟義理，再修行，最後印證得果也就不困難了。如有來世，五百年後，有眾生聽說此經，也會信仰、解悟、修持、得果，這人也就成爲第一、罕見的。」

「什麼道理呢？因爲此人已沒有了自我的相狀，沒有了他人的相狀，沒有了眾生的相狀，沒有了長壽者的相狀。這又是爲什麼呢？因爲我相就是非相、他人相、眾生相、長壽者相，就是非相。那又怎麼說呢？脱離了所有的相，就叫做佛。」

佛告訴須菩提：「是這樣，是這樣！如再有人聽説此經，不驚奇，不恐怖，不害怕，應知此人，是相當稀罕的人。爲什麼這樣說呢？須菩提！您説第一波羅蜜，就是非第一波羅蜜，只是名爲第一波羅蜜。」

佛陀説：「須菩提，那忍辱波羅蜜，佛說也就是非忍辱波羅蜜，只是名爲忍辱波羅蜜。什麼原因呢？須菩提，比如當初我被歌利王割截身體一事，就是因爲我當時已沒有了我相，沒有了他人相，沒有了眾生相和長壽者相。這又怎麼説呢？」

「我當時被歌利王一節節肢解時，倘若有自我的相狀、他人的相狀、眾生的相狀、長生不老者的相狀，那就必定會生憤恨之情。須菩提，再回想過去，在五百年前我當忍辱仙人時，那時，我就無我相、人相、眾生相、壽者相。因此，須菩提，菩薩應脱離所有的相，修成至高無上、大徹大悟的大智慧，不應執著於一切外相而生成心念，應生成無所掛念的心念。如心中惦念著什麼，就爲沒有守護好心念。」

因此佛説：「菩薩心中不應該執著於表相的布施。須菩提，菩薩爲有利於一切眾生而不那樣布施。佛説所有的相也即非相，一切眾生也即非眾生。須菩提，我是説眞話的人，説實話的人，愛打比方的人，不説謊話的人，不説怪話的人。」

佛陀説：「須菩提，佛所得之法，是無實也無虛之法。須菩提，倘若菩薩心中執著於佛法而來布施，就好比一個人走進了黑暗之處，就什麼也看不見。倘若菩薩的心中不執著於佛法而來布施，就好比人有眼睛，明明亮亮像太陽朗照，能看清一切。」

佛陀説：「須菩提，未來之時，若有善男善女，能受持、誦讀這部經，他就將是佛。我就能憑佛的智慧，完全了解此人的修行，完全能看到他將來一定會修得無邊無量的功德。」

在仙崖禪師住的禪院裏，有一位學僧經常利用晚上時間，偷偷地爬過院牆到外面去玩樂，仙崖禪師夜裏巡察時，發現牆角有一張高腳的凳子，才知道有人溜到外面去，他不驚動別人，就順手把凳子移開，自己站在凳子的地方，等候學僧歸來。

夜深的時候，歸來的學僧，不知凳子已經移走，一跨腳就踩在仙崖禪師的頭上，隨即跳下地來，才看清是禪師，慌得不知如何是好！

但仙崖禪師毫不介意地安慰道：「夜深露重，小心身體，不要著涼，趕快回去多穿一件衣服。」

全寺大眾，沒有人知道這一件事，仙崖禪師從來也沒有提起，但至此以後，全寺一百多個學僧，再也沒有人出去夜遊了。

最好的教育是愛的教育，以鼓勵代替責備，以關懷代替處罰，更容易收到教育的效果！

如仙崖禪師者，把禪門的教育特色，發揚到了極點。禪門的教育，向以慈悲方便為原則，就算棒喝、磨練，也要先看被教育者的根基，才以大慈悲大方便相待，天下的父母、老師，應先看看兒女、學生是什麼根性，施以適合教育，感化、慈愛、身教，乃是最好的禪的教育。

離相寂滅分詳解一

信心清淨，稀有功德

「信心清淨，即生實相。」這八個字是十四品的重點中心。信心清淨就是說一個真正學佛的人是深解義趣，徹底了解佛學道理才來學佛。真正佛法的正信，是要達到「深解義趣」這四個字；先懂得理論以後，再由這個理論著手修持。所以說，一個真正學佛的人，必須要深解義趣，這個信心才是絕對的正信，這一個法門，才是真正的佛法，才是宇宙中一切眾生，自求解脫成佛之路。

所謂正信，就是信我們此心，信一切眾生皆是佛，心即是佛，眾生都有心，所以一切眾生都是佛。只是我們找不到自己，不明我們自己的心，不能自己見到自己的本性，因此隔了一層，蒙住了，變成凡夫。

凡夫跟佛很近，只要自己的心性見到了、清楚了，此心就無比的清淨。佛的一切經典，戒、定、慧，一切修法，不管是顯教的止觀、參禪、念佛或是密宗的觀想、念咒各種修法，都是使你最後達到清淨心。清淨有程度的不同，所以有菩薩階級地位的不同，修學程度深淺的不同，也就是了解自心的差別程度不同。無煩惱，無妄想，就是信心清淨，自然達到清淨的究竟；立刻可以見到形而上的本性，即生實相。實相般若就是道，明心見性就是見這個。

所以說要想明心見性，必須先要做到信心清淨，能夠生出實相。看了這個經文，知道須菩提明白的告訴我們，因為他自己了解，才能說出這個道理，讓別人以及將來的人，聽到佛說這個道理，信心清淨，能生實相。

修行四階段——信解受持

「信解受持」，也是四個修行的階段，就是後世所有對佛經的解釋。信解受持，也就是教、理、行、果。「信」，把佛經的所有的教理信得過了。「解」，解悟到佛學的各種義理。「受持」，悟道了以後起修，修行以後證果，教理行果。也有一個說法，叫做信解行證。自心信這個理，解悟到了，悟道以後修行，修行以後最後證到佛的道果。所以信解受持，教理行果，信解行證，是同一個修行的情形，這四個字不能隨便唸一唸。

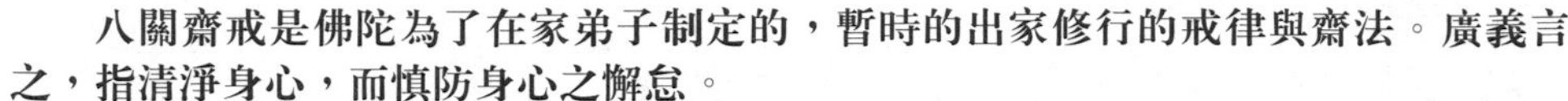

八關齋戒

八關齋戒是佛陀為了在家弟子制定的，暫時的出家修行的戒律與齋法。廣義言之，指清淨身心，而慎防身心之懈怠。

受持八關齋戒的功德利益

❶脫離病苦　❷消滅罪障　❸免除橫禍　❹遠離惡道　❺福報優厚　❻成就迅速
❼來世尊貴　❽得生天上　❾往生助緣　❿臨終歡樂　⓫得相好身　⓬成佛道緣

離相寂滅分詳解二

誰是五百年後稀有人

須菩提說，像我們現在親自跟著佛，聽到這個道理，信解受持，不足為難，不稀奇。因為他們當時親自見到佛，有佛親自指導，當然是不足為難。關鍵是那些沒有親耳聽佛說法的人，而且是在五百年後，甚至更多年後，那些沒有親耳聽佛說法的人能夠因這部佛經而保持信心清淨，證得般若實相，那才稱得上是真正希有之人。

佛陀在世時，修行佛法得果者很多，聞法證果者更是比比皆是。圍繞佛陀身邊的傑出弟子也有很多。如解空第一的須菩提，但他們並不算是真正的難得、希有。佛說：如果未來世的眾生，有人聽到《金剛經》的道理，沒有被嚇住，那就是一個希有的人。將來的時代，有人成就金剛經般若這個法門，不驚、不怖、不畏，佛說：這個人，就是非常稀有之人。而禪宗六祖惠能在初聞《金剛經》，便能悟道，由此可知，惠能與《金剛經》的宿緣深厚，而《金剛經》的殊勝就是一個不可思議的稀有例子。六祖惠能原是嶺南的一個樵夫，因在一家客店賣柴，聽到客人正在誦念《金剛經》，惠能聽後心有所悟，就問客人「誦的是何經」，客人回答是「《金剛經》」。他又問客人「從什麼地方請的」，客人回答「從蘄州黃梅縣東禪寺請的」，並告訴他「弘忍禪師正在此教化」。惠能聽後，當即發心要去黃梅修學。

後來惠能到了東禪寺，投在禪宗五祖弘忍大師的座下禪修。深夜聽弘忍禪師講解《金剛經》，到「應無所住而生其心」這一句時，豁然大悟，「悟一切萬法不離自性」。他向弘忍禪師報告自己的悟道心得：「何期自性本來清淨，何期自性本不生滅，何期自性本自具足，何期自性本無動搖，何期自性能生萬法。」這就是惠能悟道的經過。平常人悟佛道的次序一般都是先入佛門，繼而學法而悟道；而惠能悟道的次序是先悟佛法，再入佛門，由此可知惠能就是佛祖所預言的五百年後真正的稀有之人。

 禪宗六祖惠能

西元638年	西元639年	西元640年	西元641年	……	西元660年

西元638年：唐貞觀十二年，惠能出生於嶺南新州。

西元661年	西元662年	西元663年	西元664年	西元665年	西元666年

西元661年：唐龍朔元年，惠能初聞《金剛經》而悟道；同年赴黃梅向五祖弘忍求法。八個月後，五祖向惠能秘傳衣缽。

西元667年	西元668年	西元669年	西元670年	西元671年	……

西元667年：唐乾封二年，惠能至曹溪。後遁於獵人隊伍。

西元674年	西元675年	西元676年	西元677年	……

西元676年：唐儀鳳元年，惠能在廣州論解「風動、幡動」；同年，惠能當眾示六祖衣缽，剃度出家。

西元677年：唐儀鳳二年，惠能率眾至韶州，正式開壇說法。

離相寂滅分詳解三

忍辱波羅蜜

前面一路下來都是講般若，是菩薩六度裏最後的一度——智慧成就。所謂的六度，也就是學佛的一個次序。依次為布施、持戒、忍辱、精進、禪定、般若。

首先，學佛的要學布施，布施就是能夠捨；捨就是將一切的習氣都要捨掉、改變、丟掉，轉化整個人生。放下也是捨，萬緣放下就是布施，這是內布施。真布施了，此心清淨，才算真持戒；心不清淨的持戒，那是小乘戒，是有意去操作的。作到了此心清淨，念念清淨，不需要持戒，因為他本身就是戒了。戒者，戒一切壞的行為，惡的行為，此心念念在清淨中，無惡亦無善，是名至善。這就是持戒，持戒還好辦，忍辱最難辦。

忍辱是六度的中心，因為那是最難的。也因為這個緣故，大乘菩薩必須進入無生法忍，才能登上菩薩地。

無生者，本自無生，信心清淨，一念不生處。這個一念不生處，不是壓制的，也不是沒有思想、沒有知覺，而是一切雜念不起，信心清淨就是無生。

光是無生是不夠的，要「無生法忍」，切斷一切萬緣叫做法忍。正如「拔出慧劍，斬斷情絲」。法忍也就是六度的中心，忍辱的意思。

首先我們來了解佛學忍辱的意思，看到一個「辱」字，我們會想到受人侮辱叫做辱，從文字上的了解，譬如受別人侮罵、毆打等，各種不如意的身體刺激或精神刺激，算是辱。從佛法上講，一切不如意就是辱，受一切痛苦就是辱。譬如老了生病就是辱，老、病招來自己許多煩惱，也帶給別人許多煩惱。

所以，這個有缺陷的娑婆世界非常難堪忍，沒有一樣事情是圓滿的，而這個世界上的一切眾生堪忍，受得了；所以這個世界叫做娑婆世界，是堪忍的世界。也因為如此，這個娑婆世界上的眾生，才最能夠成佛。只有生在娑婆世界，有苦有樂，有善有惡，各有一半，所以能夠刺激你發生解脫的智慧，是成佛的捷徑。

忍辱並不是完全講侮辱，一切的痛苦能夠忍的都是辱。

娑婆世界的難堪之忍

忍辱

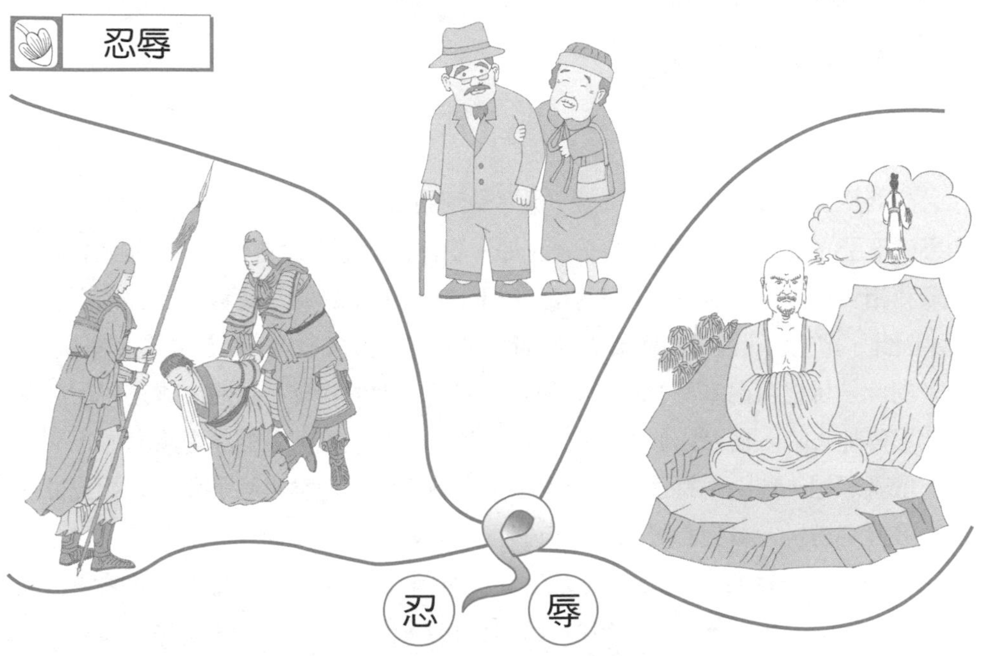

生忍	法忍	無法生忍
忍受眾生的種種加害而不生忿恨之心。	忍受生老病死、寒熱冷暖等自然規律而不忿恨。	安住於無生的法理而不動心。

忍罵

受到他人斥罵，而加以忍受，不予報復。

忍打

受到他人毆打，而加以忍受，不予報復。

忍惱

受到他人斥罵，而加以忍受，不予報復。

忍嗔

受到他人嗔呵，而加以忍受，不予報復。

忍動

不為世間利、譽、毀、衰、稱、譏、苦、樂八法所忍。

忍染

菩薩以「集因緣而增智力，所以諸煩惱不可染。」

離相寂滅分詳解四

忍辱的榜樣

想要學佛，想要修行取得成就，最難做到的就是「忍」。六度的一關忍辱度，如果過不了的話，這一切皆是空談。正如，學佛的眾生都知道在念《金剛經》時，要無我相，無人相，無眾生相，無壽者相……但如果身體一發病，就會怕自己死掉，因此，眾生相、壽者相皆來了，因此，要忍辱，說來容易，做起來就太難了。

為此，佛把自己本身修持的經驗告訴我們，做個榜樣。據說，釋迦牟尼在前世做忍辱仙人時，在深山修忍辱行。在當時，歌利王是有名的暴君。有一天，歌利王帶著眾妃，到山中打獵。狩獵累了，歌利王就在樹林裏睡著了。嬪妃見狀，就乘機到處遊玩，看到忍辱仙人獨自修行，就圍繞在忍辱仙人旁邊聽他說法。歌利王一覺醒來，循聲來到忍辱仙人這裏，看到嬪妃們正愉悅地聽一個陌生人說話，心中怒火頓起，於是將忍辱仙人身上的肉，一塊一塊地割了下來，接著連耳朵、鼻子也割掉了。忍辱仙人受到如此殘酷的凌遲，自始至終沒有叫痛，且心裏無絲毫怨恨。而歌利王更是懷疑忍辱仙人說的是假話。難道一個人受到了如此大的凌辱，心裏毫無怨恨，即使是仙人，也很難做到這一點。為了打消歌利王的疑念，忍辱仙人讓自己的身體立即在眾人面前復原了。

知道忍辱仙為眾生忍辱所作的榜樣，就能明白，忍辱包括了人世間一切的痛苦、一切的煩惱，忍到沒有忍的觀念，沒有忍的心理，忍到無所忍，自然而清淨，這才是忍辱到達波羅蜜成就的程度。所以佛說：當我被歌利王割截身體的時候，他說他無我相，無人相，無眾生相，無壽者相。首先他沒有覺得這個生命是屬於「我」的，這一句話特別注意啊！我們這個身體是屬於我們暫時所有，是暫時附屬於我，並不是我真正永遠的占有，因為此身本來不是我。要把這個道理，不僅理解清楚，還要實際上證到，才信心清淨，才有希望證得般若實相，這是真正的忍辱功夫。但是這忍辱功夫又是什麼地方來的呢？般若見地來，智慧不透徹不能大徹大悟。大徹大悟是智慧的境界，並不是功夫的境界。這個悟是清朗的，智慧破除一切陰影的境界。因此，佛現在所告訴眾生：不是假想，是一個實際的修持。無我相、無人相是智慧的解脫。

要想修佛有成，就得能忍

對佛說的究竟空（無障礙）不驚不畏，這就是所說的「忍」。

忍之榜樣

小知識

佛教中的「忍」

佛講萬法皆空，「忍」是方便詞，針對我們三界眾生而說「忍」，因為三界眾生始終認為四大五蘊為我，六塵為所依，所以才說「忍」。佛說「一切有為法，如夢幻泡影，如露亦如電，應作如是觀」，這四句偈說的就是「音聲忍，順忍，如幻忍，如焰忍，如夢忍，如響忍，如電忍，如化忍」這八忍，其中第三忍「無生法忍」與「如虛空忍」說的是一個理，無生法忍是從因上說的，與「入流亡所」說的是一個意思，如虛空忍是從果上說的。

離相寂滅分詳解五

菩薩的忍辱功夫：發心離相

佛告訴修法眾生，真正的菩薩以助眾生脫離苦海為出發點，不應該具有四相（我相、人相、眾生相、壽者相）。如果生有「相」的概念，就會有分別心，除了對自己的修行無益不說，就更談不上普度眾生。因此，菩薩應脫離一切相狀，發菩提心（不生任何執著、不住一切相）。

所以菩薩道的忍辱是有形象的，痛苦是痛苦，煩惱是煩惱；能夠把煩惱、痛苦觀空而轉化了，就是道德的行為，心理上的心性，這才是菩薩的功德。而修菩薩道的基本精神就要「入世忍人所不能忍，行人所不能行」。菩薩是積極的，不管自我，只有做利他的事，而入世利他是非常痛苦的，也是非常煩惱的。要處處犧牲自我，必須要有無我相、無人相、無眾生相、無壽者相的境界，忍人所不能忍，行人所不能行，才是真正大乘道的忍辱精神。譬如說，佛為什麼讓人家砍他的身體？他是為了證明給世人，修證佛法確有其事，這個道理我們一定要曉得。

他再告訴須菩提，回想過去五百生以前，專修忍辱。他說那一生的修行，專做忍辱功夫，的確達到了無我，無人，無眾生，無壽者，不著相。所以他強調如何學佛？而菩薩的修行要四門（發心門、福德門、智慧門、精進門）都不住相，才能最終成佛。

發心門：發心不住相，方可進入修行門。為立誓成佛階段，如日出東方，所以發心門位居東方。

福德門：修行不住相，方可進入菩提門。為自我提高、廣修福報的階段，位居南門。

智慧門：眾生不住相，方可進入涅槃門。為利他度眾生中增長智慧，又叫菩提門，位居西門。

精進門：涅槃不住相，方可最終成佛。為菩薩進入最終涅槃的門戶，又叫涅槃門，位居北方。這就是學佛的精神，換句話說，不要被一切假象迷惑了，要離一切相，即名諸佛。大乘菩薩修大乘之路，應該離一切相，發起求大徹大悟菩提之心。

菩薩的忍辱功夫：發心離相

大乘菩薩修大乘之路，應該離一切相，發起求大徹大悟菩提之心。

發心門
發心不住相，方可進入修行門。為立誓成佛階段，如日出東方，所以發心門位居東方。
福德門
修行不住相，方可進入菩提門。為自我提高、廣修福報的階段，位居南門。
發　心　門
一
福德門
二
三
四
五
智　慧　門
六
七
精進門
八
九
十
精進門
涅槃不住相，方可最終成佛。為菩薩進入最終涅槃的門户，又叫涅槃門，位居北方。這就是學佛的精神，換句話説，不要被一切假象迷惑了，要離一切相，即名諸佛。
智慧門
眾生不住相，方可進入涅槃門。為利他度眾生中增長智慧，又叫菩提門，位居西門。

離相寂滅分詳解六

最好的觀心法門：修心不住相

佛告訴學佛眾生：修心不住相就是最好的觀心法門。菩薩度往往在紅塵中普度眾生，其誘惑無處不在，如色誘、聲誘、香誘、味誘、觸誘、法誘。而佛法修行者也要不住六境，不管命運如何變幻，時時都要保持一顆清淨自心。

要學佛的人，離一切相，「應生無所住心」，要隨時觀察自己，觀心，要使此心無所住。如果心生貪念住在某一種物質上或住在某種習氣上，始終得不到解脫，則可能是心入魔道了。佛法剛傳入中國時是「磨」字，意為折磨之意。後來到齊梁時期「磨」即改成「魔」，因為魔鬼一旦入心，產生魔障就可怕了，所以要離一切相，應生無所住心。

錯誤的住心法門

「若心有住，即為非住」。修觀心法門時，往往保持靜坐的姿勢，似乎心境上有一個清淨所在，但是此時要心住在清淨上，則已經不清淨了；至少那個清淨是非常狹小的。而還有一些人覺得那個空，也許是水桶那麼大，也許還沒有水桶大，這些都是意識上一個境界，有意識、有概念的空並不是真正的空。這就是心住相；著相，著在一個空的現相上，有所住。所以「若心有住，即為非住」，是錯誤的，錯誤的空觀，錯誤的住心法門。若心有住，可以訓練意識專一，比較能夠寧靜。所以若心有住，即為非住，這是最好的觀心法門。

佛再三告訴須菩提：佛法大乘菩薩道的精神，就是為利益一切眾生而有所作為，一切一切的作為，都是處處犧牲自我，成就他人；應如是布施，應萬緣放下，利益他人的身心。「如來說一切諸相，即是非相」，不要著相，那一相都是停留不住的，都是非相。譬如人最著相的是希望自己多活幾年，壽者相。但是生命留得住嗎？一切諸相，即是非相。正如「五蘊明明幻，諸緣處處癡」。一些學佛的人，明明知道五蘊皆空，但是啊，自己到處癡迷重重。

據佛法之理，一切眾生皆是佛，都是自性自度。所以六祖悟道以後，對他的師父講：迷時師度，悟後自度。眾生都是自性自度，在佛教早晚功課中要念到：自性眾生誓願度，自性煩惱誓願斷，都是自性自度中。所以菩薩要進行一切布施，讓眾生都認識到自己的佛性，而發心修佛。

五蘊皆空，處處癡迷

佛祖把世間萬物，分為有知覺的和沒有知覺的。對於沒有知覺的，稱之為「色蘊」，而受蘊、想蘊、行蘊與識蘊，就是有感受、有靈知的心相。

認識五蘊

一切看得見的形象，叫「色」。如在山裏看見一朵白色的喇叭形的花，這是「色」。

一切痛苦或快樂生起的感覺，叫「受」。如對美麗的花產生喜愛之情，這是「受」。

一切由這些感覺生起的思想，叫「想」。如想把此花送給情人感覺很好，這是「想」。

一切思想所引起的心與意志的使用，叫「行」。這朵花得到認同，便送給情人，這是「行」。

一切由感受、思想、意志得到的意識，叫「識」。由此便知，這種花叫「百合花」，象徵純潔，這是「識」。

離相寂滅分詳解七

佛怎麼說話

佛陀斷盡了貪、嗔、癡等一切煩惱，因此，並不存在說妄語的因。所以佛說法是真實的，不說假話，說的是老實話，這就是實語、真語。而如語是什麼？不可說不可說，閉口不言，其聲如雷，這個就是如語。如者如同實相般若，生命的本來畢竟清淨，清淨到無言語可說，就是如語，所以佛是如語者。

全部的《金剛經》說的就是如語，所以佛在《金剛經》上說了半天，他又說他說法四十九年，一個字都沒有說，這就是如語，是不可說。不誑語，是不打誑語，不異語是沒有說過兩樣的話。我們把三藏十二部大小乘經典拿來看，兩樣話都非常多。但是再仔細研究，他只說過一個東西，沒有說過兩樣，這一個東西說了四十九年還說不清楚。所以佛說他沒有說過一句話，這是如語。在這部經典，佛為什麼要像賭咒一樣，怕人們不相信，說他從來沒有說過不老實的話呢？這是教我們心性清淨，要切實相信，切實相信一個真正的佛法。

佛法不真不假、不虛不實

真正的佛法不真不假、不虛不實，也就是《金剛經》的中心重點，佛在這裏已經全部點出來了。由布施、持戒、忍辱到般若的成就，而真正佛法的修持，不住、不著相、不執著，放下萬緣。佛陀進一步告訴須菩提，如果修菩薩道的人，執著了佛法就錯了。

成就無量無邊功德

佛告訴須菩提，將來的時代或者一個善男子、善女人——功德、智慧有成就者，才算是善男子或善女人。能夠接受這部經典的般若要義，照此修行，甚至深入義趣的讀誦，這個人就等於是佛。為何呢？正如「心能轉物，即同如來」。這就是說，能夠對《金剛經》的道理都了解了，以此修行的，相同於佛的行；並不是說你就是佛，是等同於佛。以佛的智慧，完全可以了解這樣的人，了解他對於《金剛經》般若智慧如此透徹，這樣的人「皆得成就無量無邊功德」。這一篇的一個結論，就是大智慧的一個成就，理解到證悟到智慧的成就，才能夠發起心地修行的作用。以智慧悟道，產生心行的作用，修忍辱行，在茫茫苦海中，做利益一切眾生的事，此人成就無量無邊功德。

佛的如語

佛語如導航之光、如實相般若，生命的本來畢竟清淨，清淨到無言語可表達，所以佛是如語者。佛語就如黑夜中的一縷光明，為黑夜中的迷途航行者指引了前進的方向，利眾生得以解脫，到達彼岸。

佛語如導航之光

黑夜中的迷途航行者

佛法不虛不實

布施	持戒	忍辱	般若	→
修持	不住相	不執著	放下萬緣	→

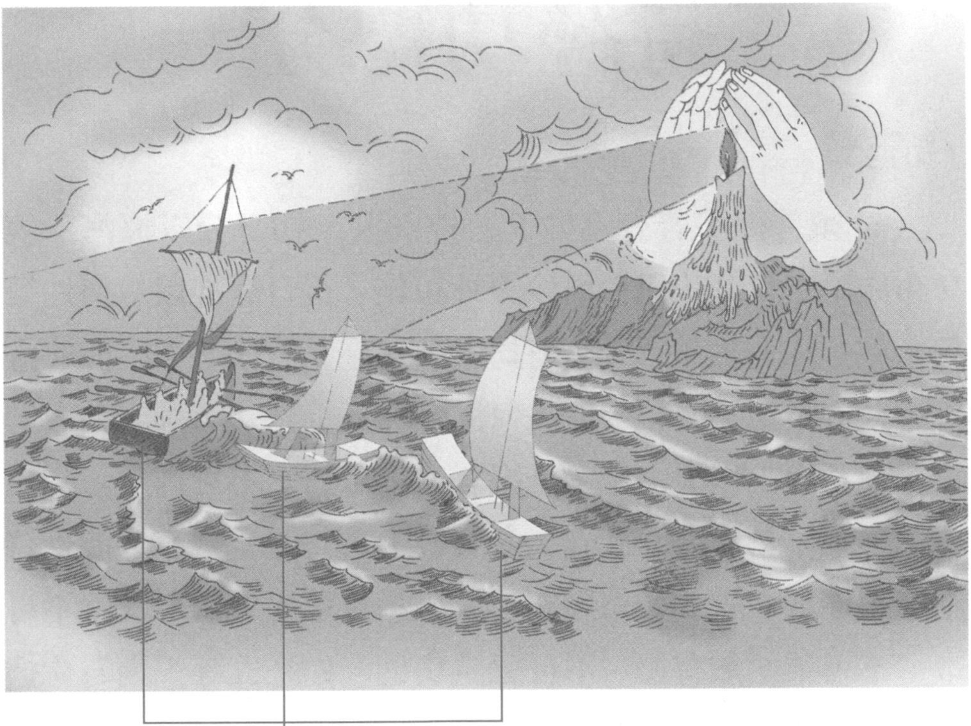

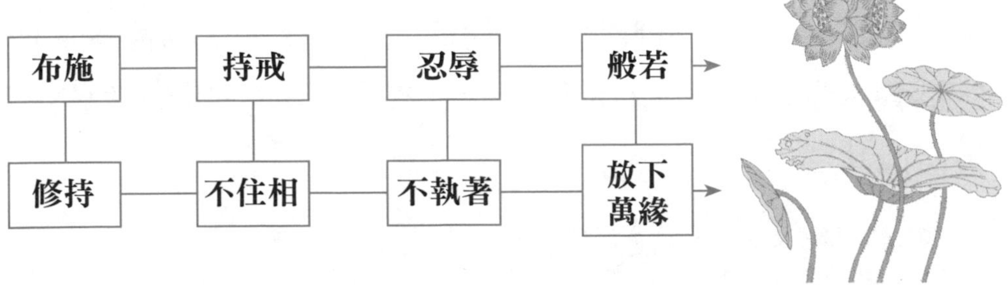

第十五品

持經功德分

【原經】

「須菩提！若有善男子、善女人，初日分以恒河沙等身布施，中日分復以恒河沙等身布施，後日分亦以恒河沙等身布施，如是無量百千萬億劫以身布施；若復有人，聞此經典，信心不逆，其福勝彼，何況書寫、受持、讀誦、為人解說。須菩提！以要言之，是經有不可思議、不可稱量、無邊功德。如來為發大乘者說，為發最上乘者說。若有人能受持讀誦，廣為人說，如來悉知是人，悉見是人，皆得成就不可量、不可稱、無有邊、不可思議功德。如是人等，則為荷擔如來阿耨多羅三藐三菩提。」

「何以故？須菩提！若樂小法者，著我見、人見、眾生見、壽者見，則於此經，不能聽受讀誦、為人解說。須菩提！在在處處，若有此經，一切世間、天、人、阿修羅，所應供養；當知此處則為是塔，皆應恭敬，作禮圍繞，以諸華香而散其處。」

【譯經】

佛又說：「須菩提，如果世間有一些善男子、善女人，在早晨以恆河沙數這麼多的身命作爲布施，中午也以恆河沙數這麼多的身命作爲布施，下午也是這樣布施，這樣在無量百千萬億劫中做這樣的布施。」

「如果有人聽聞這部般若經典，而生起不退的信心，那麼他的功德已經大大勝過前述以身布施的功德，何況更進一步書寫、受持、誦讀、爲人解脫，這功德更是無法衡量。」

「須菩提，總而言之，本經有不可思議、不可稱量的無量功德。此經是如來對眞正已發大乘菩提心，行最勝大乘道者而言的。」

「如果有人能受持讀誦並爲人宣說，此人將獲得不可稱量、沒有邊際、不可思議的殊勝功德。如來以慧眼全部知曉、徹見這樣的人，他有責任感，能夠擔當無上圓滿正等覺的事業。」

「爲什麼呢？如果是喜歡小乘之法的人，就會執著於我見、人見、眾生見、壽者見，對於這部般若經典所講的眞義，不能聽受，沒有辦法讀誦，更不會弘揚、爲人解說。」

「須菩提，不管在任何地方，只要有此般若經在，一切天、人、阿修羅應予供養；因爲，此經所在的地方，即等於佛塔的所在，大家自然都應該供養，應該受人恭敬、頂禮，乃至並以各種燒香散華的方式來供養它。」

持經功德分詳解一

最難的布施

以身布施之難

引用龔定庵的兩句詩，「落紅不是無情物，化作春泥更護花」。真布施是捨掉自己捨不得的，是一種自我犧牲。譬如說只有捐獻自己的眼角膜，才能夠治好他人，我願意給你，忍人所不能忍，行人所不能行，這是布施。所以以身布施，非常難。

以生命布施更難

最難布施的是「我」。佛現在講：假使有一個人，以恆河沙等身布施，什麼是恆河沙等身布施？打個比方，人犧牲自己的身體，算是一個身體布施，自己死了以後，再來投胎，再用那個身體來布施，生生世世都拿生命來布施，犧牲自己，為社會為眾生，這是以恆河沙那麼多的生命來作布施，這個是講數量之多；犧牲不止一次，犧牲像恆河沙那麼多次數，這是講生命的布施。

所以學佛要了解布施之難，真布施須要真放下。這樣一個人，無始劫來以身布施，這個功德當然很大。

信心不逆的福報

但是佛又說了：假使有一個人，拿自己的生命布施，經過無窮無數的時間，只有布施，不要求收回來，這個人福報很大。可是，如果有一個人，學了《金剛經》的法門以後，做到「信心不逆」，這一點是重點，徹底相信《金剛般若波羅蜜》大智慧的自性自度的道理，信得過自心自性；光信還不行，信心不逆，沒有違背，這個人的福德超過前面以身布施的福德。

要做到信心不逆，不是理論而是絕對的信心，這樣去修行，那麼這個人所得的福報，超過前面所講的專門以布施為功德的人。更何況還有人對《金剛經》的佛法，廣事宣揚、抄寫、受持、接受了，照這樣修持，每天讀誦，為人家解說這個道理；這個福報比前面的還要大。

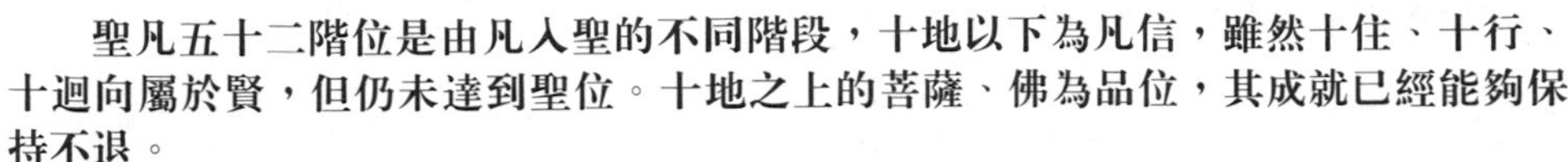

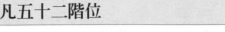

聖凡五十二階位

聖凡五十二階位是由凡入聖的不同階段，十地以下為凡信，雖然十住、十行、十迴向屬於賢，但仍未達到聖位。十地之上的菩薩、佛為品位，其成就已經能夠保持不退。

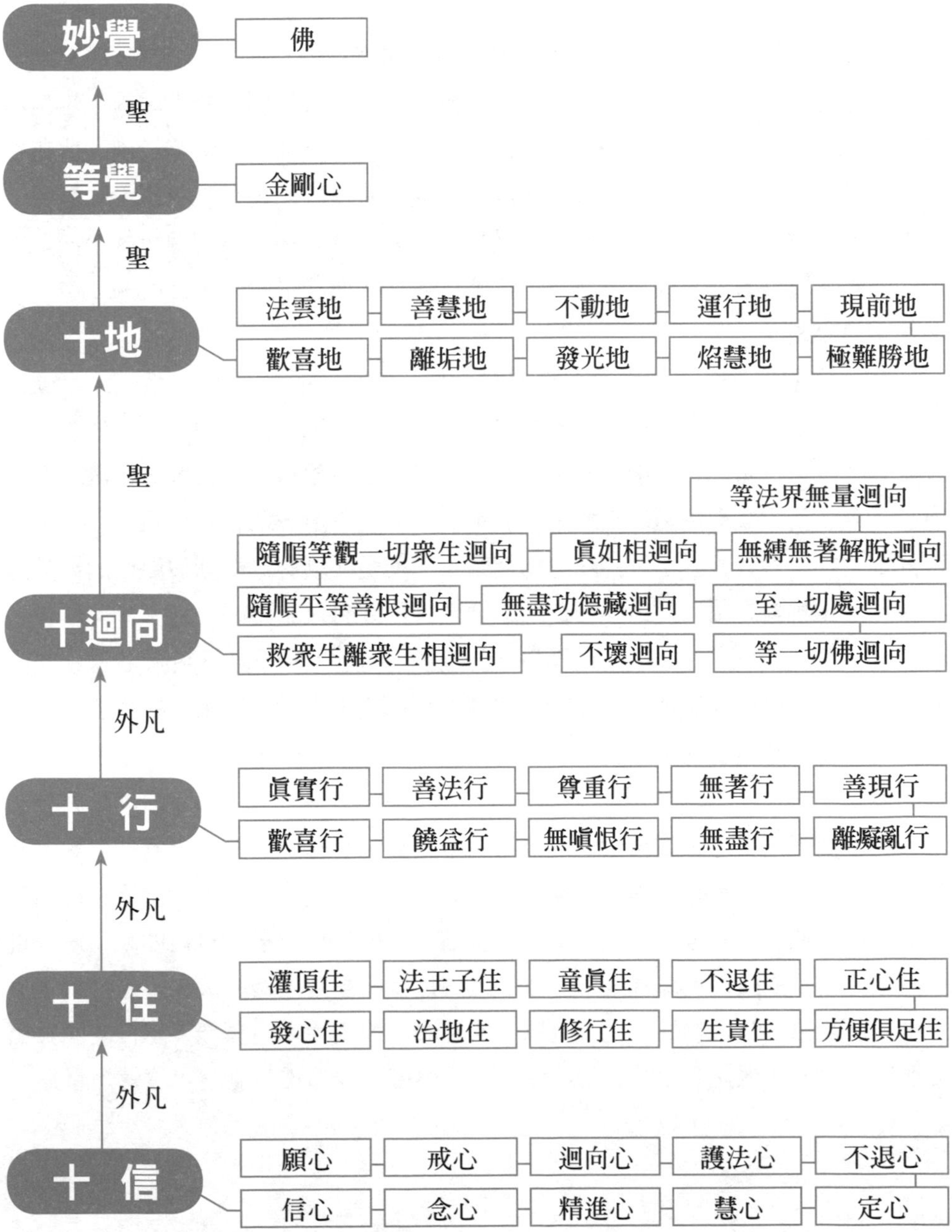

妙覺：佛

↑ 聖

等覺：金剛心

↑ 聖

十地：歡喜地、離垢地、發光地、焰慧地、極難勝地、現前地、運行地、不動地、善慧地、法雲地

↑ 聖

十迴向：救眾生離眾生相迴向、不壞迴向、等一切佛迴向、至一切處迴向、無盡功德藏迴向、隨順平等善根迴向、隨順等觀一切眾生迴向、眞如相迴向、無縛無著解脫迴向、等法界無量迴向

↑ 外凡

十行：歡喜行、饒益行、無嗔恨行、無盡行、離癡亂行、善現行、無著行、尊重行、善法行、眞實行

↑ 外凡

十住：發心住、治地住、修行住、生貴住、方便俱足住、正心住、不退住、童眞住、法王子住、灌頂住

↑ 外凡

十信：信心、念心、精進心、慧心、定心、不退心、護法心、迴向心、戒心、願心

持經功德分詳解二

偉大的菩薩事業

《金剛經》有無量無邊的功德，但此經「如來為發大乘者說，為發最上乘者說」。這是一個經典的內涵，是為了真正發大乘心，大菩薩道的人說的，也是為最上上乘，不是普通智慧的人，而說的經典。佛說這樣的人，就等於佛，他有責任感，把佛法的這個擔子挑起來；所以，他就有這樣大的智慧，這樣大的福德。只要你發這樣大的心，肯挑這樣大的重擔，就有這個功德、有這個智慧。何為重擔？阿耨多羅三藐三菩提。就是無上正等正覺，普通話叫做大徹大悟。

大乘不樂小法

在《楞伽經》裏，把人的根性分類五種，有些人天生走小乘路子，喜歡修小乘法。小法者的觀念思想，已經落在我見、人見、眾生見、壽者見。他們一切只是為「我」，希望在人中做個了不起的人，而且希望自己活得健康長壽，希望自己不死。而大乘菩薩道的來源是般若，要求修行者離一切相，斷除「我相、人相、眾生相、壽者相」，以佛法離相度眾生，則是「以利眾生到彼岸」的無私之心。在此，佛告訴須菩提，不管在什麼地方，只要有《金剛經》這本經典所在，不管世間的人、天上的神，乃至阿修羅、魔王、魔鬼，都自然應該供養這部經典。有這本經擺在那個地方，等於有個佛塔在那裏，大家自然都應該供養，應該恭敬、頂禮，乃至拿香花供養它。

本品重點

佛祖總是反覆地強調後世信解受持《金剛經》的功德，顯示般若法門的重要性。本品，佛為大家著重講了兩點：第一個重點：「信心不逆」，佛講一切相不住，一切心放下，就可以到家。第二個重點：為佛法挑擔子，負荷如來正法，挑大乘法門，承先啟後，繼往開來，在滔滔濁世中，要有這樣的大根器者。要頂天立地地站起來，為人類的文化，為眾生的慧命，而生存，而奮鬥。這樣的精神需要無比的忍辱、無比的犧牲，所以要懂得忍辱度，要懂得布施度，這就是重點。

四大菩薩

中國佛教有四大菩薩，即文殊菩薩、普賢菩薩、觀音菩薩及地藏菩薩。這四位菩薩的分工，可以用四個字來概括：悲、智，行、願。雖說菩薩分工不同，但均以普度眾生到彼岸為目標，使眾生對大乘菩薩道充滿信念。

四大菩薩及其分工

菩薩度眾生

悲

「悲」的主持者是觀世音菩薩。大凡信佛者，遇到危險、災難、便會口中唸唸有詞：「觀音菩薩保佑！」，觀音便聞聲而至。若求子、求財、求福等也可求觀音。

智

「智」的主持者是文殊菩薩。文殊菩薩頂結五髻，以表大日之五智，手持劍，以表智慧之利劍；坐騎為獅子，以表智慧之威猛。

行

「行」的主持者是普賢菩薩。普賢菩薩的坐騎是象。印度的象猶如沙漠中的駱駝，能背負一切重擔，替人類做最勞苦的工作，行菩薩道乃是為眾生挑起苦難。

願

「願」的主持者是地藏菩薩。其意為「安忍不動如大地，靜慮深密如祕藏」，據說他就是閻羅王的化身。他度眾生是從最苦難之處下手，曾發願「地獄未空，誓不成佛」。

第十六品

能淨業障分

【原經】

「復次，須菩提！善男子、善女人，受持讀誦此經，若為人輕賤，是人先世罪業，應墮惡道，以今世人輕賤故，先世罪業則為消滅，當得阿耨多羅三藐三菩提。」「須菩提！我念過去無量阿僧祇劫，於然燈佛前，得值八百四千萬億那由他諸佛，悉皆供養承事，無空過者，若復有人，於後末世，能受持讀誦此經，所得功德，於我所供養諸佛功德，百分不及一，千萬億分、乃至算數譬喻所不能及。須菩提！若善男子、善女人，於後末世，有受持讀誦此經，所得功德，我若具說者或有人聞，心則狂亂，狐疑不信。須菩提！當知是經義不可思議，果報亦不可思議。」

【譯經】

佛又告訴須菩提：「善男、善女受持、誦讀本經，如果被人輕視小看，這表明此人前世所造的罪業，應墮落惡道，因爲今世被人輕視，前世罪業將滅盡，很快會修得無上正等正覺。」

「須菩提！我追溯過去無量無數劫前，在燃燈佛之前，曾遇八百四千萬億那由他佛，我對他們都是一一承事供養，連一個都沒有錯過。」

「因此，在末時時期，如果有人能夠受持讀誦這部經典，其所得的功德，與我過去所敬奉諸佛的功德相比，我比不上他的百分之一甚至千萬億分之一，甚至

佛法可超越三界十方

仰山禪師有一次請示洪恩禪師道：「為什麼吾人不能很快地認識自己？」

洪恩禪師回答道：「我向你說個譬喻，如一室有六窗，室內有一獼猴，蹦跳不停，另有五隻獼猴從東西南北窗邊追逐猩猩。猩猩回應，如是六窗，俱喚俱應。六隻獼猴、六隻猩猩，實在很不容易很快認出哪裏一個是自己。」

仰山禪師聽後，知道洪恩禪師是說吾人內在的六識（眼、耳、鼻、舌、身、意）追逐外境的六塵（色、聲、香、味、觸、法），鼓噪繁動，彼此糾纏不息，如空中金星蜉蝣不停，如此怎能很快認識哪裏一個是真的自己？因此便起而禮謝道：

「適蒙和尚以譬喻開示，無不了知，但如果內在的獼猴睡覺，外境的猩猩欲與他相見，且又如何？」

洪恩禪師便下繩床，拉著仰山禪師，手舞足蹈似地說道：

「好比在田地裏，防止鳥雀偷吃禾苗的果實，豎一個稻草假人，所謂『猶如木人看花鳥，何妨萬物假圍繞』？」

仰山終於言下契入。

吾人為什麼不能認識自己？主要是因為真心久被塵勞封鎖。好比明鏡，塵埃遮蓋，哪裏能顯現明鏡的光照？真心不顯，妄心反而成為自己的主人，時時刻刻攀緣外境，所謂心猿意馬，不肯休息。人體如一村莊，此村莊中主人已被幽囚，為另外六個強盜土匪（六識）占有，擬此興風作浪，追逐六塵，人體村莊一室六窗，從此怎麼平安？

不能用數字來形容。須菩提，如果善男善女在後來世，若讀誦和受持此經，祕得功德將不可思議，假如我詳盡地說出持經的功德，有人會無法接受，心意狂亂、懷疑，甚至誹謗。但是，須菩提，你應當明白，這部經典的內容法理不可思議，能夠受持信奉的人，他們所得到的因果報應也不可思議。」

能淨業障分詳解

被輕賤及被誠敬的人

被輕賤的前因後果

這個世界上到底有沒有因果報應呢？這是個大問題。講到三世因果，大家很不容易相信，因為看不見的緣故。其實很容易看，如果把人生分三個階段，二十歲前當前生，二十歲到四十歲當這一生，四十歲到六十歲當後生。這個三世因果也差不多了。或者看近一點，昨天就是前生，今天就是現在生，明天就是來生。

正如佛所說「欲知前生事，今生受者是」。你這一生所遭遇的事，就是前生的果報，「欲知來生事，今生作者是」。佛法最難之處就是這個三世因果，六道輪迴，它承認生命是永恆的，但生命的現象則是變來變去的。

《金剛經》的這一節，特別提出來，假使有人讀念這個經典，結果被別人輕賤，被人家看不起。佛說你要知道：以因果報應來講，是因為這個人先世的罪業，應該墮於惡道，將功折罪，抵那個罪。因為現在做好人、做好事，把過去生的業報減輕了、消滅了，而另外得一個果報；這一個果報太不容易了，當得「阿耨多羅三藐三菩提」，大徹大悟，要成佛。

誠敬努力的人

釋迦牟尼佛報告自己的經過，回憶過去無量無數時劫，曾跟隨那由他諸佛修持。那由他是無量數的意思。釋迦牟尼佛第一次開悟時的老師是燃燈佛；佛在燃燈佛那個時候，發心學佛，可是他中間經過的善知識、名師，共有八百四千萬億那麼多的佛，每一個佛前面他都去學，而且供養過。

什麼叫供養呢？像孝順父母一樣去孝順師長，衣服、飲食、臥具、湯藥，四事供養。他說他都供養承事，他曾經都替他們做過事，做過弟子；他只要碰見一位善知識，自己絕對不敢放逸，沒有空過的。

換句話說，總要學一點回來的。他講的這幾句話，就是說自己的求學精神，勤勞而精進，謙虛而向學。

業有三報

《涅槃經》講：「業有三報，一現報，現作善惡之報，現受苦樂之報；二生報或前生作業今生報或今生作業來生報；三速報，眼前作業，目下受報。」一是人的命是自己造就的；二是怎樣為自己造一個好命；三是行善積德與行凶作惡做壞事的因果循環報應規律。

因果報應

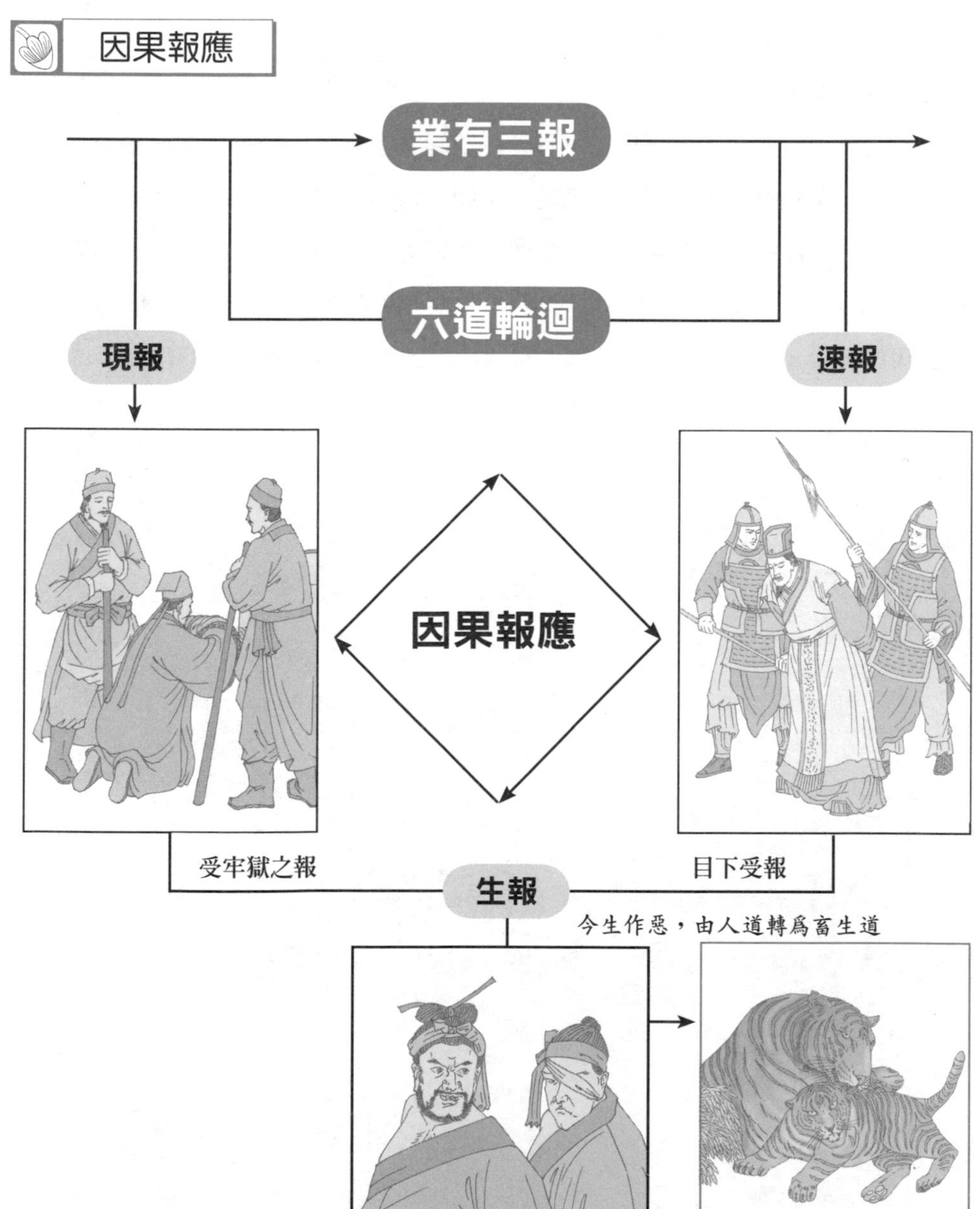

他說，其實當時啊！沒有一個人為他講過《般若金剛經》的道理。現在釋迦牟尼佛本人，說出來這個道理：假使有一個人，在後來末法的時代，能夠抓住這部經的要點，受持讀誦，他所得的功德，比我當年供養幾千萬億佛的功德還要大；百分不及一，千萬億分所比不上，其功德是無法用數字來形容的。換句話說，我們現在拿著這本經在研究，所有的成果，所得的功德，比釋迦牟尼佛過去所有的功德還要來得大！

不可思議的果報

佛告訴須菩提說：未來世上，有受持讀誦《金剛經》的人，所得功德不可思議。因為《金剛經》的經義不可思議。正如「當知是經義」，義是道理，這個理不可思議，不是你的知識範圍所能想像的。因此，這個經的果報，功德的果報，也不可思議。果報到達什麼不可思議？可以使你成佛，這是成佛的捷經。因此「當知是經義，不可思議，果報亦不可思議」。也是這一品最後的結論。

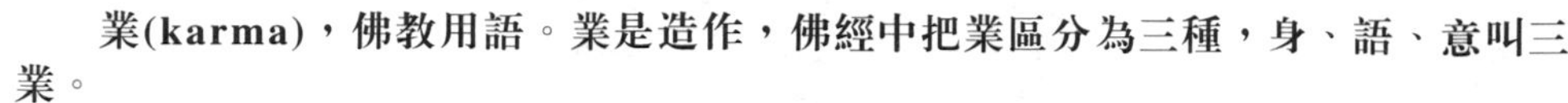

業障

業(karma)，佛教用語。業是造作，佛經中把業區分為三種，身、語、意叫三業。

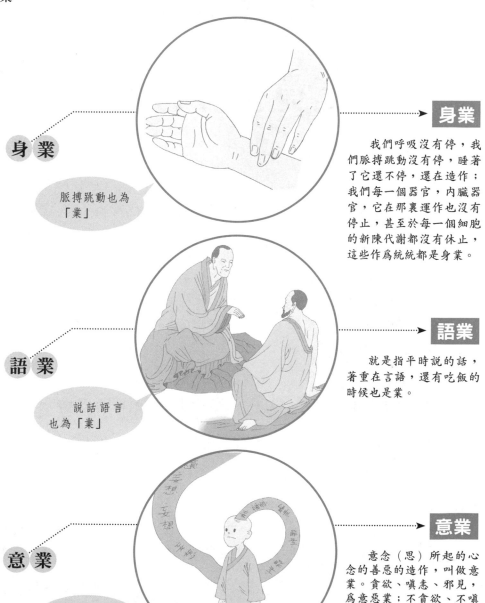

身業

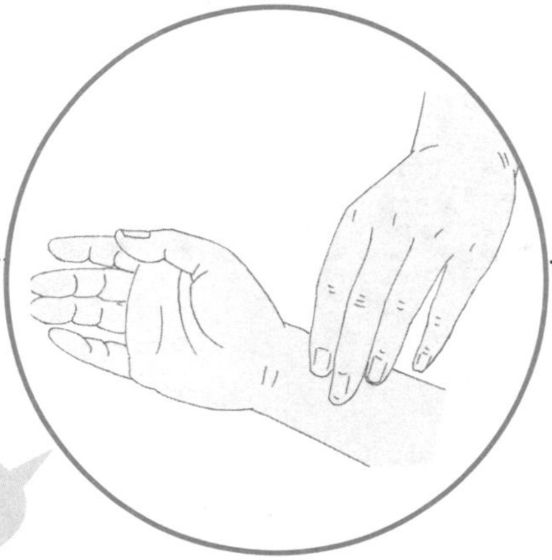

脈搏跳動也為「業」

身業

我們呼吸沒有停，我們脈搏跳動沒有停，睡著了它還不停，還在造作；我們每一個器官，內臟器官，它在那裏運作也沒有停止，甚至於每一個細胞的新陳代謝都沒有休止，這些作爲統統都是身業。

語業

說話語言也為「業」

語業

就是指平時說的話，著重在言語，還有吃飯的時候也是業。

意業

心中所起的念想也為「業」

意業

意念（思）所起的心念的善惡的造作，叫做意業。貪欲、嗔恚、邪見，爲意惡業；不貪欲、不嗔恚、不邪見，爲意善業。意業的結果爲苦樂之果。業有業緣，似乎具有慣性力量。

第十七品

究竟無我分

【原經】

爾時，須菩提白佛言：「世尊！善男子、善女人，發阿耨多羅三藐三菩提心，云何應住？云何降伏其心？」

【譯經】

此時，須菩提對佛說：「世尊，世間行持大乘佛法的善男、善女，已發殊勝的無上正等正覺菩提心，而後他（她）們應該以怎樣的方法安住所緣，又要如何繼續修持菩提心，而調伏自心？」

【原經】

佛告須菩提：「善男子、善女人，發阿耨多羅三藐三菩提心者，當生如是心，我應滅度一切眾生。滅度一切眾生已，而無有一眾生實滅度者。」

【譯經】

佛告訴須菩提：「善男子、善女人，發無上正等正覺菩提心應該如此這般，首先發菩提心：我應滅度世俗中一切眾生，而在事實中，能滅度者與所滅度的眾生都不存在。」

【原經】

「何以故？須菩提！若菩薩有我相、人相、眾生相、壽者相，則非菩薩。所以者何？須菩提！實無有法發阿耨多羅三藐三菩提者。」

【譯經】

「爲什麼呢？須菩提，如果菩薩有我相、人相、眾生相、壽生相，就不能算是眞正的菩薩。什麼原因呢？須菩提，實無有法發阿耨多羅三藐三菩提心者。」

【原經】

「須菩提！於意云何？如來於然燈佛所，有法得阿耨多羅三藐三菩提不？」

【譯經】

佛問：「須菩提，你有什麼看法呢？釋迦牟尼佛在燃燈佛前有沒有證得無上正等正覺之心法？」

【原經】

「不也，世尊！如我解佛所說義，佛於然燈佛所，無有法得阿耨多羅三藐三菩提。」

【譯經】

須菩提答道：「沒有，世尊。透過我對佛所說深意的理解，您在燃燈佛面前沒有成就無上圓滿正等正覺之法。」

【原經】

佛言：「如是！如是！須菩提！實無有法如來得阿耨多羅三藐三菩提。須菩提！若有法得阿耨多羅三藐三菩提，然燈佛則不與我授記：汝於來世，當得作佛，號釋迦牟尼。」

【譯經】

佛稱讚道：「正是！正是！實相中如來沒有法證得無上圓滿正等正覺。須菩提，如果有得到殊勝正等正覺菩提心，那麼我就是有所執著了。燃燈佛也就根本不會授記予我：『你於來世，當會成就佛果，名號爲釋迦牟尼。』」

【原經】

以實無有法得阿耨多羅三藐三菩提，是故然燈佛與我授

記，作是言：『汝於來世，當得作佛，號釋迦牟尼。』」

【譯經】

「正因爲萬法無一法實有存在，所以我得不到一個成無上圓滿正等正覺之實有法，因此，燃燈佛才會給我授記：『你於來世，定當做佛，名號爲釋迦牟尼。』」

【原經】

何以故？如來者，即諸法如義。若有人言：『如來得阿耨多羅三藐三菩提』。須菩提！實無有法，佛得阿耨多羅三藐三菩提。

【譯經】

「爲什麼呢？如來者即是諸法的本義，眞正證悟了眞如稱爲如來。如果世間有人說：『如來已經獲得無上圓滿正等正覺之果位。』」

【原經】

須菩提！如來所得阿耨多羅三藐三菩提，於是中無實無虛。

【譯經】

「須菩提，在實相上，佛從來沒有得到實有之法，也從來沒有獲得圓滿正等正覺之果位。須菩提，如來所得的無上正等正覺果位，實際上非空非有，即空即有。」

【原經】

是故如來說：一切法皆是佛法。須菩提！所言一切法者，即非一切法，是故名一切法。須菩提！譬如人身長大。」

【譯經】

「因此如來說：一切法皆爲佛法。須菩提，所謂一切法，實際上並非實有法，只是名稱上叫做法。須菩提，就好像人身體成長。」

【原經】

須菩提言：「世尊！如來說：人身長大，則為非大身，

是名大身。」

【譯經】

須菩提說：「世尊，如來所言人身體長大，在實際並不是大身，而是在名言中稱做大身。」

【原經】

「須菩提！菩薩亦如是。若作是言：『我當滅度無量眾生』，則不名菩薩。何以故？須菩提！實無有法名為菩薩。是故佛說：一切法無我、無人、無眾生、無壽者。」

【譯經】

「須菩提，同樣，菩薩也是這樣，如果有菩薩說：『我要滅度天下一切眾生』，這就不能算是眞正的菩薩，什麼原因呢？須菩提，因爲有相狀執著即不是菩薩，在實相中不執著任何法才爲眞正的菩薩。所以佛說：證悟一切法實相時無我、無人、無眾生、無壽者，即遠離一切相。」

【原經】

「須菩提！若菩薩作是言，『我當莊嚴佛土』，是不名菩薩。」

【譯經】

「須菩提，如果發菩提心的菩薩認爲：我應當莊嚴佛土。那麼他就不是眞正的菩薩。」

【原經】

「何以故？如來說：莊嚴佛土者，即非莊嚴，是名莊嚴。須菩提！若菩薩通達無我法者，如來說名真是菩薩。」

【譯經】

「爲什麼呢？如來所說的莊嚴佛土，本無實性的莊嚴佛土可得，只是緣起名稱上的莊嚴。須菩提，如果菩薩通達了無我無法，證悟諸法空性之義，如來說這樣才能成爲眞正的菩薩。」

究竟無我分詳解一

發什麼願

《金剛經》一開始，須菩提就對佛發問了這兩個問題，可是佛一路講到現在，須菩提仍鄭重地第二次發問這個問題。針對須菩提所問的老問題，但佛祖的答覆卻不同了。而佛的答覆在原答覆的基礎上又向前遞進了一個佛法層面。

無我即通達

佛告訴須菩提：一個準備開始學佛、想求大徹大悟而發阿耨多羅三藐三菩提心的人，「當生如是心」。如是心是什麼心呢？這就是佛家講的發願，立一個志向，發願就是立志。立志做什麼？「我應滅度一切眾生」，我要救世界上一切的眾生，那些在苦惱中的眾生我都要救，滅度他。使他離苦得樂，進入涅槃。所謂涅槃的境界，就是離苦得樂，走入了寂滅、清淨的境界；這個境界也就是離一切苦，得究竟的樂。要想學佛，第一個動機，就是要有這個心。

其次，「滅度一切眾生已，而無有一眾生實滅度者。」事實上，你度了一切眾生，做了就做了，心裏頭並沒有說，我已經度了那麼多人了，如果有那種心理狀態就錯了。佛說：學佛的人發心度一切眾生，救了這個世界一切眾生，心中一概不留，認為是應該做的事，這就是菩薩道，是菩薩發心。所以說，學佛的人，要這樣發心。佛告訴須菩提，一個學佛修菩薩道的人，如果沒有無我相、無人相，無眾生相、無壽者相之執念；救盡天下蒼生，心中不留一念，這樣才是大公無私，才是菩薩，否則，佛說即非菩薩。

無法勝有法

一切聖賢能入「無我」境界，其方法多種多樣。因此說要進入通達的無我境界，並沒有確切的、具體的方法和途徑。正如佛陀的十大傑出弟子，他們每個人都有自己最擅長的修行法門，最終都修成正果。由此佛陀告訴須菩提，所謂「法」，只不過是五蘊假合的機緣，而眾生的妄心有差別，但是需要有不同的方法去對待。通俗地講，就是「對症下藥」。而真正的佛法，並沒有個固定的形體，你如果得到一個固定的東西就是不對了。實實在在沒有一個東西，身體都沒有了，連感覺都沒有了，所以五蘊皆空，連光也沒有，色相也沒有，一切都不可得，這個時候就是阿耨多羅三藐三菩提，大徹大悟。

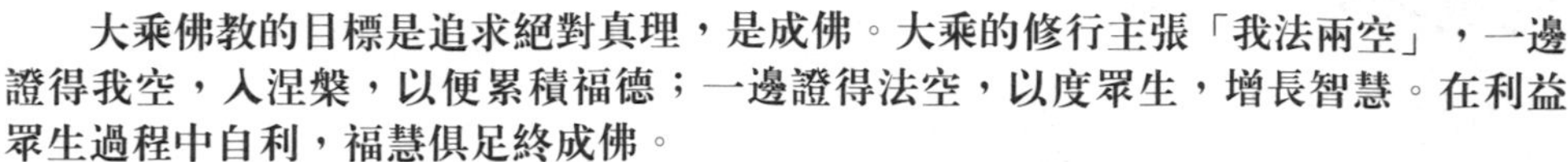

大乘菩薩業

大乘佛教的目標是追求絕對真理，是成佛。大乘的修行主張「我法兩空」，一邊證得我空，入涅槃，以便累積福德；一邊證得法空，以度眾生，增長智慧。在利益眾生過程中自利，福慧俱足終成佛。

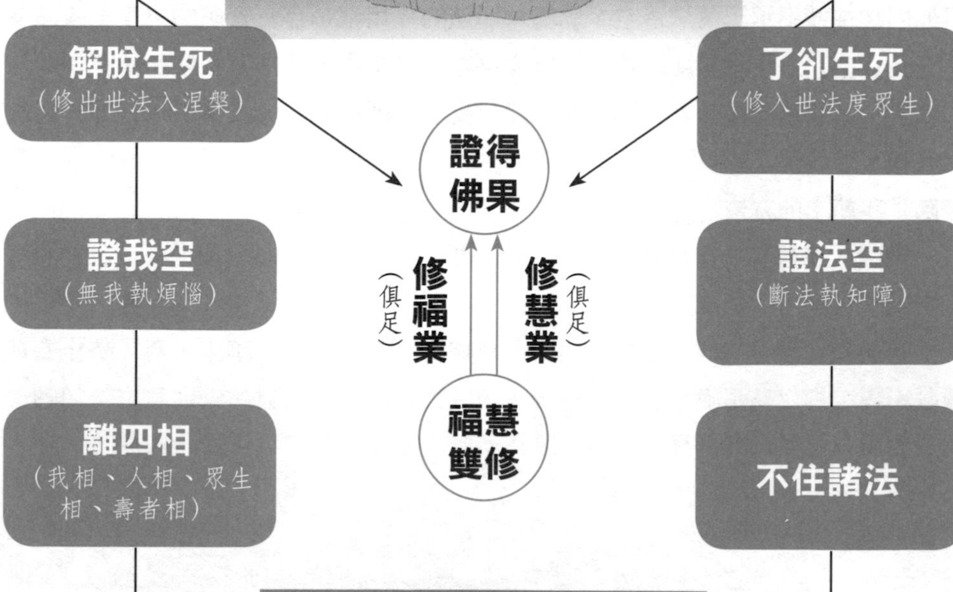

究竟無我分詳解二

修行障礙——「我執」

妄心存在的根源就是「我執」

修佛與否，取決於不同眾生自身固有的佛性。在眾多修法者中，一旦發心修佛之後，往往總習慣於將自己和他人區分開來，這種本性的區分就是一種無法抗拒的「自我執著」。修法者，雖然心裏清楚地明白自我、肉體和生命的存在並非實有，但最終還是對「自我」的觀點過於頑固，認為「自我」的確存在，從而順其自然地服從「自我」意志。反應到現實生活中，就是人人常說的私心和私欲。心存「私心、私欲」，往往會帶來許多個人錯誤的、偏執的觀點給眾生，因此使自身的理性和本能、意志之間產生分歧，造成矛盾。總而言之，「我」的一切就是對的，凡事以「我」為中心，由此，不如「我」所願，就會產生諸多煩惱。說得直白一些就是「私心的貪婪、欲望」。總之，妄心根源的存在，就是因為太過於「我執」。

對達到小乘的修行者來講，雖然他們認識到了「無我」是因緣合成的現象，但他們往往並不承認萬法皆空，認為一切法的作用都是存有實體的，這種觀點為「法有我空」，也就是「法執」。以大乘修行者來說，「法有我空」應該為「法我執」。不管是哪種執著，都表明還存有妄心，所以修行大乘佛法，就要一起破除我執、法執。

破除「我執」的方法

破除「我執」是在發修佛心時，就不要存有「自我」概念，從利益眾生的角度去感覺苦樂，

布施破貪婪、持戒、忍辱，同時要求修行者貴在堅持、精進，為了防止心神散亂不專，禪定為基礎，般若為關鍵，破除盲目的自我知見。總而言之一句話，就是要將自己與六度萬行的大事業融為一體，才是學佛的真正目的和方向。

修行障礙——「我執」

修佛與否，取決於不同眾生自身固有的佛性。在眾多修法者中，一旦發心修佛之後，往往總習慣於將自己和他人區分開來，這種本性的區分就是一種無法抗拒的「自我執著」。

隨處可見的「我執」

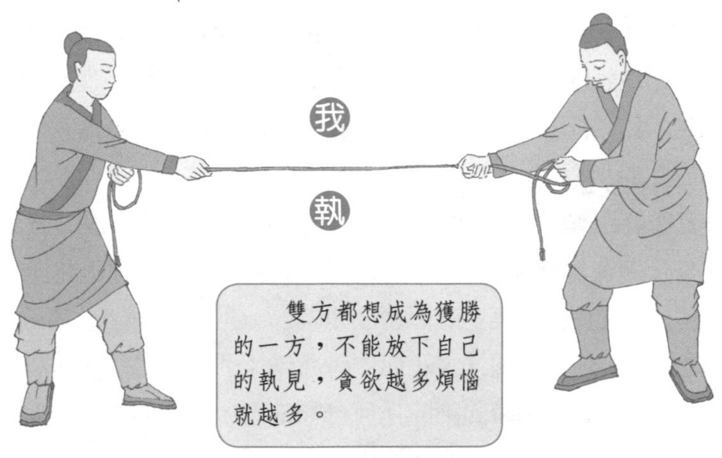

我
執
雙方都想成為獲勝的一方，不能放下自己的執見，貪欲越多煩惱就越多。

斷除「我執」

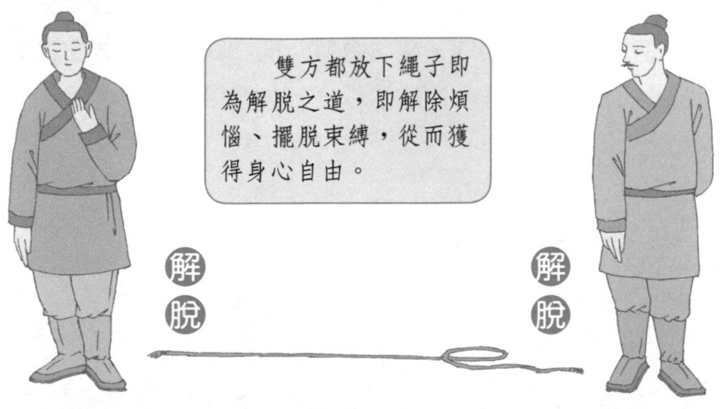

雙方都放下繩子即為解脫之道，即解除煩惱、擺脫束縛，從而獲得身心自由。
解脫
解脫

現實生活中人們大多會「我執」，即人類對一切有形和無形事物的執著，特別是執著於自我的缺點。佛教中認為「我執」是人們痛苦的根源，就如同兩個拔河的人一樣，雙方爭執不下，彼此都很痛苦。

究竟無我分詳解三

佛法無實無虛

當釋迦牟尼在燃燈佛那裏悟道的時候，實在沒有得到任何一樣東西；所以燃燈佛當時給他授記：你於將來的娑婆世界成佛，你的名號叫釋迦牟尼。我們經常說，不要以有所得之心，求無所得之果；大家來學佛，都抱一個有所得的心，求得一個無所得之果，那是基本錯誤。佛就說：當時我得一個無所得的境界，了不可得，所以燃燈佛給我授記。

「如來者即諸法如義」，「如來」的本義為如如不動、沒有分別的絕對狀態。佛在哪裏？佛在佛堂那裏；佛在哪裏？佛在廟裏；或者佛在西天，那就糟了。佛在哪裏？佛就在你那裏，「即諸法如義」。世間一切法，都是佛法，沒有那一點法不是佛法，任何世間法，正如中庸所講：「夫婦之愚，可以與知焉。」就是如來，都可以到的；隨時隨地的任何一顆灰塵，清淨的地方，髒的地方，處處佛在現前，這就是如來，所以叫諸法如義。

一切皆佛法，佛法皆空

一切法皆是佛法，任何法都是佛法。真正的佛法，對於世間出世間一切，都是恭敬的，這是佛的精神。但是恭敬就是行個禮，行過之後皆成空！所以一切法即非一切法。這是一個觀念問題，觀念說有一個法就有了，觀念說空就空了。所以叫做「所言一切法者，即非一切法，是故名一切法」。

佛法無實無虛

一粒種子≠森林

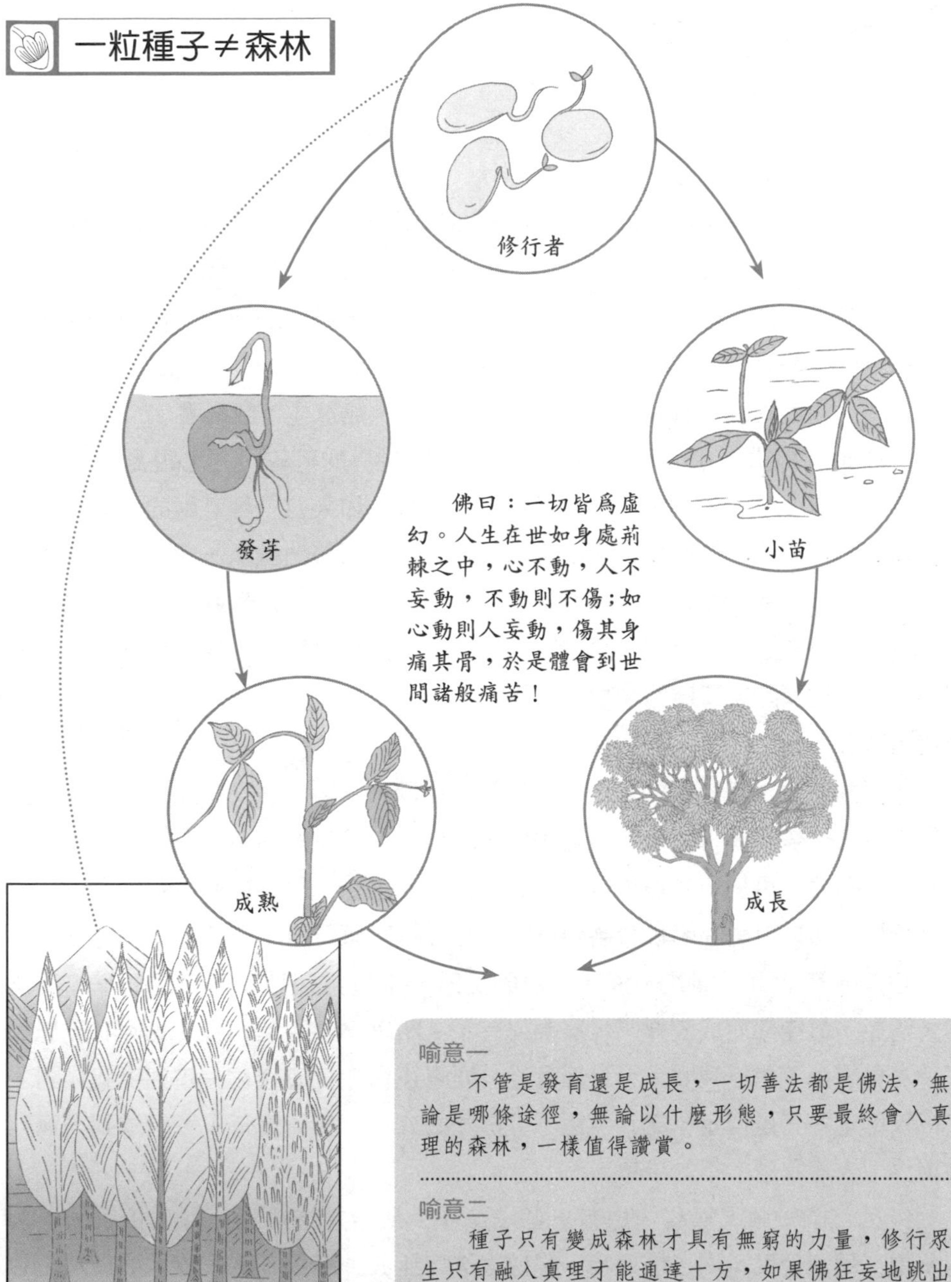
修行者
發芽
小苗
成熟
成長
佛曰：一切皆爲虛幻。人生在世如身處荊棘之中，心不動，人不妄動，不動則不傷；如心動則人妄動，傷其身痛其骨，於是體會到世間諸般痛苦！
眞理（佛法）＝森林

喻意一

不管是發育還是成長，一切善法都是佛法，無論是哪條途徑，無論以什麼形態，只要最終會入真理的森林，一樣值得讚賞。

喻意二

種子只有變成森林才具有無窮的力量，修行眾生只有融入真理才能通達十方，如果佛狂妄地跳出真理之外，那就失去了做佛的資格，如同拿一粒種子說這就是森林。

究竟無我分詳解四

真正行菩薩道

什麼都沒有的菩薩

真正行菩薩道是雖度了眾生，但心裏頭都不會覺得度了眾生。所以一個度盡天下眾生的人，心中沒有一念自私，沒有一點自我崇高。真正的大菩薩，與佛一樣，並沒有得一個什麼東西，說他有個法寶，那是人世間的觀念，功利主義的思想。他為什麼成其為菩薩？因為他是空靈的，廣大的，一切都不著的，一切都不住的，所以叫做菩薩；真正的菩薩是無我、無人、無眾生、無壽者。

佛跟須菩提講：佛的莊嚴國土，不是物質世界的莊嚴，是心莊嚴；心的善行，功德圓滿，心念清淨，才是真莊嚴。所以說，如果有一種莊嚴的心理，這個已經不是菩薩心了。菩薩與眾生、萬物通達，與一切善法融為一體，所以佛告訴須菩提：無我、無法才是真正的菩薩。真正的莊嚴佛土，是徹底的空、徹底的莊嚴。真正的莊嚴是了不可得，無一物可得。而菩薩通達無我，與諸佛法一樣，會根據不同的機緣顯現不同的身相和功德。

無我的菩薩

先通達無我，是學佛的第一步，也就是學佛的結論。怎麼樣無我呢？先要把身見丟掉，一般人學佛打坐，不能得定，就是因為身見的問題。有身體的感覺，有身體的觀念，再加上身體裏玩弄氣脈，任、督二脈，前轉後轉，丹田等……那都是身見。所以白居易學佛有兩句詩：「飽暖飢寒何足道，此身長短是虛空」。

這個身體活著，痛快不痛快，是飽是餓，不值得一談；反正這個身體不論活久活短，最後都變成灰塵，什麼都沒有了。所以學佛的第一步，學到身見忘掉了，身見忘掉不是無我啊，只是無身見，要真正內在身心皆亡，達到無我才對，才可以得定。光是得定了無我，還不算佛法的究竟，我見沒有了，只達到人無我的境界，人無我是小乘的果位。

但是有了一個人無我，還有一個法在喔！最後要法無我，就是佛說的：阿耨多羅三藐三菩提，到了法無我，叫做人法二無我，到達了就成佛。最後連空也空，空也不存在。《金剛經》這一品，再重復老問題，新的解答，須菩提問的老問題，釋迦牟尼佛在這一品中作新的解答。

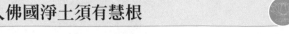

進入佛國淨土須有慧根

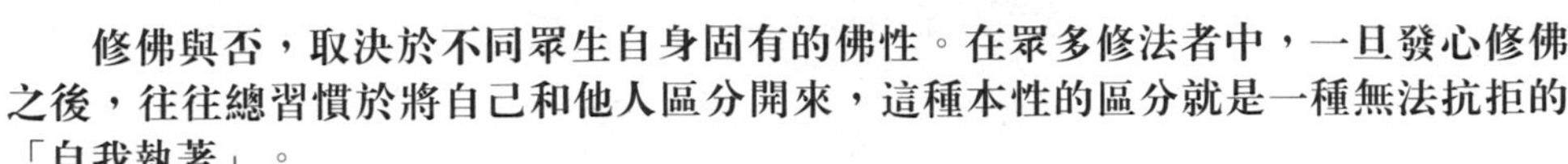

修佛與否，取決於不同眾生自身固有的佛性。在眾多修法者中，一旦發心修佛之後，往往總習慣於將自己和他人區分開來，這種本性的區分就是一種無法抗拒的「自我執著」。

佛性慧根

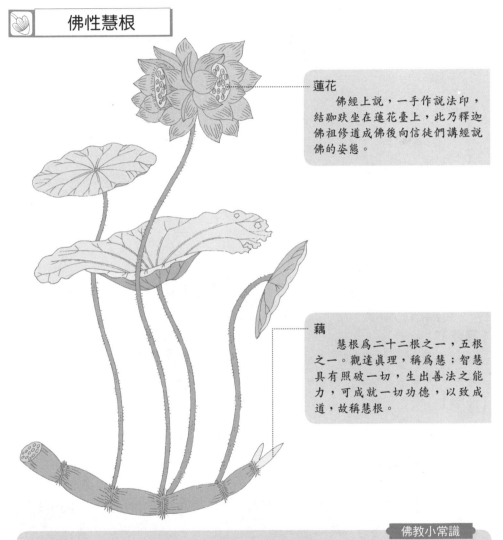

蓮花

佛經上說，一手作說法印，結跏趺坐在蓮花臺上，此乃釋迦佛祖修道成佛後向信徒們講經說佛的姿態。

藕

慧根爲二十二根之一，五根之一。觀達眞理，稱爲慧；智慧具有照破一切，生出善法之能力，可成就一切功德，以致成道，故稱慧根。

佛教小常識

成佛要與蓮花一般

佛教因世間充滿「六塵」，故把人世間稱為「六塵」。由於「六塵」的汙染與干擾，人世間又充滿著欲望與競爭，使人們難以平靜、難得潔淨。這種情況與「遠塵離垢，得法眼淨」的佛國淨土是格格不入的，要想進入佛國，必須遠離塵世，遁入清淨的空門，專心修佛，消除汙染與干擾。「荷花出汙泥而不染」的特別屬性與人世間的佛教信徒希望自己不受塵世的汙染的願望相一致，保持潔淨，以便順利進入淨土佛國。

第十八品

一體同觀分

【原經】

「須菩提！於意云何？如來有肉眼不？」「如是，世尊！如來有肉眼。」

【譯經】

佛問道：「須菩提！你是怎麼想的，如來具足肉眼功德嗎？」須菩提說：「是的，世尊，如來具足肉眼功德。」

【原經】

「須菩提！於意云何？如來有天眼不？」「如是，世尊！如來有天眼。」

【譯經】

世尊又問：「須菩提，你是怎麼想的，如來具足天眼功德嗎？」須菩提答：「是的，世尊，如來具足天眼功德。」

【原經】

「須菩提！於意云何？如來有慧眼不？」「如是，世尊！如來有慧眼。」

【譯經】

世尊又問：「須菩提，你是怎麼想的，如來具足慧眼功德嗎？」須菩提答：「是的，世尊，如來具足慧眼功德。」

【原經】

「須菩提！於意云何？如來有法眼不？」「如是，世尊！如來有法眼。」

【譯經】

世尊又問：「須菩提，你是怎麼想的，如來具足法眼功德嗎？」須菩提答：

「是的，世尊，如來具足法眼功德。」

【原經】

「須菩提！於意云何？如來有佛眼不？」「如是，世尊！如來有佛眼。」

【譯經】

世尊又問：「須菩提，你是怎麼想的，如來具足佛眼功德嗎？」須菩提答：「是的，世尊，如來具足佛眼功德。」

【原經】

「須菩提！於意云何？如恆河中所有沙，佛說是沙不？」「如是，世尊！如來說是沙。」

【譯經】

佛又問道：「須菩提，你心裏是怎麼認爲的？就像恆河中所有的沙數，佛陀是否會説是沙呢？」須菩提回答：「是這樣的，世尊，如來説是沙。」

【原經】

「須菩提！於意云何？如一恆河中所有沙，有如是沙等恆河，是諸恆河所有沙數，佛世界如是，寧為多不？」「甚多，世尊！」

【譯經】

佛問道：「須菩提，你心裏怎麼想的？如果有一條恆河中所有沙數的數目那麼多的恆河，則這些河中的沙粒數，如同此數一樣多的佛國世界，其數是不是很多呢？」須菩提答：「非常多，世尊！」

【原經】

佛告須菩提：「爾所國土中，所有眾生，若干種心，如來悉知。何以故？如來說：諸心皆為非心，是名為心。所以者何？須菩提！過去心不可得，現在心不可得，未來心不可得。」

【譯經】

佛告訴須菩提：「這麼多不可思議的眾多國土中，所有眾生各自不同的種姓、根基及他們的性情差別，如來無所不知，如實照見。爲什麼如來能完全通達到每個眾生的心呢？因爲一切眾生心在實相中非眞正的心，僅僅是一個稱之爲心的名稱。爲什麼呢？須菩提，因爲在本性上，過去的心無法可得；現在的心無法可得；未來的心也無法可得。」

一體同觀分詳解一

佛法五眼

這是佛學裏佛法的五眼，五種眼睛的分類，文字都差不多。是佛先提出來問，「須菩提，於意云何」，你的意思怎麼樣？佛有沒有肉眼、天眼、慧眼、法眼、佛眼？佛經的三藏十二部，就是把佛經作十二種的分類，其中一種是「自說」，就是自己開始講，不是人家提出來問的。這一節就代表了十二分類的自說，是佛提出來的問題。這裏沒有講「佛」字，而講「如來」。如來這個名詞代表形而上的道體，一切眾生同於諸佛菩薩心性之體，就是生命的根源。他說這個裏頭有五種功能，所以叫做五眼。

肉眼是什麼

肉眼是父母所生的肉眼，也就是我們現在的眼睛。肉眼能看見物質世界，我們一切的感覺、知覺，都經由它而來。肉眼僅局限於肉體器官上的世俗所見。其所見非常有限。眼力好一點的情況下，會看到幾公里遠，站得稍高一些，自然會看得更遠一些。人活得壽命長久一些，自然見到的事物也就多些。總之，肉眼是見表不見裏，見近不見遠，見前不見後，是一般人的感官所獲得的有限認知。

天眼是什麼

天眼是普通人幾乎沒有的。天眼的能力是超乎物質世界，譬如說看到鬼魂、看到天神，甚至看到其他的世界。現在人講的千里眼，是根據道家的傳說而翻譯的。天眼能夠看到欲界系統裏面的東西，包括太陽、月亮以及其他星球等的人事；也可以看到銀河系統外面的東西，這是屬於真正的天眼。天眼有兩種，一種是報得，是多生多世修持、修定，才有這一生的天眼業報；是與生俱來的，自然有這個能力，因為善行的報應所得的結果。另一種是修得，是這一生修來的，因為修戒、定、慧的成就，這一生成就了天眼。

天眼不是多長出一隻眼睛來，是肉眼的本身，有了另一種功能。得天眼通的人，也與我們普通人一樣，但他自然會看到多重的世界。

天眼是定力所生，是定中所得的神通力量。當人的生命功能充沛到極點時，可以穿過一切物理的障礙，就是所謂的神通。神通必須要定力夠了，所謂精、氣、神充沛了，才能做到。

佛法五眼

五眼，是指從凡夫至佛位，對於事物現象終始本末的考察功能。有人稱眼睛為「智慧之門」、「靈魂之窗」，眼睛能夠明辨物象、增長知識。修行的層次越高，心眼作用的範圍越廣。

五眼看世界

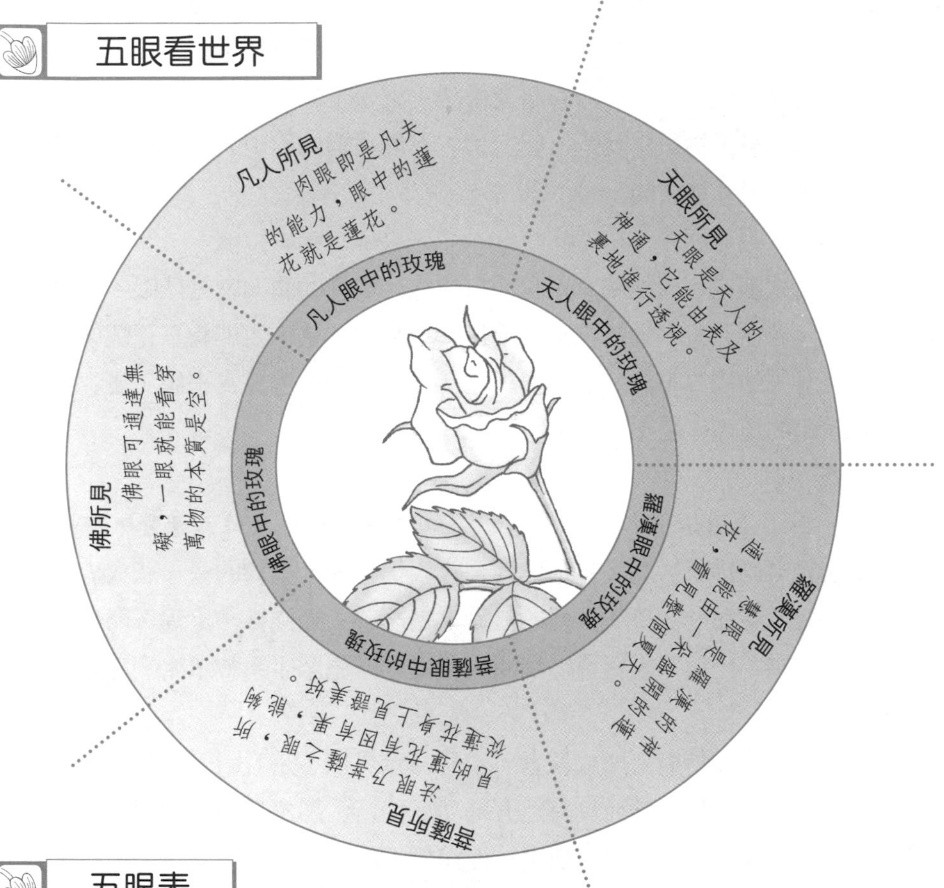

五眼表

木	憎	禮覺	形容詞	瞪眼	天眼	見濁	我相	鏡顯智	天眼智	天眼明
金	憂	嗅覺	嘆詞	皺眉	佛眼	煩惱濁	人相	妙觀智	漏盡智	漏盡明
火	喜	味覺	動詞	咧嘴	法眼	衆生濁	衆生相	做事智	見命智	見命明
水	懼	聽覺	名詞	展眉	慧眼	命濁	壽者相	平等智	天耳智	
土	疑	觸覺	代詞	眨眼	肉眼	劫濁			化身智	
空	慮	意覺	連接詞	低頭					他心智	

慧眼是什麼

再進一步是慧眼，慧眼也離不開肉眼，也是透過父母所生的肉眼而發揮作用的。所謂慧眼就是智眼，是戒、定、慧的功力顯現；因為修定而發慧。這不是普通的智慧，是慧變成了力量，成了慧力，才有這個智眼。智慧怎麼變成力量呢？我們普通聰明人，想一個道理想通了，譬如說抽菸對肺不好，應該改，道理上通了，但習慣上不行，慧沒有力量，改不過來。又譬如脾氣壞，貪、嗔、癡，道理上都曉得，就是扭轉不過來。儘管研究佛法，道理上講得很通，碰到事扭轉不過來，這是慧的力量不夠，也就是不能證果，不能成道的原因。所以真正的慧眼，是智慧的力量夠了才能成的。

法眼是什麼

法眼是慧眼觀空。而能夠真正認識自性空、空性的體，就是法眼。法眼觀一切眾生平等，非空非有。光落在空，還是小乘果的一邊，要能夠真正觀空裏的妙有才行。在凡夫的境界來說，是性空緣起；在悟道智慧境界裏來說，是真空起妙有，這是法眼的道理，是平等而觀。

佛眼是什麼

佛眼，佛眼不只是平等，而是觀一切眾生只有慈悲、只有慈愛。慈悲是兩個觀念組合起來的佛學名詞，慈是父性，代表男性的、至善的愛，悲代表了母性的、至善的愛，慈悲是父母所共性的仁德。是至善，無條件，平等，所以叫大慈大悲。佛眼看來，一切眾生皆值得憐憫，所以要布施眾生，救眾生，這也就是佛眼的慈悲平等。

真正學佛依法修持而有所成就者，本身一定具備了這五眼。如果說，世界上有人頓悟而成佛，立地就轉而具有這五種功能的話，那麼他所證的佛法，大致就是對的；如果在理論上認為自己悟了，而這個五眼功能沒有發起，那是自欺欺人之談。所以我們曉得佛說的五眼，是戒定慧到了所成就的，是自然成就的法門。這也是每一個人本性所具有的功能，只是我們因為沒有經過修持，所以發不起來。假使經過修持，我們生命的本能中，自然就發起五眼的功能，這是第一層問題。第二層問題，《金剛經》講到這裏，佛為什麼突然提起來五眼的問題呢？他自己問，下面又沒有作結論，至少對於五眼這一段，他只提出來問題。接著又講別的去了，為什麼呢？

因為眼代表見處，所謂明心見性的見。真正達到了有所悟證，明心見性，這一見之下，真的現量境呈現，它自然具備了五眼的功能；所以見處即真，就是所謂明心見性之見。

佛眼

佛眼就是佛，而佛就是佛眼。簡而言之，任何人所能提到的任何相對觀念，在佛眼下都不再存在。即「空」就是佛，而佛就是「空」。

佛眼即是佛

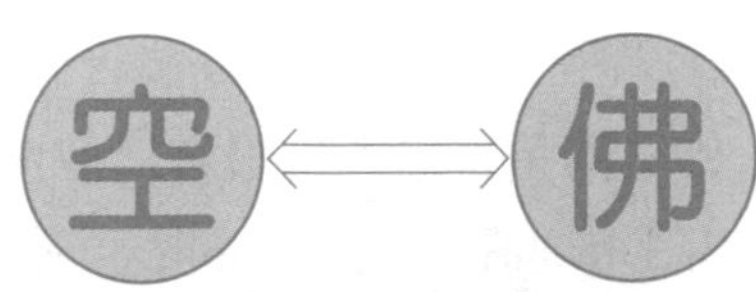

佛眼
法眼
慧眼
天眼
肉眼

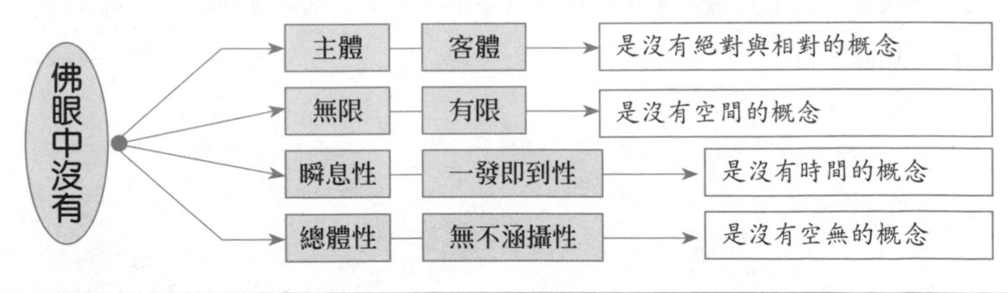

一體同觀分詳解二

佛眼看眾心

佛又問須菩提：佛眼看這個世界，恆河裏的沙子是不是沙呢？須菩提說當然是呀！佛的眼睛與我們的眼睛看的一樣，沙就是沙。由此，可知聖人都是人做的，佛也是眾生修成的。

佛看恆河裏的沙，一顆一顆看得很清楚。佛又問須菩提，像一條恆河裏的沙，你看數目多不多？假如每一顆沙子代表一個世界，如是沙，等，這個「等」字是單獨的一句；每一顆沙代表了一個世界，而每個世界裏像恆河沙那麼多的恆河，每一條恆河裏又有很多的沙子，而每一顆沙子又代表了一個世界，世界之多，多到不可限量，不可數說。用這個比方形容恆河有多少條，已經數不清它究竟有多少了。他說，你說這個數字多不多？須菩提說，當然很多！世尊。

佛在這裏是說明，虛空之中佛世界多得無數，釋迦牟尼佛同時表達一個觀念，站在這個娑婆世界，師道教化的立場上告訴我們，在他方世界，像他一樣智慧成就的佛，也一樣多得很；十方三世一切不可數的，無量諸佛。他不但把眾生看成平等，把成就的眾生也拉下來與大家一樣平等。一切平凡得很，並不是說只有我成佛了，了不起，你們都不能成佛，都要聽我的。沒有這回事，那不是佛法了，佛法一切眾生平等，一切諸佛也平等。每一個佛教化一個世界，虛空中有無量數的世界，也有無量數的佛。

現在佛問須菩提：你認為所有國土上的一切眾生，有多少種心？這是個大問題，佛說這個世界上的所有眾生一切的心，「如來悉知」，他說我啊！統統知道。在這個地方，他作了一個答案，這個答案與上面這幾個有沒有關聯，他也沒有說明，只讓我們猜。而且他這個答案作得非常高明，可是我們幾千年來的佛法，都被他老人家這個答案，打得暈過去了，很多人都解釋錯誤了。現在我們看他自說自答。

衆生之心

《金剛經》透過恆河沙數來比喻眾生之心無可計量。在諸佛世界中的一切眾生，擁有種種不同的心，心的思維會流轉變遷，不管怎麼變遷，佛陀也是完全知曉的，因為眾生的心源與佛如一。

 佛陀如何看待眾生之心

衆生心與佛心同源

眾生之心 —猶如→ 恆河沙數 →

佛具備五眼 —知曉→ 佛國界的一切眾生的各種心 →

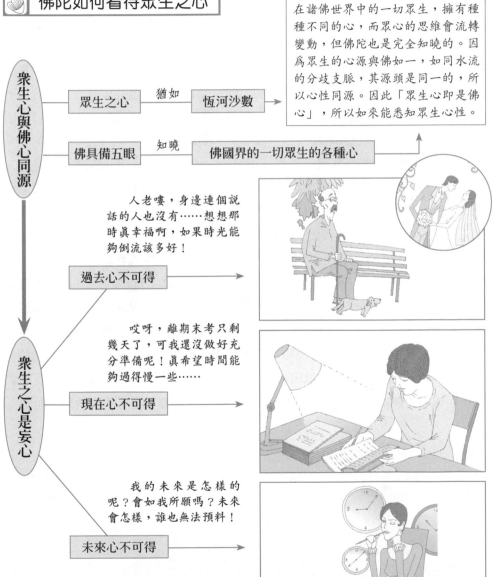

在諸佛世界中的一切眾生，擁有種種不同的心，而眾心的思維會流轉變動，但佛陀也是完全知曉的。因爲眾生的心源與佛如一，如同水流的分歧支脈，其源頭是同一的，所以心性同源。因此「眾生心即是佛心」，所以如來能悉知眾生心性。

衆生之心是妄心

人老嘍，身邊連個說話的人也沒有……想想那時眞幸福啊，如果時光能夠倒流該多好！

過去心不可得 →

哎呀，離期末考只剩幾天了，可我還沒做好充分準備呢！眞希望時間能夠過得慢一些……

現在心不可得 →

我的未來是怎樣的呢？會如我所願嗎？未來會怎樣，誰也無法預料！

未來心不可得 →

一體同觀分詳解三

眾生之心

佛告訴須菩提：眾生這些心啊，「皆為非心」。「非心」根本不是心。既然不是心，佛大概又怕我們問他：那又是什麼？他趕快又說了：我的眼睛看你們啊！不是心，不是心，所以叫做心。他說世界上一切眾生的心我都知道，須菩提還來不及問，他就又說了：這一切人的心啊，都不是心。他並沒有說這一切人不是人心啊！眾生的心還不只是人的心，包括狗啊、牛啊、螞蟻啊，小昆蟲這一切生命，都不是心，「皆為非心，是名為心」，所以叫它是心。

《金剛經》一開頭就講，我們一切眾生，有一個「我執」，認為這是我，有個我，把我的現象，執著得很厲害。認為我還有個心呢！把自己所有的妄念，意識分別，煩惱，一切不實在的這些觀念、往來思想當成是真實的。人，一切眾生，犯了根本上的錯誤。我們一切的思想、心理、意識的變化，都是那個真正心所起的一種現象變化而已，不是真正的心。可是一切眾生其實都被現象騙了，人生永遠不斷的有明天，何必看過去呢？明天不斷的來，真正的虛空是沒有窮盡的，它也沒有分斷昨天、今天、明天，也沒有分斷過去、現在、未來，永遠是這麼一個虛空。天黑又天亮，昨天、今天、明天是現象的變化，與這個虛空本身沒有關係。天亮了把黑暗蓋住，黑暗真的被光亮蓋住了嗎？天黑了又把光明蓋住，互相輪替，黑暗光明，光明黑暗，在變化中不增不減；所以一切都是虛妄不實的，而虛空之體卻是不增不減的；所以一切眾生，不要被變化不實的現象所騙。

生命的河流——輪迴

一個生命就如所見到的眼前拐彎的一段河面風光而已，我們不知道它來自何方，去向何處，但它必有來去。而人的生命如流逝的河水，將隨著河流而一去不復返。

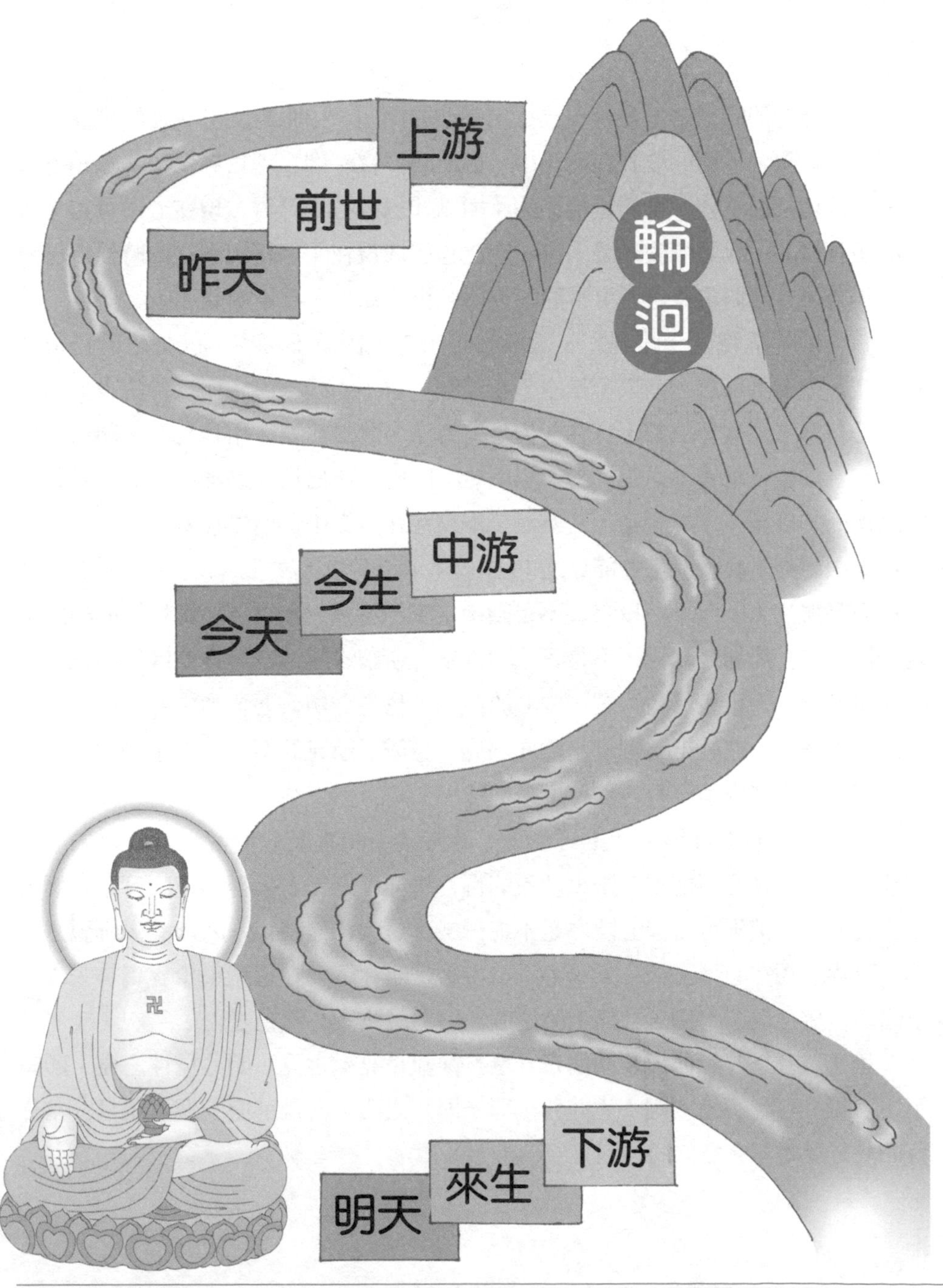

一體同觀分詳解四

永遠得不到的心

前面這一節的結論，是佛自己提出來心的問題，由眼見到心。他的結論一切都不是心，眾生一切的心都在變化中，像時間一樣，像物理世界一樣，永遠不會停留，永遠把握不住，永遠是過去的；所以「過去心不可得，現在心不可得，未來心不可得」。我們剛說一聲未來。它已經變成現在了，正說現在的時候，已經變成過去了。這個現象是不可得的，一切感覺、知覺，都是如此。

有一般人解釋《金剛經》，說般若是講空，因此不可得，就把它看得很悲觀。空，因為不可得，所以不是空，它非空，它不斷的來呀！所以佛說世界上一切都是有為法，有為法都不實在。但是有為法，體是無為，用是有為。所以我們想在有為法中，求無為之道，是背道而馳；因此一切修持都是無用。並不是把有為法切斷了以後，才能證道；有為法，本來都在無為中，所以無為之道，就在有為現象中觀察，觀察清楚才能見道。

有為法生生不已，所以有為不可限，生滅不可滅。如果認為把生滅心斷滅了就可以證道，那都是邪見，不是真正的佛法。所謂緣起性空，性空緣起的道理，就在這個地方。這是《金剛經》中心的中心，也是一切人要悟道中心的中心；這一點搞不清楚，往往把整個佛法變成邪見，變成了斷見的空，就與唯物哲學的思想一樣，把空當成了沒有，那可不是佛法！

佛講過去心不可得，「不可」是一種方法上的推斷，他並沒有說過去心不「能」得，現在心不能得，未來心不能得。這一字之差，差得很遠，可是我們後世研究佛學，把不可得觀念認為是不能得，真是大錯而特錯。所以啊，佛說過去心不可得，現在心不可得，未來心不可得；是叫你不要在這個現象界裏，去求無上阿耨多羅三藐三菩提，求無上的道心，因為現象三心都在變化。

第十八品是一體同觀，同觀是什麼？同觀是見道之見，明心見性之見。所謂了不可得，可也不是空啊！也非有，即空即有之間，就是那麼一個真現量，當你有的時候就是有，空的時候就是空，非常平實。

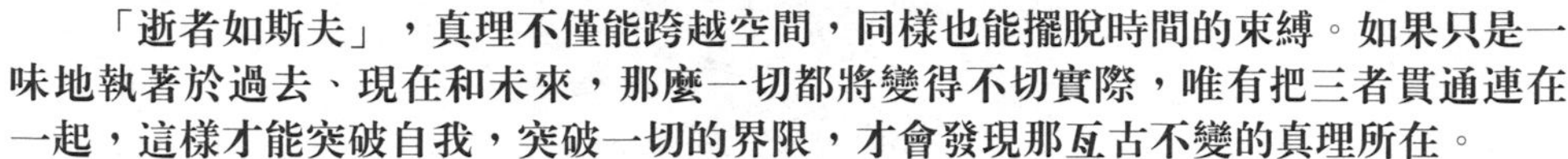

過去心、現在心、未來心皆不可得

「逝者如斯夫」，真理不僅能跨越空間，同樣也能擺脫時間的束縛。如果只是一味地執著於過去、現在和未來，那麼一切都將變得不切實際，唯有把三者貫通連在一起，這樣才能突破自我，突破一切的界限，才會發現那亙古不變的真理所在。

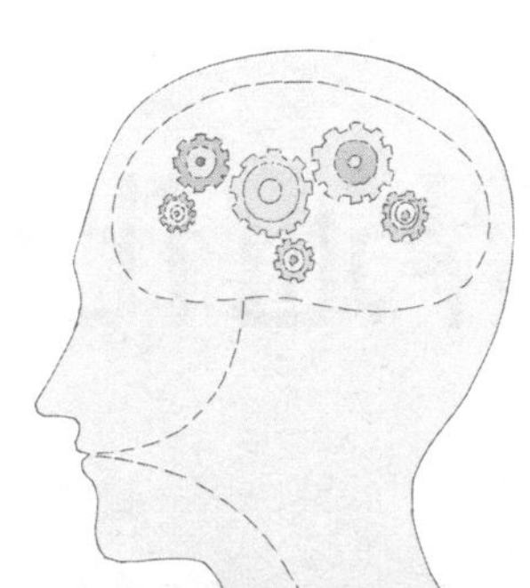

記憶早已埋藏心底，無法用色、香、味等感官來感知，所以過去心**得不到**。

≠ 過去心

當你的思維跟著眼前所發生色、香、味游動的時候，同時你所感覺到的影像已經成為了過去，就像時間從你身邊溜走一樣，所以說現在心**得不到**。

≠ 現在心

對於現在而言，未來永遠都是個未知數。如果說你執著於某一刻的一瞬間，未來就已經成為了現在或是過去，所以未來心也**得不到**。

≠ 未來心

第十九品

法界通化分

【原經】

「須菩提！於意云何？若有人滿三千大千世界七寶以用布施，是人以是因緣，得福多不？」「如是，世尊！此人以是因緣，得福甚多。」

【譯經】

「須菩提，你是怎麼想的？如果有人用盛滿三千大千世界的七寶作爲布施，這個人因此所得的福德，多不多？」須菩提答：「此人因布施所得的福德多極了！」

【原經】

「須菩提！若福德有實，如來不說得福德多；以福德無故，如來說得福德多。」

【譯經】

佛隨即說：「須菩提，你應當明白，如果福德實有存在，如來則不說這樣得到的福德多，因爲福德本來不實，所以如來在諸經中廣說布施功德之大。」

某日，寺院要擴建殿堂，有一棵珍貴的銀杏樹需要移栽到別的地方。方丈命他的兩個弟子去做這件事，辦好後回來覆命。

兩人來到樹前開始挖土移樹，但剛挖了幾下，一位小和尚就對另一位說：「師兄，我這把鐵鎬的木把壞了。你等著，我去修一下再挖。」師兄勸他移完樹再修不遲，他說：「那怎麼行？用這樣的鎬要挖到什麼時候呀！」

於是小和尚去找木匠借斧頭，木匠說：「真是不巧，我的斧頭昨天砍東西弄壞了，就讓我用柴刀幫你修一下吧！」小和尚聽了說：「那怎麼行，用柴刀修得又慢又不好，讓我去找鐵匠把你的斧頭修一下吧！」小和尚帶著斧頭去另一個村子找到鐵匠，鐵匠苦笑著對他說：「我的木炭剛用完，你看……」小和尚放下斧頭，又去山中找燒炭的人，燒炭的人對他說：「我已經好多天沒有燒炭了，因為找不到牛車去把木材運到這裏來。」小和尚又去找一位專運木材的車伕，車伕說：「你看我的牛生病了……」

幾天之後，當僧人們經過四處打聽找到這位小和尚時，他正提著幾包草藥匆匆從一個集鎮向車伕的村子中趕去。大家問他買藥幹什麼，他說為牛治病；又問他為牛治病幹什麼，他說要用牛車運木材……挖樹的事，他早已忘到九霄雲外了。

在我們的生活中，每個人都會遇到或者經歷這樣的事。認認真真忙碌，辛辛苦苦奔波，到最後聽到有人問「你在幹什麼」時，卻惘然不知如何作答，因為在目標的不斷轉換中，那個最初的目標早已漸漸模糊以致消失了。

在人生的過程中，那個「最初的目標」便是我們的寶貴自我——生命存在的意義和根據，丟棄了它，就只能像一個空殼人一樣在這個世界上遊蕩。

無論遇到多少困難和挫折，也不論走出有多遠，都不能忘記來時的路，因為我們必須有個家，必須回家。

究竟無我分詳解

福德不可得

佛講到這裏，又另起一個問題。這個問題非常有趣，《金剛經》始終在這兩個問題裏頭轉，一個是當講到最高智慧成就的時候，馬上來一個最高潮，說要多大的福報。福、智二嚴，是佛學的名詞，一個人要從凡夫成佛，必須要有智慧的莊嚴、福德的莊嚴。有真正的福德，才能得真正的智慧。所以，佛問須菩提：你認為如何？假使有人用金剛鑽、金銀、瑪瑙啊，這些世界上最寶貴的七寶去布施，拿充滿三千大千世界的七寶去布施，你認為這個行為所得的福報大不大？

須菩提說是啊，佛啊，假使有人這樣來布施的話，那還得了啊！將來的福報大得很咧！

佛對須菩提說：你要知道，人世間認為的大福報，就是錢多，壽命長，兒女多，兒女好，樣樣都好，好得沒有再好了。可是，過去心不可得，現在心不可得，未來心不可得，都沒有用。所以說人生啊，都是理想，都想把明知道抓不住的現實世界拚命抓住。尤其是壽命，分明有生必有死，可是人人都想學仙學道，長生不老。而世間的福報是不實在的，福德無實啊！所以佛說：世間的福德再多，也不過彈指之間的繁華就過去了，「以福德無故」。

真正的福報——清淨無為

真正的福報是什麼呢？清淨無為。心中既無煩惱也無悲，無得也無失，沒有光榮也沒有侮辱，正反兩種都沒有，永遠是非常平靜的，這個是所謂上界的福報——清福。清福每個人都有，我們每一個人都有清閒的時候，可是一天到晚無事，閒在家裏，好像是一個被社會遺忘了，唉呀！我好悲哀啊！想學佛的人要先能明瞭這一點。世界上一切人的心理佛都知道；一切人都把不實在的東西當成實在，真的清淨來了，他也不會去享受。學佛證到了空性，自性的清淨無為，大智慧的成就，才算是真福報。想要修證到這個境界，一定要有真正的福報才行。佛學的基本第一步，講到人生要修行則暇滿之身難得。開始時我們已經講過，暇滿之身就是健康有閒，可是世界上的人有清閒不肯享受，有好身體，他要去消耗掉，而且真到了清靜閒暇，他自己反而悲哀起來。

福德不可得

凡人眼中的大福報

情人美

房宅好

權力大

兒女好

清淨無為即是福

真正的福報是什麼呢？清淨無為。心中既無煩惱也無悲，無得也無失，沒有光榮也沒有侮辱，正反兩種都沒有，永遠是非常平靜的，這個是所謂上界的福報——清福。

第二十品

離色離相分

【原經】

「須菩提！於意云何？佛可以具足色身見不？」「不也，世尊！如來不應以具足色身見。何以故？如來說：具足色身，即非具足色身，是名具足色身。」

【譯經】

「須菩提，你怎麼認爲？可以從身色的具足中，正見如來嗎？」「不能，世尊。不能以見佛色身得見如來。爲什麼呢？因爲如來在經中說：具足色身並非具足色身，即非具足身本，只是名稱而已。」

【原經】

「須菩提！於意云何？如來可以具足諸相見不？」「不也，世尊！如來不應以具足諸相見。何以故？如來說：諸相具足，即非具足，是名諸相具足。」

【譯經】

「須菩提，你怎麼認爲？可以從諸相的具足中，正見如來嗎？」「不能，世尊。如來不能以見具足妙相的外相而見。爲什麼呢？所謂的諸相具足，實相中並不成立，只是名稱中成立爲諸相具足。」

世界有成住壞空，人有生老病死，這是很自然的一種道理。你明白這個道理，成就是住、就是壞、就是空。生也就是老、就是病、就是死。若無成，就無住、無壞、無空；若無生，就無老、無病、無死。

可是眾生用妄想執著來分別這些事情，分別幾個大劫，也分別不清楚，時時仍是那麼糊塗。剛剛要明白一點，又糊塗了，故在輪迴中，總是出不去。若想出輪迴，打破這條道路，就可以修行成佛，證本來佛果。無來無去、無垢無淨、不增不減、不生不滅，什麼憂愁煩惱也沒有，什麼五濁六濁也沒有。可是我們人都放不下假的，故找不到真的。所謂：「捨不了假，成不了真；捨不了死，換不了生。」你不把虛妄之狂野性制止，那麼真正智慧就不能現出。

你總用無名覆蓋著自性。無名有兩個幫凶，兩個夥計（黨），究竟是什麼呢？就是食與色。一個食欲，一個色欲，這兩個幫著無名做種種壞事，所以儒教中說：「食色性也。」好吃、好色是天然的生性。

可是，要知道，我們這個無名為何總也不能破？煩惱總也不斷？智慧總也不現？就因為貪吃、好色。

食就是幫助欲，欲就是幫助無名。人生來就會吃，小孩子一生出來就會吃奶，無奶就哭起來，吃奶後就不再喊，也不叫了。不錯，這是與生俱來的，可是有了食欲後，就生出色欲。

男好女色，女好男色，互相迷戀，互相貪著，放不下，看不破，飲食所有之精華就變成精，精一足，就生色欲了，所謂「飽暖思淫欲，飢寒起盜心」。飽暖了，男人就想女人，女人就想男人，就起這欲念。若窮了，就想去偷，偷盜也就為了食與欲。你吃得肥肥胖胖的，專吃有營養的，而後就打淫欲妄想。人先起食欲，想吃好味，幫助身體健康之食物，但是吃少了，又覺得不夠；吃多了，色欲就生出。色欲生出後，就不顧生命了，只去貪色。

故色與食是死黨。若無名沒有食色之幫助，它就不會作那麼多怪。

所以對於吃東西的問題，不要看得那麼重，修道人吃得能維持生命即可。要行中道。不需要吃得太有營養，但也不要吃得太壞，否則弄垮身體。

離色離相分詳解

具足色身

《金剛經》的上半部，都是由須菩提發問，佛來答覆。到了下半部，佛自動地為須菩提一步步的說法。《金剛經》在前面已經一層一層講過，三十二相都不是如來，若見諸相非相，即見如來。而此時，佛又問須菩提「佛可以具足諸相見不」？《金剛經》這裏用「佛」，不用如來了。這裏的佛，代表佛的報身、肉身。佛儘管餓了十二年，仍是很健美。佛是一個美男子，三十二相，八十種好，阿難就是因為看到佛那麼漂亮，才跟隨佛出家的；結果被佛罵了一頓，罵阿難出家是為了好色。佛就是具足色身，大丈夫相，與一切常人不同；不但有三十二相，還有隨之而來的八十種好，是普通人所沒有的特點，這個叫做「具足色身」。

大家天天想見佛，如果修法者想打坐看到佛來，那個絕對是魔，不是佛。所以，千萬不可以著相，你不要以有形的觀念來看佛。繼而，佛告訴眾生佛法的奧秘。他說一個真正得道的人，一得了道，他就現出來大丈夫相，就有特別的相，這個叫做具足色身。色就是肉體的四大，地水火風：平常我是這樣告訴你，但是真正的道理，「即非具足」，是不可以著相的，有形有象都不是啊，因此叫做「具足色身」。

第一個具足色身是實質的，肉體的這個身體叫做具足色身，所謂的報身。但是第二個問題來了，可不可以著相來看？譬如說，眼睛裏忽然看見佛站在你前面，這是相，現象。他問須菩提，可不可以著相呢？須菩提當然說不可以，這個問題，《金剛經》前面已經說過了，不應該落在宗教偶像的觀念，不應該以三十二相見如來。什麼理由？

真正的佛，是見到法身，才是見到真正的佛。什麼是法身？了不可得，一切無相，法身無相，也沒有境界。如果你在一個境界上，就已經有所住、有所著，就不能明心見性。一切相皆空，才能明心見性，才能見到佛。

福德不可得

佛的不同色身相

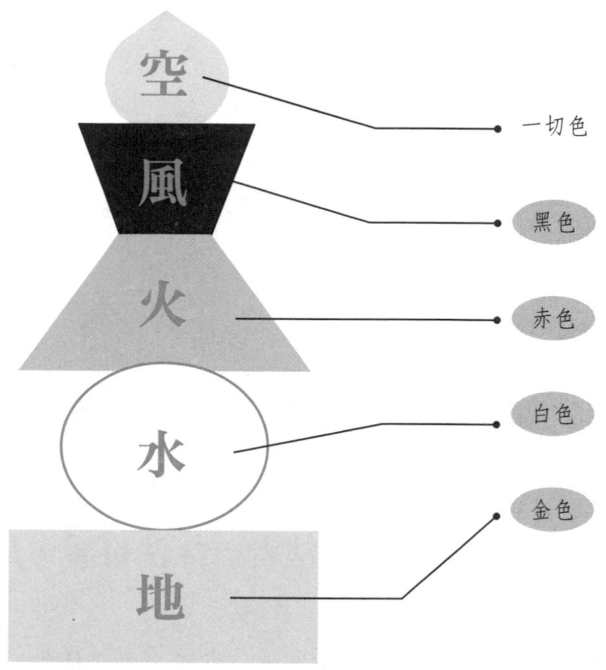

具足色身與諸相具足之間的差異

具足色身

如來認爲所謂的具足色身，即肉眼可見的身形相狀雖然圓滿無欠缺，卻不是眞實永遠存在的，不是實有的。

↓

初看

具有外在的完美形體

諸相具足

如來所說的圓滿諸相，也只不過是圓滿具足而顯示的相狀，並非是永恆實存的眞實相狀，不是眞如理體、無相的法身佛。

↓

細看

具有每一個形體特徵

第二十一品

非說所說分

【原經】

「須菩提！汝勿謂如來作是念：『我當有所說法。』莫作是念，何以故？若人言：如來有所說法，即為謗佛，不能解我所說故。須菩提！說法者，無法可說，是名說法。」

【譯經】

佛對須菩提説：「須菩提，你不要以爲如來會這樣想：『我當爲眾生説種種佛法』。不要認爲如來會這樣想，爲何？如果世人認爲如來説過法，那就不是知佛讚佛，反而是謗佛了！是不能理解我所説佛法的之祕的緣故。須菩提，所謂的説法者，實際中，沒有任何可説之法，只是名字上假立爲説法而已。」

【原經】

爾時，慧命須菩提白佛言：「世尊！頗有眾生，於未來世，聞說是法，生信心不？」佛言：「須菩提！彼非眾生，非不眾生。何以故？須菩提！眾生者，如來說非眾生，是名眾生。」

【譯經】

此時，須菩提於佛前問道：「世尊！在未來末法時期，有許多眾生聽聞這部經書時，是否會生起極大信心獲得功德？」世尊回答：「須菩提，眾生的本性不可得，本來就沒有眾生，只是在世俗中可以有如幻如夢的所化眾生。爲什麼呢？須菩提，因爲因緣所生的眾生，如來説過並非是眾生，乃是名稱中稱之爲眾生。」

佛陀住舍衛國祇樹給孤獨園時，國中的須達長者有七個兒子，由於他們不信仰佛教，不歡喜皈依三寶及受持五戒，令長者憂心忡忡。

有一天，須達長者語重心長地對七個兒子說：「孩子們！你們今生必須皈依三寶，受持五戒，廣結善緣，才能培植福德因緣。」

七個兒子異口同聲地說：「父王！你要我們皈依三寶是不可能的，至於受持五戒，那更是不用說了！」

「欲令入佛智，先以欲勾牽」，須達長者愛子心切，只好先以利誘引他們，「如果你們願意皈依三寶，奉持五戒，我就賞賜你們黃金千兩。」

七個兒子終於答應了，長者依約賜給七個兒子千兩黃金，並一同前往精舍拜見佛陀，請示佛陀：「佛陀！我的七個兒子一向不信佛法，也沒有歡喜心皈依三寶，受持五戒。當時我只好賜給他們黃金千兩，讓他們能皈依三寶及受持五戒。佛陀！像這樣子，我的七個兒子來生能獲得福善等功德嗎？」

佛陀告訴長者：「太好了！太好了！你常饒益眾生，讓眾生獲得安穩，廣積福德，你的七個兒子將由此功德而具足諸善功德。」

佛陀為增長長者的信心，又為長者說：「北方有一個國家名石室國，土地遼闊，人民豐衣足食，國中有一處寶藏，內藏無數百千金銀、珍寶、硨磲、瑪瑙、珍珠、琥珀、水晶、琉璃以及各種妙寶，隨人民所需，隨意拿取，經過七年七月七日，寶物仍然沒有減少。你的七個兒子由於諸善功德而獲得的果報，即使是此寶藏的七千兩黃金的百倍、千倍、無數倍，都不及你七個兒子所獲的功德多。」

須達長者聽了佛陀的開示，法喜充滿，請佛陀接受他的供養。於是，佛陀慈悲地到長者家中，接受長者的供養，並且為長者的七個兒子說法。長者的七個兒子聞法後，煩惱盡除，得法眼淨，對佛法生起信心，不再猶豫、畏懼，並且真心皈依三寶，受持五戒。

非說所說分詳解一

有所說、無所說

佛法無所說

縱覽《金剛經》實際上，佛從三十一歲悟道後就開始說法，八十歲入涅槃，說法近四、五十年，而此時他都一概「莫作是言」，什麼理由呢？假使有人說如來有所說法，真正說過某一種法，「即為謗佛」。而佛否認自己說法其目的在於表明：悟道、成佛是證得阿耨多羅三藐三菩提，佛所說的法如筏喻者；等於一個過河的船，過河者一旦過了河便不必要把船背在身上走。殊不知大家學佛聽了他的法，自己沒有明心見性，沒有悟道，反而拚命抓住他所說的法，當成真實。所以他現在否認這個，因為這些人不能理解他所說法的意思。

迦葉笑了

真正的佛法，佛用一句話說完了，就是不可思議。後世到了禪宗，講釋迦牟尼佛有一天在靈山會上說法，眾徒們都等他講，等了半天他沒有說話，忽然抓起面前講臺上一朵花，那麼一轉，大家都不懂佛的意思，只有大弟子迦葉尊者破顏微笑。這個「破」字形容得妙極了，大家等了半天，心情都很嚴肅，場面非常莊重，迦葉尊者的破顏微笑被佛看到了，因此佛就說：「我有正法眼藏，涅槃妙心、實相無相，微妙法門，不立文字，教外別傳，付囑摩訶迦葉。」因為迦葉懂了，這是禪宗的開始。

試著想像一下，佛祖拈花，迦葉破顏微笑，究為何意？其實，這正表示說法者無法可說，沒有一個固定的形態來表達。真正佛法到了最後是不可說的，不可思議；說出來都非第一義，都是第二義。無上妙法本來不可說，所以佛在菩提樹下悟道以後，馬上要入涅槃。本來他也不想講什麼《金剛經》，但據經典記載，佛祖在涅槃那時，帝釋天人都下來向他跪著請求：你多生多世發大願，說大徹大悟之後要度眾生，現在你大徹大悟證道了，反而要走了！為此，佛講了一句話：「止。止。我法妙難思。」就說了這麼一句話。這句話就是《金剛經》的含義了。止，一切妄念不生，一切煩惱不起，萬法皆空，定在這裏，然後你可以懂佛法了。所以說：止，止，我法妙難思，一句話說完了，《金剛經》都用不著講了。

法無所說，所說非法

《金剛經》第二十品，是已經破除了「佛身」的見相，這一品是更徹底地、深入地破除了「佛語」的見相。所以，佛陀再三地為眾生解黏去縛，破其執見及所知諸障，希望眾生能隨說隨泯，悟入般若妙境。而佛陀的「法無所說，所說非法」的用意，也就在此。

說法者與眾生

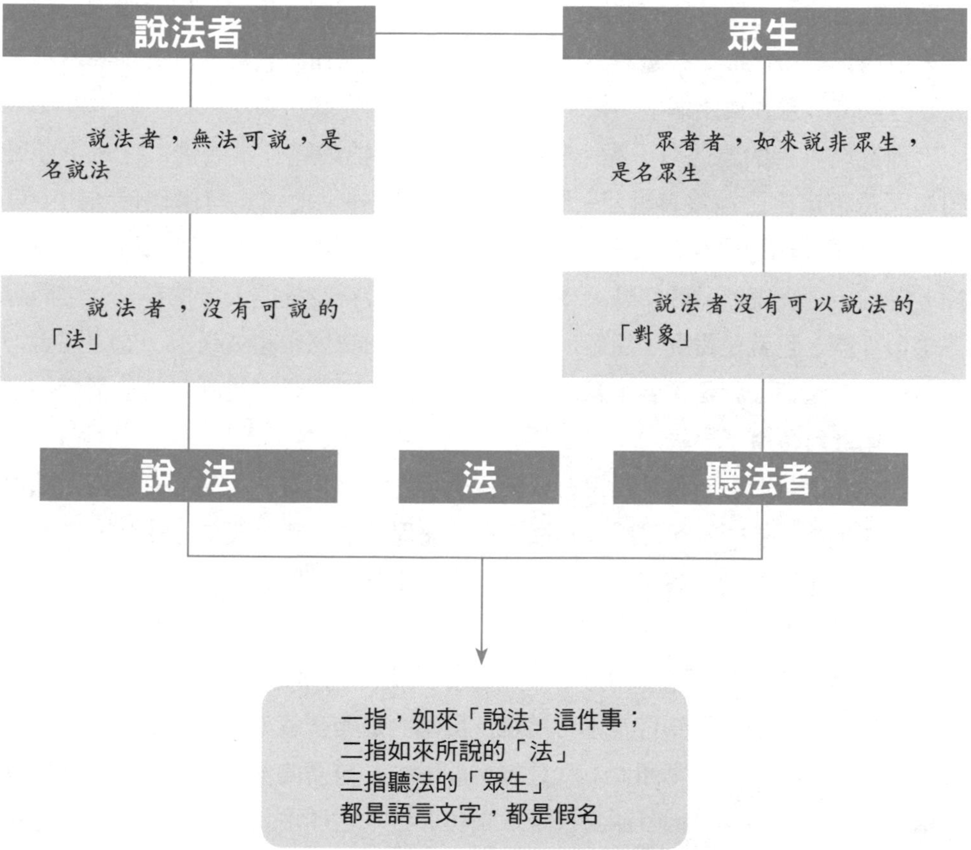

說法者 —— **眾生**

說法者：
- 說法者，無法可說，是名說法
- 說法者，沒有可說的「法」
- **說 法**

眾生：
- 眾者者，如來說非眾生，是名眾生
- 說法者沒有可以說法的「對象」
- **聽法者**

法

↓

一指，如來「說法」這件事；
二指如來所說的「法」
三指聽法的「眾生」
都是語言文字，都是假名

非說所說分詳解二

慧命須菩提

止而不止

一個「止」字，就是此心難止。如果能止，一切戒、定、慧，六度萬行，就都從此而建立。所以所有的說法，都是方便。下面接著轉了一個方向，大家注意！前面都是須菩提，在這裏對佛卻稱須菩提為「慧命須菩提」，好像鳩摩羅什翻譯經典時故意多寫兩個字一樣。其實佛也沒有說什麼法嘛！

而此時，佛的意思有三點：一是叫我們不要把肉體身當成佛；二是不要著相；三是否定自己並沒有說法。除了這三個要點外，他並沒有講任何法門！可是，須菩提卻明白了佛的意思。懂了就是荷擔如來慧命，所以這裏稱慧命須菩提。佛的弟子裏說般若的空性，須菩提屬第一位證得空性的人。他在一念之間證得了自性空，也就是得到了慧命，延續了慧命，所謂燃燈也就是這一念之間證得了自性空，這個人就是得到了慧命、延續了慧命，所謂燃燈也就是這一盞燈不會熄了，由此可傳燈了。

慧命須菩提明白了佛法是沒有什麼東西可說的。但是，他還心存疑慮，續而向佛祖問道：「佛啊，也許將來有眾生，聽你那麼講，能生起信心嗎？」

而佛則很更妙地回答道：「何為眾生？本來就沒有眾生。」

頑石點頭為什麼

由於佛否定了「沒有眾生」，包括後世一切眾生都被否定了。佛為何要否定沒有眾生呢？因為眾生皆是佛。這是佛揭曉的最明智答案。中國文學上有兩句話，「生公說法，頑石點頭」，就是與《涅槃經》有關的典故。生公指晉末義學高僧竺道生，原姓魏，因其師父竺法汰來自天竺（古印度），故改為竺姓，世稱生公。道生15歲就登壇講法，20歲上廬山講授佛法，成為江南的佛學大師，他潛心研究剛傳入中國的《涅槃經》，參悟到其中的奧妙，得出「人人皆可成佛」的理論推斷，因此被逐出廬山，他流浪到蘇州虎丘山講法，法指佛法；頑石指無知覺的石頭。傳說竺道生解說佛法，能使頑石點頭。所以《金剛經》這裏，告訴慧命須菩提，所有眾生，即非眾生，不要看不起人啊！一切眾生都是佛。

須菩提為何被稱為「慧命」？

此分經文透過佛對須菩提改稱為「智慧須菩提」。「慧命」是對比丘的尊稱，其意為「以慧為命」。慧命又稱慧壽，意思是說比丘不但具有世間的壽命，而且還具有法身的慧命，所以他們有兩種命。「慧命」通常是對比丘中長老的敬稱。

壽命與慧命

須菩提的兩種「命」

世間

一種為世間的壽命，一歲、兩歲、十歲……乃至百歲，這是肉身的長命。肉身非永恆且短暫。

法身

一種為具有法身的慧命，慧命又稱慧壽，智慧越廣越深，就越長遠！智慧可以超越時空！

慧命=把智慧當做生命

修行人把全憑智慧。因此修行人把智慧當做生命。

生公說法，頑石點頭

生公指晉末義學高僧竺道生，原姓魏，因其師父竺法汰來自天竺（古印度），故改為竺姓，世稱生公。道生15歲就登壇講法，20歲上廬山講授佛法，成為江南的佛學大師，他潛心研究剛傳入中國的《涅槃經》，參悟到其中的奧妙，得出「人人皆可成佛」的理論推斷，因此被逐出廬山，他流浪到蘇州虎丘山講法，法指佛法；頑石指無知覺的石頭。傳說竺道生解說佛法，能使頑石點頭。

第二十二品

無法可得分

【原經】

須菩提白佛言：「世尊！佛得阿耨多羅三藐三菩提，為無所得耶？」佛言：「如是，如是。須菩提！我於阿耨多羅三藐三菩提乃至無有少法可得，是名阿耨多羅三藐三菩提。」

【譯經】

須菩提對佛說：「世尊，佛得無上正等正覺果位，於實相中實無有所得嗎？」佛說：「是的，是的，須菩提。我於無上圓滿正等正覺果位，在實相中少有法乃至無法可得，只在名稱中叫做無上正等正覺果位。」

從前，在遙遠的小村莊裏，住著一位主人、他的女僕，以及一頭公羊。寧謐如田園詩般的鄉間生活，卻被一件小事件破壞了。

事件的起因十分稀鬆平常：「麥豆」。

勤儉認真的女僕，時常聽從主人的吩咐，熬煮一鍋麥豆，但那隻率性機靈的公羊，卻常趁著四下無人時偷吃。不明究裏的主人，發現麥豆消耗速度太快，所以常對女僕大動肝火。幾次惡性循環下來，一肚子委屈的女僕，對公羊的厭惡與懷疑與日俱增。

從此以後，女僕只要一見到公羊的身影，就揮舞木棒，不由分說地直追猛打，公羊為了防衛自己，也使勁揮動頭上的羊角反守為攻。主人家中日日上演人羊大戰，火藥味一天比一天濃厚。

這天，女僕忙著生火熬麥豆，雙手只拿著略帶火星的火種。公羊眼見女僕手上沒拿木棒，機不可失，低頭以角對準女僕飛奔突襲。一路碰撞後退、驚慌失措的女僕，情急之下將火上的火種全撒在羊背上。

星星之火，觸著乾燥易燃的羊毛，接著緩緩蔓延，發出細微的聲響，燃起細小的焦煙，終於爆發出火苗。燥熱與痛楚，驅使心煩意亂的公羊，拔腿向屋外狂奔。牠足跡所至，不論村莊、山間、田野……盡成熊熊火海，鄰山居住的五百隻獼猴，亦來不及避難而葬身火海中。

天神們看見原本清淨秀麗的鄉村，一夕間焦骸遍野、面目全非，不禁感慨萬千：「嗔恨鬥爭，不應該執取、固守不放，否則就會像女僕和公羊一樣，怨恨衝突不休，怒火所及，讓村人、獼猴都一起喪失了寶貴的生命！」

無法可得分詳解

無法可得之「法」

《金剛經》二十一品中，佛說無法可說，而這一品更是無法可得。須菩提說向佛陀請示：當年佛陀大徹大悟證到阿耨多羅三藐三菩提，難道就沒有得到法嗎？佛告訴須菩提是這樣，是這樣。這樣又是何意呢？具體何意，要眾生自己去參悟！就像是禪宗那個一指禪一樣。

唐代的一位禪師，他是金華山的俱胝和尚。有一天，他要出來參學，夜裏，虛空中一個聲音告訴他：你不要出去，有肉身菩薩親自來為你說法。肉身菩薩就是活著的人，像我們普通人一樣的肉身，可是他是菩薩再來身。第二天天龍和尚來看他，他就問天龍什麼是佛法？天龍和尚是大禪師，手一指，俱胝就大徹大悟了。所以俱胝和尚悟道一點都不吃力，他得的是一指禪。以後他說法，什麼是佛法？手指一比，懂也是這個，不懂也是這個；很多人因他這麼一指也悟道了。

而禪師有個徒弟小沙彌，看到人家跟師父求佛法時，師父總是手一指，這個。這一天師父出門了，有人來找師父問佛法，小沙彌說：我師父那個佛法，我也知道。那個居士就跪下來，小師父，那請你告訴我。小沙彌也手一指，這個！那個人也悟道了。小沙彌很高興，原來師父的佛法就是這個樣子。等到俱胝和尚回來，小和尚向他說居士求法的經過。師父對小沙彌說，你再說一遍怎麼接引人？小沙彌就把手一指說，這個。師父等他指頭一伸出來，一刀把他指頭砍斷了，流血不止，小和尚又痛又「唉喲」，悟道了。指頭砍斷了一節，就是這個。所以，「如是，如是」，就是禪宗的這個。這個究竟是哪個，就要自己參了。

《金剛經》有五、六種的翻譯，反覆研究，還是鳩摩羅什翻譯得最高妙。後來玄奘法師重新翻譯過，道理是更清楚，但是佛法的意義卻模糊了。鳩摩羅什的翻譯，許多地方都是禪宗講話，如珠之走盤，不著邊際，不落一點。所以後世的禪宗採用《金剛經》，可以悟道，就是這個道理。

他告訴須菩提：我告訴你，當時我在菩提樹下得阿耨多羅三藐三菩提的時候，你以為得到一個什麼菩提嗎？了不可得。也就是六祖後來悟的，「本來無一物，何處惹塵埃」！因此「無有少法可得」，這個叫做阿耨多羅三藐三菩提，無上正等正覺。

無法可得之「法」

雖然佛陀透過般若妙法證得了無上正等正覺，但這無上正等正覺本是自己所有，而非心外而得。因為本來就無失，所以沒有「得」與「不得」一說，所以說「無法可得」。

何為三法

三法

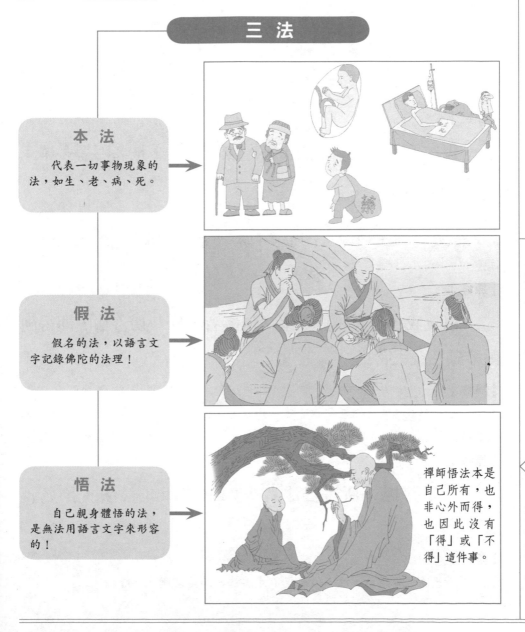

本法

代表一切事物現象的法，如生、老、病、死。

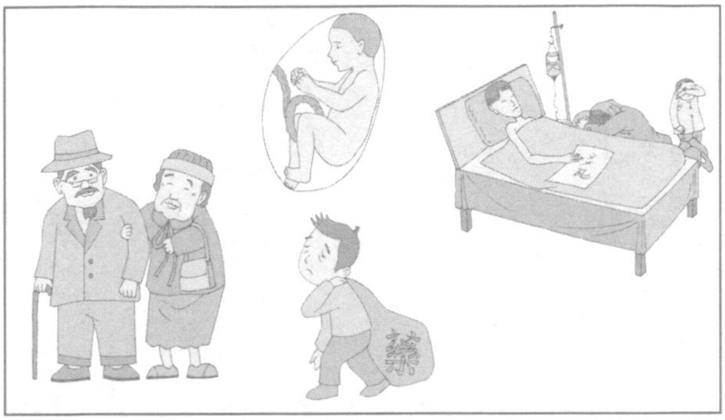

假法

假名的法，以語言文字記錄佛陀的法理！

悟法

自己親身體悟的法，是無法用語言文字來形容的！

禪師悟法本是自己所有，也非心外而得，也因此沒有「得」或「不得」這件事。

第二十三品

淨心行善分

【原經】

復次，須菩提！是法平等，無有高下，是名阿耨多羅三藐三菩提；

【譯經】

佛又說：「其次，須菩提，一切法平等，沒有高下，稱之爲無上正等正覺果位。」

【原經】

以無我、無人、無眾生、無壽者，修一切善法，即得阿耨多羅三藐三菩提。

【譯經】

「即遠離我、人、眾生、壽者等一切執著，修持一切善法，即可獲得無上圓滿正等正覺的佛果。」

【原經】

「須菩提！所言善法者，如來說即非善法，是名善法。」

【譯經】

「須菩提！所謂的善法，如來說不是善法，而是名稱上爲善法。」

月船禪師是一位善於繪畫的高手，可是他每次作畫前，必堅持購買者先行付款，否則絕不動筆，這種作風，讓社會人士經常有微詞批評。

有一天，一位女士請月船禪師幫她作一幅畫，月船禪師問：「你能付多少酬勞？」

「你要多少就付多少！」那女子回答道：「但我要你到我家去當眾揮毫。」

月船禪師允諾跟著前去，原來那女子家中正在宴客，月船禪師以上好的毛筆為她作畫，畫成之後，拿了酬勞正想離開。那女士就對宴桌上的客人說道：「這位畫家只知要錢，他的畫雖畫得很好，但心地骯髒；金錢汙染了它的善美。出於這種汙穢心靈的作品是不宜掛在客廳的，它只能裝飾我的一條裙子。」

說著便將自己穿的一條裙子脫下，要月船禪師在裙子後面再作一幅畫。月船禪師問道：「你出多少錢？」

女士答道：「哦，隨便你要多少。」

月船開了一個特別昂貴的價格，然後依照那位女士要求畫了一幅畫，畫畢立即離開。

很多人懷疑，為什麼只要有錢就好？受到任何侮辱都無所謂的月船禪師，心裏是何想法？

原來，在月船禪師居住的地方常發生災荒，富人不肯出錢救助窮人，因此他建了一座倉庫，貯存稻穀以供賑濟之需。又因他的師父生前發願建寺一座，但不幸其志未成而身亡，月船禪師要完成其志願。

當月船禪師完成其願望後，立即拋棄畫筆，退隱山林，從此不復再畫。他只說了這樣的話：「畫虎畫皮難畫骨，畫人畫面難畫心。」錢，是醜陋的；心，是清淨的。

有禪心的人，不計人間毀譽，像月船禪師，以自己的藝術素養，求取淨財救人救世。

淨心行善分詳解

修一切善法

復次就是其次的問題或者另一個問題。在前面佛否定了一切，不是佛、不是有相、不是有色、也不是有法可得。但在這裏佛卻告訴須菩提：想要成佛就要修一切善法，諸惡莫做，眾善奉行，非有善法的成就不可。即「修一切善法，即得阿耨多羅三藐三菩提」。

佛告訴須菩提，「是法平等」，真正的佛法是平等，「無有高下」。八萬四千法門，念佛也好，修密宗也好，參禪也好，修止觀也好，甚至於說修旁門左道也好，以華嚴境界看來，都能成就。真正的佛法是平等，無有高下的。佛在前面也說過，一切賢聖皆以無為法而有差別，也就是說是沒有差別的。

我們曉得平等性智，那是要到達第八地成就，才能證到的。第六識空，是證得妙觀察智；第七識我執空了以後，才證得平等性智，一切眾生人我就平等了。我們之所以覺得有煩惱，有人我，有眾生，是因人我分別而來；把我相，我見一空以後，平等性智出來，再看一切眾生都是一律平等，這個叫做阿耨多羅三藐三菩提嗎？但是要修一切的善，才能證得空，「修一切善法即得阿耨多羅三藐三菩提」。

如果說有所為，為了求佛果，為了求自己的福報及功德而修一切善法，這是人天果報，凡夫的修法，凡夫的為善。真正的善法是為菩提道果的行善，雖行善而不著行善之念。「所言善法者，如來說即非善法」，不要求福德之念，這個才是真正的善法。

「鏡花水月夢中塵」，就是說世間一切都是虛幻的，如鏡中花、水中月、夢中塵等。佛經經常用這種譬喻，說人生一切萬有的現象，如鏡中花、水中月。因為有我們的身心，才能做夢，但是夢中的一切只是影像。所以大家研究佛學，要注意這一點，鏡花水月並不是說絕對的沒有，只是告訴你是虛幻的、不實在的，是偶然暫時的存在而已。這個暫時存在的有，是把握不住的、不常的。

我們學佛的根本是什麼？一切宗教都是一樣，都是：諸惡莫做，眾善奉行，這是第一個起步。如果不修一切的善法，光想求開悟，那就是自誤。

何爲善法

善法，即順理益己之法，可分「世間法」與「出世間法」。五戒十善為世間的善法，三學、六度為出世間的善法。

善法

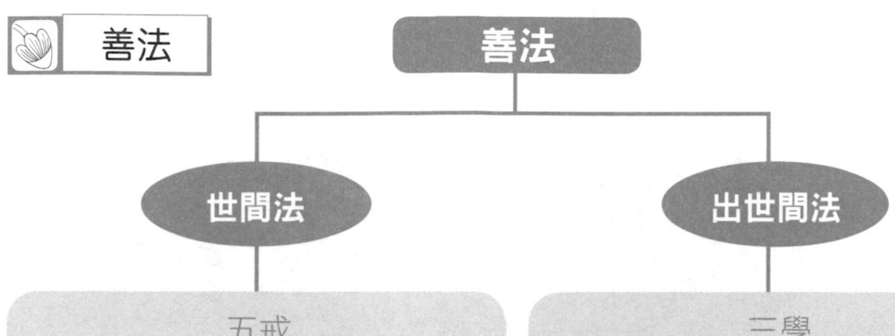

五戒

五戒是五條戒律或行爲準則。佛教中的五戒是一不殺生，二不偷盜，三不邪淫，四不妄語，五不飲酒。這五戒，是佛門四眾弟子的基本戒，不論出家在家皆須遵守。道教五戒即老君五戒，託稱太上老君演説之戒：第一戒殺，第二戒盜，第三戒淫，第四戒妄語，第五戒酒。

十善

不殺生、不偷盜、不邪淫；
不妄語、不兩舌、不惡口；
不綺語、不貪欲、不嗔恚；
不邪見。

身處輪迴世界應秉持的善法。

三學

戒學，亦稱增上（卓越）戒學，指戒律。即防止行爲、語言、思想三方面的過失。定學，亦稱增上心學，指禪定。即摒除雜念，專心致志，觀悟四諦。慧，又稱增上慧學，亦即智慧。慧學就是有厭、無欲、見眞。摈除一切欲望和煩惱，專思四諦、十二因緣，以窺見法，獲得智慧解脱。

六度

布施到彼岸、持戒到彼岸；
忍辱到彼岸、精進到彼岸；
禪定到彼岸、智慧到彼岸。

超脱輪迴世界應採取的善法

善法的認識與分析

對善法的正確認識：是法平等，無有高理

修持善法的方式與結果：是名阿耨多羅三藐三菩提（取個名稱，有了語言文字，方便眾生的理解）

以無我、無人、無眾生、無壽者，修一切善法，則得阿耨多羅三藐三菩提

所言善法者，如來說即非善法，是名善法。

表明善法有諦，也是空締，最理想的認識是非空非有。

第二十四品

福智無比分

【原經】

「須菩提！若三千大千世界中所有諸須彌山王，如是等七寶聚，有人持用布施；

【譯經】

「須菩提，如果聚集整個三千大千世界中所有像須彌山一樣大的金銀等七寶供養布施眾生，功德不可思議、無法言喻。」

【原經】

若人以此《般若波羅蜜多經》，乃至四句偈等，受持讀誦、為他人說，於前福德百分不及一，百千萬億分，乃至算數譬喻所不能及。」

【譯經】

「但是，如果有人以《金剛般若波羅蜜多經》，哪怕僅僅受持其中四句偈，受持讀誦、爲他人宣講，就會遠遠超過前面的功德。以七寶布施的功德比不上宣講《金剛經》功德的百分之一、百千萬億分之一，甚至是數目譬喻無法表達衡量。」

在明朝，有個人叫羅洪先，他特別有才華，二十多歲就高中狀元。他為人正直，因看到官場黑暗腐敗，感念人生之無常，於是辭官隱居，斷然出家，世稱「狀元和尚」。

狀元和尚在寺院出家後，假裝愚鈍，甘心承擔最苦的雜役，劈柴挑水、燒火煮飯，無所不做，以此來磨練自己的心性。就這樣過了十三年。

他出家前原有妻室，並有一子。十三年後，其子又高中狀元，父子同科，世間希有，一時傳為佳話。此時妻兒很想念他，無奈他出家後音信全無，根本無從尋起。

可能是親人思念真切的緣故，有一天狀元和尚忽然起了回家探親的念頭，於是返回家鄉。及至狀元府，剛站在門前，僕人以為是和尚化緣，便入室稟告夫人。夫人生性善良，讓僕人施米一斗。狀元和尚未接受，希望求見主人。僕人認為和尚貪心，又報夫人。夫人又讓僕人出來施錢一貫。

狀元和尚還是不收，即索紙筆，題詩一首：「斗米千錢我不收，十三年返故鄉遊。兒孫自有兒孫福，莫為兒孫做馬牛。」（這個偈子很適合現在許多人，他們一輩子為了兒孫操勞，自己也不學佛，天天耗費人身。其實，兒孫自有兒孫的福分，有福報的話，你根本不必為他擔心；沒福報的話，你操心也沒有用。所以，不要一生為兒孫當牛做馬。）

僕人將詩稿入呈給夫人。夫人見後驚訝萬分，急速跑出門外，但和尚已經離去。夫人即刻派人四處尋找，再也不見其蹤影。

後來，狀元和尚投歸福建龍褲禪師，朝禪暮淨，終於大徹大悟。他感念世人之迷茫，遂作《醒世詩偈》，廣為流傳。記得其中一句是這樣寫的：「勸君早辦修行路，一失人身萬劫難。」可見，人身難得的教言，在漢傳佛教中也特別重視。

福智無比分詳解一

無得即為得

修行者若能通達無我，不住於相，其福德便不可估量；反之若執著於我執，便住了相，其福德就有限，因為從生皆有佛性，執著於自我，就迷失了原本的佛心。

佛經在前面就講出了成佛的兩大資糧，即福和慧。就「福德較量」這個問題也作了多次譬喻。這裏同樣又提到這個以三千大千世界七寶進行布施的老問題，稍加注意，這裏作布施福德的較量，只是以因緣果報來表示如何布施才能使福德廣大，這次宣揚布施福德的較量是為了重點講明「因緣」、「有實」和「無故」之間的關係。

因緣

大家都知道，凡事生發，都有一定的因，即本身的因素叫做因（內因），再涉及外部的輔助因素叫做緣（外因）。正如一粒種子，以種子為因，以外在的土壤、肥料、陽光、氧氣為緣，最後在因緣假合的條件下，種子發芽、開花、結果。其實福德也是一樣，修福修德所得的果報也需要一定的因緣假合。正如佛經在前面提起過「過去心不可得、現在心不可得、未來心不可得」，這裏的「不可得的三種心」就是本品的「因」，而這裏「滿三千大千世界七寶」便為「緣」了。然而這個既定的「因緣」可以把當下的布施追溯到前世，又能與未來相連結，這種因果的連續性表示了修持中的布施，是自然而然，不應心存任何雜念。如果以這種因緣去布施，守住如來的真心，那麼他所得的福報也就無法估量了。

有實與無故

如果以無得之心去布施，而福報的大小自然也就不會計較了。佛清楚地跟大家說過，如果以福德果報為實有，則是可以估算的，自然而然也得到多少福報，即使有所得，其所得的福報也會像竹籃打水一場空。這種布施則執著於布施之法，把布施當做生意一樣的投資，所以得不到真理之法。反之，布施不求福報，即「無故」，順因果自然發展，本著清淨心去修行，才能得到很大的無漏福德，這種布施，顯然已通達無我，已經把自己與真理融為一體，則所得福報自然不可估量。

因緣三空

因緣與果報

佛教認為「因緣」都是「空」。1. 雖然「因」與「身」聯繫，「緣」與「身外之物」聯繫，但人不可能認識眞正的「身」和「身外之物」，所以一切認識、一切知識究竟是空，此是一空。2. 思維過程中「因」、「緣」都只是精神現象，此是二空。3. 思維時，因緣在虛空中會合，許多形象在虛空中出現、組合、消失……此是三空。

種子就是「因」，花園就是「緣」，種子與花園兩者相互依存，彼此成就。

「因」，指引申結果的直接原因。「緣」，指由外來相助的間接原因。如一朵盛開的花，其種子就是「因」，使種子發芽、成長到開花所不可或缺的水分、陽光、土壤等，就是「緣」。

空

福智無比分詳解二

真教化的功德

他說假使有人，不要說全部《金剛經》，只要把四句偈做到受持讀誦，懂了這個道理，教人家，使人家解脫煩惱；教人家並不是要自己當老師，高人一等，只是教人家得受用，使人家能夠解脫煩惱。如果做到這樣，那麼這個人所修的福德，比前面所說用須彌山王那麼多的財富來布施，更大。前面那個布施是財布施，是有形的，比不上這個法布施，佛學就叫做法布施。中國文化的觀點，這就是教育的功勞，教化人家。教化就是法布施，解決人家心裏的痛苦，成就人家自己的人生。

法布施的功德，比有形財富的功德，更大更多，兩者是不能相比的。以有形財富來作布施，跟智慧布施比起來，百分之一都不到，甚至百千萬億分之一也不到。總而言之，不能比就是不能比，怎麼說呢？如果我們那麼一講，聽起來不能比就是不能比，很土、很粗，就不像經典了；經典翻譯得非常美，「乃至算數譬喻所不能及」，用算術都算不清。換句話說，拿現在誇張一點的話來講，電腦也算不清，數字是沒有辦法計算的。真到達不可算的數字是什麼？是譬喻那個東西很大。就像我們經常說天一樣的大，這是譬喻，你說那個天有多大啊？佛經上經常作譬喻：恆河沙那麼多，恆河沙有多少啊？誰都不知道。這既說它的多，也說它的大，是譬喻的數目字。換句話說，當世界上最大的數目字沒有辦法以數字代表的時候，只好拿譬喻來作代表。

這一段很容易懂，就是說文化、教育力量的重要，佛法教育的力量和它所培養的功德，遠超過了物質布施的功德；因為那是幫助一切眾生的精神生命，所以簡稱為慧命。慧命就是智慧壽命的觀念，屬於慧命教育，所以它的功德特別大。這一節的內容就是說明智慧的成就，智慧及自度的重要。

普度眾生的大智慧

普度眾生，意為普欲度脫一切眾生。佛家認為大眾營營擾擾，如溺海中，佛以慈悲為懷，施宏大法力，盡力救濟他們以便登上彼岸。

普度眾生

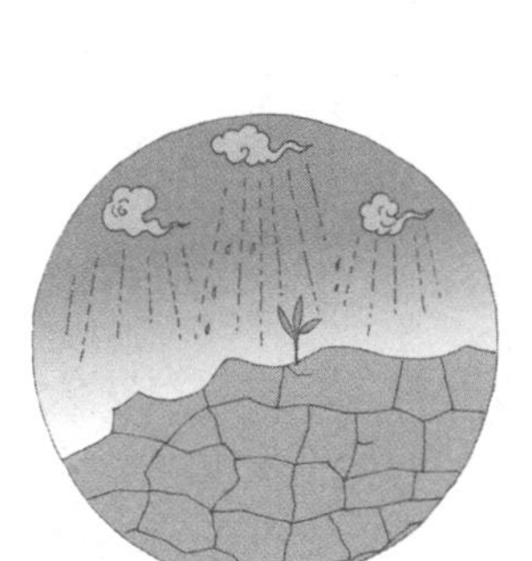

成爲旱天的雨：乾旱的大地終於得到了雨水的滋潤。

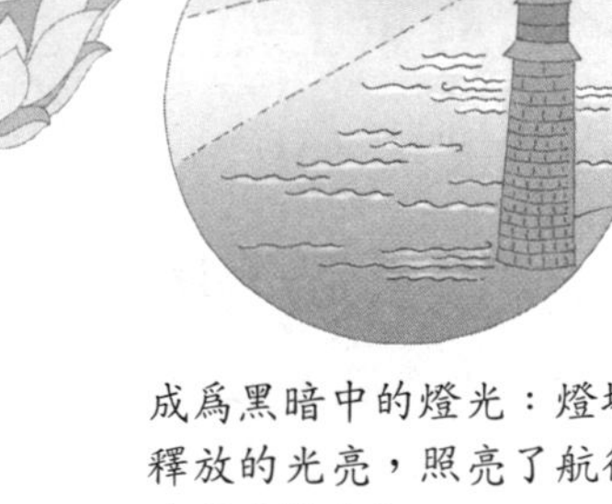

成爲黑暗中的燈光：燈塔釋放的光亮，照亮了航行者前進的方向。

成爲漂渡者的舟：舟在茫茫大海中成爲漂泊者的港灣。

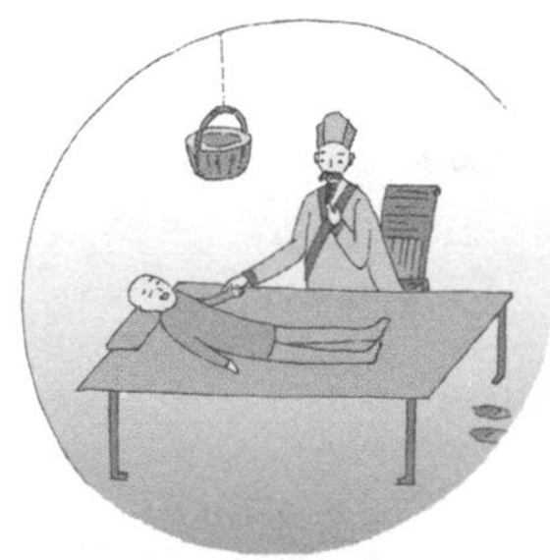

成爲疾病者的醫生：「救死扶傷」是醫生的天職。

第二十五品

化無所化分

【原經】

「須菩提！於意云何？汝等勿謂如來作是念：『我當度眾生。』須菩提！莫作是念。何以故？實無有眾生如來度者。若有眾生如來度者，如來則有我、人、眾生、壽者。須菩提！如來說：『有我者，則非有我，而凡夫之人以為有我。』須菩提！凡夫者，如來說則非凡夫。」

【譯經】

「須菩提，你怎麼認爲？你們不應該認爲如來會這樣想：『我應當度眾生』，須菩提，不要這樣想，爲什麼呢？實際上並沒有眾生需要如來所度。如果如來認爲有需要度化的眾生，那麼如來就存有我相、人相、眾生相、壽者相的執著了。須菩提，如來說：『有我，實際眞實意義中並沒有我，只是凡人錯誤地認爲有我，而生起各種執著。』須菩提，而這些所謂的凡夫，如來說並非眞實存在的凡夫。」

有道禪師的禪堂裏，除了出家眾的禪者以外，也接受在家信徒進來參禪。他希望在家眾裏，也能出幾位像蘇東坡、王陽明這樣的禪者。其中有一位叫王德勝的在家居士，他道心非常堅固，不僅對參禪打坐相當投入，還放下家事眷屬，在禪堂裏一住就是數年，即使逢年過節也不回家，只是一心參究。

有一天，他終於對有道禪師說：「我在禪堂裏打坐參禪已經六年了，除了身心的舒服愉快以外，為什麼始終不明白心地功夫？」

有道禪師就說：「現在，禪堂已經不適合你用功辦道，你可以到社會塵勞裏去找尋你的本來面目吧！」

王德勝依照禪師的指示，有時站在大馬路十字街頭，有時就在騎樓巷子口，靜靜地看著車水馬龍的人潮，熙來攘往，車聲隆隆。

有一天夜暮低垂時，他看到一名婦女，懷裏已有一個小嬰兒，背上又背著一個小孩，手中牽著一個幼童，另外一隻手還拉著行李。婦女的面容疲倦、舉步艱難。王德勝看到這位婦女辛勞的樣子，很想上去幫忙，礙於世俗男女授受不親的觀念，雖想跨步向前，卻猶豫了。就在那一瞬間，王德勝豁然大悟。

王德勝立刻回到寺裏告訴有道禪師：「我明白了，我明白了！」

有道禪師說：「你明白了什麼？」

王德勝說：「腳踏大地，頭頂青天。」

禪師又問：「除去頭腳，踏在何處？頂著什麼呢？」

王德勝再說：「芸芸眾生。」

有道禪師追問：「眾生芸芸，如何盡收眼底？」

王德勝不甘示弱地說：「不離世間！若心無眾生，蒲團上便無清淨法身佛。」

禪師聞言，哈哈大笑。

至此以後，有道禪師總是告訴那些喜好參禪打坐者：「一個禪者，雙眼看不到芸芸眾生愁苦的面容，兩耳聽不到芸芸眾生悲苦的聲音，心意感觸不到芸芸眾生的需求，就不是一位頂天立地的菩薩禪者了。」

所以，禪不是只顧自己而已。假如能夠立大願心，為眾生解除苦難，那才是真正的徹悟吧！

化無所化分詳解

有教無類、自己解脫

佛講到這裏，《金剛經》快要作整部的結論了。化無所化，什麼叫「化」？在唐以前，多半的佛經用這個「化」字。唐宋以後用「度人」。到元明時代，幹脆兩個字合起來，叫做度化。度化，實際上就是教育了。化也就是感化人、變化人。

仔細對《金剛經》研究，其實佛說法長達四十九年，而在《金剛經》裏卻說沒有說過一句話！佛本來發願要度眾生，現在又否認沒有一個眾生需要自己來度化。真正足以為人之師，真正足以度人，必定表明他已經證到空的境界了，何以會有自我崇高的觀念呢？絕對不會！因為他自己已經沒有這個觀念了；而是一切眾生，人我平等。

自己的解脫

佛說有眾生就有人，真正的佛法告訴我們，八萬四千法門只教我們如何證到自己真正無我。所以，佛說沒有一個眾生需要他來度。再徹底地講，佛說了八萬四千法門，並把自己如何修道，如何證道的法門都講出來了，只要依照這個樣子做，皆可成佛。他沒有辦法幫你成佛，要自性自度，修要自己修，修成功自度了，是你自修自度、自性自度。所以佛說的是老實話，他說沒有一個眾生是需要他來度化！必須是修行者自己有信心，自修自度，自性自度。

所以他的話，一點都沒有錯。不過他表達的方法是語出驚人，每一句話說出來都很難解；其實道理很簡單，人人都要自求解脫、自性自度、自我得救，誰都救不了你。只有自助天助、自求多福。要求菩薩保佑自己，不如求自己保佑自己？行一切善法，那麼自助就天助了，一切眾生本來無我，這是佛法；佛法三藏十二部經典，總歸起來就是告訴我們這句話。本來無我啊！就是我們做不到，做到了各個成佛。

佛又說：「如來說有我者，即非有我，而凡夫之人，以為有我。」凡夫就是一般人，一般人因為貪著於「我」。究竟那個是「我」呢？佛經告訴我們，人體是三十六樣東西湊攏來，沒有一樣東西是「我」的。

眞理的世界需自己構築

真正的佛法告訴我們：人人都要自求解脫、自性自度、自我得救。行一切善法，那麼自助就天助了。

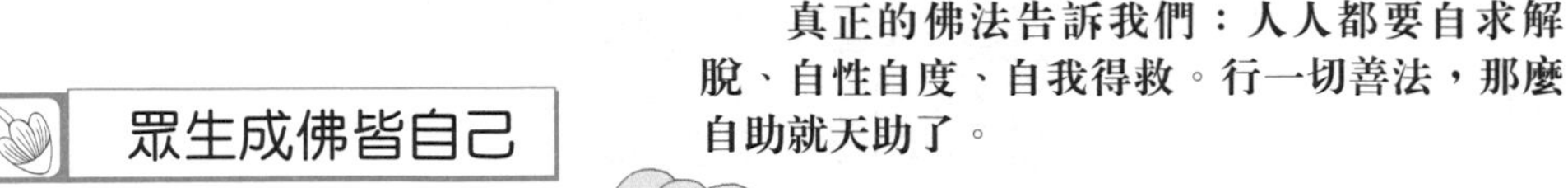

眾生成佛皆自己

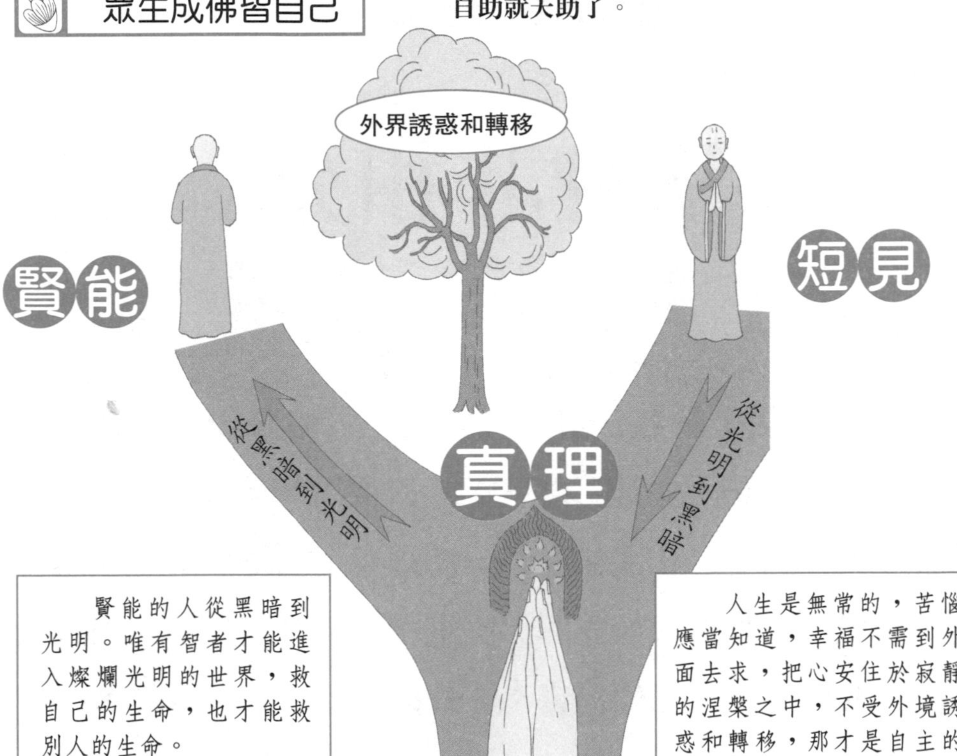

賢能的人從黑暗到光明。唯有智者才能進入燦爛光明的世界，救自己的生命，也才能救別人的生命。

人生是無常的，苦惱應當知道，幸福不需到外面去求，把心安住於寂靜的涅槃之中，不受外境誘惑和轉移，那才是自主的生活，才是真理的世界！

解脫的究竟

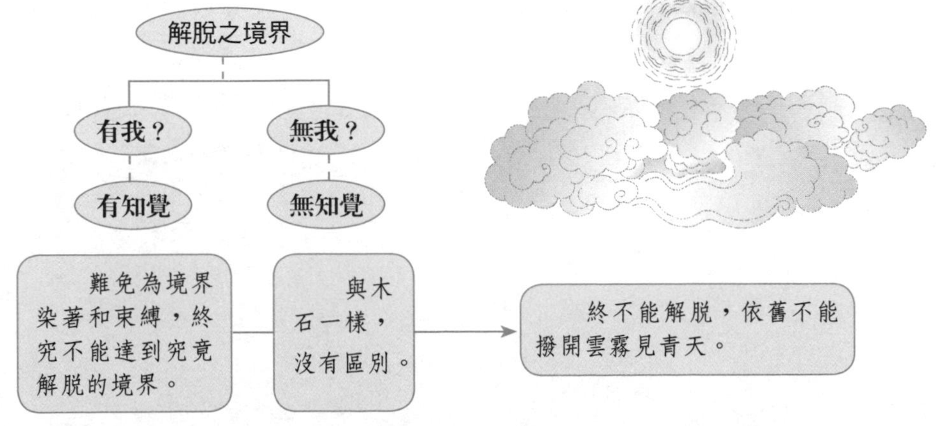

第二十六品

法身非相分

【原經】

「須菩提！於意云何？可以三十二相觀如來不？」須菩提言：「如是！如是！以三十二相觀如來。」佛言：「須菩提！若以三十二相觀如來者，轉輪聖王則是如來。」須菩提白佛言：「世尊！如我解佛所說義，不應以三十二相觀如來。」爾時，世尊而說偈言：「若以色見我，以音聲求我，是人行邪道，不能見如來」。

【譯經】

佛說：「須菩提，你認爲如何？可否以三十二相見到如來？」須菩提回答：「是的，是的，可以以三十二相見到如來。」佛說：「如果以三十二相見到如來，轉輪聖王也具足三十二相，他也就成如來了。」須菩提對佛說：「世尊，依我對佛所說義的理解，不應以三十二相來見如來。」此時，佛用偈文宣講：「如果以色相見我，以音聲來求我，則此人已入邪道，不能見如來的眞實相狀。」

惠南禪師曾經在廬山的歸宗寺參禪，後來雲遊至圓明禪師的道場時，圓明禪師就令他分座接引，指導禪法，這時他的聲譽已經名聞八方了。

後來，雲峰禪師見到他，就讚歎道：「你雖有超人的智慧，可惜你沒有遇到明師的鍛鍊。圓明雖是雲門禪師的法嗣，但是他的禪法與雲門禪師並不相同。」

惠南禪師聽後不以為然，問道：「為什麼不同？」

雲峰禪師回答道：「雲門如同九轉丹砂，能夠點鐵成金；圓明如同藥物汞銀，只可以供人賞玩，再加鍛鍊就會流失。」惠南禪師聽後憤怒異常，從此不再理睬雲峰禪師。

第二天，雲峰禪師向惠南禪師道歉，並對他說道：「雲門的氣度如同帝王，所謂『君叫臣死，臣不得不死』，你願意死在他的語句下嗎？圓明雖有法則教人，但那是一種死的法則，死的法則能活得了人嗎？慈明禪師的手段超越了現代所有的人，你應該去看他。」

後來，惠南禪師在衡嶽的福巖寺參訪了慈明禪師。慈明禪師說道：「你已經是有名的禪師了，如果有疑問，可以坐下來研究。」

慈明禪師說：「你學雲門禪，必定了解他的禪旨，例如放洞山頓棒，是有吃棒的分兒，還是無吃棒的分兒？」

惠南禪師答道：「有吃棒的分兒。」

慈明禪師很莊重地說道：「從早到晚，鵲噪鴉鳴，都應該吃棒了。」

於是，慈明禪師端正地坐著，接受惠南禪師的禮拜。然後又問道：「假如你能領會雲門意旨，那麼，趙州說『臺山婆子，我為汝勘破了也』，哪裏是他勘破婆子的地方？」

惠南禪師被問得冷汗直流，不能回答。第二天，惠南禪師又去參謁。這次，慈明禪師不再客氣，一見面就是指罵不已。惠南禪師道：「難道責罵就是我師慈悲的教法嗎？」

慈明禪師反問道：「你認為這是責罵嗎？」惠南禪師在言下，忽然大悟，就作了一首偈：

「傑出叢林是趙州，老婆勘破沒來由；

而今四海明如鏡，行人莫與路為仇。」

四海明如鏡，行人莫與路為仇。保持寬容寧靜的心，無論遇到什麼情況，都能從中感受到不一樣的境界，那就是真正的超脫了。

法身非相分詳解一

見佛與觀佛

前面佛也問過須菩提，可否以實相來見如來？須菩提言：「不也，世尊。」但在這裏，佛又問須菩提，能不能用三十二相來觀佛啊？注意這個「觀」字！須菩提回答道：「是這樣，是這樣。」

須菩提的回答代表了許多弟子的觀點，但是佛很巧妙地告訴須菩提別犯糊塗，假使用三十二相來看佛的話，則那些轉輪王及帝王們，也是佛了。看來須菩提被佛繞得迷糊了，而後，須菩提馬上轉彎立刻就說：「佛啊，我講錯了。」

聲色與邪道

「爾時世尊。而說偈言。」須菩提話剛說完，佛就岔進來說很重要的話：

若以色見我，以音聲求我。
是人行邪道，不能見如來。

「以色見我」，色即是空，空即是色，真有色相出現，則入魔道了。所以，以色見佛是錯了。「以音聲求我」，正如有人打坐念咒，得定後忽然感覺聽到一個聲音或看見某種幻像，則勸你趕快去看醫生吧！因為音聲是耳根的幻化，屬於意識境界，是下意識的幻化，以佛來說「是人行邪道」，也就是走火入魔了，所以不能以聲音求我。「不能見如來」，永遠不能見真正的佛境界。佛現在明白地告訴你，聲色兩樣都不是。現在講到佛法的正念，要把重點告訴大家，這一篇問題多得很，我們先回過來看，從這一品的開始再來研究。

止觀雙運

「須菩提，於意云何，可以三十二相觀如來不？」

「觀」是什麼？佛法的修法叫做止觀，要止而後能觀，止觀雙運是正三昧，真正的定境界，所以叫做止觀雙運。佛告訴我們止觀的方法，如果拿止觀來講，八萬四千個方法都是止觀。譬如念佛，心裏念，嘴裏也念，你能不能雜念不起，只有一句佛，一句南無阿彌陀佛？做到了，就是念佛法門的止。

佛進一步告訴我們，連最後觀起來的觀象都要捨掉，所以說不要以三十二相觀如來。

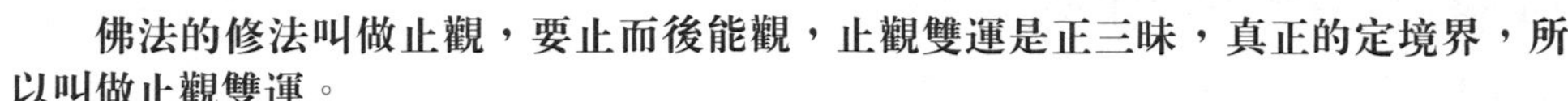

止觀雙運

佛法的修法叫做止觀，要止而後能觀，止觀雙運是正三昧，真正的定境界，所以叫做止觀雙運。

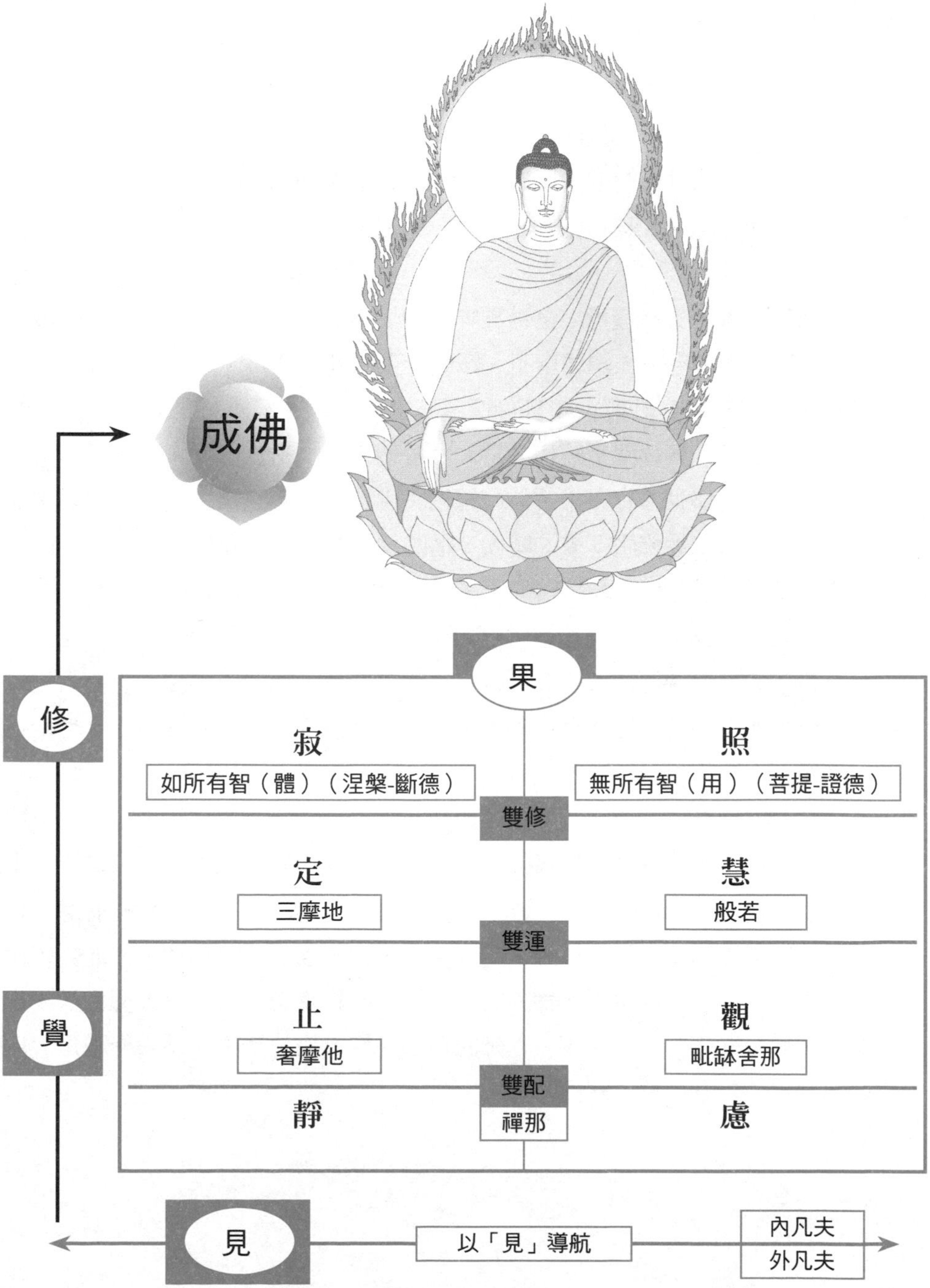

成佛

修

覺

果

寂		照
如所有智（體）（涅槃-斷德）	雙修	無所有智（用）（菩提-證德）
定		慧
三摩地	雙運	般若
止		觀
奢摩他	雙配	毗缽舍那
靜	禪那	慮

見

以「見」導航

內凡夫

外凡夫

法身非相分詳解二

轉輪聖王

「須菩提，若以三十二相觀如來者，轉輪聖王即是如來。」

大家要注意，佛法裏有個大問題，很多研究佛法的都忽略了，現在我特別藉講《金剛經》的機會講出來，就是什麼叫轉輪聖王。

輪王種類

佛經裏提出來，太平盛世，全世界唯一的太平帝王，就叫轉輪聖王；轉輪聖王分金輪聖王、銀輪聖王、銅輪聖王、鐵輪聖王四種。

轉輪聖王具有七寶莊嚴，如有有德、有賢的皇后，有很好的財政大臣，有很好的交通工具等。轉輪聖王時代，是人民各個幸福、富裕、安樂的太平盛世。這種明王在最盛的盛世才會出來，他的相貌與佛一樣，有三十二相，跟佛的相貌一樣好。所以釋迦牟尼佛生下來的時候，他的父親找來的看相師就講：這位太子三十二相，不出家就是一代的轉輪聖王；如果出家，就是萬世的佛。

佛再三讚歎轉輪聖王的福德是與佛一樣的，一切眾生修一切善法，才能出一個太平盛世，才出一個轉輪聖王。佛在《華嚴經》及各種大經中說，什麼人夠資格投胎做轉輪聖王呢？十地菩薩中再來，才能做轉輪聖王。佛讚歎十王之功德是與佛一樣的。

十王是那十王呢？就是世界上的轉輪聖王，欲界天的四天王，欲界天中間三十三天的天主帝釋，就是我們講的玉皇大帝，色界天的大梵天王等，佛經講十大王的功德，都是與佛一樣的，只差一點，就是沒有悟道。但是他的福德、善行、智慧，與佛幾乎是平等一樣的。所以說，要有與佛一樣的功德，才能為轉輪聖王。換句話說，有轉輪聖王那樣大的福報，才能夠得智慧的成就大徹大悟。佛經告訴我們轉輪聖王有三十二相，與佛的功德一樣；換句話說，轉輪聖王是大徹大悟的肉身佛，故意人世作轉輪聖王。

轉輪聖王

轉輪聖王意即旋轉輪寶（相當於戰車）之王。王擁有七寶，具足四德，統一須彌四洲，以正法御世，其國土豐饒、人民和樂。

輪王種類

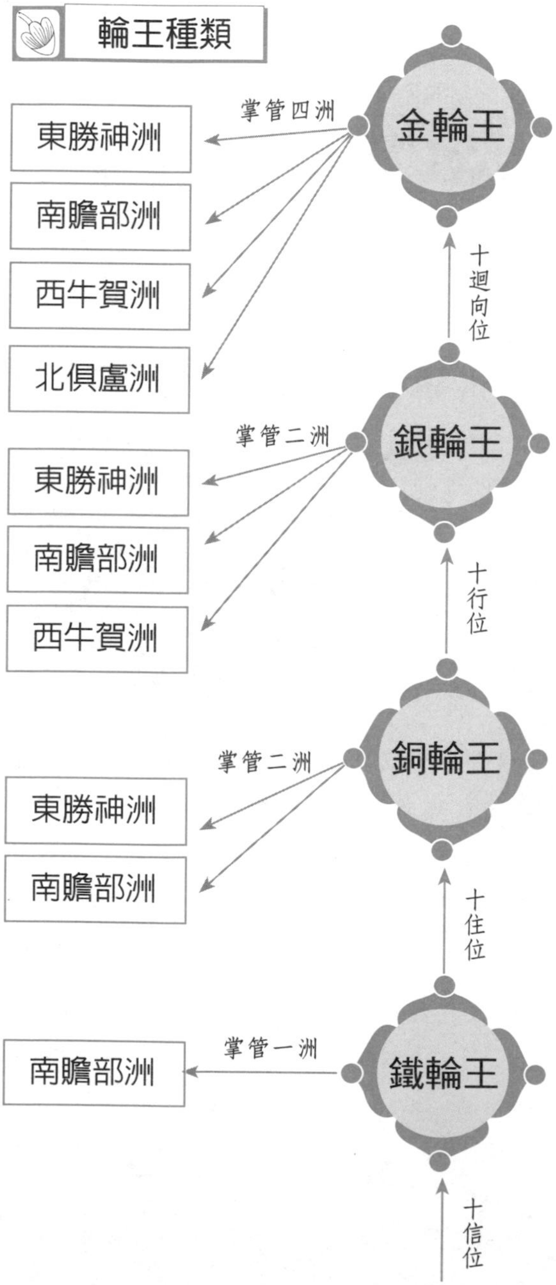

金輪王 — 掌管四洲：東勝神洲、南贍部洲、西牛賀洲、北俱盧洲（十迴向位）

銀輪王 — 掌管二洲：東勝神洲、南贍部洲、西牛賀洲（十行位）

銅輪王 — 掌管二洲：東勝神洲、南贍部洲（十住位）

鐵輪王 — 掌管一洲：南贍部洲（十信位）

輪王七寶

輪王七寶相傳是古印度轉輪聖王治理國家不可缺少的武器、工具、財寶、人才等，為藏密常見之莊嚴具。

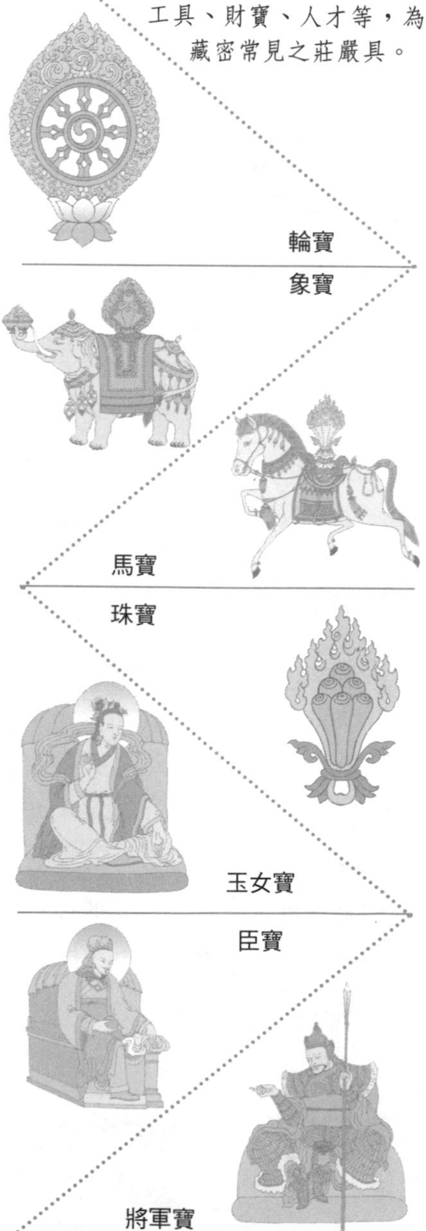

輪寶

象寶

馬寶

珠寶

玉女寶

臣寶

將軍寶

第二十七品

無斷無滅分

【原經】

「須菩提！汝若作是念：『如來不以具足相故，得阿耨多羅三藐三菩提。』須菩提！莫作是念，『如來不以具足相故，得阿耨多羅三藐三菩提。』須菩提！汝若作是念，發阿耨多羅三藐三菩提心者，說諸法斷滅。莫作是念！何以故？發阿耨多羅三藐三菩提心者，於法不說斷滅相。」

【譯經】

佛說：「須菩提，你如果認爲：『如果因爲具足相的緣故，得無上正等正覺果位。』須菩提，這是不對的，不要有這樣的想法。同樣，你也不要這樣想：『因爲如來並不是以具足相的緣故，所以獲得無上圓滿正等正覺果位。』須菩提，這樣想也是不對的。須菩提，你更不能這樣認爲：『發無上菩提心者，會說一切諸法都是斷滅空性，承認一切法是斷滅之空。』爲什麼？因爲發無上正等正覺心者對一切法不說爲斷滅相。」

民國祇園大師，名淳鏡，俗姓王，貴州普定縣人。從小就不愛講話，喜歡安靜，不娶妻室，有空常常誦念《法華經》。

當他父母親雙雙過世後，便往雲南雞足山慧燈庵，頂禮月池禪師，求請出家。

清德宗光緒十一年（西元一八八五年）春天，往雲南姚州佛陀山至德禪院受出家具足比丘戒。隨後發心到處參學，天下名山，都走遍了。後來行腳到大金塔，瞻仰頂禮佛的真身舍利，打了一期的佛七，當到了第六天晚上時，忽然感到佛光普照全身，於是念佛念得更加精進了。

而後到了普陀山，喜歡普陀山的清淨莊嚴，在梵音洞附近，建造一座香山茅蓬，一心一意專注念佛。正好這時候普陀山發生旱災，大師悲心大發，於前山（普陀山前山）普濟寺燃一指供佛，為大眾懺悔，不久，又再燃一指供佛於後山法雨寺，終於感動天神降下甘雨。又在自己所居的香山茅蓬燃一指供佛，感動地湧甘泉，雖然是大旱，也不會沒有水喝。

後來在阿育王寺的佛舍利塔前燃一指供佛，這樣總共燒掉了四個手指頭，那時的人便尊稱他為「六指長老」，拜他為師的弟子非常之多。

不論冬天或夏天總是穿著一件破衲衣，不蓄積錢財，依著慈悲喜捨修行，凡有施主結緣供養的一切，都送到各地供齋供僧或是救濟貧民。平常只是念佛，不過問塵事俗務。人問他有幾歲，都說是八十六歲，其實到民國廿二年，已經有一百歲了。

有一次，當大師要回雲南時，路過金山寺，正巧寺中正在打佛七。大師以自己年紀大不方便跟著大眾共修，於是獨自在一個房間裏，連續打了三期的佛七，共有廿一天。雖然是打佛七，而大師的精神卻很好，跟平常沒有什麼不同。

很多人都對大師的修持非常讚歎仰慕，都請求住持蓮社。

民國廿三年三月，預知往生時候到了，特別趕到上海，跟弟子告別，三月十七日率領四眾弟子回到金山寺，隔天有一小小病疾現前，卻沒有病痛之苦，只是夜以繼日不停地念佛，吩咐弟子助念，到了三月廿一日往生。當時還面露笑容，往生後頭頂的暖氣久久不散。三月廿八日舉行荼毗（火化）典禮，拾得幾顆黃色的舍利子。

究竟無我分詳解

無斷無滅

斷滅見

有些人認為悟了道以後就不來世間受苦，好像找到一個可以歸宿的地方，這是個錯誤的觀念。在佛法上就叫做見地上的錯。一個人學佛，不管在家、出家能夠證果的，最重要的是斷見思二惑。見惑、思惑，在前面第九品已經談到過，見地不清楚有了偏差，就落於偏見。正如許多人認為，人死如燈滅，沒有三世因果，六道輪迴；認為人死了就是完了，這是屬於斷滅見，也是邪見的一種。所以佛就告訴須菩提，你千萬不要落在一個錯誤的觀念，一個斷滅見的思想見解。

前面剛剛說不能著相來看佛，現在又告訴他，也不能落在不著相看佛；著相是錯，不著相也是錯。假使落在不著相看佛，一切本空，又何必做善事，佛也空，善也空嘛！一切皆空，偷騙搶做壞事都空，這樣的見解，就叫做撥無因果，落於空見。這種見解也就是佛說的斷滅見的思想。佛就怕須菩提弄錯見解，上面先告訴他不能著相見如來，但是又怕須菩提落在不著相；不著相的結果就變成斷滅見，撥無因果了。所以他就再三告誡，「莫作是念」，你不要混淆了。

不說斷滅相

所以一個真正學佛的人，想求得大徹大悟，首先要注意不能落入斷滅相。

斷滅相落空，認為佛法的究竟是空的，見到個空果，就是斷滅。「空」是方便的說法，是個形容詞，如果把空當做真正空得一無所有，那不是空見，那就叫做斷滅見。所以佛吩咐：「發阿耨多羅三藐三菩提心者，於法不說斷滅相」，這是一句非常嚴重的話，絕對不是斷滅，更沒有說空。

這一節的題目——無斷無滅，梁昭明太子標得非常好，不斷不滅，不是斷滅相。

佛法中的根本煩惱之——不正見

不正見即五種錯誤的見解，就是身見、邊見、邪見、見取見、戒禁取見；這五見障礙了修道，也就是不能悟道的原因。思惑就是煩惱惑，內心的貪嗔癡慢疑。

五種錯誤的見解

我們這個身體是由四大——地、水、火、風或者由五蘊——色、受、想、行、識而構成的，分析這四大、五蘊，裏面沒有任何東西可執著。

舉例說明 →

世間，從古至今，不論是帝王，還是百姓，總希望能夠長命百歲、兒孫滿堂、青春永駐！

邊見其實就是偏見，偏於一邊的見。就是對待事物的看法，會孤立來看，離開很多條件去考慮，然後要麼是持常見，要麼是持斷見。

舉例說明 →

許多人認為，人死如燈滅，沒有三世因果，六道輪迴；這是屬於斷滅見，也是邪見的一種。

邪見就是否定因果的道理。我用種豆來說明。我們講「種豆得豆，種瓜得瓜」，如是因得如是果。

舉例說明 →

謗無因果，起種種邪見。認為做善無善報，做惡也無惡報，此是無果。

見取見是認為前面所說的身見、邊見、邪見是對的，並且執著於這種錯誤的見解。

舉例說明 →

「吃齋念佛，只希望佛菩薩保佑我的孫子考上大學。但是念了一輩子，孫子怎麼沒考上大學呢？」

戒禁取見是執行或受持邪戒，錯認以為是正戒，受持這樣的戒，以為可以獲得徹底解脫或升天。這就是說，接受執行這樣的戒律是不可能獲得真正的生死解脫。

舉例說明 →

有些人認為牛是乾淨的，所以吃牛肉不吃豬肉，這些都是「戒禁取見」。

第二十八品

不受不貪分

【原經】

「須菩提！若菩薩以滿恆河沙等世界七寶持用布施；若復有人知一切法無我，得成於忍，此菩薩勝前菩薩所得功德。須菩提！以諸菩薩不受福德故。」須菩提白佛言：「世尊！云何菩薩不受福德？」「須菩提！菩薩所作福德，不應貪著，是故說不受福德。」

【譯經】

「須菩提，假如有發大心的菩薩以布滿恆河沙數數目世界的七寶來布施，其功德不可思量；但假如另有菩薩，能了悟一切法無我，且已得無生法忍，那麼此菩薩的功德將遠遠勝過前者。須菩提，這是因為福德無性，菩薩無我，所以說菩薩不受福德。」

釋迦牟尼佛住在祇樹給孤獨園的時候，有一位婆羅門，有個十四、五歲的女兒，生得端正、聰明，又有口才，在一國之中，可說無人可及。她突然身染重病，不久就死了。面對女兒突然死亡，父親心中的悲痛難以言喻，每天傷心啼哭，不覺竟然瘋了，整日到處亂走。

有一天來到佛陀所住的地方，一見到佛陀，當下神志清醒，並向佛陀頂禮。悲傷的父親說：「我沒有兒子，只有這個女兒，愛惜她如手中珠玉，讓我忘掉一切憂愁。可是忽然重病，在我的面前捨我而亡，喚不醒，叫不答……任憑我呼天不應，叫地不靈，心中的鬱悶痛苦無法形容，難以忍耐，唯願世尊解開我的憂愁。」他的聲音哽咽、淚流滿面，令旁邊聞者也不禁為之濕袖。

佛陀就跟他開示說，世間有四件事不能永久保存：

第一，「有常者必無常。」就是說凡是存在的任何事物，不可能永遠不變，繼續保持原貌，它時時刻刻都在變化，本質會慢慢改變，最後就消失。例如我們的身體時時刻刻都在新陳代謝，經過生老病死，最後在這個世間消失;山河大地、地球、宇宙，也時時刻刻都在經歷成住壞空、生住異滅的過程。

第二，「富貴者必不久。」就是說不管怎樣大富大貴的人，最後也會頹敗下來。俗話說：「富不過三代」，除非代代行善積德，才能保持子子孫孫的榮華富貴。但是我們凡夫都有慳貪的心，有了還要更多，多還要永遠。所以，沒有布施，富貴就不能長久。

第三，「會合者必別離。」六親眷屬在一起或是親戚朋友的往來，有一天都會離散，所謂「無不破之家，無不敗之國」。尤其時代不同，孩子長大往往離鄉背井出外謀生，年邁雙親守著故鄉田園，即使生活在一起，最後也會生離死別。

第四，「強健者必歸死。」不管多麼年輕、強壯的身體，總有死亡的時候；即使再長壽，也終歸一死。人不論誰，從生下來，就被判了不定期的死刑，「死」時刻在他旁邊威脅著。所以人都要在有生之年，及早解決後生大事，則生亦安，死亦安，所謂「朝聞道，夕死可矣」！

佛陀因此說了四句偈：

常者皆盡，高者亦墮，

合會有離，生者必死。

這位婆羅門恭聞佛陀為他開示這些偈語，心便開解，而作比丘，深觀無常，終於證阿羅漢。

不受不貪分詳解

菩薩修福不求果報

得成於忍

知道了一切法無我，「得成於忍」，這個「忍」在佛法修持裏是一個大境界。我們曉得所謂講得定，是以小乘的範圍來講；修大小乘之果，都是以定來作基礎，學佛沒有進入定的境界，是沒有基礎的。至於大乘的佛法，則必須「得成於忍」。得忍與得定不同，所以說菩薩要得無生法忍，才進入大乘的境界。得成於忍，前面佛自己說：過去修忍辱波羅蜜的時候，被歌利王割截身體，沒有動過怨恨的心，只有慈悲的念，因此他沒有覺得痛苦。這是定，這是無生法忍，這也是般若，也就是悟的境界。

真正知道了一切法無我的時候，達到無我的境界，自然達到了無生法忍的境界。當然，到達了無生法忍，還只是大乘菩薩初步！只是這個菩薩超過前面所譬喻的菩薩。也就是說，拿無量無數的七寶來布施，有相物質的布施，功德不如無相布施功德的萬分之一。

菩薩修福不求果報

「以諸菩薩不受福德故」，這句話顯示了真正行大乘菩薩道的人們，做善事不想求福德的果報。所謂做一切善事，義所當為！假使我們行善救世救人，認為自己在培福報，如存有此念頭，便只是凡夫的境界，而不是菩薩的心性。所以一切菩薩不受福德，他不求果報。

為此，須菩提心生疑慮，「為什麼說菩薩不受福德呢」？諸佛菩薩都在行功德，當然不應該貪著，因此說：雖然有福德，自己並不貪著，有好處，自己並不領受，而迴向給世界一切眾生，願這個世界一切眾生受這個好處，自己不想要。所謂大布施，所謂布施法門，布施波羅蜜多，就是這個道理。所以有一個結論，真正證道悟得般若的人，沒有自私的，不會走小乘的路子，是布施第一。布施是法布施、財布施、無畏布施，一切的布施，菩薩道都在其中了。

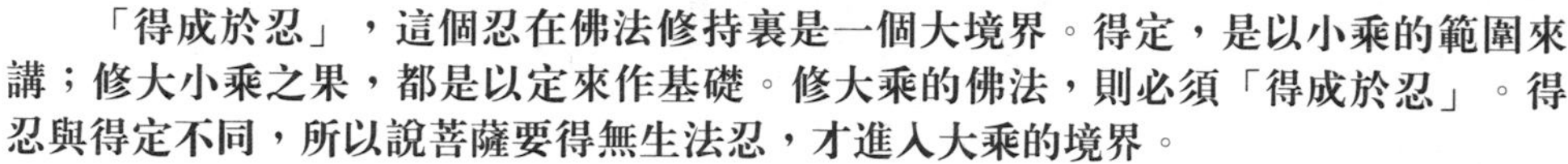

得成於忍

「得成於忍」，這個忍在佛法修持裏是一個大境界。得定，是以小乘的範圍來講；修大小乘之果，都是以定來作基礎。修大乘的佛法，則必須「得成於忍」。得忍與得定不同，所以說菩薩要得無生法忍，才進入大乘的境界。

佛教中的五忍

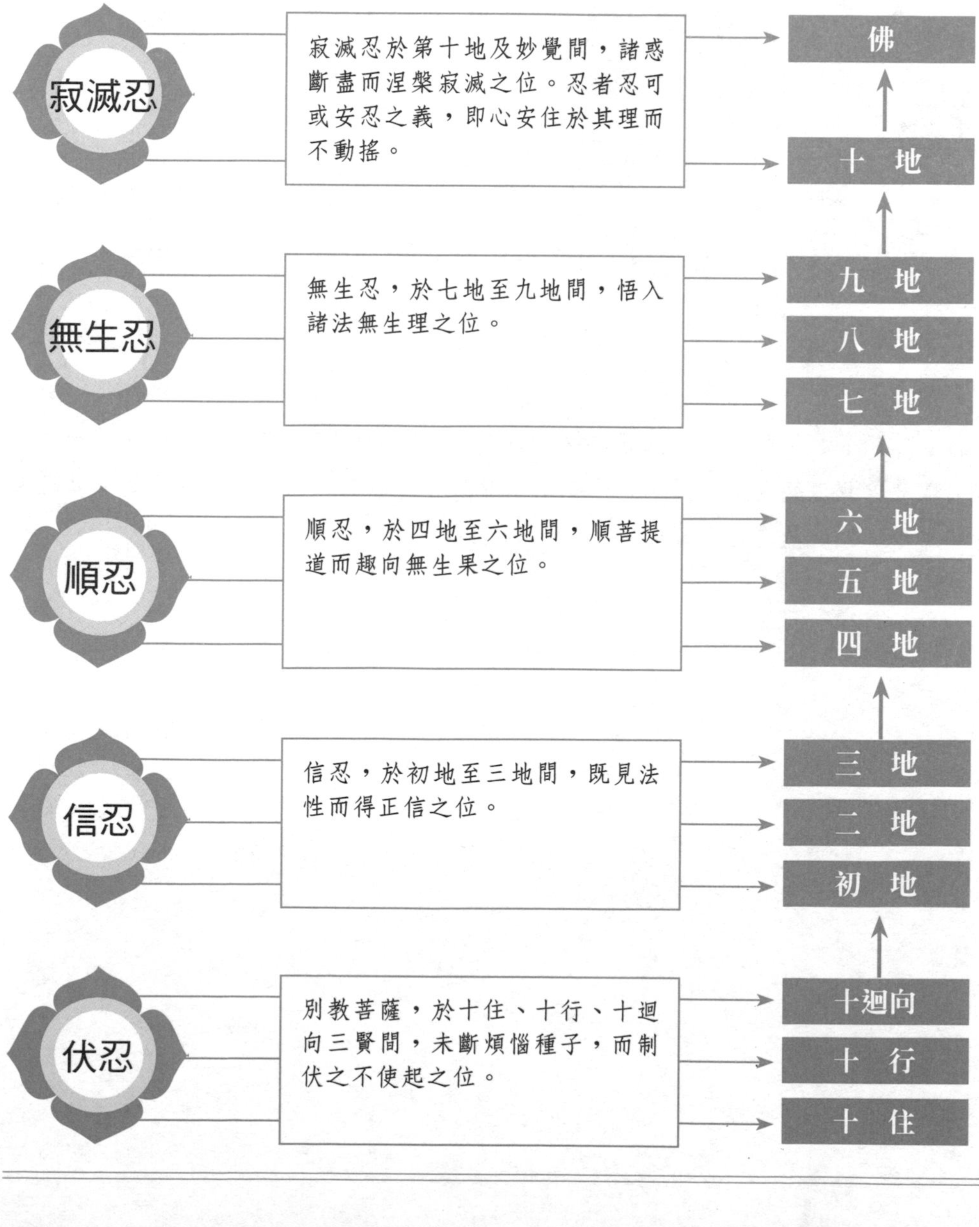

五忍	說明	階位
寂滅忍	寂滅忍於第十地及妙覺間，諸惑斷盡而涅槃寂滅之位。忍者忍可或安忍之義，即心安住於其理而不動搖。	十地 → 佛
無生忍	無生忍，於七地至九地間，悟入諸法無生理之位。	七地、八地、九地
順忍	順忍，於四地至六地間，順菩提道而趣向無生果之位。	四地、五地、六地
信忍	信忍，於初地至三地間，既見法性而得正信之位。	初地、二地、三地
伏忍	別教菩薩，於十住、十行、十迴向三賢間，未斷煩惱種子，而制伏之不使起之位。	十住、十行、十迴向

第二十九品

威儀寂淨分

【原經】

「須菩提！若有人言：如來若來若去、若坐若臥，是人不解我所說義。何以故？如來者，無所從來，亦無所去，故名如來。」

【譯經】

「須菩提，如果有人依著相說：如來有來有去、有坐有臥。那麼此人就根本不理解佛說法的眞正意義。爲什麼呢？因爲所謂如來，無有來亦無有去，其性無有遷變，以此故名之爲如來。」

過去，佛陀在舍衛國祇樹給孤獨園弘法。一日清晨，佛陀與阿難尊者在前往舍衛城托缽的路上，遠遠地看到一對老夫妻，在糞窟中拄著拐杖，全身不停地戰慄發抖。

佛問阿難尊者：「你有看到那兩位年紀很大卻依偎在糞窟中的夫妻嗎？」

阿難尊者回答：「是的，我看到了。」

佛說：「這位老人如果在年輕時，能努力工作，應該能成為舍衛城中的第一長者；當時若能剃除鬚髮，出家修行，精進用功，則能證得阿羅漢果。如果年紀稍長，才知道要努力工作，還是能成為舍衛城中的第二長者；當時若能剃除鬚髮，出家修行，精進用功，則能證得阿那含果。如果年紀更長，才知道要積極工作，還是能成為舍衛城中的第三長者；當時若能剃除鬚髮，出家修行，精進用功，則能證得須陀洹果。但現在年紀太大，不但不能工作，修行也不能精進用功，更無法證得聖人果位。」

佛陀因而說了此偈：

「少不修梵行，亦不聚財寶，
猶如老鸛雀，　止守空池。
不修於梵行，壯不聚財寶，
念壯所好樂，住立如曲弓。」

諸大比丘，聞佛所說，歡喜奉行。

典故出自《別譯雜阿含經．卷五》

省思：生命短促，切莫貪圖一時享樂而浪費光陰。修行因緣難起，護法護教更應及時，唯有精進修持，成就菩提，才不會在煩惱妄想中虛度了寶貴青春，枉受諸多苦惱，造成生命的遺憾。

威儀寂淨分詳解
佛的真理

佛的十個名號

這本經典是講智慧的成就，般若波羅蜜多大智慧的成就，而成佛的方法及路線，由須菩提提出來問，佛說明了一個入門的方法——善護念，就是《金剛經》的要點。真正的修養，不管在家出家，只有三個字，「善護念」。任何人成了佛的時候，都有十個名號，譬如佛、世尊、如來、善逝、無上士，等等，都是他的名號之一。「如來」是個通稱，任何一個成了佛都稱如來。佛教到了中國以後，我們一般的觀念就把它加起來稱，叫做如來佛。如來本來就是佛，佛就是如來，不同的名稱而已。

如來這個名號，也就是說明心性本來的那個現象，這個現象就是佛經所講的相，也就是心相，心性產生作用的一種現象。我們再縮小一點來說，第一分鐘一個人開始講話，我們大家聽到沒有？若來，好像來過了，每一句話聽過了，又過去了，若去，好像走掉了，他再說，又來了，但這個本體如如不動。而「若坐若臥」，有些看到的是坐，有些看到的是臥。佛說啊：你不要搞錯了，如果有人學佛這樣著相的話，「是人不解我所說義」，這個人根本不懂佛法，不理解佛所說的道理。

無來亦無去

什麼理由呢？真的佛，法身之體，悟了道，證得法身之體，無所從來，亦無所去，不來也不去，不生也不死，不坐也不臥。那是個非常平凡的境界。就是你現在這個樣子。你現在這個樣子，不坐也不臥，不來也不去，現身就是佛，既沒有動壞念頭也沒有生好念頭，此心平平靜靜，不起分別，當下就在如來的境界裏！你不要把佛的境界假想得那麼高遠，其實是非常平凡的。

我們用各種方法修持，都是拚命要弄平自己心中那個波浪，想盡辦法要讓那個波浪變平，變平了又怎麼樣？變平了還是水！不平呢？不平也是水。所以說，拚命去弄平，這不是自找麻煩嗎？對不對？是不是這個道理？我想是這個道理！你仔細想想看。你的想也是無所從來亦無所去，它本身就在如來清淨的境界。

佛的尊號

一切佛都具有十大名號，又稱如來十號、十種通號。出自《佛說十號經》，歷代祖師所闡述，皆依此經義。

如來　音譯多陀阿伽陀，無有虛妄，名如來。謂乘如實之道而來，而成正覺之意。如來之義有三：謂法身、報身、應身也。	應供　音譯阿羅漢。名應供，意指應受人天之供養。應供謂萬行圓成，福慧具足，應受天上人間供養，故號應供。	正遍知　音譯三藐三佛陀，知法界名正遍知，能正遍了知一切之法。正遍知(亦名正等覺)。
明行足　具三明（天眼明、宿命明、漏盡明），名明。身口意業正真清淨，於自願力一切之行，善修滿足，名行足。明行足，即天眼、宿命、漏盡三明及身口意之行業悉圓滿具足。	善逝　妙去，名善逝。跟「如來」相對，去而不去，不去而去，乃為善去（逝）。乃以一切智為大車，行八正道而入涅槃。善逝者，即妙往之義也。謂以無量智慧，能斷諸惑，妙出世間，趣證佛果，故號善逝。	世間解　知國土眾生，名世間解。了知眾生、非眾生兩種世間，故知世間滅及出世間之道。世間解者，謂對世間出世間因果諸法，無不解了也。
無上士　無與等，名無上士。如諸法中，涅槃無上；在一切眾生中，佛亦無上。無上士者，謂業惑淨盡，更無所斷。	調御丈夫　調他心，名調御丈夫。佛大慈大智，時或軟美語，時或悲切語等，以種種方便調御修行者（丈夫），使往涅槃。	天人師　為眾生眼，名天人師。示導眾生何者應作何者不應作、是善是不善，令彼等解脫煩惱。

佛世尊　知三聚，名佛。(三聚者，正定聚、邪定聚、不定聚也)，即自覺、覺他、覺行圓滿，知見三世一切諸法。佛梵語具云佛陀，華言覺。謂智慧具足，三覺圓滿，故號為佛。(三覺者，自覺、覺他、覺行圓滿也。) 具茲十德，名世間尊。即具備眾德而為世人所尊重恭敬。

第三十品

一合理相分

【原經】

「須菩提！若善男子、善女人，以三千大千世界碎為微塵，於意云何？是微塵眾寧為多不？」「甚多，世尊！何以故？若是微塵眾實有者，佛則不說是微塵眾，所以者何？佛說：微塵眾，即非微塵眾，是名微塵眾。世尊！如來所說三千大千世界，則非世界，是名世界。何以故？若世界實有者，則是一合相。如來說：『一合相，則非一合相，是名一合相。』須菩提！一合相者，即是不可說，但凡夫之人貪著其事。」

【譯經】

佛說：「須菩提，如果有善男子、善女人，將整個三千大千世界碎爲微塵，你認爲如何？其微塵之數是不是很多？」須菩提回答說：「非常多，世尊，爲什麼呢？如果微塵眾多且實有，世尊根本不可能說是微塵，爲什麼呢？佛說，所謂的微塵根本不是微塵，只是在名稱上叫做微塵而已。世尊，如來所說的三千大千世界，實際上非世界，只是叫做世界。爲什麼呢？如果世界是實有自性的，那就是渾然一體而不可分析的一合相了！如來說：『一合相，並非實有一合相，只是爲其安立名稱的一合相。』須菩提，一合相，本是緣起性空，不可說有自性的。但凡夫爲自性的妄見所蔽，妄生貪著，以爲有和合相的實體！」

佛陀從舍衛國至摩竭陀國行腳，到了一個村落，村中住著許多盲者。一日，盲者會集在一處商議道：「諸位！我們到森林中去工作，有蚊子來叮我們，妨害了工作，大家拿弓刀等武器去與蚊子交戰，聽到蚊子的聲音就射就斬，把牠除盡吧！」

大家於是走進森林中，與蚊子互相作戰，結果盲者負傷歸來，倒臥在村中、村口等處。

有一天，佛陀帶著比丘們入村托缽，村中聰明的人們見佛陀來到，便在村口布置會場，布施物資給佛陀所領導的比丘眾，並向佛陀禮拜。佛陀見到許多人受傷，便問居士們道：「受傷的人這麼多，他們怎麼啦？」

居士們回答道：「佛陀啊！他們說要去與蚊子交戰，結果同夥互相戰鬥，便負傷了。」

「愚昧的盲者想加害於蚊子，反而傷及自己。他們不但今生如此，在前生也因為打蚊子而傷害了自己的人。」佛陀說。

「佛陀！這是怎麼回事呢？請為我們開示吧！」

佛陀應著居士們的請求，說起過去世的事：

從前，迦尸國某鄉村中，住著許多的木工。一日，一個白髮的老木工正在斫截木材，蚊子飛來停在他的頭上，像刀刺一般把他痛叮一口。老木工對坐在近旁的兒子說道：「有蚊子叮在我的頭上，痛如刀刺，快替我趕走它。」

「爸爸！別動！讓我把牠打死。」

這時候，有一個商人恰巧入村中來販賣商品，路過老木工家門口，老木工催兒子道：「喂！快把這蚊子趕走呀！」

「來了！爸爸！」說著便提起大斧，立在父親的背後，想擊殺那蚊子，結果把父親的頭劈成兩半，老木工當場死亡。

商人見這光景，想道：「縱使是仇敵，也是聰明的好，因為聰明者怕刑罰，結果便不至於殺人。」於是搖頭嘆道：「無智的同伴比有智慧的仇敵還壞，像愚癡的兒子為了殺一隻蚊子，劈開了父親的頭，真是愚癡極了！」說著就起身去做生意，木工則由親屬們為他厚葬。

居士們！他們在前生也曾自以為除蚊，結果反而把自己人傷害了呢！

處理事情要能夠權衡輕重，善用智慧，驅趕蚊蟲何需動及刀槍，殺雞焉用牛刀。沒有方便巧智，不僅事情不能辦成，並且可能因此傷及自身。

一合理相分詳解

微塵中的大千觀

碎為微塵之後

對於世界觀，佛祖的思維就是這個世界就是由許多微塵構成的。為此佛提出一個物理世界的問題，他對須菩提講：假使有一個人，不管男人或女人，把這個佛世界，這個三千大千世界，整個的宇宙打碎了，變成灰塵，其數量多不多？

須菩提回答說：那多得很。佛告訴須菩提：假使這些灰塵，這些物質世界的分子，乃至電子、核子，這些物質東西是真實永恆存在的話，那我不會告訴你世界上有灰塵。這些灰塵累積起來就變成大地、山河，變成物質世界。如果經過一個科學家來處理物質世界的物質，把它分析到最後，變成核子、電子、原子等，最後是空的。是空的力量形成了這樣大的威力，但最後是空的。真正高等物理科學家，了解這個東西，所謂原子，分析到最後，空了。這個空並不是沒有，空的威力發起來其力量不可估量！所以佛在這裏講，『若是微塵眾實有者』，如果你認為真的有個微塵，我不會講微塵眾，因為根本沒有塵，一切都是由空所形成。但是微塵最微小、最基本那個東西，還不是它的究竟；它的究竟分析、研究到最後，沒有東西，是空的。這個物質世界的外層，虛空的這個空間，比太陽的面積、地球的面積，以及虛空任何的面積還要大！是空的力量凝結，而變成了物理世界。

什麼是合相

如果以微塵構成世界作為觀點，由此可想，三千大千世界也不過是一大堆數不清的灰塵而已。而大千世界能分解成塵粒，而微塵也能合成大千世界，兩種物質在本質上是融為一體的。它既是大千世界也是微塵，叫做「一合相」。所以這個一合相的世界，假使真有的話，幾千萬億年以後，也變成空，由空再變成有。所以他說：一合相是假有，這是一個名詞，沒有不變的東西，不變只是個理念。

總而言之，微塵也好，大千世界也罷，都是五蘊假合，都不是實有。人世間總是執著於萬事萬物，但往往時過境遷，一切萬物都在發生變化，大到宇宙虛空、小到一草一木，都在變化。如一切凡夫就貪著於這些事情。只會自尋煩惱。如果守住真心，就會真正體悟到真空可以修成妙有的道理。

何爲一合相

微塵合成的大千世界

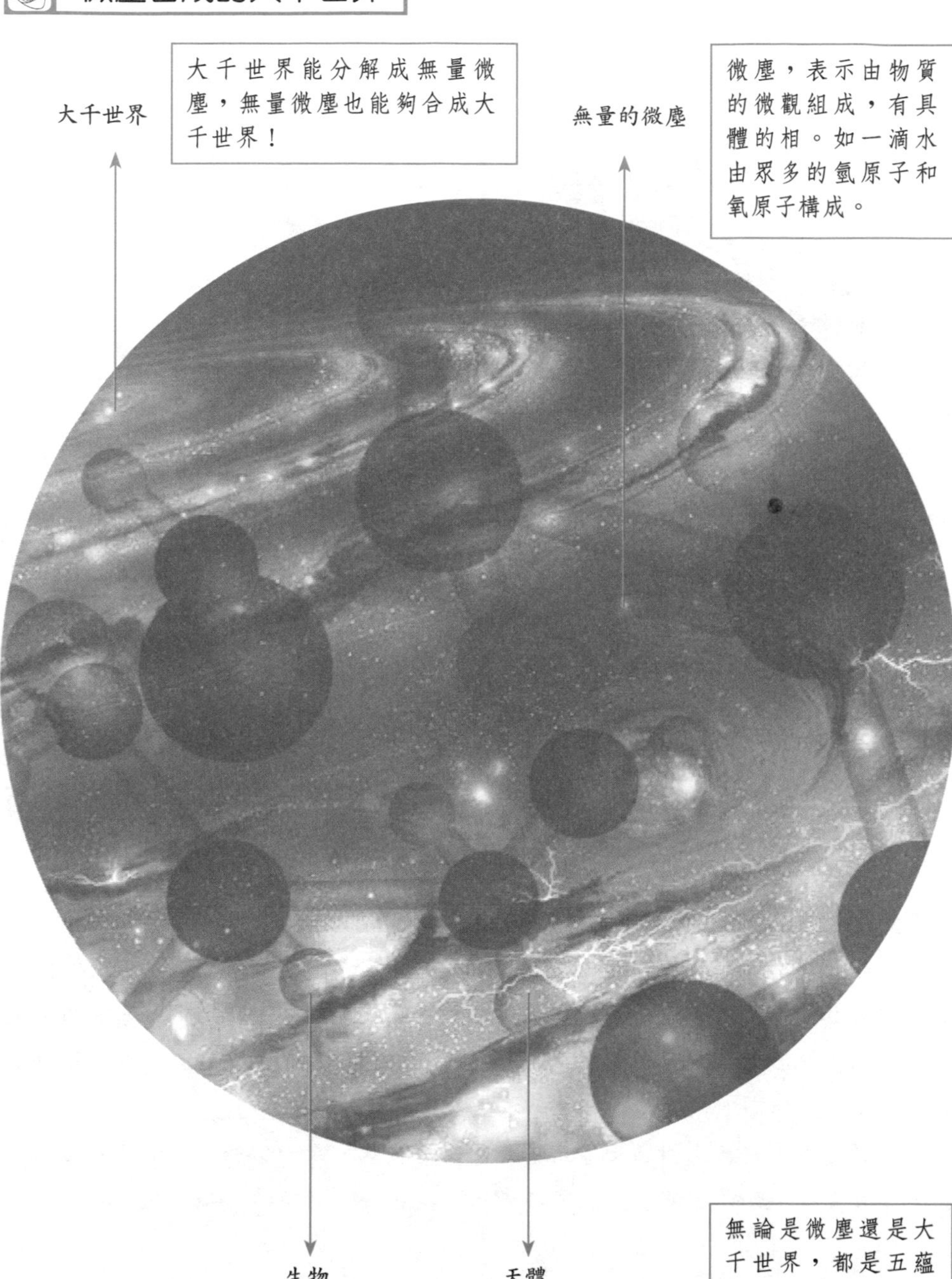

大千世界能分解成無量微塵，無量微塵也能夠合成大千世界！
大千世界
無量的微塵
微塵，表示由物質的微觀組成，有具體的相。如一滴水由眾多的氫原子和氧原子構成。
生物
天體
無論是微塵還是大千世界，都是五蘊假合，不為實有。

第三十一品

知見不生分

【原經】

「須菩提！若人言：佛說我見、人見、眾生見、壽者見。須菩提！於意云何？是人解我說義不？」「不也，世尊！是人不解如來所說義。何以故？世尊說：我見、人見、眾生見、壽者見，即非我見、人見、眾生見、壽者見，是名我見、人見、眾生見、壽者見。」「須菩提！發阿耨多羅三藐三菩提心者，於一切法，應如是知，如是見，如是信解，不生法相。須菩提！所言法相者，如來說即非法相，是名法相。」

【譯經】

「須菩提，如果有人說：佛說過我見、人見、眾生見、壽者見。須菩提，你怎麼認爲呢？此人通達如來的意思嗎？」「沒有，世尊，此人不解如來的本意啊！爲何呢？因爲佛陀所說：我見、人見、眾生見、壽者見，它們並不是實際存在，只是在名稱中叫做我見、人見、眾生見、壽者見而已。」

「須菩提，發無上圓滿正等正覺菩提心的菩薩，對一切法，應以般若空慧受持，如實了知，如是信解，不生任何法相。須菩提，所謂的法相，就實際而言並非法相，只是叫做法相而已。」

人生如夢，而人就在無常的人生中不斷地追求、幻想，所以經常生活在煩惱、束縛之中。

佛經裏有段「賽月童子」的故事——有一位貧窮的年輕人，由於沒有親人，日子過得很孤獨。

他平時工作很認真，但卻只能養活自己，其他則一無所有。有一次，他砍了些柴，送到城裏換了一袋的穀種，當他要回去時，看到家家户户團聚在一起過年，心裏很羨慕。想到自己應該也要成家了，但是他什麼都沒有，要怎麼養家活口呢？

他看著手上的穀種，心想：我可以好好運用這包穀種，認真耕耘；等到收成時，就可以拿去賣。於是，他對這袋穀種格外珍惜，回家後，他不知要將穀種藏放在哪裏才安全？最後，他將穀種綁吊在屋梁上，以防小偷偷取或老鼠咬食。

從此，他每天工作回來後，就躺在床上看著那袋穀種，心想：我要開始找土地了，然後把穀種播下去，沒多久就會有青翠的田，再不久，就可以收割。等割完後，又會有許多穀種；那時，我要去開墾更大的土地，播下更多的穀種。等收成很多穀種時，我可以拿去賣；有了錢，我就可以蓋一間房子，然後成家。不久後，我就會有可愛的孩子；那時，我要為他取什麼名字呢？想著想著……剛好屋頂上有個破洞，看上去正好有一輪皎潔的明月。

他覺得將來自己的孩子，名字一定要比月亮還美，於是決定取名為「賽月童子」。當他不斷地在想像時，由於繩子承受不了那袋穀種的重量，突然掉落下來、砸到他的頭，結果他就這樣一命嗚呼了！

那位年輕人的計劃雖然美好，但只不過都是幻想而已。我們的人生，不也是常活在幻想中？世事幻化無常，凡事唯有腳踏實地去實踐，才不會空過一生。

知見不生分詳解一

見不是見

四相與四見的差異

第三十二品是《金剛經》最後一個單元，此單元也是貫穿全經要義「一心二鑰」最重要的經文。所以，在此處，佛告訴須菩提四相與四見的區別。

佛先問須菩提，假使有一個人說：佛說過人見、我見、眾生見、壽者見，是對不對？佛經上都講四相，這裏又轉一個方向，提出來的不是「相」，而是「見」。「相」就是現象。「見」是自己的思想見解。第一個見是眼睛所見之見，第二個是見道的見。我們眼睛看東西，這是所見，這是現象。所見回過來，自己能夠見道，明心見性那個見！真正明心見性的見，要一切見無所見，一切山河大地、宇宙萬物，都虛空粉碎！

《楞嚴經》上也有幾句很重要的話：「知見立知，即無名本，知見無見，斯即涅槃。」知與見，後來是佛學一個專有名稱，知就是知道，把佛經道理都懂了的這個知。見，也看到過這個現象、境界，就是知見。『知見立知，即無名本』，就是無名的根本。

如是知見

佛告訴須菩提最後的結論：真正學大乘佛法，發阿耨多羅三藐三菩提，想求得大徹大悟的人，於一切法，包括世間法，出世間法，應「如是知」，要了解《金剛經》中一層一層的道理。「如是見」，要有這樣一個見解，所以有知有見。

「知見」兩個字，再加一個說明，一切大小乘的佛法，尤其是小乘的佛法，是戒、定、慧、解脫、解脫知見，五個次序。按次序來修行，先守戒，再修定，再由定發慧悟道。真的悟道了，解脫一切苦厄，但是解脫的最高程度，仍是物質世界一切的束縛。當斷除欲界、色界的一切煩惱後，還有就是心性的所知所見，這個知與見仍要解脫，最後要徹底地空。想由凡夫修道而成佛，應該對一切法，「如是知，如是見」。

你理解了，也見到了這個道理，「如是信解」，理性上清楚了，才是不迷信。如是信，才是正信。如是解，正信以後，由這樣去理解它，這才是理性的。

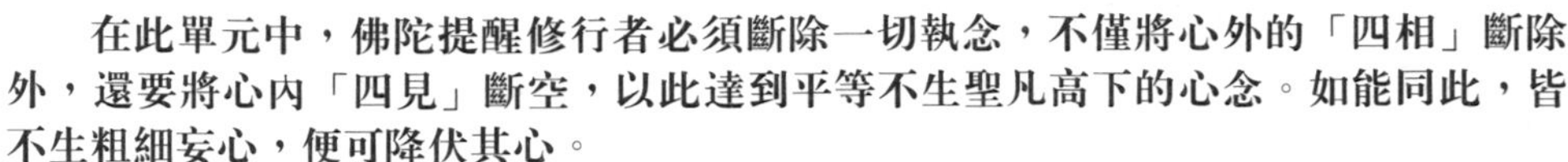

四相與四見

在此單元中，佛陀提醒修行者必須斷除一切執念，不僅將心外的「四相」斷除外，還要將心內「四見」斷空，以此達到平等不生聖凡高下的心念。如能同此，皆不生粗細妄心，便可降伏其心。

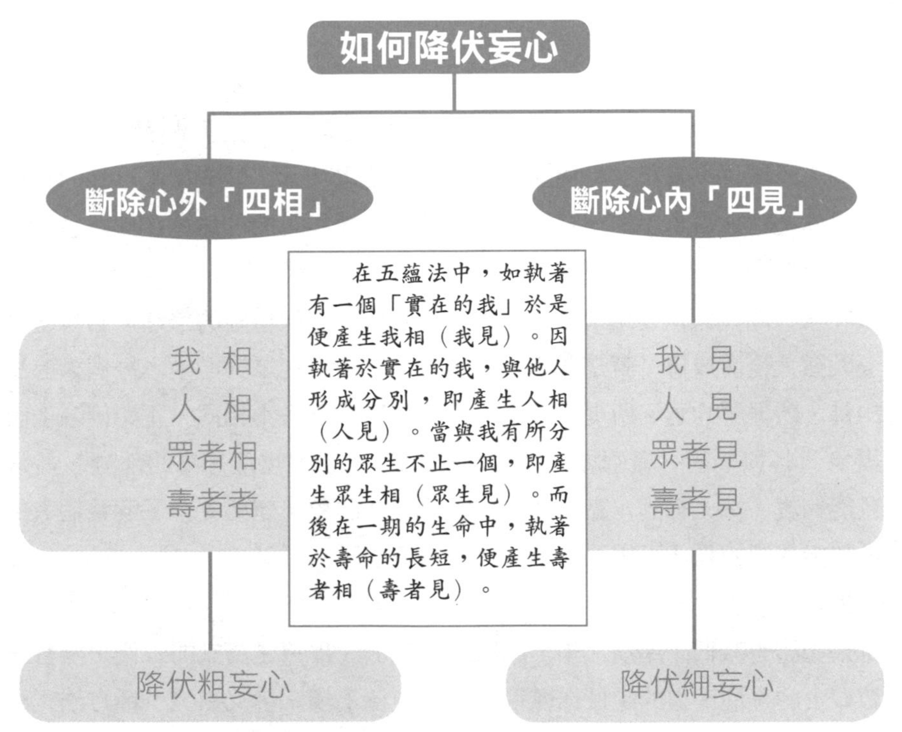

在五蘊法中，如執著有一個「實在的我」於是便產生我相（我見）。因執著於實在的我，與他人形成分別，即產生人相（人見）。當與我有所分別的眾生不止一個，即產生眾生相（眾生見）。而後在一期的生命中，執著於壽命的長短，便產生壽者相（壽者見）。

如是知見、如是信解

理解了，也見到了這個道理，「如是信解」，理性上清楚了，才是不迷信。如是信，才是正信。如是解，正信以後，由這樣去理解它，這才是理性的。

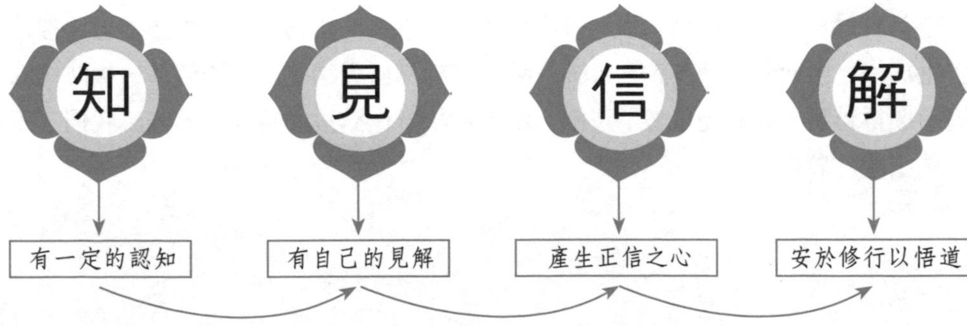

知見不生分詳解二

不妄生自己的法相

不生法相

所謂法相，也就是一切的現象、觀念都是現象，是意識思想構成的一個形態。每個人意識裏都有自己一個構想、幻想；幻想久了，變成牢不可破的一個典型，自己就把它抓得牢牢的。這個就是意識思想境界裏的形態，在佛學名詞裏叫做法。法包括了一切事、一切理、一切物、一切思想觀念。

現在《金剛經》快要結束了，佛告訴須菩提一個很重要的法理：若想證得無上菩提大徹大悟而成佛，就是要「不生法相」，因為在眾人心中，每個人心裏所理解的佛、所理解的道、所理解清淨涅槃的境界，都各不相同。正如佛經上說，眾盲摸象，各執一端。盡管如此，可是摸的那一端，也都是象的部分，並沒有錯。只能夠說，每人抓到一點，合起來才是整個的象。想要完全了解整個大象的話，佛告訴我們的是「不生法相」，一切不著。

即非法相

佛最後告訴我們，所謂法相，「即非法相」，那只是講話的方便，機會的方便，教育上的方便，目的是使你懂得。如果這樣不懂，佛又換另一種方法，總是想辦法使眾生懂得法理。可是後世之人，卻把佛的教育方法記錄下來，牢牢抓住佛說過的那個「空」或拚命抓住那個「有」，永遠都弄不明白。事實上佛交代得很清楚，一切不落法相。不落法相以後，大家反而都說《金剛經》是說空的，前面我們已經說過，金剛經沒有任何重點是教我們觀空，《金剛經》都是遮法，擋住你不正確的說法，至於正確的是個什麼東西，要眾生自己去參悟。

其實簡單扼要地歸納一下：一切事、一切理、一切物、一切思想觀念，都是自生法相。由此更進一步說，佛經三藏十二部都研究過了，學的越多，被法相的繩子捆得越緊，如此便是著了法相。所以在快要作結論的時候，佛告訴我們，不生法相才是最究竟。

何爲法相

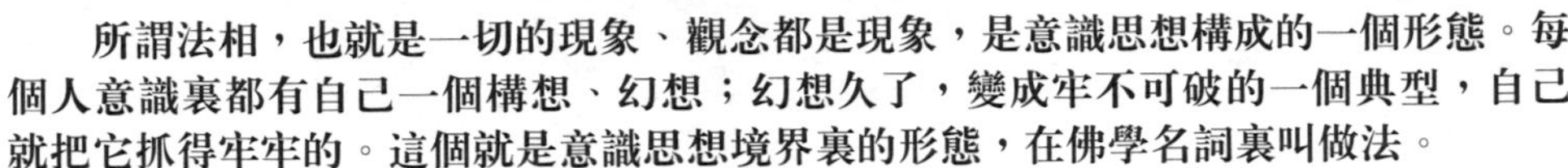

所謂法相，也就是一切的現象、觀念都是現象，是意識思想構成的一個形態。每個人意識裏都有自己一個構想、幻想；幻想久了，變成牢不可破的一個典型，自己就把它抓得牢牢的。這個就是意識思想境界裏的形態，在佛學名詞裏叫做法。

眾盲摸象，各執一端

眾盲摸象，各執一端。盡管如此，可是摸的那一端，也都是象的部分，並沒有錯。只能夠說，每人抓到一點，合起來才是整個的象。要想完全了解整個大象的話，佛告訴我們的是「不生法相」，一切不著。

馬祖學佛

師傅你為什麼學習坐禪？為什麼又讓我磨瓦？

學坐禪為了成佛。磨瓦為了磨成鏡子。

學佛如同駕牛車一樣，車子不走了，你是打車子呢？還是打牛呢？你學坐禪，禪並不在於坐臥；你學坐佛，而佛祖並無定相。你如果執著於坐相，便永遠悟不著大道。

第三十二品

應化非真分

【原經】

「須菩提！若有人以滿無量阿僧祇世界七寶持用布施，若有善男子、善女人發菩提心者，持於此經，乃至四句偈等，受持讀誦，為人演說，其福勝彼。云何為人演說，不取於相，如如不動。何以故？」「一切有為法，如夢幻泡影，如露亦如電，應作如是觀。」佛說是經已，長老須菩提及諸比丘、比丘尼、優婆塞、優婆夷，一切世間、天、人、阿修羅，聞佛所說，皆大歡喜，信受奉行。

【譯經】

佛說：「須菩提，如果有人用遍滿無數世界七寶作布施，其功德不可思量，無法衡量；如果有善男子、善女人發殊勝的菩提心，念誦受持此經，甚至僅僅經中四句偈語，受持誦讀，爲人演說，所得福德遠遠勝過前者布施的功德。但應該怎麼演說呢？這需要不取著一切法的自相，要能安住於一切法性空，能不爲法相分別所傾動。爲什麼？一切有爲法，皆如夢幻泡影，也如露如電，學佛要以觀無常、無我、無生、無性，方能悟道。」

佛說《金剛般若波羅蜜經》結束，金剛法會圓滿了。當時，長老須菩提、及諸比丘、比丘尼、優婆塞、優婆夷，此外，還有從一切世間來的天、人、阿修羅，即三善道眾生，有善根見佛聞法者，也在法會中。眾生聽了本經，明白菩薩發心修行的宗要與次第，感到佛法的希有，各個都滿心歡喜，都能深刻信解，所以都能奉行佛說。眾生既聞本法也應生歡喜心，信受奉行。

舍衛城中有一家縉紳望族，某一年他們家產下一個嬰兒，長得非常可愛，特別的是，他一出生手掌中就各握著一枚金幣。

他的父母看了，認為是吉祥的徵兆，非常高興地把那兩枚金幣拿起來，沒想到他們一拿走金幣，嬰兒手中又有金幣變出來，父母再拿走金幣，結果又出現兩枚金幣，就這樣一直生生不息，所以他們將小孩取名叫金財。

後來金財長大了，向父母請求出家，父母因為他的決心很堅定，於是允許他的請求。

金財來到孤獨園精舍，這時佛陀正對著一千兩百名弟子解說佛法。他到佛陀面前頂禮參拜，請求成為佛的弟子。佛陀許可了，金財立刻就受戒，依照順序向每個前輩及眾位師兄行禮。

金財行禮的時候，兩手按在地上，手按過的地方立刻出現兩枚金幣。就這樣照順序一一行禮完畢之後，他所行禮過的地方都有金幣，一時間成雙成對的金幣就布滿在僧侶大眾面前。

行完禮後，金財退到最後一位，恭敬地聽講佛法，聽完後退回靜室，精勤修習，很快便證得阿羅漢果。

阿難合掌問佛陀：「這位金財師弟因為什麼樣的因緣，讓他自出生以來便手握金錢，取之不盡，用之不竭？請世尊開示。」

佛陀告訴阿難：「久遠劫前，有一位佛出現在人世間，名叫毗婆尸，他用佛法教化人民，被他度化而得解脫的眾生多得無法計算。

有一天，佛與許多僧人行走在國境中，準備度化有緣的人。當時許多富貴人家都設置乾淨的齋食，準備供養毗婆尸佛以及其他僧侶。

有個貧苦的鄉下人，他沒有什麼財產，平常靠著販售到野外撿來的柴薪養活自己。這天他賣完柴後，賺得兩文錢，正要回去時看到毗婆尸佛與眾位僧人經過，心中高興又敬佩，就將身上僅有的兩文錢布施給佛及僧侶，而毗婆尸佛鄭重地接受了這兩文錢。」

佛陀說：「那個鄉下人因為用這兩文錢布施給佛與僧人的緣故，所以在往後的每一世裏，手掌中都握著金錢，沒有一天缺乏過。當時那位貧困的鄉下人就是今天的金財和尚，他前幾世雖然沒有修得道業，卻已經領受無量的福報，一直到今天聽聞佛典正法，稍微一修持，就證得阿羅漢果。所以一切眾生都應該勤奮的修持佛法、布施功德，廣泛種下善良的因緣啊！」

應化非真分詳解一

應化非真

住於法相

昭明太子把最後一品標題「應化非真」。佛說法四十九年，但在《金剛經》上卻說沒有說一個字。這個法不可說，說的都不是，因為說的都會住於法相，開口就不對。這個道理我們大家都曉得，大家閉起眼睛一想就懂，可是自己心裏的思想，所想的東西或一做事，開口一講出來，就變成兩回事了。那麼不開口怎麼懂它呢？所以只好拈花微笑。所以佛說：一生說法，沒有說一個字！

內聖外王菩提心

佛說假使世界上有人，用無量無數充滿宇宙那麼多的寶物布施，這個人當然功勞大、福德大。《金剛經》的文字是古樸，而不講細致的。佛經的文學是樸實寬鬆而不是精細的型態。有時它文字上沒有作轉折，但是一看就懂了。其實「若」字就是轉折，若就是假使，假使有一個「善男子善女人，發菩提心者，持於此經，乃至四句偈等，受持讀誦，為人演說，其福勝彼」。

所以我們可以說，滿座都是有福人。但是，佛說的有個先決的條件，就是發菩提心。這可是很嚴重的了，什麼叫菩提心？前面我們已經說過，現在再不厭其詳的說說，加深大家的印象。菩提就是覺悟，不是我們中文講的覺悟，是大徹大悟，般若波羅蜜多這個覺悟；是能超脫三界的這個覺悟。悟道就是菩提心的體，菩提心的相與用是大悲心，大慈大悲。真發了菩提心悟了道的人，你不必勸他發大慈大悲心，他已經自然發出大慈悲心了。

真正發菩提心的人，菩薩低眉，金剛怒目，大慈悲，武王一怒而安天下，這些才是菩提心、大悲心。用仙家的道理來說，菩提心是內聖外王。體是內聖之學，用是外王之學。以佛家的道理來講，菩提心的體，大徹大悟而成道，阿耨多羅三藐三菩提，般若波羅蜜多，形而上道，證道。菩提心的用是大慈大悲，愛一切眾生，度一切眾生，不是躲在冷廟的孤僧或自命清高的隱士。所以說，發菩提心的人，重點是在這個地方受持《金剛經》的。

住於法相

修行老僧在雲遊各地時，有一次經過花街柳巷，但心無雜念。當旁人看見僧人出現在花街柳巷時，就心存疑慮地說道「這是僧人該來的地方嗎？」為此，老僧則巧妙地答道：「太陽不是也照到塵芥了嗎？」

 持戒之相

老僧經過花街柳巷，倒沒有犯戒律，而作為旁人這樣想，卻是住於法相了。

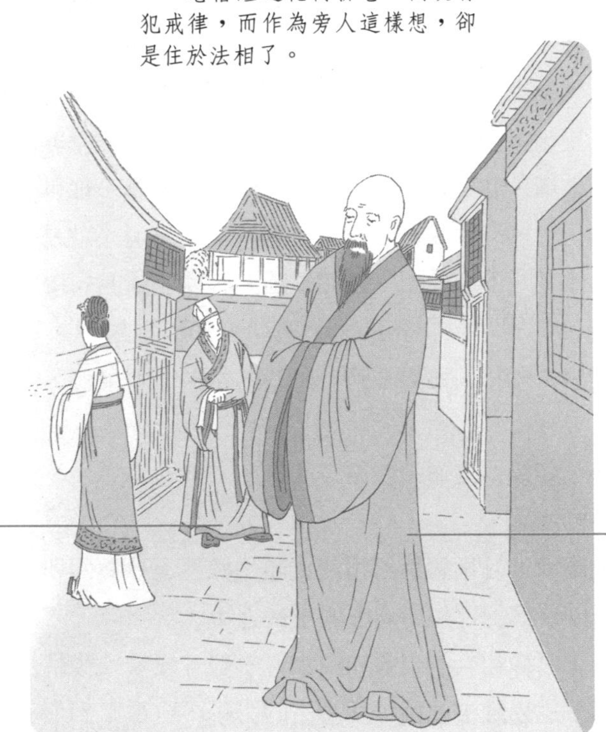

作爲僧人，卻出現在花街柳巷，實在是太令人厭惡了……
太陽不也是同樣也照到塵芥了嗎……

應化非真分詳解二

一切有為法，如夢幻泡影

「一切有為法，如夢幻泡影，如露亦如電，應作如是觀。」

這是《金剛經》最後一個四句偈。《金剛經》有好幾個四句的偈，「若以色見我。以音聲求我。是人行邪道。不能見如來。」等等，共有兩、三處地方。所以有人提出來，《金剛經》中所說的四句偈，究竟指的是哪個四句偈？

哪四句都不是！這四句偈，離經而說是指空、有、非空非有、亦空亦有。假如一定要以偈子來講，非要把它確定是哪四句不可的話，你就要注意《金剛經》所說的：不生法相，無所住。非要認定一個四句偈不可，就是自己生了法相！所以說都不是。這才是「不取於相，如如不動」，才能講四句偈。

有為法與無為相對，無為就是涅槃道體，形而上道體。實相般若就是無為法，證到道的那個是無為，如如不動；有為的是形而下萬有，有所作為。

六喻般若

一切有為法，如夢幻泡影，如露亦如電。

夢：睡眠中的妄想。

幻：以種種魔術、祕術製造幻相使人產生眩惑，夢與幻所呈現出來的景象都是不真實的，所以夢與幻都是比喻虛假不實之事。

泡：為泡沫，因緣和合的現象如同水泡一般，風吹過後就消失得無影無蹤。

影：為陰影，是光線被遮擋後所產生的影子，也是虛幻而不真實的影像，如同像水中倒影一樣不真實。泡與影比喻現象變化不定，毫無實體，如同世間法的虛假不實、空幻虛無。

露：為靠近地面的水蒸氣是夜晚遇冷後而凝結成的小水珠，在清明時明顯可見，經太陽照射即會消失。

電：為閃電，即生即滅。通常用以比喻世相的無常迅速，不能長期存在。

以上六喻皆表示世間種種法都是虛妄不真實的，看似存在，實則又不存在，是一切因緣和合的有為法都是虛幻而不真實存在。

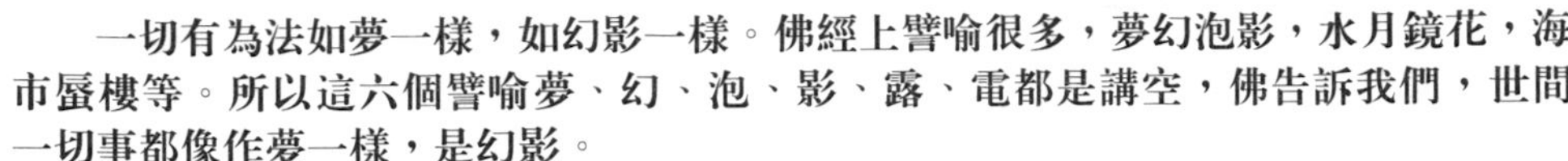

六喻般若

一切有為法如夢一樣，如幻影一樣。佛經上譬喻很多，夢幻泡影，水月鏡花，海市蜃樓等。所以這六個譬喻夢、幻、泡、影、露、電都是講空，佛告訴我們，世間一切事都像作夢一樣，是幻影。

六喻般若如方便之法

睡眠中的妄想，不是真實存在的。

幻術、魔術，皆為障眼法，不真實。

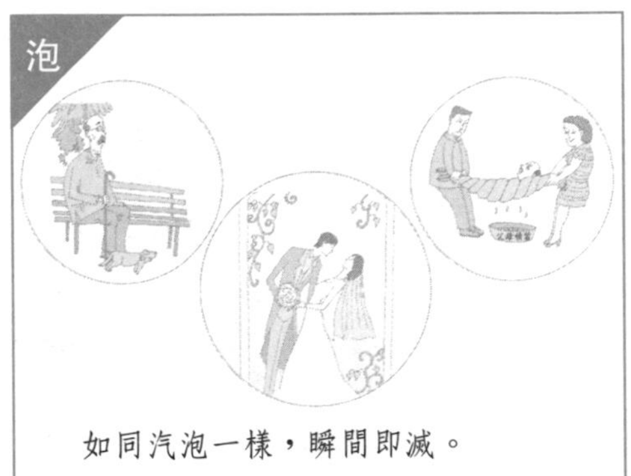

如同汽泡一樣，瞬間即滅。

虛幻而不真實的影像，如水中倒影。

清晨的露珠經太陽照射即會消失。

猶如閃電，即生即滅，不可捕捉。

應化非真分詳解三

圓滿的金剛法會

一切有為法，如夢幻泡影，如露亦如電，應作如是觀，這就是最好的說明，佛講到這裏，《金剛經》全部圓滿。這時，長老須菩提及出家的男女兩眾，在家的男女兩眾，共稱四眾弟子，及一切世間的人、天上的神、阿修羅等。眾生聽了本經，明白菩薩發心修行的宗要與次第；認識到佛法的希有或者有部分聽眾當場就開悟或者當時證得佛果，總而言之，大家都相信並接受了，所以「聞佛所說，皆大歡喜」。並依照這個方法，金剛般若波羅蜜去修行。本經圓滿。

金剛法會圓滿歡喜

金剛法會在此品圓滿結束。當時，佛的眾弟子，還有從一切世間來的三善道眾生（天、人、阿修羅），凡有善根見佛聞法者，都在法會中。大家聽聞本經，參悟菩提發心修行的宗要與次第；認識到佛法的稀有，各個都皆大歡喜。

1 佛陀
佛陀端坐在蓮花座上宣說《金經經》結束。

2 眾比丘聽法者
1250名大比丘，各個歡喜。

3 阿修羅聽法者
阿修羅等八部聽法者，為佛的侍者，常追隨在佛陀左右。

4 須菩提
須菩提乃為《金剛經》重要發起者，對佛法得參悟最透徹，是佛法真理的見證者。

5 菩薩
菩薩是大乘覺悟者，僅次於佛的覺悟，而本經主要說明的是菩薩道的修行。

6 善男、善女
虔誠的善男、善女，也就是本經所講的優婆夷、優婆塞。

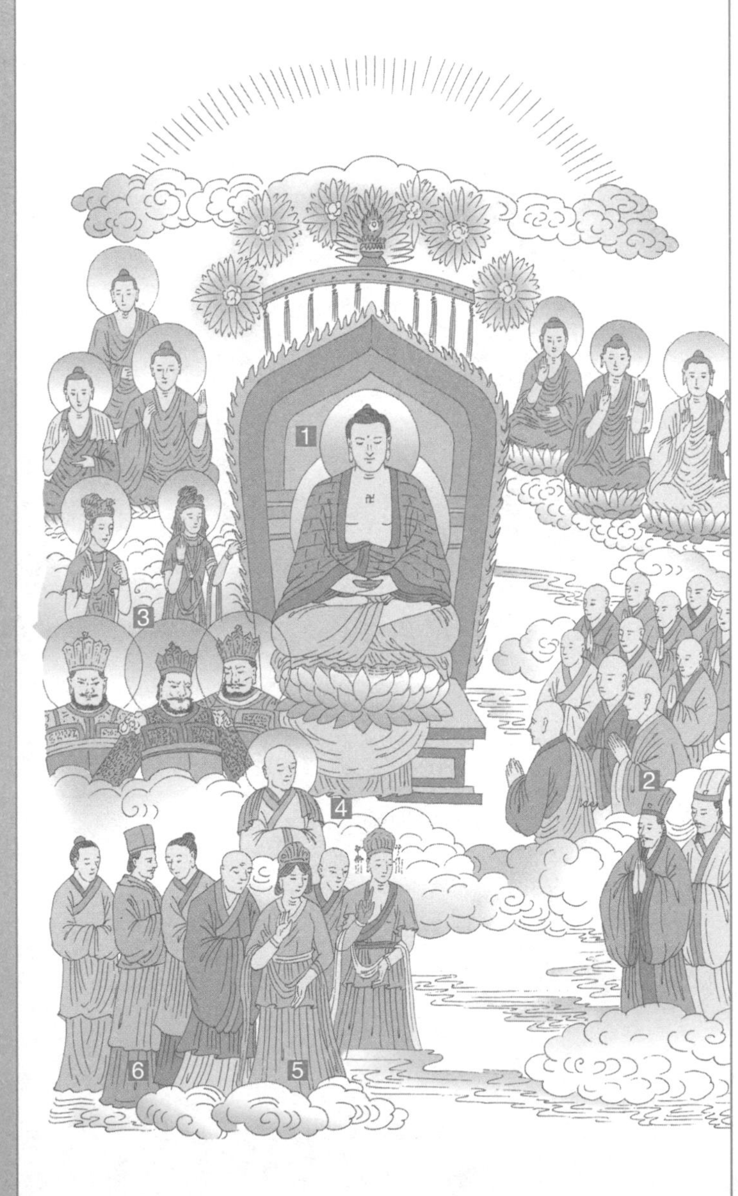

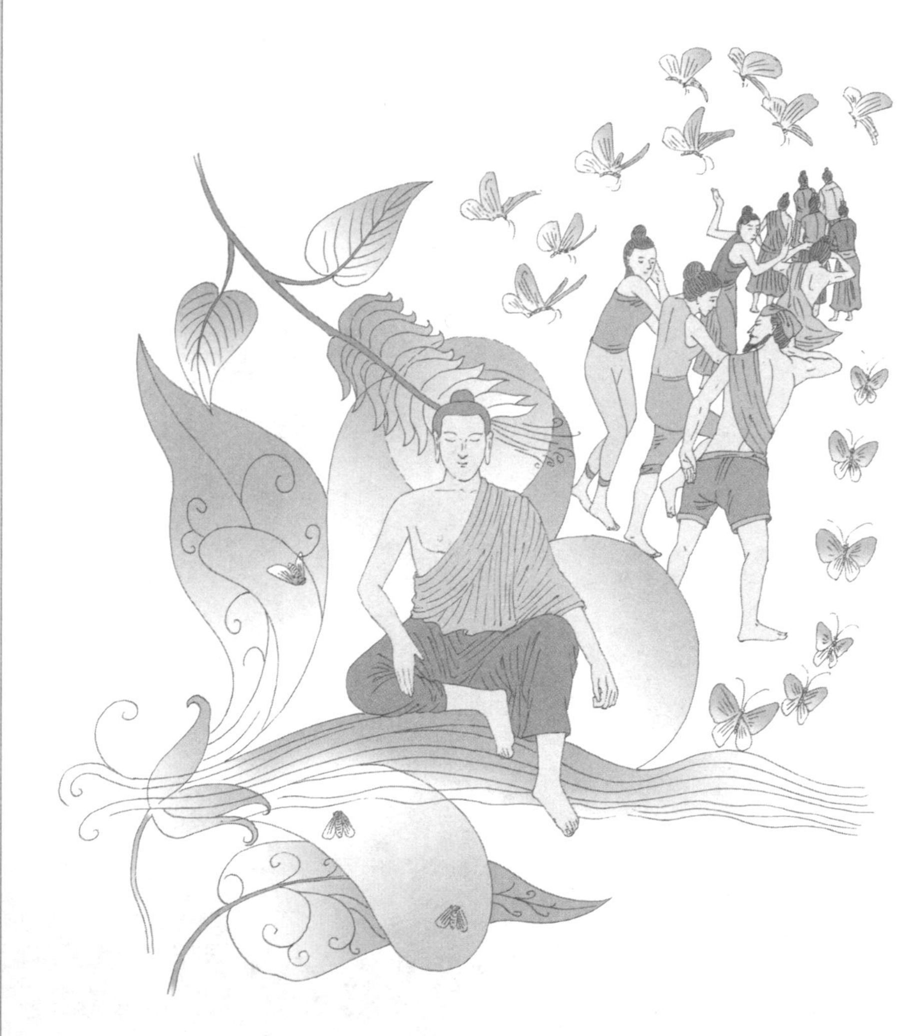

第三章

附錄

《金剛般若波羅蜜經》北朝菩提流支譯

《金剛般若波羅蜜經》陳天竺三藏真諦譯

《金剛能斷般若波羅蜜經》隋代笈多譯

《能斷金剛般若波羅蜜多經》唐三藏法師玄奘奉詔譯

《佛說能斷金剛般若波羅蜜多經》唐三藏沙門義淨譯

《金剛般若波羅蜜經》

北朝菩提流支

如是我聞。一時婆伽婆，在舍婆提城，祇樹給孤獨園。與大比丘眾千二百五十人俱。爾時，世尊食時，著衣持缽，入舍婆提大城乞食。於其城中，次第乞食已，還至本處。飯食訖，收衣缽，洗足已，如常敷座，結加趺坐，端身而住，正念不動。

爾時，諸比丘來詣佛所，到已，頂禮佛足，右遶三匝，退坐一面。爾時，慧命須菩提，在大眾中，即從座起，偏袒右肩，右膝著地，向佛合掌，恭敬而立，白佛言：「希有！世尊！如來應供正遍知，善護念諸菩薩，善付囑諸菩薩。世尊！云何菩薩大乘中，發阿耨多羅三藐三菩提心？應云何住？云何修行？云何降伏其心？」

爾時，佛告須菩提：「善哉！善哉！須菩提！如汝所說。如來善護念諸菩薩，善付囑諸菩薩。汝今諦聽，當爲汝說。如菩薩大乘中，發阿耨多羅三藐三菩提心，應如是住，如是修行，如是降伏其心。」

須菩提白佛言：「世尊！如是。願樂欲聞。」

佛告須菩提：「諸菩薩生如是心：所有一切眾生眾生所攝，若卵生、若胎生、若濕生、若化生，若有色、若無色，若有想、若無想、若非有想非無想，所有眾生界眾生所攝，我皆令入無餘涅槃而滅度之。如是滅度無量無邊眾生，實無眾生得滅度者。何以故？須菩提！若菩薩有眾生相，即非菩薩。何以故非？須菩提！若菩薩起眾生相、人相、壽者相，則不名菩薩。

復次，須菩提！菩薩不住於事行於布施，無所住行於布施，不住色布施，不住聲香味觸法布施。須菩提！菩薩應如是布施，不住於相想。何以故？若菩薩不住相布施，其福德聚不可思量。須菩提！於汝意云何？東方虛空，可思量不？」

須菩提言：「不也！世尊！」

佛言：「如是，須菩提！南西北方，四維上下虛空，可思量不？」

須菩提言：「不也！世尊！」

佛言：「如是如是，須菩提！菩薩無住相布施，福德聚亦復如是不可思量。」

佛復告須菩提：「菩薩但應如是行於布施。」

「須菩提！於意云何？可以相成就見如來不？」

須菩提言：「不也！世尊！不可以相成就得見如來。何以故？如來所說相，即非相。」

佛告須菩提：「凡所有相，皆是妄語。若見諸相非相，則非妄語。如是諸相非相，則見如來。」

須菩提白佛言：「世尊！頗有眾生，於未來世末世，得聞如是修多羅章句，生實相不？」

佛告須菩提：「莫作是說：頗有眾生，於未來世末世，得聞如是修多羅章句，生實相不？」佛復告須菩提：「有未來世末世，有菩薩摩訶薩，法欲滅時，有持戒修福德智慧者，於此修多羅章句，能生信心，以此爲實。」

佛復告須菩提：「當知彼菩薩摩訶薩，非於一佛二佛三四五佛所修行供養，非於一佛二佛三四五佛所而種善根。」佛復告須菩提：「已於無量百千萬諸佛所修行供養，無量百千萬諸佛所種諸善根。聞是修多羅，乃至一念能生淨信。須菩提！如來悉知是諸眾生，如來悉見是諸眾生。須菩提！是諸菩薩，生如是無量福德聚，取如是無量福德。何以故？須菩提！是諸菩薩，無復我相、眾生相、人相、壽者相。」

「須菩提！是諸菩薩，無法相，亦非無法相。無相，亦非無相。何以故？須菩提！是諸菩薩，若取法相，則爲著我人眾生壽者。須菩提！若是菩薩有法相，即著我相人相眾生相壽者相。何以故？須菩提！不應取法，非不取法。以是義故，如來常說筏喻法門，是法應捨，非捨法故。」

復次，佛告慧命須菩提：「須菩提！於意云何？如來得阿耨多羅三藐三菩提耶？如來有所說法耶？」

須菩提言：「如我解佛所說義，無有定法如來得阿耨多羅三藐三菩提，亦無有定法如來可說。何以故？如來所說法，皆不可取不可說，非法非非法。何以故？一切聖人，皆以無爲法得名。」

「須菩提！於意云何？若滿三千大千世界七寶，以用布施。須菩提！於意云何？是善男子善女人，所得福德，寧爲多不？」

須菩提言：「甚多！婆伽婆！甚多！修伽陀！彼善男子善女人，得福甚多。何以故？世尊！是福德聚，即非福德聚，是故如來說福德聚福德聚。」

佛言：「須菩提！若善男子善女人，以滿三千大千世界七寶，持用布施。若復於此經中，受持乃至四句偈等，爲他人說，其福勝彼無量不可數。何以故？須菩提！一切諸佛阿耨多羅三藐三菩提法，皆從此經出。一切諸佛如來，皆從此經生。須菩提！所謂佛、法佛、法者，即非佛、法，是名佛、法。」

「須菩提！於意云何？須陀洹能作是念：『我得須陀洹果』不？」。須菩提言：「不也！世尊！何以故？實無有法名須陀洹。不入色聲香味觸法，是名須陀洹。」

佛言：「須菩提！於意云何？斯陀含能作是念：『我得斯陀含果』不？」須菩提言：「不也！世尊！何以故？實無有法名斯陀含。是名斯陀含。」

「須菩提！於意云何？阿那含能作是念：『我得阿那含果』不？」須菩提言：

「不也！世尊！何以故？實無有法名阿那含。是名阿那含。」

「須菩提！於意云何？阿羅漢能作是念：『我得阿羅漢果』不？」須菩提言：「不也！世尊！何以故？實無有法名阿羅漢。世尊！若阿羅漢作是念，我得阿羅漢，即爲著我人眾生壽者。世尊！佛說我得無諍三昧，最爲第一，世尊說我是離欲阿羅漢。世尊！我不作是念：我是離欲阿羅漢。世尊！我若作是念：『我得阿羅漢』。世尊則不說我無諍行第一。以須菩提實無所行，而名須菩提無諍無諍行。」

佛告須菩提：「於意云何？如來昔在然燈佛所，得阿耨多羅三藐三菩提法不？」須菩提言：「不也！世尊！如來在然燈佛所，於法實無所得阿耨多羅三藐三菩提。」

佛告須菩提：「若菩薩作是言：『我莊嚴佛國土』，彼菩薩不實語。何以故？須菩提！如來所說莊嚴佛土者，則非莊嚴，是名莊嚴佛土。是故須菩提！諸菩薩摩訶薩，應如是生清淨心，而無所住，不住色生心，不住聲香味觸法生心，應無所住而生其心。」

「須菩提！譬如有人，身如須彌山王。須菩提！於意云何？是身爲大不？」須菩提言：「甚大！世尊！何以故？佛說非身，是名大身。彼身非身，是名大身。」

佛言：「須菩提！如恆河中所有沙數，如是沙等恆河，於意云何？是諸恆河沙，寧爲多不？」須菩提言：「甚多！世尊！但諸恆河，尚多無數，何況其沙。」

佛言：「須菩提！我今實言告汝：若有善男子善女人，以七寶滿爾所恆河沙數世界，以施諸佛如來。須菩提！於意云何？彼善男子善女人，得福多不？」須菩提言：「甚多！世尊！彼善男子善女人，得福甚多。」

佛告須菩提：「以七寶滿爾所恆河沙世界，持用布施。若善男子善女人，於此法門，乃至受持四句偈等，爲他人說，而此福德，勝前福德無量阿僧祇。復次，須菩提！隨所有處，說是法門，乃至四句偈等，當知此處，一切世間天人阿修羅，皆應供養，如佛塔廟。何況有人，盡能受持讀誦此經。須菩提！當知是人，成就最上第一希有之法。若是經典所在之處，則爲有佛，若尊重似佛。」

爾時，須菩提白佛言：「世尊！當何名此法門？我等云何奉持？」

佛告須菩提：「是法門名爲金剛般若波羅蜜。以是名字，汝當奉持。何以故？須菩提！佛說般若波羅蜜，則非般若般羅蜜。 」

「須菩提！於意云何？如來有所說法不？」須菩提言：「世尊！如來無所說法。」

「須菩提！於意云何？三千大千世界所有微塵，是爲多不？」須菩提言：「彼微塵甚多，世尊！」「須菩提！是諸微塵，如來說非微塵，是名微塵。如來說世界，非世界，是名世界。」

佛言：「須菩提！於意云何？可以三十二大人相見如來不？」須菩提言：「不也！世尊！何以故？如來說三十二大人相，即是非相，是名三十二大人相。」

佛言：「須菩提！若有善男子善女人，以恆河沙等身命布施，若復有人，於此法門中，乃至受持四句偈等，爲他人說，其福甚多無量阿僧祇。」

爾時，須菩提聞說是經，深解義趣，涕淚悲泣，捫淚而白佛言：「希有！婆伽婆！希有！修伽陀！佛說如是甚深法門，我從昔來所得慧眼，未曾得聞如是法門。」

「何以故？須菩提！佛說般若波羅蜜，即非般若波羅蜜。」

「世尊！若復有人得聞是經，信心清淨，則生實相，當知是人成就第一希有功德。世尊！是實相者，則是非相，是故如來說名實相實相。世尊！我今得聞如是法門，信解受持，不足爲難。若當來世，其有眾生得聞是法門，信解受持，是人則爲第一希有。何以故？此人無我相、人相、眾生相、壽者相。何以故？我相，即是非相；人相、眾生相、壽者相，即是非相。何以故？離一切諸相，則名諸佛。」

佛告須菩提：「如是，如是。若復有人得聞是經，不驚不怖不畏，當知是人甚爲希有。何以故？須菩提！如來說第一波羅蜜，非第一波羅蜜。如來說第一波羅蜜者，彼無量諸佛亦說波羅蜜，是名第一波羅蜜。」

「須菩提！如來說忍辱波羅蜜，即非忍辱波羅蜜。何以故？須菩提！如我昔爲歌利王割截身體。我於爾時，無我相，無眾生相，無人相，無壽者相，無相，亦非無相。何以故？須菩提！我於往昔節節支解時，若有我相、眾生相、人相、壽者相，應生瞋恨。須菩提！又念過去於五百世，作忍辱仙人，於爾所世，無我相，無眾生相，無人相，無壽者相。」

「是故須菩提！菩薩應離一切相，發阿耨多羅三藐三菩提心。何以故？若心有住，則爲非住。不應住色生心，不應住聲香味觸法生心，應生無所住心。是故佛說菩薩心不住色布施。須菩提！菩薩爲利益一切眾生，應如是布施。」

須菩提言：「世尊！一切眾生相，即是非相。何以故？如來說一切眾生，即非眾生。」

「須菩提！如來是眞語者、實語者、如語者、不異語者。須菩提！如來所得法，所說法，無實無妄語。」

「須菩提！譬如有人入闇，則無所見。若菩薩心住於事而行布施，亦復如是。須菩提！譬如人有目，夜分已盡，日光明照，見種種色。若菩薩不住於事行於布施，亦復如是。」

「復次，須菩提！若有善男子善女人，能於此法門，受持讀誦修行，則爲如來以佛智慧，悉知是人，悉見是人，悉覺是人，皆得成就無量無邊功德聚。」

「須菩提！若有善男子善女人，初日分以恆河沙等身布施，中日分復以恆河沙等身布施，後日分復以恆河沙等身布施，如是捨恆河沙等無量身，如是百千萬億那由他劫以身布施。若復有人，聞此法門，信心不謗，其福勝彼無量阿僧祇，何況書寫受持讀誦修行，爲人廣說。」

「須菩提！以要言之，是經有不可思議不可稱量無邊功德。此法門，如來爲發大乘者說，爲發最上乘者說。若有人能受持讀誦修行此經，廣爲人說，如來悉知是人，悉見是人，皆成就不可思議不可稱無有邊無量功德聚。如是人等，則為荷擔如來阿耨多羅三藐三菩提。何以故？須菩提！若樂小法者，則於此經，不能受持讀誦修行，為人解說。若有我見眾生見人見壽者見，於此法門，能受持讀誦修行為人解說者，無有是處。」

「須菩提！在在處處，若有此經，一切世間天人阿修羅所應供養。當知此處，則為是塔，皆應恭敬，作禮圍繞，以諸華香而散其處。」

「復次，須菩提！若善男子善女人，受持讀誦此經，為人輕賤。何以故？是人先世罪業，應墮惡道。以今世人輕賤故，先世罪業則為消滅。當得阿耨多羅三藐三菩提。」

「須菩提！我念過去無量阿僧祇阿僧祇劫，於然燈佛前，得值八十四億那由他百千萬諸佛，我皆親承供養，無空過者。須菩提！如是無量諸佛，我皆親承供養，無空過者。若復有人，於後世末世，能受持讀誦修行此經，所得功德，我所供養諸佛功德，於彼百分不及一，千萬億分，乃至算數譬喻所不能及。」

「須菩提！若有善男子善女人，於後世末世，有受持讀誦修行此經，所得功德，若我具說者，或有人聞，心則狂亂，疑惑不信。須菩提！當知是法門不可思議，果報亦不可思議。」

爾時，須菩提白佛言：「世尊！云何菩薩發阿耨多羅三藐三菩提心？云何住？云何修行？云何降伏其心？」

佛告須菩提：「菩薩發阿耨多羅三藐三菩提心者，當生如是心：我應滅度一切眾生，令入無餘涅槃界。如是滅度一切眾生已，而無一眾生實滅度者。何以故？須菩提！若菩薩有眾生相、人相、壽者相，則非菩薩。何以故？須菩提！實無有法，名為菩薩發阿耨多羅三藐三菩提心者。」

「須菩提！於意云何？如來於然燈佛所，有法得阿耨多羅三藐三菩提不？」

須菩提白佛言：「不也！世尊！如我解佛所說義，佛於然燈佛所，無有法得阿耨多羅三藐三菩提。」

佛言：「如是，如是。須菩提！實無有法，如來於然燈佛所得阿耨多羅三藐三菩提。須菩提！若有法如來得阿耨多羅三藐三菩提者，然燈佛則不與我受記：『汝於來世，當得作佛，號釋迦牟尼。』以實無有法，得阿耨多羅三藐三菩提，是故然燈佛與我受記，作如是言：『摩那婆！汝於來世，當得作佛，號釋迦牟尼。』何以故？須菩提！言如來者，即實眞如。須菩提！若有人言如來得阿耨多羅三藐三菩提者，是人不實語。須菩提！實無有法，佛得阿耨多羅三藐三菩提。須菩提！如來所得阿耨多羅三藐三菩提，於是中不實不妄語。是故如來說一切法皆是佛法。須菩提！所言一切法，一切法者，即非一切法，是故名一切法。須菩提！譬如有人，其身妙大。」

須菩提言：「世尊！如來說人身妙大，則非大身，是故如來說名大身。」

佛言：「須菩提！菩薩亦如是。若作是言：『我當滅度無量眾生。』則非菩薩。」

佛言：「須菩提！於意云何？頗有實法名爲菩薩不？」須菩提言：「不也！世尊！實無有法名爲菩薩。」

「是故佛說一切法，無我無眾生無人無壽者。須菩提！若菩薩作是言：『我莊嚴佛國土。』是不名菩薩。何以故？如來說莊嚴佛土莊嚴佛土者，即非莊嚴，是名莊嚴佛國土。須菩提！若菩薩通達無我、無我法者，如來說名眞是菩薩菩薩。」

「須菩提！於意云何？如來有肉眼不？」須菩提言：「如是，世尊！如來有肉眼。」

佛言：「須菩提！於意云何？如來有天眼不？」須菩提言：「如是，世尊！如來有天眼。」

佛言：「須菩提！於意云何？如來有慧眼不？」須菩提言：「如是，世尊！如來有慧眼。」

佛言：「須菩提！於意云何？如來有法眼不？」須菩提言：「如是，世尊！如來有法眼。」

佛言：「須菩提！於意云何？如來有佛眼不？」須菩提言：「如是，世尊！如來有佛眼。」

佛言：「須菩提！於意云何？如恆河中所有沙，佛說是沙不？」須菩提言：「如是，世尊！如來說是沙。」

佛言：「須菩提！於意云何？如一恆河中所有沙，有如是等恆河，是諸恆河所有沙數佛世界，如是世界，寧爲多不？」須菩提言：「彼世界甚多，世尊！」

佛言：「須菩提！爾所世界中，所有眾生，若干種心住，如來悉知。何以故？如來說諸心住，皆爲非心住，是名爲心住。何以故？須菩提！過去心不可得，現在心不可得，未來心不可得。」

「須菩提！於意云何？若有人以滿三千大千世界七寶持用布施，是善男子善女人，以是因緣，得福多不？」須菩提言：「如是！世尊！此人以是因緣，得福甚多。」

佛言：「如是如是，須菩提！彼善男子善女人，以是因緣，得福德聚多。須菩提！若福德聚有實，如來則不說福德聚福德聚。」

「須菩提！於意云何？佛可以具足色身見不？」須菩提言：「不也！世尊！如來不應以色身見。何以故？如來說具足色身，即非具足色身，是故如來說名具足色身。」

佛言：「須菩提！於意云何？如來可以具足諸相見不？」須菩提言：「不也！世尊！如來不應以具足諸相見。何以故？如來說諸相具足，即非具足，是故如來說名諸相具足。」

佛言：「須菩提！於意云何？汝謂如來作是念：我當有所說法耶？須菩提！莫作是念。何以故？若人言如來有所說法，即爲謗佛，不能解我所說故。何以故？須菩提！如來説法説法者，無法可説，是名説法。」

爾時，慧命須菩提白佛言：「世尊！頗有眾生，於未來世，聞説是法，生信心不？」

佛言：「須菩提！彼非眾生，非不眾生。何以故？須菩提！眾生眾生者，如來説非眾生，是名眾生。」

佛言：「須菩提！於意云何？如來得阿耨多羅三藐三菩提耶？」須菩提言：「不也！世尊！世尊，無有少法如來得阿耨多羅三藐三菩提。」

佛言：「如是如是，須菩提！我於阿耨多羅三藐三菩提，乃至無有少法可得，是名阿耨多羅三藐三菩提。復次，須菩提！是法平等，無有高下，是名阿耨多羅三藐三菩提。以無眾生無人無壽者，得平等阿耨多羅三藐三菩提，一切善法得阿耨多羅三藐三菩提。須菩提！所言善法善法者，如來説非善法，是名善法。」

「須菩提！三千大千世界中，所有諸須彌山王，如是等七寶聚，有人持用布施，若人以此般若波羅蜜經，乃至四句偈等，受持讀誦，爲他人説，於前福德，百分不及一，千分不及一，百千萬分不及一，歌羅分不及一，數分不及一，優波尼沙陀分不及一，乃至算數譬喻所不能及。」

「須菩提！於意云何？汝謂如來作是念，我度眾生耶？須菩提！莫作是念。何以故？實無有眾生如來度者。」

佛言：「須菩提！若有實眾生如來度者，如來則有我人眾生壽者相。須菩提！如來説有我者，則非有我，而毛道凡夫生者以爲有我。須菩提！毛道凡夫生者，如來説名非生，是故言毛道凡夫生。」

「須菩提！於意云何？可以相成就得見如來不？」須菩提言：「如我解如來所説義，不以相成就得見如來。」佛言：「如是如是！須菩提！不以相成就得見如來。」佛言：「須菩提！若以相成就觀如來者，轉輪聖王應是如來，是故非以相成就得見如來。」爾時，世尊而説偈言：

「若以色見我　以音聲求我　是人行邪道　不能見如來
彼如來妙體　即法身諸佛　法體不可見　彼識不能知」

「須菩提！於意云何？如來可以相成就得阿耨多羅三藐三菩提耶？須菩提！莫作是念：如來以相成就得阿耨多羅三藐三菩提。須菩提！汝若作是念，菩薩發阿耨多羅三藐三菩提心者，説諸法斷滅相。須菩提！莫作是念。何以故？菩薩摩訶薩發阿耨多羅三藐三菩提心者，於法不説斷滅相故。」

「須菩提！若善男子善女人，以滿恆河沙等世界七寶，持用布施。若有菩薩，知一切法無我，得無生法忍。此功德勝前所得福德。須菩提！以諸菩薩不取福德故。」

須菩提白佛言：「世尊！菩薩不取福德？」佛言：「須菩提！菩薩受福德，不取福德，是故菩薩取福德。」

「須菩提！若有人言：如來若去若來若住若坐若臥，是人不解我所說義。何以故？如來者，無所至去，無所從來，故名如來。」

「須菩提！若善男子善女人，以三千大千世界微塵。復以爾許微塵世界，碎爲微塵阿僧祇。須菩提！於意云何？是微塵眾，寧爲多不？」須菩提言：「彼微塵眾甚多！世尊！何以故？若是微塵眾實有者，佛則不說是微塵眾。何以故？佛說微塵眾，則非微塵眾，是故佛說微塵眾。世尊！如來所說三千大千世界，則非世界，是故佛說三千大千世界。何以故？若世界實有者，則是一合相。如來說一合相，則非一合相，是故佛說一合相。」

佛言：「須菩提！一合相者，則是不可說，但凡夫之人，貪著其事。何以故？須菩提！若人如是言：佛說我見人見眾生見壽者見。須菩提！於意云何？是人所說，爲正語不？」須菩提言：「不也！世尊！何以故？世尊！如來說我見人見眾生見壽者見，即非我見人見眾生見壽者見，是名我見人見眾生見壽者見。」

「須菩提！菩薩發阿耨多羅三藐三菩提心者，於一切法，應如是知，如是見，如是信，如是不住法相。何以故？須菩提！所言法相法相者，如來說即非法相，是名法相。須菩提！若有菩薩摩訶薩以滿無量阿僧祇世界七寶，持用布施。若有善男子善女人，發菩薩心者，於此般若波羅蜜經，乃至四句偈等，受持讀誦，爲他人說，其福勝彼無量阿僧祇。云何爲人演說而不名說，是名爲說。」爾時，世尊而說偈言：

「一切有爲法　如星翳燈幻　露泡夢電雲　應作如是觀」

佛說是經已，長老須菩提，及諸比丘比丘尼、優婆塞優婆夷、菩薩摩訶薩、一切世間天人阿修羅乾闥婆等，聞佛所說，皆大歡喜，信受奉行。

《金剛般若波羅蜜經》

陳天竺三藏真諦譯

如是我聞。一時佛婆伽婆，住舍衛國，祇陀樹林給孤獨園。與大比丘眾千二百五十人俱。爾時世尊，於日前分，著衣持缽，入舍衛大國而行乞食。於其國中次第行已，還至本處。飯食事訖，於中後時，收衣缽，洗足已。如常敷座，加趺安坐，端身而住，正念現前。時諸比丘俱往佛所，至佛所已，頂禮佛足，右遶三匝，卻坐一面。

爾時淨命須菩提，於大眾中共坐聚集。時淨命須菩提，即從座起，偏袒右肩，頂禮佛足，右膝著地，向佛合掌而白佛言：「希有世尊！如來應供正遍覺知，善護念諸菩薩摩訶薩，由無上利益故；善付囑諸菩薩摩訶薩，由無上教故。世尊！若善男子善女人，發阿耨多羅三藐三菩提心，行菩薩乘，云何應住？云何修行？云何發起菩薩心？」

淨命須菩提作是問已。爾時世尊告須菩提：「須菩提！善哉善哉！如是，善男子，如來善護念諸菩薩摩訶薩，無上利益故：善付囑諸菩薩摩訶薩，無上教故。須菩提！是故汝今一心諦聽，恭敬，善思念之。我今當爲汝說。如菩薩發菩提心，行菩薩乘，如是應住，如是修行，如是發心。」

須菩提言：「唯然，世尊！」

佛告須菩提：「須菩提！若善男子善女人，發菩提心，行菩薩乘，應如是發心：所有一切眾生類攝，若卵生、若胎生、若濕生、若化生，若有色、若無色，若有想、若無想，若非有想、若非無想，乃至眾生界，及假名說。如是眾生，我皆安置於無餘涅槃。如是般涅槃無量眾生已，無一眾生被涅槃者。何以故？須菩提！若菩薩有眾生想，即不應說名爲菩薩。何以故？須菩提！一切菩薩，無我想、眾生想、壽者想、受者想。」

「復次，須菩提，菩薩不著己類而行布施，不著所餘行於布施，不著色聲香味觸法應行布施。須菩提！菩薩應如是行施，不著相想。何以故？須菩提！若菩薩無執著心行於布施，是福德聚不可數量。須菩提！汝意云何？東方虛空可數量不？」

須菩提言：「不可，世尊！」

佛言：「如是，須菩提！南西北方，四維上下，十方虛空，可數量不？」

須菩提言：「不可，世尊！」

佛言：「如是，須菩提！若菩薩無執著心行於布施，是福德聚亦復如是不可數量。

「須菩提！汝意云何？可以身相勝德見如來不？」

「不也。世尊！何以故？如來所說身相勝德，非相勝德。」

「何以故？須菩提！凡所有相，皆是虛妄。無所有相，即是眞實。由相無相，應見如來。」

如是說已，淨命須菩提白佛言：「世尊！於今現時及未來世，頗有菩薩聽聞正說如是等相此經章句，生實想不？」

佛告須菩提：「莫作是說：『於今現時及未來世，頗有菩薩聽聞正說如是等相此經章句，生實想不？』何以故？須菩提！於未來世，實有眾生，得聞此經，能生實想。復次，須菩提！於未來世，後五百歲，正法滅時，有諸菩薩摩訶薩，持戒修福，及有智慧。須菩提！是諸菩薩摩訶薩，非事一佛，非於一佛種諸善根，已事無量百千諸佛，已於無量百千佛所而種善根。若有善男子善女人，聽聞正說如是等相此經章句，乃至一念生實信者。須菩提！如來悉知是人，悉見是人。須菩提！是善男子善女人，生長無量福德之聚！何以故？須菩提！是諸菩薩無復我想、眾生想、壽者想、受者想。」

「是諸菩薩無法想，無非法想，無想，無非想。何以故？須菩提！是諸菩薩若有法想，即是我執，及眾生壽者受者執。須菩提！是故菩薩不應取法，不應取非法。爲如是義故，如來說：若觀行人，解筏喻經，法尚應捨，何況非法。」

佛復告淨命須菩提：「須菩提！汝意云何？如來得阿耨多羅三藐三菩提耶？如來有所說法耶？」

須菩提言：「如我解佛所說義，無所有法如來所得，名阿耨多羅三藐三菩提；亦無有法，如來所說。何以故？是法如來所說，不可取，不可言；非法，非非法。何以故？一切聖人，皆以無爲眞如所顯現故。」

「須菩提！汝意云何？以三千大千世界遍滿七寶，若人持用布施，是善男子善女人，因此布施，生福多不？」

須菩提言：「甚多，世尊！甚多，修伽陀！是善男子善女人，因此布施，得福甚多。何以故？世尊！此福德聚，即非福德聚，是故如來說福德聚。」

佛言：「須菩提！若善男子善女人，以三千大千世界遍滿七寶，持用布施。若復有人，從此經中受四句偈，爲他正說，顯示其義，此人以是因緣，所生福德，最多於彼無量無數。何以故？須菩提！如來無上菩提，從此福成。諸佛世尊，從此福生。何以故？須菩提！所言佛、法者，即非佛、法，是名佛、法。」

「須菩提！汝意云何？須陀洹能作是念：『我得須陀洹果』不？」

須菩提言：「不也，世尊！何以故？世尊！實無所有能至於流，故說須陀洹。乃至色聲香味觸法亦復如是，故名須陀洹。」

「斯陀含名一往來，實無所有能至往來，是名斯陀含。」

「阿那含名爲不來，實無所有能至不來，是名阿那含。」

佛言：「須菩提！汝意云何？阿羅漢能作是念：『我得阿羅漢果』不？」

須菩提言：「不也，世尊！何以故！實無所有名阿羅漢。世尊！若阿羅漢作是念：『我得阿羅漢果。』此念即是我執、眾生執、壽者執、受者執。世尊！如來阿羅訶三藐三佛陀，讚我住無諍三昧，人中最爲第一。世尊！我今已成阿羅漢，離三有欲。世尊！我亦不作是念：『我是阿羅漢。』世尊！我若有是念：『我已得阿羅漢果。』如來則應不授我記：『住無諍三昧，人中須菩提善男子最爲第一。』實無所住，住於無諍，住於無諍。」

佛告須菩提：「汝意云何？昔從然燈如來阿羅訶三藐三佛陀所，頗有一法，如來所取不？」

須菩提言：「不也，世尊！實無有法，昔從然燈如來阿羅訶三藐三佛陀所，如來所取。」

佛告須菩提：「若有菩薩作如是言：『我當莊嚴清淨佛土。』而此菩薩說虛妄言。何以故？須菩提！莊嚴佛土者，如來說非莊嚴，是故莊嚴清淨佛土。須菩提！是故菩薩應生如是無住著心，不住色聲香味觸法生心，應無所住而生其心。」

「須菩提！譬如有人體相勝大，如須彌山王。須菩提！汝意云何？如是體相爲勝大不？」

須菩提言：「甚大，世尊！何以故？如來說非有，名爲有身，此非是有，故說有身。」

佛告須菩提：「汝意云何？於恆伽江所有諸沙，如其沙數所有恆伽，諸恆伽沙寧爲多不？」

須菩提言：「甚多！世尊！但諸恆伽，尚多無數，何況其沙。」

佛言：「須菩提！我今覺汝，我今示汝：諸恆伽中所有沙數，如是沙等世界，若有善男子善女人，以七寶遍滿，持施如來應供正遍覺知。須菩提！汝意云何？此人以是因緣，得福多不？」

須菩提言：「甚多，世尊！甚多，修伽陀！此人以是因緣，生福甚多！」

「須菩提！若善男子善女人，以七寶遍滿爾所恆伽沙世界，持用布施。若善男子善女人，從此經典乃至四句偈等，恭敬受持，爲他正說。是人所生福德，最勝於彼無量無數！」

「復次，須菩提！隨所在處，若有人能從是經典，乃至四句偈等，讀誦講說。當知此處，於世間中即成支提，一切人、天、阿修羅等，皆應恭敬。何況有人，盡能受持讀誦如此經典。當知是人，則與無上希有之法而共相應。是土地處，大師在中，或隨有一可尊重人。」佛說是已。

淨命須菩提白佛言：「世尊！如是經典，名號云何？我等云何奉持？」

佛告須菩提：「此經名爲《金剛般若波羅蜜》。以是名字，汝當奉持。何以故？須菩提！是般若波羅蜜，如來說非般若波羅蜜。須菩提！汝意云何？頗有一法一佛說不？」

須菩提言：「不也，世尊！無有一法一如來說。」

佛告須菩提：「三千大千世界所有微塵，是爲多不？」

須菩提言：「此世界微塵，甚多，世尊！甚多，修伽陀！何以故？世尊！此諸微塵，如來說非微塵，故名微塵。此諸世界，如來說非世界，故說世界。」。

佛告須菩提：「汝意云何？可以三十二大人相見如來不？」

須菩提言：「不也，世尊！何以故？此三十二大人相，如來說非相，故說三十二大人相。」

佛告須菩提：「若有善男子善女人，如諸恆河所有沙數，如是沙等身命捨以布施。若有善男子善女人，從此經典，乃至四句偈等，恭敬受持，爲他正說。此人以是因緣，生福多彼無量無數。」

爾時淨命須菩提，由法利疾，即便悲泣。拉淚而言：「希有！世尊！希有！修伽陀！如此經典如來所說，我從昔來至得聖慧，未曾聞說如是經典。何以故？世尊說般若波羅蜜，即非般若波羅蜜，故說般若波羅蜜。世尊！當知是人，則與無上希有之法而共相應，聞說經時，能生實想。世尊！是實想者，實非有想，是故如來說名實想，說名實想。世尊！此事於我非爲希有。正說經時，我生信解。世尊！於未來世，若有眾生恭敬受持，爲他正說，當知是人，則與無上希有之法而共相應。世尊！此人無復我想眾生想壽者想受者想。何以故？我想眾生想壽者想受者想，即是非想。何以故？諸佛世尊，解脫諸想盡無餘故。」說是言已。

佛告須菩提：「如是，須菩提！如是。當知是人，則與無上希有之法而共相應。是人聞說此經，不驚不怖不畏。何以故？須菩提！此法如來所說，是第一波羅蜜。此波羅蜜，如來所說，無量諸佛亦如是說，是故說名第一波羅蜜。復次，須菩提！如來忍辱波羅蜜，即非波羅蜜。何以故？須菩提！昔時我爲迦陵伽王斬斫身體，骨肉離碎。我於爾時，無有我想、眾生想、壽者想、受者想，無想，非無想。何以故？須菩提！我於爾時，若有我想、眾生想、壽者想、受者想，是時則應生瞋恨想。」

「須菩提！我憶過去五百生，作大仙人，名曰說忍。於爾生中，心無我想、眾生想、壽者想、受者想。是故須菩提！菩薩摩訶薩捨離一切想，於無上菩提應發起心，不應生住色心，不應生住聲、香、味、觸心，不應生住法心，不應生住非法心，不應生有所住心。何以故？若心有住，則爲非住。故如來說：『菩薩無所住心應行布施。』復次，須菩提！菩薩應如是行施，爲利益一切眾生。此眾生想，即是非想。如是一切眾生，如來說即非眾生。何以故？諸佛世尊遠離一切想故。須菩提！如來說實、說諦、說如、說非虛妄。復次，須菩提！是法如來所覺，是法如來所說，是法非實非虛。」

「須菩提！譬如有人，在於盲暗，如是當知菩薩墮相，行墮相施。須菩提！如人有目，夜已曉，晝日光照，見種種色，如是當知菩薩不墮於相，行無相施。復次，須菩提！於未來世，若有善男子善女人，受持讀誦修行，爲他正說如是經典，如來悉知是人，悉見是人，生長無量福德之聚。」

「復次，須菩提！若有善男子善女人，於日前分布施身命，如上所說諸恆沙數；於日中分布施身命，於日後分布施身命，皆如上說諸恆沙數。如是無量百千萬億劫，以身命布施。若復有人，聞此經典，不起誹謗，以是因緣，生福多彼無量無數。何況有人書寫受持讀誦，教他修行，爲人廣說。復次，須菩提！如是經典不可思量，無能與等。如來但爲憐愍利益能行無上乘人，及行無等乘人說。若復有人，於未來世，受持讀誦，教他修行，正說是經，如來悉知是人，悉見是人，與無數無量不可思議無等福聚而共相應。如是等人，由我身分，則能荷負無上菩提。何以故？須菩提！如是經典，若下願樂人，及我見眾生見壽者見受者見如此等人，能聽能修讀誦教他正說，無有是處。復次，須菩提！隨所在處，顯說此經，一切世間天人阿修羅等，皆應供養，作禮右遶。當知此處，於世間中即成支提。」

「須菩提！若有善男子善女人，受持讀誦教他修行，正說如是等經。此人現身受輕賤等。過去世中所造惡業，應感生後惡道果報。以於現身受輕苦故，先世罪業及苦果報，則爲消滅。當得阿耨多羅三藐三菩提。」

「須菩提！我憶往昔無數無量過於算數大劫，過去然燈如來阿羅訶三藐三佛陀後，八萬四千百千俱胝諸佛如來已成佛竟，我皆承事供養恭敬，無空過者。若復有人，於後末世五百歲時，受持讀誦，教他修行，正說此經。須菩提！此人所生福德之聚，以我往昔承事供養諸佛如來所得功德，比此功德，百分不及一，千萬億分不及一，窮於算數不及其一，乃至威力品類相應譬喻所不能及。」

「須菩提！若善男子善女人，於後末世，受持讀誦如此等經，所得功德，我若具說，若有善男子善女人，諦聽憶持爾所福聚，或心迷亂及以顛狂。復次，須菩提！如是經典不可思議，若人修行及得果報，亦不可思議。」

爾時須菩提白佛言：「世尊！善男子善女人，發阿耨多羅三藐三菩提心，行菩薩乘，云何應住？云何修行？云何發起菩薩心？」

佛告須菩提：「善男子善女人，發阿耨多羅三藐三菩提心者，當生如是心：『我應安置一切眾生，令入無餘涅槃。如是般涅槃無量眾生已，無一眾生被涅槃者。』何以故？須菩提！若菩薩有眾生想，則不應說名爲菩薩。何以故？須菩提！實無有法，名爲能行菩薩上乘。」

「須菩提！汝意云何？於然燈佛所，頗有一法如來所得，名阿耨多羅三藐三菩提不？」

須菩提言：「不也，世尊！於然燈佛所，無有一法如來所得，名阿耨多羅三藐三菩提。」

佛言：「如是，須菩提！如是。於然燈佛所，無有一法如來所得，名阿耨多羅三藐三菩提。須菩提！於然燈佛所，若有一法如來所得，名阿耨多羅三藐三菩提，然燈佛則不授我記：『婆羅門！汝於來世，當得作佛，號釋迦牟尼，多陀阿伽度，阿羅訶，三藐三佛陀。』須菩提！由實無有法如來所得，名阿耨多羅三藐三菩提，是故然燈佛與我授記，作如是言：『婆羅門！汝於來世，當得作佛，號釋迦牟尼，多陀阿伽度，阿羅訶，三藐三佛陀。』何以故？須菩提！如來者，眞如別名。」

「須菩提！若有人說：『如來得阿耨多羅三藐三菩提。』是人不實語。何以故？須菩提！實無有法如來所得，名阿耨多羅三藐三菩提。須菩提！此法如來所得，無實無虛。是故如來說：『一切法皆是佛法。』須菩提！一切法者，非一切法故，如來說名一切法。」

「須菩提！譬如有人遍身大身。」須菩提言：「世尊！如來所說遍身大身，則爲非身，是故說名遍身大身。」

佛言：「如是，須菩提！如是，須菩提！若有菩薩說如是言：『我當般涅槃一切眾生。』則不應說名爲菩薩。須菩提！汝意云何？頗有一法名菩薩不？」須菩提言：「不也，世尊！」

佛言：「須菩提！是故如來說：『一切法無我、無眾生、無壽者、無受者。』須菩提！若有菩薩說如是言：『我當莊嚴清淨佛土。』如此菩薩說虛妄言。何以故？須菩提！莊嚴佛土者，如來說則非莊嚴，是故莊嚴清淨佛土。須菩提！若菩薩信見諸法無我，諸法無我，如來應供正遍覺說：『是名菩薩，是名菩薩。』」

佛言：「須菩提！汝意云何？如來有肉眼不？」須菩提言：「如是，世尊！如來有肉眼。」

佛言：「須菩提！汝意云何？如來有天眼不？」須菩提言：「如是，世尊！如來有天眼。」

佛言：「須菩提！汝意云何？如來有慧眼不？」須菩提言：「如是，世尊！如來有慧眼。」

佛言：「須菩提！汝意云何？如來有法眼不？」須菩提言：「如是，世尊！如來有法眼。」

佛言：「須菩提！汝意云何？如來有佛眼不？」須菩提言：「如是，世尊！如來有佛眼。」

「須菩提！汝意云何？於恆伽江所有諸沙，如其沙數所有恆伽，如諸恆伽所有沙數，世界如是，寧爲多不？」須菩提言：「如是，世尊！此等世界，其數甚多。」

佛言：「須菩提！爾所世界中，所有眾生，我悉見知心相續住，有種種類。何以故？須菩提！心相續住，如來說非續住，故說續住。何以故？須菩提！過去心不可得，未來心不可得，現在心不可得。」

「須菩提！汝意云何？若有人以滿三千大千世界七寶，而用布施，是善男子善女人，以是因緣，得福多不？」須菩提言：「甚多！世尊！甚多！修伽陀！」

佛言：「如是，須菩提！如是。彼善男子善女人，以是因緣，得福聚多。」

佛言：「須菩提！若福德聚，但名爲聚，如來則不應說是福德聚、是福德聚。須菩提！汝意云何？可以具足色身觀如來不？」須菩提言：「不也，世尊！不可以具足色身觀於如來。何以故？此具足色身，如來說非具足色身，是故如來說名具足色身。」

佛言：「須菩提！汝意云何？可以具足諸相觀如來不？」須菩提言：「不也，世尊！不可以具足諸相觀於如來。何以故？此具足相，如來說非具足相，是故如來說具足相。」

佛言：「須菩提！汝意云何？如來有如是意，『我今實說法』耶？須菩提！若有人言，『如來實能說法。』汝應當知，是人由非實有，及以邪執，起誹謗我。何以故？須菩提！說法說法，實無有法名爲說法。」

爾時須菩提白佛言：「世尊！頗有眾生，於未來世，聽聞正說如是等相，此經章句，生實信不？」

佛告須菩提：「彼非眾生，非非眾生。何以故？須菩提！彼眾生者，如來說非眾生，非非眾生，故說眾生。須菩提！汝意云何？頗有一法如來所得，名阿耨多羅三藐三菩提不？」須菩提言：「不也，世尊！無有一法如來所得，名阿耨多羅三藐三菩提。」

佛言：「如是，須菩提！如是。乃至無有如微塵法，如來所捨，如來所得，是故說名阿耨多羅三藐三菩提平等平等。復次，須菩提！諸佛覺知，無有差別，是故說名阿耨多羅三藐三菩提。復次，須菩提！此法平等，無有高下，是名阿耨多羅三藐三菩提。復次，須菩提！由無我無眾生無壽者無受者等，此法平等，故名阿耨多羅三藐三菩提。復次，須菩提！由實善法具足圓滿，得阿耨多羅三藐三菩提。須菩提！所言善法善法者，如來說非善法，故名善法。」

「須菩提！三千大千世界中，所有諸須彌山王，如是等七寶聚，滿此世界，有人持用布施。若人從此般若波羅蜜經，乃至四句偈等，受持讀誦爲他正說，所得功德，比此功德，百分不及一，千萬億分不及一，窮於算數不及其一，乃至威力品類相應譬喻所不能及。」

「須菩提！汝意云何？如來作是念：我度眾生耶？須菩提！汝今不應作如是念。何以故？實無眾生如來所度。須菩提！若有眾生如來所度，即是我執眾生執壽者執受者執。須菩提！此我等執，如來說非執，嬰兒凡夫眾生之所執故。須菩提！嬰兒凡夫眾生者，如來說非眾生，故說嬰兒凡夫眾生。須菩提！汝意云何？可以具足相觀如來不？」

須菩提言：「如我解佛所說義，不以具足相應觀如來。」

佛言：「如是，須菩提！如是。不以具足相應觀如來。何以故？若以具足相觀如來者，轉輪聖王應是如來，是故不以具足相應觀如來。」是時世尊而說偈言：

「若以色見我，以音聲求我，是人行邪道，不應得見我。

由法應見佛，調御法爲身，此法非識境，法如深難見。」

「須菩提！汝意云何？如來可以具足相得阿耨多羅三藐三菩提不？須菩提！汝今不應作如是見：『如來以具足相得阿耨多羅三藐三菩提。』何以故？須菩提！如來不以具足相得阿耨多羅三藐三菩提。須菩提！若汝作是念：如來有是說：『行菩薩乘人，有法可滅。』須菩提！汝莫作此見。何以故？如來不說行菩薩乘人有法可滅，及以永斷。」

「須菩提！若有善男子善女人，以滿恆伽沙等世界七寶，持用布施。若有菩薩，於一切法無我、無生，得無生忍，以是因緣，所得福德最多於彼。須菩提！行大乘人，不應執取福德之聚。」

須菩提言：「此福德聚，可攝持不？」

佛言：「須菩提！此福德聚，可得攝持，不可執取。是故說此福德之聚，應可攝持。」

「須菩提！若有人言：『如來行住坐臥。』是人不解我所說義。何以故？須菩提！如來者，無所行去，亦無所從來，是故說名如來應供正遍覺知。」

「須菩提！若善男子善女人，以三千大千世界地大微塵，燒成灰末，合爲墨丸，如微塵聚。須菩提！汝意云何？是鄰虛聚，寧爲多不？」

須菩提言：「彼鄰虛聚，甚多，世尊！何以故？世尊！若鄰虛聚是實有者，世尊則不應說名鄰虛聚。何以故？世尊！所說此鄰虛聚，如來說非鄰虛聚，是故說名爲鄰虛聚。如來所說三千大千世界，則非世界，故說三千大千世界，何以故？世尊！若執世界爲實有者，是聚一執。此聚一執，如來說非執，故說聚一執。」

佛世尊言：「須菩提！此聚一執，但世言說。須菩提！是法非可言法，嬰兒凡夫偏言所取。」

「須菩提！若有人言：『如來說我見、眾生見、壽者見、受者見。』須菩提！汝意云何？是人言說，爲正語不？」

須菩提言：「不也，世尊！不也，修伽陀！何以故？如來所說我見、眾生見、壽者見、受者見，即是非見，是故說我見、眾生見、壽者見、受者見。」

「須菩提！若人行菩薩乘，如是應知應見應信，一切諸法；如是應修，爲令法想不得生起。何以故？須菩提！是法想法想者，如來說即非想，故說法想。」

「須菩提！若有菩薩摩訶薩，以滿無數無量世界七寶持用布施，若有善男子善女人，從此般若波羅蜜經，乃至四句偈等，受持讀誦，教他修行，爲他廣說，是善男子善女人，以是因緣，所生福德，最多於彼無量無數。云何顯說此經，如無所顯說，故言顯說。」

「如如不動，恆有正說。應觀有爲法，如暗、翳、燈、幻，露、泡、夢、電雲。」

爾時世尊說是經已，大德須菩提，心進歡喜，及諸比丘、比丘尼、優婆塞、優婆夷眾，人、天、阿修羅等，一切世間踊躍歡喜信受奉行。

金剛能斷般若波羅蜜經

隋代笈多譯

如是我聞。一時，世尊聞者遊行勝林中，無親搏施與園中。大比丘眾，共半三十比丘百。爾時，世尊前分時。上裙著已，器上絡，衣持。聞者大城搏爲入。爾時，世尊聞者大城搏爲行已。作已食，作已後食，搏墮過器上絡，衣收攝，兩足洗，坐具世尊施設，如是座中跏趺結直身。作現前念近住。爾時，多比丘若世尊彼詣到已，世尊兩足頂禮，世尊邊三右遶，作已，一邊坐彼。復時，命者善實，彼所如是眾聚集會坐。

爾時，命者善實起坐。一肩上著作已，右膝輪地著已，若世尊彼合掌向世尊邊，如是言：「希有！世尊！乃至所有如來應正遍知！菩薩摩訶薩順攝，最勝順攝；乃至所有如來應正遍知！菩薩摩訶薩付囑，最勝付囑。彼云何，世尊！菩薩乘發行住應？云何修行應？云何心降伏應？」

如是語已。世尊命者善實邊如是言：「善！善！善實，如是。善實，如是如是！順攝，如來，菩薩摩訶薩最勝順攝；付囑，如來，菩薩摩訶薩最勝付囑。彼，善實！聽善，善意念作，說當如菩薩乘發行住應，如修行應，如心降伏應。」「如是！世尊！」命者善實世尊邊：「願欲聞。」

世尊於此言：「此，善實！菩薩乘發行，如是心發生應：所有，善實！眾生攝攝已，卵生、若胎生、若溼生、若化生，若色、若無色，若想、若無想、若非想非無想。所有眾生界施設已，彼我一切無受餘涅槃界滅度應。如是無量雖眾生滅度，無有一眾生滅度有。彼何所因？若，善實！菩薩摩訶薩眾生想轉，不，彼菩薩摩訶薩名說應。彼何所因？不，彼，善實！菩薩名說應，若眾生想轉，壽想若，人想若轉。」

「雖然復次時，善實！不菩薩摩訶薩事住施與應，無所住施與應，不色住施與應，不聲香味觸法中住施與應。如是此，善實！菩薩摩訶薩施與應。如不相想亦住。彼何所因？若，善實！菩薩摩訶薩不住施與，彼所，善實！福聚不可量受取！」

「彼何意念？善實！可前方虛空量受取？」善實言：「不如此。世尊！」

世尊言：「如是右（南）後（西）高（北）下上方順不正方，普十方可虛空量受取？」善實言：「不如此。世尊！」

世尊言：「如是，如是！善實！如是，如是！若菩薩摩訶薩不住施與，彼所，善實！福聚不可量受取。雖然復次時，善實！如是菩薩乘發行施與應，如不相想亦住。」

「彼何意念？善實！相具足如來見應？」善實言：「不，世尊！相具足如來見應。彼何所因？若彼如來相具足說，彼如是非相具足！」如是語已。

世尊，命者善實邊如是言：「所有，善實！相具足所有妄，所有不相具足所有不妄，名此相不相如來見應。」如是語已。

命者善實，世尊邊如是言：「雖然，世尊！頗有眾生，當有未來世，後時、後長時、後分五百，正法破壞時中，轉時中，若此中，如是色類經中說中，實想發生當有？」

世尊言：「莫，善實！汝如是語。『雖然，世尊！頗有眾生，當有未來世，後時，後長時，後分五百，正法破壞時中，轉時中，若此中，如是色類經中說中，實想發生當有？』雖然復次時，善實！當有未來世，菩薩摩訶薩，後分五百，正法破壞時中，轉時中，戒究竟、功德究竟、智慧究竟」

「不，復次時，彼，善實！菩薩摩訶薩一佛親近供養當有，不一佛種植善根。雖然復次時，善實！不一佛百千親近供養，不一佛百千種植善根，彼菩薩摩訶薩當有，若此中，如是色類中，經句中說中，一心淨信亦得當。知彼，善實！如來佛智；見彼，善實！如來佛眼，一切彼，善實！無量福聚生當取當！彼何所因？不，善實！彼等菩薩摩訶薩我想轉，不眾生想，不壽想，不人想轉。不亦彼等，善實！菩薩摩訶薩，法想轉，無法想轉；不亦彼等，想、無想轉不。彼何所因？若，善實！彼等菩薩摩訶薩法想轉，彼如是，彼等我取有，眾生取、壽取、人取有；若無法想轉，彼如是，彼等我取有，眾生取、壽取、人取有。彼何所因？不，復次時，善實！菩薩摩訶薩法取應，不非法取應。彼故此義意，如來說筏喻，法本解法，如是捨應，何況非法！」

復次，世尊命者善實邊如是言：「彼何意念？善實！有如來、應、正遍知，無上正遍知證覺？有復法如來說？」善實言：「如我，世尊！世尊說義解，我，無有一法若如來無上正遍知證覺；無有一法若如來說。彼何所因？若彼如來法說，不可取，彼不可說，不彼法，非不法。彼何因？無爲法顯明聖人。」

世尊言：「彼何意念？善實！若有善家子，若善家女，若此三千大千世界七寶滿作已，如來等，應等，正遍知等施與。彼何意念？善實！雖然，彼善家子若，善家女若，彼緣多福聚生？」善實言：「多！世尊！多！善逝！彼善家子，若善家女，若彼緣，多福聚生！彼何所因？若彼，世尊！福聚，如來說非福聚；彼，世尊！如來說福聚、福聚者。」

世尊言：「若復，善實！善家子，若善家女，若此三千大千世界七寶滿作已，如來等、應等、正遍知等施與。若此法本，乃至四句等偈，受已，爲他等分別廣說，此，彼緣，多過福聚生，無量、不可數。彼何所因？此出，善實！如來、應、正遍知，無上正遍知；此生佛、世尊。彼何所因？佛法、佛法者，善實！非佛法，如是彼；彼故，說名佛法者。」

世尊言：「彼何意念？善實！雖然，流入如是念：『我流入果得到。』？」

善實言：「不如此！世尊！彼何所因？不彼，世尊！一人，彼故，說名流入。不色入，不聲、不香、不味、不觸、不法入，彼故說名流入者。彼若，世尊！流入如是念：『我流入果得到』，彼如是，彼所我取有，眾生取、壽取、人取有。」

世尊言：「彼何意念？善實！雖然，一來如是念：『我一來果得到。』？」善實言：「不如此，世尊！彼何所因？不一來如是念：『我一來果得到。』彼何所因？不彼有法，若一來人彼故說名一來者。」

世尊言：「彼何意念？善實！雖然，不來如是念：『我不來果得到。』？」善實言：「不如此，世尊！彼何所因？不彼有法，若不來入，彼故說名不來者。」

世尊言：「彼何意念？善實！雖然，應如是念：『我應得到。』？」善實言：「不如此，世尊！彼何所因？不彼，世尊！有法若應名，彼故說名應者。彼若，世尊！應如是念：『我應得到。』，如是彼所我取有，眾生取、壽取、人取有。彼何所因？我此，世尊！如來、應、正遍知，無諍行最勝說我，此，世尊！應離欲，不我，世尊！如是念『我此應者。』，若我，世尊！如是念：『我應得到。』，不我，如來記說『無諍行最勝。』，善實！善家子無所行，彼故說名無諍行、無諍行者。」

世尊言：「彼何意念？善實！有一法，若如來燈作如來、應、正遍知受取？」善實言：「不如此，世尊！無一法，若如來燈作如來、應、正遍知受取。」

世尊言：「若有，善實！菩薩摩訶薩如是語：『我國土莊嚴成就。』我者，彼不如語。彼何所因？國土莊嚴者，善實！不莊嚴，彼，如來說；彼故，說名國土莊嚴者。彼故此，善實！菩薩摩訶薩如是不住心發生應，不色住心發生應，不聲、香、味、觸、法住心發生應，無所住心發生應！」

「譬如，善實！丈夫有此如是色我身有，譬如善高山王。彼何意念？善實！雖然彼大我身有？」善實言：「大，世尊！大！善逝！彼我身有。彼何所因？我身、我身者，世尊！不有，彼，如來說；彼故，說名我身者。不彼，世尊！有；彼故，說名我身者。」

世尊言：「彼何意念？善實！所有恆伽大河沙，彼所有，如是恆伽大河有，彼中若沙，雖然，彼多沙有？」善實言：「彼如是所有，世尊！多恆伽大河有，何況若彼中沙！」

世尊言：「欲我汝，善實！知我汝。所有彼中恆伽大河中沙有，彼所有世界有，如是婦女，若丈夫，若七寶滿作已，如來等、應等、正遍知等施與。彼何意念？善實！雖然，彼婦女，若丈夫，若彼緣，多福聚生？」善實言：「多，世尊！多，善逝！彼婦女，若丈夫，若彼緣，多福聚生，無量、不可數。」

世尊言：「若復時，善實！善家子，若善家女，若彼所有世界七寶滿作已，如來等、應等、正遍知等施與。若此法本乃至四句等偈，受已，為他等分別廣說，此如是，彼緣，多過福聚生，無量、不可數！雖然復次時，善實！此中地分，此法本乃至四句等偈，爲他等說，若分別，若廣說，若彼地分支帝有天、人、阿修羅世。何復言，善實！若此法本，持當、讀當、誦當，他等及分別廣說當，最勝彼希有具足當有。此中，善實！地分，教師遊行別異，尊重處相似，共梵行。」如是語已。

命者善實，世尊邊如是言：「何名此，世尊！法本？云何及如此持我？」如是語已。

世尊，命者善實邊如是言：「『智慧彼岸到』，名，此，善實！法本。如是此持。彼何所因？若如是，善實！智慧彼岸到；如來說，彼如是非彼岸到；彼故，說名智慧彼岸到者。彼何意念？善實！雖然，有法若如來說？」善實言：「不如此，世尊！不有，世尊！法，若如來說。」

世尊言：「所有，善實！三千大千世界地塵有多有？」善實言：「多，世尊！多，善逝！彼地塵。彼何所因？若彼，世尊！地塵，如來說；非塵，彼，如來說；彼故，說名地塵者。若彼世界，如來說；非界，如來說；彼故，說名世界者。」

世尊言：「彼何意念？善實！三十二大丈夫相，如來、應、正遍知見應？」善實言：「不如此，世尊！不三十二大丈夫相，如來、應、正遍知見應。彼何所因？所有，世尊！三十二大丈夫相，如來說；非相所有，如來說；彼故，說名三十二大丈夫相者。」

世尊言：「若復時，善實！婦女，若丈夫，若日日恆伽河沙等我身捨，如是捨恆伽河沙等劫所有我身捨，若此法本乃至四句等偈，受已，爲他等分別，此如是，彼緣，多過福聚生，無量、不可數。」

爾時，命者善實，法疾轉力淚出，彼淚拭已，世尊邊如是言：「希有，世尊！最勝希有，善逝！所有此法本如來說，此我，世尊！智生，不我曾生來，如是色類法本聞先。最勝，彼，世尊！希有！具足眾生有當，若此經中說中，實想發生當。彼何所因？若此，世尊！實想；彼如是，非想；彼故，如來說實想、實想者。不我，世尊！希有。若我此法本說中，信我、解我。若彼，世尊！眾生有當，未來世，此法本，受當、持當、讀當、誦當，他等及分別廣說當，彼最勝希有具足有當。雖然復次時，世尊！不彼等菩薩摩訶薩我想轉當，不眾生想、不壽想、不人想轉當。彼何所因？若彼，世尊！我想，彼如是非想；若及如是眾生想、壽想、人想，彼如是非想。彼何所因？一切想遠離，此佛、世尊。」如是語已。

世尊，命者善實邊如是言：「如是，如是！善實！如是，如是！如言汝。最勝希有具足彼眾生有當，若此經中說中，不驚當，不怖當，不畏當。彼何所因？最勝彼岸到，此，善實！如來說；若及，善實！如來最勝彼岸到說，彼無量亦佛、世尊說；彼故說名最勝彼岸到者。

雖然復次時，善實！若如來忍彼岸到，彼如是非彼岸到。彼何所因？此時我，善實！惡王分別分肉割斷，不時我彼中時我想，若眾生想，若壽想，若人想，若不我有想非想有。彼何所因？若我，善實！彼中實我想有，瞋恨想亦我彼中時有；眾生想、壽想、人想有，瞋恨想亦我彼中時有。念知我，善實！過去世五百生，若我忍語仙人有，彼中亦我不想有，不眾生想、不壽想、不人想。不亦我有想非想有。彼故此，善實！菩薩摩訶薩一切想捨離，無上正遍知心發生應，不色住心發生應，不聲、香、味、觸住心發生應，不法住、非無法住心發生應，無所住心發生應。彼何所因？若無所住，彼如是住，彼故，如是如來說，不色住，菩薩摩訶薩施與應；不聲、香、味、觸、法住施與應。

雖然復次時，善實！菩薩摩訶薩如是捨施應，一切眾生爲故，彼何所因？若如是，善實！眾生想，彼如是非想。若如是，彼一切眾生如來說，彼如是非眾生。彼何所因？眞語，善實！如來，實語如來，不異語如來，如語如來，非不如語如來。

雖然復次時，善實！若如來法證覺說，若思惟，若不彼中實不妄。譬如，善實！丈夫闇舍入，不一亦見。如是事墮，菩薩見應，若事墮施與。譬如，善實！眼者丈夫，顯明夜月出，種種色見。如是菩薩摩訶薩見應，若事不墮施與。

雖然復次時，善實！若善家子、善家女，若此法本，受當、持當、讀當、誦當，爲他等及分別廣說當。知彼，善實！如來佛智；見彼，善實！如來佛眼。一切彼，善實！眾生，無量福聚，生當取當。

若復時，善實！婦女、若丈夫，若前分時，恆伽河沙等我身捨，如是中分時，如是晚分時，恆伽河沙等我身捨。以此因緣，劫俱致那由多百千我身捨。若此法本，聞已不謗，此如是，彼緣，多過福聚生，無量、不可數。何復言若寫已受持讀誦，爲他等及分別廣說。

雖然復次時，善實！不可思、不可稱，此法本，彼不可思，如是果報觀察應。此，善實！法本如來說，勝乘發行眾生爲故，最勝乘發行眾生爲故。若此法本，受當、持當、讀當、誦當，爲他等及分別廣說當。知彼，善實！如來佛智；見彼，善實！如來佛眼。一切彼，善實！眾生，無量福聚具足有當，不可思、不可稱亦不可量福聚具足有當。一切彼，善實！眾生，我肩菩提持當有！彼何所因？不能，善實！此法本，小信解者眾生聞，不我見者、不眾生見者、不壽見者、不人見者、不菩薩誓眾生能聞受，若持、若讀、若誦、若無是處有。

雖然復次時，善實！此中地分，此經廣說，供養彼地分有當，天、人、阿修羅世，禮右遶作及彼地分有當，支帝彼地分有當。

若彼，善實！善家子，若善家女，若此如是色類經，受當、持當、讀當、誦當，爲他等及分別廣說當，彼輕賤有當極輕賤。彼何所因？所有彼眾生，前生不善業作已，惡趣轉墮；所有現如是法中，輕賤盡當，佛菩提得當。

彼何所因？念知我，善實！過去世不可數，劫不可數，過燈作如來、應、正遍知，他他過四八十佛俱致那由多百千有，若我親承供養，親承供養已，不遠離。若我，善實！彼佛、世尊親承供養已，不遠離，若後時、後長時，後分五百，正法破壞時中，轉時中，此經受當、持當、讀當、誦當，爲他等及分別廣說當。此復時，善實！福聚邊，此前福聚，百上亦數不及，千上亦，百千上亦，俱致百千上亦，俱致那由多百千上亦，僧企耶亦，迦羅亦，算亦，譬喻亦，憂波泥奢亦，乃至譬喻亦不及。

若復，善實！彼等善家子、善家女，我福聚說，此所有彼善家子、善家女，若彼中時中福聚取當，狂眾生順到，心亂到。雖然復次時，善實！不可思、不可稱，法本如來說，彼不可思，如是果報觀察應。」

爾時，命者善實世尊邊如是言：「云何，世尊！菩薩乘發行住應？云何修行應？云何心降伏？」

世尊言：「此，善實！菩薩乘發行，如是心發生應：『一切眾生，無我受餘涅槃界滅度應，如是一切眾生滅度，無有一眾生滅度有。』彼何所因？若，善實！菩薩眾生想轉，彼不菩薩摩訶薩名說應；乃至人想轉，不彼菩薩摩訶薩名說應。彼何所由？無有，善實！一法，菩薩乘發行名。彼何意念？善實！有一法，若如來燈作如來、應、正遍知邊，無上正遍知證覺？」如是語已。

命者善實，世尊邊如是言：「無有彼，世尊！一法，若如來燈作如來、應、正遍知邊，無上正遍知證覺。」如是語已。

世尊，命者善實邊如是言：「如是，如是！善實！如是，如是！無有彼一法，若如來燈作如來、應、正遍知邊，無上正遍知證覺。若復，善實！一法，如來證覺有，不我燈作如來應正遍知記說有當：『汝行者，未來世，釋迦牟尼名，如來、應、正遍知。』者。是故，此，善實！如來、應、正遍知，無有一法，若無上正遍知證覺，彼故，燈作如來、應、正遍知記說有當：『汝行者，未來世，釋迦牟尼名，如來、應、正遍知。』彼何所因？如來者，善實！眞如故此即是；如來者，善實！不生法故此即是；世尊者，善實！道斷此即是；如來者，善實！畢竟不生故此即是。彼何所因？如是，彼實不生若最勝義。

「若有，善實！如是語：『如來、應、正遍知，無上正遍知證覺。』彼不如語，誹謗我。彼，善實！不實取。彼何所因？無有彼，善實！一法，若如來、應、正遍知，無上正遍知證覺。若，善實！如來法證覺說，若不彼中實不妄，彼故如來說：『一切法，佛法者。』彼何所因？一切法、一切法者，善實！一切彼非法，如來說；彼故，說名一切法者。」

「譬如，善實！丈夫有具足身、大身。」

命者善實言：「若彼，世尊！如來，丈夫說具足身、大身；非身，彼，世尊！如來說；彼故，說名足身、大身者。」

世尊言：「如是，如是！善實！如是，如是！若菩薩如是語：『有眾生般涅槃滅度。』我不彼菩薩名說應。彼何所因？有，善實！有一法若菩薩名？」善實言：「不如此，世尊！」

世尊言：「眾生、眾生者，善實！非眾生，彼，如來說；彼故，說名眾生者。彼故，如來說：『無我一切法，無眾生、無壽者、無長養者，無人一切法者。』若，善實！菩薩如是語：『我佛土莊嚴成就。』彼亦如是不名說應。彼何所因？國土莊嚴、國土莊嚴者，善實！非莊嚴，彼，如來說；彼故，說名國土莊嚴者。若，善實！菩薩摩訶薩無我法、無我法者信解，彼，如來、應、正遍知，菩薩摩訶薩名說。」

「彼何意念？善實！有如來肉眼？」善實言：「如是，如是！世尊！有如來肉眼。」

世尊言：「彼何意念？善實！有如來天眼？」善實言：「如是，如是！世尊！有如來天眼。」

世尊言：「彼何意念？善實！有如來慧眼？」善實言：「如是，如是！世尊！有如來慧眼。」

世尊言：「彼何意念？善實！有如來法眼？」善實言：「如是，如是！世尊！有如來法眼。」

世尊言：「彼何意念？善實！有如來佛眼？」善實言：「如是，如是！世尊！有如來佛眼。」

世尊言：「善，善！善實！彼何意念？善實！所有恆伽大河沙，雖然彼沙，彼，如來說？」善實言：「如是，如是！世尊！如是，如是！善逝說彼如來彼沙。」

世尊言：「彼何意念？善實！所有恆伽大河沙，彼所有恆伽大河有，所有彼中沙，彼所有及世界有，多彼世界有？」善實言：「多，世尊！多，善逝！彼世界有。」

世尊言：「所有，善實！彼中世界中眾生，彼等我種種有心流注知。彼何所因？心流注、心流注者，善實！非流注，此，如來說；彼故，說名心流注者。彼何所因？過去，善實！心不可得，未來心不可得，現在心不可得。」

「彼何意念？善實！若有善家子，若善家女，若三千大千世界七寶滿作已施與，雖然，彼善家子，若善家女，若彼緣，多福聚生？」善實言：「多，世尊！多，善逝！」

世尊言：「如是，如是，善實！如是，如是！多。彼善家子，若善家女，若彼緣，多福聚生，無量、不可數。福聚、福聚者，善實！非聚，彼，如來說；彼故，說名福聚者。若復，善實！福聚有，不如來說福聚、福聚者。」

「彼何意念？善實！色身成就如來見應？」善實言：「不如此，世尊！非色身成就如來見應。彼何所因？色身成就、色身成就者，世尊！非成就，此，如來說；彼故，說名色身成就者。」

世尊言：「彼何意念？善實！相具足如來見應？」善實言：「不如此，世尊！非相具足如來見應。彼何所因？此，世尊！相具足，如來說：非相具足，如來說；彼故，說名相具足者。」

世尊言：「彼何意念？善實！雖然，如來如是念：『我法說。』」善實言：「不如此，世尊！不如來如是念：『我法說。』」

世尊言：「若我，善實！如是語：『如來法說。』誹謗我。彼，善實！不實取。彼何所因？法說、法說者，善實！無有法，若法說名可得。」

爾時，命者善實，世尊邊如是言：「雖然，世尊！當有未來，頗有眾生，後時、後長時、後分五百，正法破壞時中，轉時中，若此如是色類法說，聞已信當有？」

世尊言：「不彼，善實！眾生，非不眾生。彼何所因？眾生、眾生者，善實！一切彼非眾生，彼，如來說；彼故，說名眾生者。彼何意念？善實！雖然，有法若如來無上正遍知證覺？」命者善實言：「無有彼，世尊！有法若如來無上正遍知。」

世尊言：「如是，如是！善實！如是，如是！微小彼中法無有、不可得，彼故說名無上正遍知者。雖然復次時，善實！平等正法，彼不中有不平等，彼故說名無上正遍知者。無我故、無壽故、無眾生故、無人故，平等。無上正遍知，一切善法證覺。善法、善法者，善實！非法，如是彼，如來說；彼故，說名善法者。」

「若復，善實！所有三千大千世界須彌山王，彼所有聚七寶，普散如來、應、等正遍知施與。若此智慧彼岸到，乃至四句等偈，受已，爲他等分別，此，善實！福聚，彼前者福聚，百上亦數不及，千上亦，百千上亦，俱致百千上亦，俱致那由他百千上亦，僧企耶亦，迦羅亦，算亦，譬喻亦，憂波泥奢亦，乃至譬喻亦不及。」

「彼何意念？善實！雖然，如來如是念：『我眾生度脫。』不？復彼，善實！如是見應。彼何所因？有無，善實！無有一眾生若如來度脫。若復，善實！有，如是眾生有，若彼如來度脫。彼如是，如來我取有，眾生取、壽取、人取有。我取、我取者，善實！非取，此，如來說；彼小兒凡夫生取。小兒凡夫生、小兒凡夫生者，善實！非生，彼，如來說；彼故，說名小兒凡夫生者。」

「彼何意念？善實！相具足如來見應？」善實言：「不如此，世尊！如我，世尊說義解，我不相具足如來見應。」

世尊言：「善，善！善實！如是，如是！善實！如如語汝，不相具足如來見應。彼何所因？彼復，善實！相具足如來見應：有彼王轉輪，如來有；彼故，不相具足如來見應。此相非相故，如來見應。」爾時，命者善實世尊邊如是言：「如我，世尊！世尊說義解，我不相具足如來見應。」

爾時，世尊彼時此伽陀說：「若我色見，若我聲求，邪解脫行，不我見彼。」

「法體佛見應，法身彼如來，法體及不識，故彼不能知。」

「彼何意念？善實！相具足，如來無上正遍知證覺？不，復彼，善實！如是見應。彼何所因？不，善實！相具足，如來無上正遍知證覺。復時，彼，善實！有如是語：『菩薩乘發行，有法破滅，施設斷。』不，復，善實！如是見應。彼何所因？不菩薩乘發行有法破滅，施設不斷。」

「若復，善實！善家子，若善家女，若恒伽河沙等世界七寶滿作已施與；若菩薩摩訶薩無我、無生中，法中忍得。此如是，彼緣，多過福聚生。不，復，善實！菩薩福聚取應。」命者善實言：「不，世尊！菩薩福聚取應？」世尊言：「取應，善實！不取應，彼故說名取應。雖然復次時，善實！若有如是語：『如來去、若不去、若住、若坐、若臥、若如法。』不我，善實！說義解。彼何所因？如來者，善實！說名無所去、無所來，彼故說名如來、應、正遍知者。」

「若復，善實！善家子，若善家女，若所有三千大千世界地塵，彼如是色類墨作已，乃至如是不可數，譬如最小聚。彼何意念？善實！雖然，彼多最小聚有？」

善實言：「如是，如是！世尊！多彼最小聚有。彼何所因？彼，世尊！聚有，不世尊說最小聚者。彼何所因？若彼，世尊！最小聚說；非聚，彼，如來說；彼故，說名最小聚者。若及如來說三千大千世界者；非界，如來說；彼故，說名三千大千世界者。彼何所因？彼，世尊！界有，彼如是摶取有。若如是，如來摶取說；非取，彼，如來說；彼故，說名摶取者。」

世尊言：「摶取，如是，善實！不世俗語，不可說，非法，非非法，彼小兒凡夫生取。彼何所因？若此有，善實！如是說：『我見，如來說，眾生見、壽見、人見，如來說。』雖然，彼，善實！正說語？」善實言：「不如此，世尊！不如此，善逝！彼何所因？若彼，世尊！我見，如來說；非見，彼，如來說；彼故，說名我見者。」

世尊言：「如是，此，善實！菩薩乘發行，一切法知應，見應，信解應。如信解，如無法想亦住。彼何所因？法想、法想者，善實！非想，此，如來說；彼故，說名法想者。若復時，善實！菩薩摩訶薩無量無數世界七寶滿中作已，如來等、應等、正遍知等施與，若善家子，若善家女，若如是智慧彼岸到，乃至四句等偈，受持、分別、讀誦，爲他等及分別廣說。此如是，彼緣，多過福聚生，無量、不可數。云何及廣說？如不廣說，彼故說名廣說。」

「星、翳、燈、幻、露、泡、夢、電、雲，見如是，此有爲者。」

此語，世尊，歡喜上座善實，彼及比丘、比丘尼、優婆塞、優婆夷，彼天、人、阿修羅、乾闥婆等，聞世尊說，大歡喜。

歸命一切佛菩薩海等！

《能斷金剛般若波羅蜜多經》

唐三藏法師玄奘奉詔譯

如是我聞：一時，薄伽梵在室羅筏住誓多林給孤獨園，與大苾芻眾千二百五十人俱。爾時，世尊於日初分，整理常服，執持衣缽，入室羅筏大城乞食。

時，薄伽梵於其城中，行乞食已，出還本處。飯食訖，收衣缽，洗足已，於食後時敷如常座，結跏趺坐，端身正願，住對面念。

時，諸苾芻來詣佛所，到已頂禮世尊雙足，右遶三匝，退坐一面。具壽善現亦於如是眾會中坐。

爾時，眾中具壽善現從座而起，偏袒一肩，右膝著地，合掌恭敬而白佛言：「希有，世尊！乃至如來、應、正等覺，能以最勝攝受，攝受諸菩薩摩訶薩；乃至如來、應、正等覺，能以最勝付囑，付囑諸菩薩摩訶薩。世尊，諸有發趣菩薩乘者，應云何住？云何修行？云何攝伏其心？」

作是語已，爾時，世尊告具壽善現曰：「善哉！善哉！善現，如是，如是，如汝所說：乃至如來、應、正等覺，能以最勝攝受，攝受諸菩薩摩訶薩；乃至如來、應、正等覺，能以最勝付囑，付囑諸菩薩摩訶薩。是故，善現，汝應諦聽極善作意，吾當為汝分別解說，諸有發趣菩薩乘者，應如是住，如是修行，如是攝伏其心。」

具壽善現白佛言：「如是，如是，世尊，願樂欲聞！」

佛言：「善現，諸有發趣菩薩乘者，應當發趣如是之心：『所有諸有情，有情攝所攝——若卵生、若胎生、若濕生、若化生、若有色、若無色、若有想、若無想、若非有想非無想，乃至有情界施設所施設，如是一切，我當皆令於無餘依妙涅槃界而般涅槃。雖度如是無量有情令滅度已，而無有情得滅度者。』何以故？善現，若諸菩薩摩訶薩有情想轉，不應說名菩薩摩訶薩。所以者何？善現，若諸菩薩摩訶薩，不應說言有情想轉，如是命者想、士夫想、補特伽羅想、意生想、摩納婆想、作者想、受者想轉，當知亦爾。何以故？善現，無有少法名為發趣菩薩乘者。

復次，善現，若菩薩摩訶薩不住於事應行布施，都無所住應行布施，不住於色應行布施，不住聲、香、味、觸、法應行布施。善現，如是菩薩摩訶薩如不住相想應行布施。何以故？善現，若菩薩摩訶薩都無所住而行布施，其福德聚不可取量。」

佛告善現：「於汝意云何？東方虛空可取量不？」

善現答言：「不也，世尊。」

「善現，如是南西北方、四維、上下，周遍十方，一切世界虛空可取量不？」

善現答言：「不也，世尊。」

佛言：「善現，如是，如是，若菩薩摩訶薩都無所住而行布施，其福德聚不可取量亦復如是。善現，菩薩如是如不住相想應行布施。」

佛告善現：「於汝意云何？可以諸相具足觀如來不？」

善現答言：「不也，世尊。不應以諸相具足觀於如來。何以故？如來說諸相具足即非諸相具足。」

說是語已，佛復告具壽善現言：「善現，乃至諸相具足皆是虛妄，乃至非相具足皆非虛妄，如是以相非相應觀如來。」

說是語已，具壽善現復白佛言：「世尊，頗有有情於當來世，後時、後分、後五百歲、正法將滅時、分轉時，聞說如是色經典句生實想不？」

佛告善現：「勿作是說：『頗有有情，於當來世後時、後分、後五百歲、正法將滅時、分轉時，聞說如是色經典句，生實想不？』然復，善現，有菩薩摩訶薩於當來世，後時、後分、後五百歲、正法將滅時、分轉時，具足尸羅，具德具慧。

復次，善現，彼菩薩摩訶薩非於一佛所承事供養，非於一佛所種諸善根。然復，善現，彼菩薩摩訶薩於其非一、百、千佛所承事供養，於其非一、百、千佛所種諸善根，乃能聞說如是色經典句，當得一淨信心。善現，如來以其佛智悉已知彼，如來以其佛眼悉已見彼。善現，如來悉已覺彼一切有情，當生無量無數福聚，當攝無量無數福聚。何以故？善現，彼菩薩摩訶薩無我想轉、無有情想、無命者想、無士夫想、無補特伽羅想、無意生想、無摩納婆想、無作者想、無受者想轉。善現，彼菩薩摩訶薩無法想轉，無非法想轉，無想轉亦無非想轉。所以者何？善現，若菩薩摩訶薩有法想轉，彼即應有我執、有情執、命者執、補特伽羅等執；若有非法想轉，彼亦應有我執、有情執、命者執、補特伽羅等執。何以故？善現，不應取法，不應取非法，是故如來密意而說筏喻法門。諸有智者，法尚應斷，何況非法！」

佛復告具壽善現言：「善現，於汝意云何？頗有少法，如來、應、正等覺證得阿耨多羅三藐三菩提耶？頗有少法，如來、應、正等覺是所說耶？」

善現答言：「世尊，如我解佛所說義者，無有少法，如來、應、正等覺證得阿耨多羅三藐三菩提，亦無有少法，是如來、應、正等覺所說。何以故？世尊，如來、應、正等覺所證、所說、所思惟法，皆不可取，不可宣說，非法，非非法。何以故？以諸賢聖補特伽羅皆是無爲之所顯故。」

佛告善現：「於汝意云何？若善男子或善女人，以此三千大千世界盛滿七寶持用布施，是善男子或善女人，由此因緣所生福聚寧為多不？」

善現答言：「甚多，世尊！甚多，善逝！是善男子或善女人，由此因緣所生福聚其量甚多。何以故？世尊，福德聚福德聚者，如來說為非福德聚，是故如來說名福德聚福德聚。」

佛復告善現言：「善現，若善男子或善女人，以此三千大千世界盛滿七寶持用布施；若善男子或善女人，於此法門乃至四句伽陀，受持、讀誦、究竟通利，及廣為他宣說開示、如理作意，由是因緣所生福聚，甚多於前無量無數。何以故？一切如來、應、正等覺阿耨多羅三藐三菩提皆從此經出，諸佛世尊皆從此經生。所以者何？善現，諸佛法諸佛法者，如來說為非諸佛法，是故如來說名諸佛法諸佛法。」

佛告善現：「於汝意云何？諸預流者頗作是念『我能證得預流果』不？」

善現答言：「不也，世尊。諸預流者不作是念『我能證得預流之果』。何以故？世尊，諸預流者無少所預，故名預流；不預色、聲、香、味、觸、法，故名預流。世尊，若預流者作如是念『我能證得預流之果』，即為執我、有情、命者、士夫、補特伽羅等。」

佛告善現：「於汝意云何？諸一來者頗作是念『我能證得一來果』不？」

善現答言：「不也，世尊。諸一來者不作是念『我能證得一來之果』。何以故？世尊，以無少法證一來性，故名一來。」

佛告善現：「於汝意云何？諸不還者頗作是念『我能證得不還果』不？」

善現答言：「不也，世尊。諸不還者不作是念『我能證得不還之果』。何以故？世尊，以無少法證不還性，故名不還。」

佛告善現：「於汝意云何？諸阿羅漢頗作是念『我能證得阿羅漢』不？」

善現答言：「不也，世尊。諸阿羅漢不作是念『我能證得阿羅漢性』。何以故？世尊，以無少法名阿羅漢，由是因緣名阿羅漢。世尊，若阿羅漢作如是念『我能證得阿羅漢性』，即為執我、有情、命者、士夫、補特伽羅等。所以者何？世尊，如來、應、正等覺說我得無諍住最為第一。世尊，我雖是阿羅漢永離貪欲，而我未曾作如是念『我得阿羅漢永離貪欲』。世尊，我若作如是念『我得阿羅漢永離貪欲者』，如來不應記說我言：『善現，善男子得無諍住最為第一。』以都無所住，是故如來說名無諍住無諍住。」

佛告善現：「於汝意云何？如來昔在然燈如來、應、正等覺所，頗於少法有所取不？」

善現答言：「不也，世尊。如來昔在然燈如來、應、正等覺所，都無少法而有所取。」

佛告善現：「若有菩薩作如是言：『我當成辦佛土功德莊嚴。』如是菩薩非眞實語。何以故？善現，佛土功德莊嚴佛土功德莊嚴者，如來說非莊嚴，是故如來說名佛土功德莊嚴佛土功德莊嚴。是故，善現，菩薩如是都無所住應生其心，不住於色應生其心，不住非色應生其心，不住聲、香、味、觸、法應生其心，不住非聲、香、味、觸、法應生其心，都無所住應生其心。」

佛告善現：「如有士夫具身大身，其色自體假使譬如妙高山王。善現，於汝意云何？彼之自體爲廣大不？」

善現答言：「彼之自體廣大，世尊！廣大，善逝！何以故？世尊，彼之自體，如來說非彼體故名自體，非以彼體故名自體。」

佛告善現：「於汝意云何？乃至殑伽河中所有沙數，假使有如是沙等殑伽河，是諸殑伽河沙寧爲多不？」

善現答言：「甚多，世尊！甚多，善逝！諸殑伽河尚多無數，何況其沙！」

佛言：「善現，吾今告汝，開覺於汝：假使若善男子或善女人，以妙七寶盛滿爾所殑伽河沙等世界，奉施如來、應、正等覺。善現，於汝意云何？是善男子或善女人，由此因緣所生福聚寧爲多不？」

善現答言：「甚多，世尊！甚多，善逝！是善男子或善女人，由此因緣所生福聚其量甚多。」

佛復告善現：「若以七寶盛滿爾所沙等世界，奉施如來、應、正等覺；若善男子或善女人，於此法門乃至四句伽陀，受持、讀誦、究竟通利，及廣爲他宣說開示、如理作意，由此因緣所生福聚，甚多於前無量無數。

復次，善現，若地方所，於此法門乃至爲他宣說開示四句伽陀，此地方所尚爲世間諸天及人、阿素洛等之所供養如佛靈廟，何況有能於此法門具足究竟、書寫、受持、讀誦、究竟通利，及廣爲他宣說開示、如理作意！如是有情成就最勝希有功德。此地方所大師所住或隨一一尊重處所若諸有智、同梵行者。」

說是語已，具壽善現復白佛言：「世尊，當何名此法門？我當云何奉持？」

作是語已，佛告善現言：「具壽，今此法門，名爲《能斷金剛般若波羅蜜多》，如是名字汝當奉持。何以故？善現，如是般若波羅蜜多，如來說爲非般若波羅蜜多，是故如來說名般若波羅蜜多。」

佛告善現：「於汝意云何？頗有少法如來可說不？」

善現答言：「不也，世尊。無有少法如來可說。」

佛告善現：「乃至三千大千世界大地微塵寧爲多不？」

善現答言：「此地微塵甚多，世尊！甚多，善逝！」

佛言：「善現，大地微塵，如來說非微塵，是故如來說名大地微塵。諸世界，如來說非世界，是故如來說名世界。」

佛告善現：「於汝意云何？應以三十二大士夫相觀於如來、應、正等覺不？」

善現答言：「不也，世尊。不應以三十二大士夫相觀於如來、應、正等覺。何以故？世尊，三十二大士夫相，如來說爲非相，是故如來說名三十二大士夫相。」

佛復告善現言：「假使若有善男子或善女人，於日日分捨施殑伽河沙等自體，如是經殑伽河沙等劫數捨施自體；復有善男子或善女人，於此法門乃至四句伽陀，受持、讀誦、究竟通利，及廣爲他宣說開示、如理作意，由是因緣所生福聚，甚多於前無量無數。」

爾時，具壽善現聞法威力，悲泣墮淚，俯仰捫淚而白佛言：「甚奇希有，世尊！最極希有，善逝！如來今者所說法門，普爲發趣最上乘者作諸義利，普爲發趣最勝乘者作諸義利！世尊，我昔生智以來，未曾得聞如是法門。世尊，若諸有情聞說如是甚深經典生眞實想，當知成就最勝希有。何以故？世尊，諸眞實想眞實想者，如來說爲非想，是故如來說名眞實想眞實想。

「世尊，我今聞說如是法門，領悟信解未爲希有。若諸有情於當來世，後時、後分、後五百歲、正法將滅時、分轉時，當於如是甚深法門領悟信解、受持、讀誦、究竟通利，及廣爲他宣說開示、如理作意，當知成就最勝希有。何以故？世尊，彼諸有情無我想轉、無有情想、無命者想、無士夫想、無補特伽羅想、無意生想、無摩納婆想、無作者想、無受者想轉。所以者何？世尊，諸我想即是非想，諸有情想、命者想、士夫想、補特伽羅想、意生想、摩納婆想、作者想、受者想即是非想。何以故？諸佛世尊離一切想。」

作是語已，爾時，世尊告具壽善現言：「如是，如是，善現。若諸有情聞說如是甚深經典，不驚不懼，無有怖畏，當知成就最勝希有。何以故？善現，如來說最勝波羅蜜多，謂般若波羅蜜多。善現，如來所說最勝波羅蜜多，無量諸佛世尊所共宣說故，名最勝波羅蜜多。如來說最勝波羅蜜多，即非波羅蜜多，是故如來說名最勝波羅蜜多。

復次，善現，如來說忍辱波羅蜜多，即非波羅蜜多，是故如來說名忍辱波羅蜜多。何以故？善現，我昔過去世曾爲羯利王斷支節肉，我於爾時都無我想、或有情想、或命者想、或士夫想、或補特伽羅想、或意生想、或摩納婆想、或作者想、或受者想，我於爾時都無有想，亦非無想。何以故？善現，我於爾時若有我想，即於爾時應有恚想；我於爾時若有有情想、命者想、士夫想、補特伽羅想、意生想、摩納婆想、作者想、受者想，即於爾時應有恚想。何以故？善現，我憶過去五百生中，曾爲自號忍辱仙人，我於爾時都無我想、無有情想、無命者想、無士夫想、無補特伽羅想、無意生想、無摩納婆想、無作者想、無受者想，我於爾時都無有想，亦非無想。是故，善現，菩薩摩訶薩遠離一切想，應發阿耨多羅三藐三菩提心，不住於色應生其心，不住非色應生其心，不住聲、香、味、觸、法應生其心，不住非聲、香、味、觸、法應生其心，都無所住應生其心。何以故？善現，諸有所住則爲非住。是故，如來説諸菩薩，應無所住而行布施，不應住色、聲、香、味、觸、法而行布施。

復次，善現，菩薩摩訶薩爲諸有情作義利故，應當如是棄捨布施。何以故？善現，諸有情想即是非想，一切有情，如來即説爲非有情。善現，如來是實語者、諦語者、如語者、不異語者。

復次，善現，如來現前等所證法、或所説法、或所思法，即於其中非諦非妄。善現，譬如士夫入於闇室都無所見，當知菩薩若墮於事，謂墮於事而行布施，亦復如是。善現，譬如明眼士夫過夜曉已，日光出時，見種種色，當知菩薩不墮於事，謂不墮事而行布施，亦復如是。

復次，善現，若善男子或善女人，於此法門受持、讀誦、究竟通利，及廣爲他宣説開示、如理作意，則爲如來以其佛智悉知是人，則爲如來以其佛眼悉見是人，則爲如來悉覺是人，如是有情一切當生無量福聚。

復次，善現，假使善男子或善女人，日初時分以殑伽河沙等自體布施，日中時分復以殑伽河沙等自體布施，日後時分亦以殑伽河沙等自體布施，由此異門經於俱胝那庾多百千劫以自體布施；若有聞説如是法門不生誹謗，由此因緣所生福聚，尚多於前無量無數，何況能於如是法門具足畢竟書寫、受持、讀誦、究竟通利，及廣爲他宣説開示、如理作意！

復次，善現，如是法門不可思議、不可稱量，應當希冀不可思議所感異熟。善現，如來宣説如是法門，爲欲饒益趣最上乘諸有情故，爲欲饒益趣最勝乘諸有情故。善現，若有於此法門受持、讀誦、究竟通利，及廣爲他宣説開示、如理作意，即爲如來以其佛智悉知是人，即爲如來以其佛眼悉見是人，則爲如來悉覺是人。如是有情一切成就無量福聚，皆當成就不可思議、不可稱量無邊福聚。善現，如是一切有情其肩荷擔如來無上正等菩提。何以故？善現，如是法門，非諸下劣信解有情所能聽聞，非諸我見、非諸有情見、非諸命者見、非諸士夫見、非諸補特伽羅見、非諸意生見、非諸摩納婆見、非諸作者見、非諸受者見所能聽聞。此等若能受持、讀誦、究竟通利，及廣爲他宣説開示、如理作意，無有是處。

復次，善現，若地方所開此經典，此地方所當爲世間諸天及人、阿素洛等之所供養、禮敬、右遶如佛靈廟。

復次，善現，若善男子或善女人，於此經典受持、讀誦、究竟通利，及廣爲他宣說開示、如理作意，若遭輕毀、極遭輕毀。所以者何？善現，是諸有情宿生所造諸不淨業應感惡趣，以現法中遭輕毀故，宿生所造諸不淨業皆悉消盡，當得無上正等菩提。何以故？善現，我憶過去於無數劫復過無數，於然燈如來、應、正等覺先復過去曾值八十四俱胝那庾多百千諸佛，我皆承事，既承事已皆無違犯。善現，我於如是諸佛世尊皆得承事，既承事已皆無違犯。若諸有情，後時、後分、後五百歲、正法將滅時、分轉時，於此經典受持、讀誦、究竟通利，及廣爲他宣說開示、如理作意。善現，我先福聚於此福聚，百分計之所不能及，如是千分、若百千分、若俱胝百千分、若俱胝那庾多百千分、若數分、若計分、若算分、若喻分、若鄔波尼殺曇分亦不能及。善現，我若具說當於爾時是善男子或善女人所生福聚，乃至是善男子、是善女人所攝福聚，有諸有情則便迷悶心惑狂亂。是故，善現，如來宣說如是法門不可思議、不可稱量，應當希冀不可思議所感異熟。」

爾時，具壽善現復白佛言：「世尊，諸有發趣菩薩乘者，應云何住？云何修行？云何攝伏其心？」

佛告善現：「諸有發趣菩薩乘者，應當發起如是之心：『我當皆令一切有情於無餘依妙涅槃界而般涅槃，雖度如是一切有情令滅度已，而無有情得滅度者。』何以故？善現，若諸菩薩摩訶薩有情想轉，不應說名菩薩摩訶薩。所以者何？若諸菩薩摩訶薩不應說言有情想轉，如是命者想、士夫想、補特伽羅想、意生想、摩納婆想、作者想、受者想轉，當知亦爾。何以故？善現，無有少法名爲發趣菩薩乘者。」

佛告善現：「於汝意云何？如來昔於然燈如來、應、正等覺所，頗有少法能證阿耨多羅三藐三菩提不？」

作是語已，具壽善現白佛言：「世尊，如我解佛所說義者，如來昔於燃燈如來、應、正等覺所，無有少法能證阿耨多羅三藐三菩提。」

說是語已，佛告具壽善現言：「如是，如是，善現，如來昔於然燈如來、應、正等覺所，無有少法能證阿耨多羅三藐三菩提。何以故？善現，如來昔於然燈如來、應、正等覺所，若有少法能證阿耨多羅三藐三菩提者，然燈如來、應、正等覺不應授我記言：『汝摩納婆於當來世名釋迦牟尼如來、應、正等覺。』善現，以如來無有少法能證阿耨多羅三藐三菩提，是故然燈如來、應、正等覺授我記言：『汝摩納婆於當來世名釋迦牟尼如來、應、正等覺。』所以者何？善現，言如來者，即是眞實眞如增語；言如來者，即是無生法性增語；言如來者，即是永斷道路增語；言如來者，即是畢竟不生增語。何以故？善現，若實無生，即最勝義。

「善現，若如是說『如來、應、正等覺能證阿耨多羅三藐三菩提』者，當知此言爲不眞實。所以者何？善現，由彼謗我起不實執。何以故？善現，無有少法，如來、應、正等覺能證阿耨多羅三藐三菩提。善現，如來現前等所證法或所說法、或所思法，即於其中非諦非妄，是故，如來說一切法皆是佛法。善現，一切法一切法者，如來說非一切法，是故如來說名一切法一切法。」

佛告善現：「譬如士夫具身大身。」

具壽善現即白佛言：「世尊，如來所說士夫具身大身，如來說為非身，是故說名具身大身。」

佛言：「善現，如是，如是。若諸菩薩作如是言：『我當滅度無量有情。』是則不應說名菩薩。何以故？善現，頗有少法名菩薩不？」

善現答言：「不也，世尊。無有少法名為菩薩。」

佛告善現：「有情有情者，如來說非有情，故名有情。是故如來說一切法無有有情、無有命者、無有士夫、無有補特伽羅等。善現，若諸菩薩作如是言：『我當成辦佛土功德莊嚴。』亦如是說。何以故？善現，佛土功德莊嚴佛土功德莊嚴者，如來說非莊嚴，是故如來說名佛土功德莊嚴佛土功德莊嚴。善現，若諸菩薩於無我法無我法深信解者，如來、應、正等覺說為菩薩。」

佛告善現：「於汝意云何？如來等現有肉眼不？」

善現答言：「如是，世尊，如來等現有肉眼。」

佛言：「善現，於汝意云何？如來等現有天眼不？」

善現答言：「如是，世尊，如來等現有天眼。」

佛言：「善現，於汝意云何？如來等現有慧眼不？」

善現答言：「如是，世尊，如來等現有慧眼。」

佛言：「善現，於汝意云何？如來等現有法眼不？」

善現答言：「如是，世尊，如來等現有法眼。」

佛言：「善現，於汝意云何？如來等現有佛眼不？」

善現答言：「如是，世尊，如來等現有佛眼。」

佛告善現：「於汝意云何？乃至殑伽河中所有諸沙，如來說是沙不？」

善現答言：「如是，世尊。如是，善逝。如來說是沙。」

佛言：「善現，於汝意云何？乃至殑伽河中所有沙數，假使有如是等殑伽河，乃至是諸殑伽河中所有沙數，假使有如是等世界，是諸世界寧為多不？」

善現答言：「如是，世尊。如是，善逝。是諸世界其數甚多。」

佛言：「善現，乃至爾所諸世界中所有有情，彼諸有情各有種種，其心流注，我悉能知。何以故？善現，心流注心流注者，如來說非流注，是故如來說名心流注心流注。所以者何？善現，過去心不可得，未來心不可得，現在心不可得。」

佛告善現：「於汝意云何？若善男子或善女人，以此三千大千世界盛滿七寶，奉施如來、應、正等覺，是善男子或善女人，由是因緣所生福聚，寧爲多不？」

善現答言：「甚多，世尊！甚多，善逝！」

佛言：「善現，如是，如是。彼善男子或善女人，由此因緣所生福聚其量甚多。何以故？善現，若有福聚，如來不說福聚福聚。」

佛告善現：「於汝意云何？可以色身圓實觀如來不？」

善現答言：「不也，世尊。不可以色身圓實觀於如來。何以故？世尊，色身圓實色身圓實者，如來說非圓實，是故如來說名色身圓實色身圓實。」

佛告善現：「於汝意云何？可以諸相具足觀如來不？」

善現答言：「不也，世尊。不可以諸相具足觀於如來。何以故？世尊，諸相具足諸相具足者，如來說爲非相具足，是故如來說名諸相具足諸相具足。」

佛告善現：「於汝意云何？如來頗作是念『我當有所說法』耶？善現，汝今勿當做如是觀。何以故？善現，若言如來有所說法，即爲謗我，爲非善取。何以故？善現，說法說法者，無法可得，故名說法。」

爾時，具壽善現白佛言：「世尊，於當來世後時、後分、後五百歲、正法將滅時、分轉時，頗有有情聞說如是色類法已，能深信不？」

佛言：「善現，彼非有情，非不有情。何以故？善現，一切有情者，如來說非有情，故名一切有情。」

佛告善現：「於汝意云何？頗有少法，如來、應、正等覺現證無上正等菩提耶？」

具壽善現白佛言：「世尊，如我解佛所說義者，無有少法，如來、應、正等覺現證無上正等菩提。」

佛言：「善現，如是，如是，於中少法無有無得，故名無上正等菩提。

復次，善現，是法平等，於其中間無不平等，故名無上正等菩提。以無我性、無有情性、無命者性、無士夫性、無補特伽羅等性，平等故名無上正等菩提。一切善法無不現證，一切善法無不妙覺。善現，善法善法者，如來一切說爲非法，是故如來說名善法善法。

復次，善現，若善男子或善女人集七寶聚，量等三千大千世界其中所有妙高山王，持用布施。若善男子或善女人，於此般若波羅蜜多經中乃至四句伽陀，受持、讀誦、究竟通利，及廣爲他宣說開示、如理作意。善現，前說福聚於此福聚，百分計之所不能及，如是千分、若百千分、若俱胝百千分、若俱胝那庾多百千分、若數分、若計分、若算分、若喻分、若鄔波尼殺曇分亦不能及。」

佛告善現：「於汝意云何？如來頗作是念『我當度脫諸有情』耶？善

現，汝今勿當作如是觀。何以故？善現，無少有情如來度者。善現，若有有情如來度者，如來即應有其我執，有有情執，有命者執，有士夫執，有補特伽羅等執。善現，我等執者，如來說為非執，故名我等執，而諸愚夫異生強有此執。善現，愚夫異生者，如來說為非生，故名愚夫異生。」

佛告善現：「於汝意云何？可以諸相具足觀如來不？」

善現答言：「如我解佛所說義者，不應以諸相具足觀於如來。」

佛言：「善現，善哉！善哉！如是，如是，如汝所說，不應以諸相具足觀於如來。善現，若以諸相具足觀如來者，轉輪聖王應是如來。是故不應以諸相具足觀於如來，如是應以諸相非相觀於如來。」

爾時，世尊而說頌曰：

「諸以色觀我，以音聲尋我，

彼生履邪斷，不能當見我。

應觀佛法性，即導師法身，

法性非所識，故彼不能了。」

佛告善現：「於汝意云何？如來、應、正等覺以諸相具足現證無上正等覺耶？善現，汝今勿當作如是觀。何以故？善現，如來、應、正等覺不以諸相具足現證無上正等菩提。

復次，善現，如是發趣菩薩乘者，頗施設少法若壞若斷耶？善現，汝今勿當做如是觀，諸有發趣菩薩乘者，終不施設少法若壞若斷。

復次，善現，若善男子或善女人，以殑伽河沙等世界盛滿七寶，奉施如來、應、正等覺；若有菩薩於諸無我、無生法中獲得堪忍，由是因緣所生福聚甚多於彼。

復次，善現，菩薩不應攝受福聚。」

具壽善現即白佛言：「世尊，云何菩薩不應攝受福聚？」

佛言：「善現，所應攝受不應攝受，是故說名所應攝受。

復次，善現，若有說言：『如來若去、若來、若住、若坐、若臥。』是人不解我所說義。何以故？善現，言如來者，即是眞實眞如增語，都無所去、無所從來，故名如來、應、正等覺。

復次，善現，若善男子或善女人，乃至三千大千世界大地極微塵量等世界，即以如是無數世界色像為墨如極微聚。善現，於汝意云何？是極微聚寧為多不？」

善現答言：「是極微聚甚多，世尊！甚多，善逝！何以故？世尊，若極微聚是實有者，佛不應說為極微聚。所以者何？如來說極微聚，即為非聚，故名極微聚。如來說三千大千世界，即非世界，故名三千大千世界。何以故？世尊，若世界是實有者，即為一合執。如來說一合執，即為非執，故名一合執。」

佛言：「善現，此一合執不可言說、不可戲論，然彼一切愚夫異生強執是法。

何以故？善現，若作是言：『如來宣說我見、有情見、命者見、士夫見、補特伽羅見、意生見、摩納婆見、作者見、受者見。』於汝意云何？如是所說爲正語不？」

善現答言：「不也，世尊。不也，善逝。如是所說非爲正語。所以者何？如來所說我見、有情見、命者見、士夫見、補特伽羅見、意生見、摩納婆見、作者見、受者見，即爲非見，故名我見乃至受者見。」

佛告善現：「諸有發趣菩薩乘者，於一切法應如是知、應如是見、應如是信解，如是不住法想。何以故？善現，法想法想者，如來說爲非想，是故如來說名法想法想。

復次，善現，若菩薩摩訶薩以無量無數世界盛滿七寶奉施如來、應、正等覺；若善男子或善女人，於此般若波羅蜜多經中乃至四句伽陀，受持讀誦，究竟通利，如理作意，及廣爲他宣說開示，由此因緣所生福聚，甚多於前無量無數。云何爲他宣說開示？如不爲他宣說開示，故名爲他宣說開示。」

爾時，世尊而說頌曰：

「諸和合所爲，如星翳燈幻，

露泡夢電雲，應作如是觀。」

時，薄伽梵說是經已，尊者善現及諸苾芻、苾芻尼、鄔波索迦、鄔波斯迦，並諸世間天、人、阿素洛、健達縛等，聞薄伽梵所說經已，皆大歡喜，信受奉行。

佛說能斷金剛般若波羅蜜多經

唐三藏沙門義淨譯

如是我聞：一時薄伽梵，在名稱大城，戰勝林施孤獨園，與大苾芻眾千二百五十人俱，及大菩薩眾。爾時，世尊於日初分時，著衣持缽，入城乞食。次第乞已，還至本處。飯食訖，收衣缽，洗足已，於先設座，加趺端坐，正念而住。時諸苾芻來詣佛所，頂禮雙足，右遶三匝，退坐一面。

爾時，具壽妙生，在大眾中，承佛神力，即從座起，偏袒右肩，右膝著地，合掌恭敬白佛言：「希有！世尊！希有！善逝。如來應正等覺，能以最勝利益，益諸菩薩；能以最勝付囑，囑諸菩薩。世尊！若有發趣菩薩乘者，云何應住？云何修行？云何攝伏其心？」

佛告妙生：「善哉，善哉！如是，如是！如汝所說：『如來以勝利益，益諸菩薩；以勝付囑，囑諸菩薩。』妙生！汝應諦聽，極善作意，吾當爲汝分別解說。若有發趣菩薩乘者，應如是住，如是修行，如是攝伏其心。」妙生言：「唯然，世尊！願樂欲聞。」

佛告妙生：「若有發趣菩薩乘者，當生如是心：『所有一切眾生之類，若卵生、胎生、濕生、化生，若有色、無色，有想、無想，非有想、非無想，盡諸世界所有眾生，如是一切，我皆令入無餘涅槃而滅度之。』雖令如是無量眾生證圓寂已，而無有一眾生入圓寂者。何以故？妙生！若菩薩有眾生想者，則不名菩薩。所以者何？由有我想、眾生想、壽者想、更求趣想故。

復次，妙生！菩薩不住於事，應行布施。不住隨處，應行布施。不住色、聲、香、味、觸、法，應行布施。妙生！菩薩如是布施，乃至相想，亦不應住。何以故？由不住施，福聚難量。

妙生！於汝意云何？東方虛空可知量不？」妙生言：「不爾，世尊！」「南西北方，四維上下，十方虛空，可知量不？」妙生言：「不爾，世尊！」「妙生！菩薩行不住施，所得福聚不可知量，亦復如是。」

「妙生！於汝意云何？可以具足勝相觀如來不？」妙生言：「不爾，世尊！不應以勝相觀於如來。何以故？如來說勝相，即非勝相。」

「妙生！所有勝相，皆是虛妄。若無勝相，即非虛妄。是故應以勝相無相觀於如來。」妙生言：「世尊！頗有眾生，於當來世，後五百歲，正法滅時，聞說是經，生實信不？」

佛告妙生：「莫做是說：『頗有眾生，於當來世，後五百歲，正法滅時，聞說是經，生實信不？』妙生！當來之世，有諸菩薩，具戒具德具慧，而彼菩薩，非於一佛承事供養，植諸善根；已於無量百千佛所，而行奉事，植諸善根。是人乃能於此經典生一信心。

妙生！如來悉知是人，悉見是人，彼諸菩薩當生當攝無量福聚。何以故？由彼菩薩，無我想、眾生想、壽者想、更求趣想。

彼諸菩薩，非法想，非非法想，非想，非無想。何以故？若彼菩薩有法想，即有我執、有情執、壽者執、更求趣執。若有非法想，彼亦有我執、有情執、壽者執、更求趣執。妙生！是故菩薩，不應取法，不應取非法。以是義故，如來密意宣說筏喻法門，諸有智者，法尚應舍，何況非法。

妙生！於汝意云何？如來於無上菩提有所證不？復有少法是所說不？」妙生言：「如我解佛所說義，如來於無上菩提實無所證，亦無所說。何以故？佛所說法，不可取，不可說，彼非法，非非法。何以故？以諸聖者，皆是無爲所顯現故。」

「妙生！於汝意云何？若善男子、善女人，以滿三千大千世界七寶持用布施，得福多不？」妙生言：「甚多，世尊！何以故？此福聚者，則非是聚，是故如來說爲福聚、福聚。」

「妙生！若有善男子、善女人，以滿三千大千世界七寶，持用布施；若復有人，能於此經乃至一四句頌，若自受持，爲他演說，以是因緣所生福聚，極多於彼無量無數。何以故？妙生！由諸如來無上等覺，從此經出；諸佛世尊，從此經生。是故妙生！佛法者，如來說非佛法，是名佛法。

妙生！於汝意云何？諸預流者頗作是念：『我得預流果。』不？」妙生言：「不爾，世尊！何以故？諸預流者，無法可預，故名預流。不預色、聲、香、味、觸、法，故名預流。世尊！若預流者作是念：『我得預流果。』者，則有我執，有情壽者更求趣執。」

「妙生！於汝意云何？諸一來者頗作是念：『我得一來果。』不？」妙生言：「不爾，世尊！何以故？由彼無有少法證一來性，故名一來。」

「妙生！於汝意云何？諸不還者頗作是念：『我得不還果。』不？」妙生言：「不爾，世尊！何以故？由彼無有少法證不還性，故名不還。」

「妙生！於汝意云何？諸阿羅漢頗作是念：『我得阿羅漢果。』不？」妙生言：「不爾，世尊！由彼無有少法名阿羅漢。世尊！若阿羅漢作是念：『我得阿羅漢果。』者，則有我執，有情壽者更求趣執。世尊！如來說我得無諍住中最爲第一。世尊！我是阿羅漢離於欲染，而實未曾作如是念：『我是阿羅漢。』世尊！若作是念：『我得阿羅漢。』者，如來即不說我妙生得無諍住，最爲第一。以都無所住，是故說我得無諍住、得無諍住。」

「妙生！於汝意云何？如來昔在然燈佛所，頗有少法是可取不？」妙生言：

「不爾，世尊！如來於然燈佛所，實無可取。」

「妙生！若有菩薩作如是語：『我當成就莊嚴國土。』者，此爲妄語。何以故？莊嚴佛土者，如來說非莊嚴，由此說爲國土莊嚴。是故，妙生！菩薩不住於事，不住隨處，不住色、聲、香、味、觸、法，應生其心；應生不住事心，應生不住隨處心，應生不住色、聲、香、味、觸、法心。

「妙生！譬如有人，身如妙高山王，於意云何？是身爲大不？」妙生言：「甚大，世尊！何以故？彼之大身，如來說爲非身。以彼非有，說名爲身。」

「妙生！於汝意云何？如弶伽河中所有沙數，復有如是沙等弶伽河，此諸河沙，寧爲多不？」妙生言：「甚多，世尊！河尚無數，況復其沙。」

「妙生！我今實言告汝。若復有人，以寶滿此河沙數量世界，奉施如來，得福多不？」妙生言：「甚多，世尊！」

「妙生！若復有人，於此經中受持一頌，並爲他說，而此福聚，勝前福聚無量無邊。」

「妙生！若國土中有此法門，爲他解說，乃至四句伽他，當知此地，即是制底，一切天、人、阿蘇羅等，皆應右遶而爲敬禮；何況盡能受持讀誦，當知是人，則爲最上第一希有。又此方所，即爲有佛，及尊重弟子。」

「妙生！於汝意云何？頗有少法是如來所說不？」妙生言：「不爾，世尊！無有少法是如來所說。」

「妙生！三千大千世界所有地塵，是爲多不？」妙生言：「甚多，世尊！何以故？諸地塵，佛說非塵，故名地塵。此諸世界，佛說非界，故名世界。」

「妙生！於汝意云何？可以三十二大丈夫相觀如來不？」妙生言：「不爾，世尊！不應以三十二相觀於如來。何以故？三十二相，佛說非相，是故說爲大丈夫相。」

「妙生！若有男子女人，以弶伽河沙等身命布施；若復有人，於此經中受持一頌，並爲他說，其福勝彼無量無數。」

爾時，妙生聞說是經，深解義趣，涕淚悲泣而白佛言：「希有！世尊！我從生智以來，未曾得聞如是深經。世尊！當何名此經？我等云何奉持？」

佛告妙生：「是經名爲『般若波羅蜜多』，如是應持。何以故？佛說般若波羅蜜多，則非般若波羅蜜多。」

「世尊！若復有人，聞說是經生實想者，當知是人最上希有。世尊！此實想者，即非實想，是故如來說名實想、實想。世尊！我聞是經，心生信解，未爲希有。若當來世，有聞是經，能受持者，是人則爲第一希有。何以故？彼人無我想、眾生想、壽者想、更求趣想。所以者何？世尊！我想、眾生想、壽者想、更求趣想，即是非想。所以者何？諸佛世尊離諸想故。」

「妙生！如是，如是！若復有人，得聞是經，不驚不怖不畏，當知是人第一希有。何以故？妙生！此最勝波羅蜜多，是如來所說諸波羅蜜多。如來說者，即是無邊佛所宣說，是故名為最勝波羅蜜多。」

「妙生！如來說忍辱波羅蜜多，即非忍辱波羅蜜多。何以故？如我昔為羯陵伽王割截支體時，無我想、眾生想、壽者想、更求趣想。我無是想，亦非無想。所以者何？我有是想者，應生瞋恨。妙生！又念過去於五百世，作忍辱仙人，我於爾時，無如是等想。是故應離諸想，發趣無上菩提之心，不應住色、聲、香、味、觸、法，都無所住而生其心；不應住法，不應住非法，應生其心。何以故？若有所住，即為非住。是故佛說：『菩薩應無所住而行布施。』」

「妙生！菩薩為利益一切眾生，應如是布施。此眾生想，即為非想；彼諸眾生，即非眾生。何以故？諸佛如來離諸想故。妙生！如來是實語者，如語者，不誑語者，不異語者。」

「妙生！如來所證法及所說法，此即非實非妄。妙生！若菩薩心住於事而行布施，如人入闇，則無所見。若不住事而行布施，如人有目，日光明照，見種種色，是故菩薩不住於事應行其施。」

「妙生！若有善男子、善女人，能於此經受持讀誦，為他演說。如是之人，佛以智眼悉知悉見，當生當攝無量福聚。」

「妙生！若有善男子、善女人，初日分以殑伽河沙等身布施，中日分復以殑伽河沙等身布施，後日分亦以殑伽河沙等身布施，如是無量百千萬億劫，以身布施。若復有人，聞此經典，不生毀謗，其福勝彼，何況書寫受持讀誦，為人解說。」

「妙生！是經有不可思議不可稱量無邊功德，如來為發大乘者說，為發最上乘者說。若有人能受持讀誦，廣為他說，如來悉知悉見是人，皆得成就不可量不可稱不可思議福業之聚。當知是人，則為以肩荷負如來無上菩提。何以故？妙生！若樂小法者，則著我見、眾生見、壽者見、更求趣見，是人若能讀誦受持此經，無有是處。」

「妙生！所在之處，若有此經，當知此處，則是制底，一切世間天、人、阿蘇羅，所應恭敬，作禮圍繞，以諸香花供養其處。」

「妙生！若有善男子、善女人，於此經典受持讀誦演說之時或為人輕辱。何以故？妙生！當知是人，於前世中造諸惡業，應墮惡道，由於現在得遭輕辱，此為善事，能盡惡業，速至菩提故。」

「妙生！我憶過去過無數劫，在然燈佛先，得值八十四億那庾多佛，悉皆供養承事，無違背者。若復有人，於後五百歲正法滅時，能於此經受持讀誦，解其義趣，廣為他說，所得功德，以前功德比此功德，百分不及一，千萬億分算分勢分比數分因分，乃至譬喻亦不能及。妙生！我若具說受持讀誦此經功德或有人聞，心則狂亂，疑惑不信。妙生！當知是經不可思議，其受持者，應當希望不可思議所生福聚。」

復次，妙生白佛言：「世尊！若有發趣菩薩乘者。應云何住？云何修行？云何攝伏其心？」

佛告妙生：「若有發趣菩薩乘者，當生如是心：『我當度脱一切眾生，悉皆令入無餘涅槃。雖有如是無量眾生證於圓寂，而無有一眾生證圓寂者。』何以故？妙生！若菩薩有眾生想者，則不名菩薩。所以者何？妙生！實無有法，可名發趣菩薩乘者。」

「妙生！於汝意云何？如來於然燈佛所，頗有少法是所證不？」妙生言：「如來於燃燈佛所，無法可證，而得菩提。」

佛言：「如是，如是！妙生！實無有法，如來於然燈佛所，有所證悟，得大菩提。若證法者，然燈佛則不與我授記：『摩納婆！汝於來世，當得作佛，號釋迦牟尼。』以無所得故，然燈佛與我授記，當得作佛，號釋迦牟尼。何以故？妙生！言如來者，即是實性眞如之異名也。」

「妙生！若言：『如來證得無上正等覺。』者，是爲妄語。何以故？實無有法如來證得無上正覺。妙生！如來所得正覺之法，此即非實非虛。是故佛說：『一切法者，即是佛法。』妙生！一切法、一切法者，如來說爲非法，是故如來說一切法者，即是佛法。」

「妙生！譬如丈夫，其身長大。」

妙生言：「世尊！如來說爲大身者，即說爲非身，是名大身。」

佛告妙生：「如是，如是！若菩薩作是語：『我當度眾生令寂滅。』者，則不名菩薩。妙生！頗有少法名菩薩不？」答言：「不爾，世尊！」

「妙生！是故如來說：『一切法無我、無眾生、無壽者、無更求趣。』」

「妙生！若有菩薩言：『我當成就佛土嚴勝、佛土嚴勝。』者，如來說爲非是嚴勝，是故如來說爲嚴勝。妙生！若有信解一切法無性、一切法無性者，如來說名眞是菩薩、菩薩。」

「妙生！於汝意云何？如來有肉眼不？」妙生言：「如是，世尊！如來有肉眼。」

「如來有天眼不？」「如是，世尊！如來有天眼。」

「如來有慧眼不？」「如是，世尊！如來有慧眼。」

「如來有法眼不？」「如是，世尊！如來有法眼。」

「如來有佛眼不？」「如是，世尊！如來有佛眼。」

「妙生！於汝意云何？如弶伽河中所有沙數，復有如是沙等弶伽河，隨諸河沙，有爾所世界，是爲多不？」妙生言：「甚多，世尊！」

「妙生！此世界中所有眾生，種種性行，其心流轉，我悉了知。何以故？妙生！心陀羅尼者，如來說爲無持，由無持故，心遂流轉。何以故？妙生！過去心不可得，未來心不可得，現在心不可得。」

「妙生。於汝意云何？若人以滿三千大千世界七寶布施，是人得福多不？」妙生言：「甚多，世尊！」

「妙生！若此福聚是福聚者，如來則不說爲福聚、福聚。」

「妙生！於汝意云何？可以色身圓滿觀如來不？」「不爾，世尊！不應以色身圓滿觀於如來。何以故？色身圓滿、色身圓滿者，如來說非圓滿，是故名爲色身圓滿。」

「妙生！可以具相觀如來不？」「不爾，世尊！不應以具相觀於如來。何以故？諸具相者，如來說非具相，是故如來說名具相。」

「妙生！於汝意云何？如來作是念：『我說法。』耶？汝勿作是見。若言：『如來有所說法。』者，則爲謗我。何以故？言說法、說法者，無法可說，是名說法。」

妙生白佛言：「世尊！於當來世，頗有眾生，聞說是經，生信心不？」

佛告妙生：「有生信者，彼非眾生，非非眾生。何以故？眾生、眾生者，如來說非眾生，是名眾生。」

「妙生！於汝意云何？佛得無上正等覺時，頗有少法所證不？」妙生言：「實無有法是佛所證。」

佛告妙生：「如是，如是！此中無有少法可得，故名無上正等菩提。妙生！是法平等，無有高下，故名無上正等菩提。以無我、無眾生、無壽者、無更求趣性，其性平等，故名無上正等菩提。一切善法皆正覺了，故名無上正等正覺。妙生！善法者，如來說爲非法，故名善法。」

「妙生！若三千大千世界中，所有諸妙高山王，如是等七寶聚，有人持用布施。若復有人，於此經中，乃至一四句頌，若自受持，及爲他說。以前福聚比此福聚，假令分此以爲百分，彼亦不能及一分或千分億分算分勢分數分因分，乃至譬喻亦不能及一。」

「妙生！於汝意云何？如來度眾生不？汝莫作是見：『如來度眾生。』何以故？曾無有一眾生是如來度者。若有眾生是如來度者，如來則有我見、眾生見、壽者見、更求趣見。妙生！我等執者，如來說爲非執，而諸愚夫妄爲此執。妙生！愚夫眾生，如來說爲非生，故名愚夫眾生。」

「妙生！於汝意云何？應以具相觀如來不？」「不爾，世尊！不應以具相觀於如來。」

「妙生！若以具相觀如來者，轉輪聖王應是如來，是故不應以具相觀於如來，應以諸相非相觀於如來。」

爾時，世尊而說頌曰：

「若以色見我，以音聲求我，
是人起邪觀，不能當見我。
應觀佛法性，即導師法身，
法性非所識，故彼不能了。」

「妙生！『諸有發趣菩薩乘者，其所有法是斷滅不？』汝莫做是見。何以故？趣菩薩乘者，其法不失。」

「妙生！若有男子、女人，以滿殑伽河沙世界七寶布施。若復有人，於無我理、不生法中，得忍解者，所生福聚，極多於彼無量無數。」

「妙生！菩薩不應取其福聚。」妙生言：「菩薩豈不取福聚耶？」

佛告妙生：「是應正取，不應越取，是故說取。」

「妙生！如有說言：『如來若來若去、若坐若臥。』者，是人不解我所說義。何以故？妙生！都無去來，故名如來。」

「妙生！若有男子、女人，以三千大千世界土地碎爲墨塵。妙生！於汝意云何？是極微聚，寧爲多不？」妙生言：「甚多，世尊！何以故？若聚性是實者，如來不說爲極微聚極微聚。何以故？極微聚者，世尊說爲非極微聚，故名極微聚。世尊！如來所說三千大千世界，說爲非世界，故名三千大千世界。何以故？若世界實有，如來則有聚執。佛說聚執者，說爲非聚執，是故說爲聚執。」

「妙生！此聚執者，是世言論，然其體性，實無可說，但是愚夫異生之所妄執。」

「妙生！如有說云：『佛說我見、眾生見、壽者見、更求趣見。』者，是爲正說爲不正耶？」妙生言：「不爾，世尊！何以故？若有我見如來說者，即是非見，故名我見。」

「妙生！諸有發趣菩薩乘者，於一切法，應如是知，如是見，如是解。如是解者，乃至法想亦無所住。何以故？妙生！法想、法想者，如來說爲非想，故名法想、法想。」

「妙生！若有人以滿無量無數世界七寶，持用布施。若復有人，能於此經，乃至受持讀誦四句伽他，令其通利，廣爲他人正說其義，以是因緣所生福聚，極多於彼無量無數。云何正說？無法可說，是名正說。」

爾時，世尊說伽他曰：「一切有爲法，如星、翳、燈、幻，露、泡、夢、電、雲，應作如是觀。」

爾時，薄伽梵說是經已，具壽妙生，及諸菩薩摩訶薩、苾芻、苾芻尼、鄔波索迦、鄔波斯迦，一切世間天、人、阿蘇羅等，皆大歡喜，信受奉行。

Seadove

Seadove